MOZART DETRÁS DE LA MÁSCARA

LINCOLN R. MAIZTEGUI CASAS

Mozart detrás de la máscara

 Planeta

Maiztegui Casas, Lincoln
   Mozart.- 1ª ed. – Buenos Aires : Planeta, 2006.
   384 p. ; 23x15 cm.

   ISBN 950-49-1463-2

   1. Mozart, Wolfgang Amadeus-Biografía I. Título
   CDD 927.80

Diseño de cubierta: Mario Blanco
Diseño de interiores: Orestes Pantelides

© 2006, Lincoln R. Maiztegui Casas

Derechos exclusivos de edición en castellano
reservados para todo el mundo:
© 2005, EDITORIAL PLANETA S.A.
Cuareim 1647 (11100) Montevideo, Uruguay
Grupo Editorial Planeta

1ª edición: 4.000 ejemplares

ISBN-13 978-950-49-1463-1
ISBN-10 950-49-1463-2

Impreso en Printing Books,
Mario Bravo 835, Avellaneda,
en el mes de marzo de 2006.

Hecho el depósito que marca la ley
Impreso en la Argentina

— A la memoria de mi madre, Brenda Casas Araújo Calzada, que llegó a leer los originales de este libro, pero no a verlo impreso.

— A mi amigo Álvaro Secondo, primero en creer en este trabajo.

Prólogo o excusa, tanto da

En esa vaga, tenue laguna original en la que navegan los primeros recuerdos infantiles, rescato un día que estaba destinado a signar de forma indeleble toda mi existencia. Fue una tarde que evoco calurosa y llena de luz, una de esas tardes hechas de aromas y esmeralda que se dan en Villa Colón y, particularmente, en la calle Lezica. Yo debía tener cuatro o cinco años, y estaba revoloteando en torno de una de aquellas radios de madera con un gran ojo verde que cumplían por entonces, con menores efectos disolventes del calor familiar, el papel que después le ha tocado jugar a la televisión. De pronto escuché una melodía subyugante, irresistible, que me paralizó como si yo hubiese sido un esclavo escuchando el *Glockenspiel* encantado de Papageno. Era una música de belleza literalmente inefable, llena de luz, radiante como el primer rayo de la aurora y, al mismo tiempo, transida de infinita tristeza. Recuerdo como si fuera hoy que me dije, lleno de una emoción que no alcanzaba a explicarme: "esto es lo más hermoso que me ha pasado en toda mi vida. Nunca, nunca olvidaré que esto me ha ocurrido a mí".

Cuando la pieza hubo terminado, la voz del locutor pronunció un nombre con referencias musicales, que no pude entender ni retener, y una palabra que, ésa sí, quedó grabada para siempre en mi memoria y en lo mejor de mi espíritu: Mozart. Sólo mucho después supe que lo que había escuchado era el *minuetto* de la Sinfonía N° 40 en Sol menor, y que el fragmento que me había subyugado era el trío que lo divide en dos partes como una cuña de melancólico lirismo; pero fue en ese preciso instante de mi infancia que adquirí conciencia de que algo muy trascendente había entrado en mi vida, y que ese algo se llamaba Mozart.

Cuando mi madre supo de mi nueva pasión, me compró varios libros biográficos sobre músicos célebres, de una colección para niños escrita por dos señores que se llamaban Opal Wheeler y Sybil Deucher. Todavía sobrevive, en mi ambulante biblioteca, el dedicado a *Schubert, el niño y sus alegres amigos.* Los leí todos con pasión, pero ninguno me atrajo tanto como *Mozart, el niño prodigio,* ilustrado con perfiles en negro. La historia de aquella familia alegre y unida que cantaba en los carruajes mientras viajaba por ciudades cuyos nombres me sonaban a reinos encantados (Salzburgo, Viena, Munich, Mannheim) me parecía deliciosa, y recuerdo la impresión que me produjo la anécdota de Mozart adolescente tocando el piano con un anillo que el público creía embrujado. Debo a esta colección —y a la sensibilidad y la inteligencia de mi madre— mi primer contacto con los nombres y los perfiles biográficos de Bach, Haydn, Beethoven, Chopin y hasta Edward McDowell, un compositor que durante mucho tiempo creí tan importante como sus compañeros de peripecia literaria; el amor por la música de todos ellos vendría después. Pero sin duda por influencia del deslumbramiento que he narrado, mi preferido fue, otra vez, Mozart, de quien ya sabía que se llamaba con un nombre extraño y misterioso: Wolfgang.

Cuando andaba por mis doce o trece años cayó en mis manos otro libro sobre Mozart, una biografía con toda la barba cuyo autor no puedo recordar. Pero sí recuerdo la frase con la que se abría, y puedo citarla de memoria:

Todo depende de lo que se entienda por la palabra genio; pero si se entiende la máxima facilidad para hacer algo a un nivel extraordinario, entonces Mozart es el genio más grande que la humanidad ha visto y verá jamás nacer.

Aquel juicio lapidario me hizo sentir muy bien; no estaba solo en mi infantil, casi irracional admiración por aquel músico de los milagros, del cual conocía apenas cuatro o cinco obras instrumentales que me parecían todas de increíble belleza. La lectura de aquel libro, sin embargo, me abrió otro panorama: no todo había sido feliz en la vida de Mozart. El niño prodigioso había muerto en medio de la pobreza y la incomprensión. Mi sentido natural de la justicia se sublevó, y me prometí, de una forma confusa pero firme, que algún día haría algo por resarcirlo de tanto dolor. Creo que ese día comenzó a nacer este libro.

La gestación tuvo otras etapas posteriores, vinculadas a una vida errante —la mía— y librada con frecuencia a los avatares de un destino que muchas veces me pareció incontrolable. Pasó por el impacto que, en plena adolescencia, me provocó el escuchar, en el añorado Estudio Auditorio del SODRE, a Homero Francesch interpretando el concierto N° 20 en Re menor, primera vez que la música me arrancó lágrimas de emoción ante tanta belleza; por mis dieciocho años de permanencia en Europa, adonde llegué escapando, como tantos, de la prepotencia dictatorial; por mi primera, deslumbrada visita a Salzburgo, como peregrino de la más hermosa de las religiones, un día de 1981; y por cada uno de los momentos indescriptibles que me hizo vivir la música de Mozart en el paulatino proceso de su conocimiento. Pero sin duda la decisión definitiva se plasmó con la visión de *Amadeus*, la película de Milos Forman basada en la obra de Peter Schaffer.

Me pareció y aún me lo parece, el engendro más repelente que he tenido ocasión de ver en mi vida; una historia absurda, inverosímil, mentirosa y ofensiva, una agresión infundada al músico más genial de todos los tiempos. Cuando la vi en el cine me fui mucho antes del final, henchido de furia. Tiempo después Luis Algorri, un amigo madrileño que quiero entrañablemente, uno de esos singulares compañeros de larguísimas cabalgatas discográficas nocturnas que sólo los melómanos sabemos apreciar, me hizo una defensa racional del film y argumentó, con lógica irrefutable, que no estaba en condiciones de opinar sobre éste si no lo había visto en su integridad. Una noche en que pasaron *Amadeus* por la televisión española (yo vivía, por ese entonces, mis años madrileños, que fueron tal vez los más fecundos de mi vida) me sentó en un sillón de mi casa, casi a la fuerza, y me obligó a apurar el cáliz hasta el final, sin lograr que mi opinión variara ni el grosor de un cabello. Se lo perdono, sin embargo, porque la intención fue buena y porque lo quiero mucho.

No he aceptado ni aceptaré jamás la teoría de que el film narra una historia imaginaria, que Mozart y Salieri están tomados como meros pretextos para presentar una determinada relación humana y que un artista no tiene por qué ceñirse a la verdad histórica. Para la inmensa mayoría de los millones de espectadores que la han visto en todo el mundo, Mozart será siempre el bobo de la risa oligofrénica, el payaso flatulento y ridículo que presenta la película. En ese sentido, *Amadeus* ha hecho más daño a la imagen de Mozart que toda la historiografía y la literatura que lo ha presentado como un niño grande a lo largo de dos centurias. Es, por lo tanto, y más allá de sus presuntos valores cinematográficos (en los que no creo en absoluto), una obra dañina y engañosa, lo más parecido a un sacrilegio que puedo concebir. Gran parte del impulso que ha generado este libro tiene como fundamento la ira y la repulsión que me provocó esta película, hecha en mala hora.

El lector se preguntará, con toda justicia, qué sentido tiene una nueva biografía de Mozart escrita desde Madrid y Montevideo por un periodista musical. En los últimos años la bibliografía mozartiana ha sido extraordinariamente rica, y ha aportado todo un nuevo concepto sobre el hombre e incluso una nueva valoración sobre el músico, y uno tiene la sensación de que queda muy poco por decir. La pregunta, por lo tanto, tiene sentido, y trataré de contestarla.

He decidido escribir una biografía de Mozart por razones diversas; en primer lugar, porque he querido hacerlo, porque es mi forma de expresar una admiración y un amor que trascienden, ahora como en los lejanísimos tiempos de mi primer deslumbramiento infantil, la posibilidad expresiva de las palabras. En segundo lugar, porque creo que hacía falta, en castellano, una obra biográfica que resumiera, en el tamaño normal de un libro de lectura masiva, todos los aportes que se han hecho en tiempos recientes, y que se encuentran desperdigados en obras especializadas que, por lo general, no están al alcance de la gente llana, particularmente en este rincón austral del universo. En tercer lugar, porque sin pretender haber descubierto nada, quería hacer algunas reflexiones sobre el hombre y el artista surgidas en largos años de lecturas y audiciones. Mozart es un personaje rodeado de misterio, una de las personalidades más enigmáticas y difíciles de desentrañar de toda la historia de la cultura occidental. El título escogido, *Mozart detrás de la máscara*, se refiere directamente a ese misterio, a esa voluntad de esconder su verdadero rostro que signó toda su breve y luminosa existencia, y entraña una modestísima aspiración a atisbar al menos lo que estaba debajo. Quien esto escribe no es un musicólogo, ni un especialista, ni un experto en la obra de Mozart, y no reivindica otro título (hoy, cuando está tan en boga inventarse o agitar títulos de esos que, con frecuencia, no llegan a cortar las orejas) que el de pertenecer, modesta y orgullosamente, al partido mozartiano radical, como me dijo una vez un amigo. Por eso, esta obra no tiene pretensiones de erudición, aunque sí de resultar interesante, informativa y amena. En definitiva, debe entenderse y aceptarse como un homenaje al artista más grande que la humanidad haya conocido; como un sencillo y profundo acto de amor.

Hay muchas horas robadas al sueño y al descanso detrás de estas páginas, sin embargo, y cuando alguien realiza semejante sacrificio tiene, aunque no se lo reconozca siquiera a sí mismo, alguna pretensión de trascendencia. La mía se limita a vincular de alguna manera mi nombre a la memoria de quien me ha hecho vivir algunos de los momentos más bellos de mi vida. Esta idea me consuela, al menos en parte, de la inevitable navegación hacia el olvido, que es la fosa común en la que sin duda estoy condenado, como tantos, a yacer. Si alguien, algún día de un futuro que no veré, encuentra un ejemplar de este libro, me recordará como alguien que amó a Mozart tanto como para pasar largas noches de claro en claro y largos días de turbio en turbio evocando su persona y su música. Ese lector sabrá entonces algunas cosas de mí; que he amado la belleza y la gracia y que he creído en ese ideal de hermandad ecuménica, de fraternidad universal que canta, con incomparable elocuencia, en las melodías del mayor de los músicos. Si es así, habrá valido la pena pasar por este mundo.

Lincoln R. Maiztegui Casas

Me hizo acordar a la conversación que tuvimos en la plaza frente a tribunales justo antes de ir a ver Don Giovanni. ¿Qué es lo que hace inmortales a artistas como Shakespeare o Mozart? ¿Qué es lo que hace que cientos de años después de sus existencias nos sigamos emocionando tan apasionadamente como si sus creaciones fueran de hoy... como si se estuvieran dirigiendo con la mayor precisión a la intimidad más profunda de cada uno de nosotros...?
No lo sé... pero me quedo con lo que propone Maiztegui Casas: amar la belleza y la gracia, creer en el ideal de hermandad y fraternidad universal... que nuestro paso por este mundo haya valido la pena...

Capítulo 1

Atención: prodigio en Salzburgo

Parece estar de moda decir, en estos tiempos de redescubrimientos e iconoclastias, que Mozart no fue un niño prodigio. Por allí hay eruditos que sostienen que sus obras maestras se producen a partir de sus diecisiete años, lo que no es ser demasiado precoz, al menos en el mundo de la música. Lo que compuso antes se considera mero producto de la influencia de Johann Christian Bach y de su padre, Leopold. Lo más que se admite, desde este punto de vista, es que fue, desde su primera niñez, un intérprete muy competente, como tantos niños. La tradición, los documentos y los testimonios continúan, sin embargo, y continuarán por los siglos de los siglos, reduciendo al ridículo estas sesudas interpretaciones. Porque Wolfgang Mozart fue uno de los casos de precocidad más extraordinarios que haya conocido la humanidad. Por supuesto, esto no agrega ni quita nada a su formidable dimensión artística; pero es, simplemente, la verdad.

Orígenes

Hacia mediados del siglo XVI vivía en la región de Augsburgo una familia de artesanos cuyo apellido puede rastrearse como Mozarhd, Mozer, Motzert, Mozarth o simplemente Mozart. Eran gente de humilde posición pero bien conceptuada en la zona, alemanes viejos, de pura cepa, católicos trabajadores y honestos. En 1635 David Mozart (1620-1685), o como se escribiera su apellido entonces, un joven albañil que soñaba una vida mejor, abandonó su pueblo natal de Pfersee y se radicó en la ciudad de Augsburgo, por entonces una urbe autónoma, sede de un obispado y activo centro económico. No le fue mal y decidió echar raíces en la ciudad; contrajo matrimonio con Maria Negeler (+1697), joven campesina de una familia de la zona. Tres hijos del matrimonio llegaron a la edad adulta, y fueron albañiles durante toda su vida. El más joven de ellos, Franz Mozart (1649-1694), se casó en 1678 con Anna Harrer, nacida en Oberpüchrhain, también de familia de campesinos, y uno de sus hijos, Johann Georg (1679-1736), no siguió la tradición laboral de la familia y se hizo encuadernador; llegó a ser síndico de su gremio y a disfrutar de un saneado prestigio personal. En 1718 se casó con Maria Sulzer (1696-1766), hija de un maestro tejedor, y estableció un hogar sereno y confortable.

Los seis hijos varones de Johann Georg siguieron las profesiones tradicionales de la familia, y se hicieron albañiles o encuadernadores; pero el mayor, Johann Georg Leopold, escogió otro sendero. Había nacido el 19 de noviembre de 1719, y dio desde su primera juventud indicios de poseer talentos especiales y miras ambiciosas. Un sacerdote llamado Johann Georg Gabher fue su padrino y se dio cuenta tempranamente que el joven Leopold (como le llamarían siempre) estaba muy bien dotado para la música. Por entonces este arte, aunque considerado un aspecto más de la servidumbre, era un envidiable vehículo de promoción social, y ser músico de corte o de capilla era la aspiración de muchos jóvenes de origen humilde. Hasta tal punto era así, que estaba entonces en su apogeo el hábito, terrible a nuestros ojos, de castrar a los niños con hermosa voz, para evitar el cambio de ésta. Afortunadamente para él, Leopold no parece haber sido un infante especialmente dotado para el canto; pero sí para la ejecución de instrumentos musicales.

Luego de un breve pasaje por la escuela de música de Santa Cruz, donde cantó como soprano infantil, su padrino logró que ingresara en el colegio de San Ulrico, donde estudió griego, latín, órgano y técnicas de composición. Culminados sus estudios secundarios (recibió su diploma el 4 de agosto de 1736), Leopold, con diecisiete años, fue inscripto en la Universidad Benedictina de Salzburgo, orientado hacia la carrera eclesiástica. Como él mismo confesaría muchos años después a su hijo Wolfgang, ya por entonces tenía claro que el sacerdocio no era su vocación, y que jamás profesaría; pero no le dijo nada a su padrino para no decepcionarlo. Ingresó como estudiante de teología, pero reveló escaso interés y al año siguiente cambió de carrera y comenzó estudios de derecho ("Jurisprudencia", como se decía entonces). Fue un alumno mediocre y desordenado, que asistía poco a clase y no se interesaba por las asignaturas. Por fin, en 1739, fue dado de baja en la Universidad por "insuficiente asistencia".

Solitario en una ciudad que no era la suya, el joven buscó colocación como músico, y ese mismo año entró al servicio del conde Johann Baptist Thurn-Valsassina und Taxis (1706-1762), que tenía la dignidad de regente de la Catedral de Salzburgo. Los Taxis eran una familia noble de gran prestigio en la ciudad, y parece ser que el conde que empleó a Leopold había puesto un negocio de coches de alquiler que la gente comenzó a llamar "taxis", término que luego se universalizó. El cargo de Leopold era, sin ambigüedades, el de lacayo, y debía usar librea; pero en esa época los lacayos que sabían música estaban considerados de forma especial, y el joven pronto se hizo notar. Buen intérprete del órgano y el violín, comenzó a componer piezas que se ejecutaban para solaz de su empleador o en las ceremonias de la Catedral, y pronto obtuvo un saneado prestigio. En 1743 fue solicitado por el Príncipe Arzobispo de Salzburgo, conde Leopold Anton Freiherr von Firmian. Entró como cuarto violín, y ya no dejaría el servicio de la corte de su patria adoptiva. A lo largo de su vida, que transcurrió toda en Salzburgo (al margen de los frecuentes viajes que realizó con su hijo), llegó a servir a cinco príncipes arzobispos: von Firmian (fallecido en 1744), Jakob Ernst Liechtenstein (1745-1747), Andreas Jakob Dietrichstein (1747-1753), Sigismund Christoph von Schrattenbach (1753-1771) y Hyeronimus Colloredo (1772 hasta la muerte de Leopold, acaecida en 1787).

Un matrimonio afortunado

El 21 de noviembre de 1747, cuando contaba veintiocho años, Leopold contrajo matrimonio con Anne Maria Pertl, en la iglesia parroquial de Aigen. Anne Maria, que se llamaba en realidad Maria Anna Walburga (igual que su hija Nannerl), había nacido el día de Navidad de 1720 en St. Gilgen, hija de Wolfgang Nikolaus Pertl y Eva Rosina Barbara Euphrosina Altmann. Eran gente de buena familia: Wolfgang Nikolaus (1667-1724) había sido prefecto del distrito de Huttenstein-St. Gilgen; era un hombre bastante culto, que había estudiado derecho en la Universidad de Salzburgo y que tenía una marcada preferencia por la música: fue profesor de canto y corista de la iglesia de San Pedro. De las tres hijas que tuvieron los esposos Pertl-Altmann, dos murieron en la primera niñez y sólo Anne Maria alcanzó la edad adulta. Al fallecer su esposo de forma sorpresiva, Eva Rosina y las dos hijas que entonces vivían se instalaron en Salzburgo. La mayor, Maria Rosina Erntrudis, falleció en 1728, a la edad de 9 años. Parece haber sido Anne Maria una joven de singular belleza, carácter dulce y temperamento sumiso. En ningún momento la profusa documentación que se conserva de sus años de matrimonio menciona algún incidente desagradable o una situación tensa con su esposo (sí con su hijo, durante el viaje final a París). La historiografía mozartiana tiende a verla como una buena mujer de su casa, sin mayor preparación, sin una personalidad destacada y sin vuelo intelectual. Hay señales, sin embargo, de que era bastante más que eso: no sólo por el profundo amor que suscitó en su esposo y sus hijos (su muerte creó un abismo afectivo entre Nannerl y Wolfgang) sino por algunos detalles de sus cartas, que dan indicios de una matrona alegre y ocurrente. La célebre tendencia de Wolfgang a las bromas escatológicas se entiende mejor cuando uno lee las líneas que Anne Maria escribió a Leopold, desde Munich y a sus cincuenta y siete años, con motivo de uno de sus cumpleaños: "Addio, ben mio, que disfrutes con salud; métete el culo en la boca. Te deseo buenas noches y que te cagues en la cama hasta que revientes".

El matrimonio de Leopold y Anne Maria (según dijo su hija Nannerl, eran la pareja más apuesta de Salzburgo) fue sólido y feliz, pese a la sucesiva muerte de varios de sus hijos. Inicialmente se instalaron en el tercer piso de una casa muy bien situada, perteneciente a Johann Lorenz Haguenauer (1712-1792), un comerciante próspero que fue buen amigo de la familia y contribuyó generosamente a los desplazamientos de ésta cuando los niños comenzaron a viajar por Europa. El inmueble se conserva en la actualidad y es uno de los sitios turísticos más visitados del mundo; se supone que la pequeña habitación de Wolfgang está igual que como lucía en su época. Los Mozart vivían con desahogo, pues Leopold ganaba bastante dinero y ambos eran buenos administradores; las penurias económicas vendrían después, cuando se lanzaron a viajar. El músico ganaba cuatrocientos florines[1] al año, que era un salario aceptable, y aumentaba sus ingresos dando clases particulares de violín. En 1757 fue designado *Hofkomponist* (compositor de corte); en 1758 se lo ascendió a segundo violín de la orquesta de la Corte, y en 1763 se lo nombró *Vicekapellmeister*, cargo que mantuvo hasta su muerte. En los últimos años de su vida puso un comercio de venta de instrumentos musicales, con lo que logró pagar todas las deudas que le habían quedado de los años locos de constantes viajes.

En 1756, el mismo año del nacimiento de Wolfgang, Leopold publicó su obra más famosa: *"Versuch einer gründlichen Violinschule"*, un tratado de aprendizaje del violín que fue editado en Augsburgo. Es una obra excelente, que fue traducida a varias lenguas y circuló por toda Europa como manual imprescindible para los estudiantes de este instrumento. En 1770 se reeditó, y no por vez primera, en versión revisada por el propio Leopold. Este método, que aún se emplea en algunos conservatorios, dio a su autor más fama que dinero, ya que por aquel entonces no se reconocían los derechos de autor.

El matrimonio Mozart-Pertl tuvo siete hijos, pero sólo dos alcanzaron la edad adulta. En esos tiempos la mortalidad infantil era terrible, como consecuencia de hábitos higiénicos defectuosos. El cuarto vástago fue Maria Anna Walburga Ignatia, nacida el 30 de julio de 1751, que fue más afortunada que sus hermanos; vivió setenta y ocho años. En el seno familiar fue siempre conocida como Nannerl. El 27 de enero de 1756 nació Johannes Chrysostomus Wolfgang Theophilus, el niño destinado a dar inmortalidad a la familia, el que transformaría el apellido Mozart en sinónimo de gracia y belleza, el mayor músico de todos los tiempos.

Sobre los nombres de Mozart es bueno aclarar algunos puntos. En su partida de bautismo se le dan los que acabamos de mencionar; el último, Theophilus ("amado de Dios") está escrito en su forma latina, que era la misma que usaba su padrino, Johann Theophilus Pergmayr. Sin embargo, al comunicar el nacimiento del pequeño a su amigo Jakob Lotter, de Augsburgo, Leopold dice textualmente: "el niño se llama Johannes Chrysostomus Wolfgang Gottlieb". Este último nombre significa, en alemán, lo mismo que Theophilus. La traducción de éste como "Amadeus" no fue jamás usada por Wolfgang ni por nadie de su entorno. Algunas veces, en particular durante sus viajes a Italia, realizados en plena adolescencia, el compositor empleó los nombres "Amadeo" o "Amadé" para firmar sus cartas, pero nunca la forma latina, "Amadeus".

Cuando recibió el sacramento de la confirmación, en 1769, se le agregó el nombre de Sigismundus, en homenaje al entonces príncipe arzobispo de Salzburgo, Sigismund von Schrattenbach; pero Wolfgang nunca usó ni hizo referencia alguna, salvo dos excepciones humorísticas, a ese nombre en toda su vida.

CHICOS PRECOCES

Leopold, buen músico y excelente pedagogo, apreció rápidamente que su hija Nannerl estaba excepcionalmente dotada para la música. En 1759, cuando la niña se acercaba a sus nueve años, comenzó a enseñarle el clavicémbalo y le compró un gran cuaderno en el que escribía sencillos ejercicios de su propia invención, que su hija debía estudiar y ejecutar al teclado.

Nannerl aprendía con facilidad y rapidez, revelaba musicalidad innata y demostraba amar la música. Sin embargo, muy pronto el pequeño Wolfgang, de tres años, comenzó a hacer cosas que forzaron a su padre a dedicarle atención. Asistía calladamente y con atención absorta a las lecciones de su hermana, y cuando ésta terminaba se encaramaba hasta el teclado y, con sus pequeñas manos, tocaba notas en tercera, riendo de satisfacción cuando el sonido correcto premiaba sus esfuerzos. Sin duda esta predisposición no escapó a la advertencia de Leopold, pero no parece haberle hecho demasiado caso hasta que, transcurrido un año, decidió comenzar a enseñarle algunos elementos.

Escribió algunos *minuettos* elementales, que pudieran ser ejecutados por las manos de un niño de cuatro años, y asistió asombrado a la facilidad con que el pequeño los aprendía y tocaba con perfecta limpieza. Los avances fueron tan espectaculares que, en pocos meses, Wolfgang estaba en condiciones de interpretar las mismas obras que su hermana había aprendido a los nueve años; la progresiva admiración de Leopold está registrada en el cuaderno de Nannerl. "Estos ocho minuetos anteriores han sido aprendidos por el pequeño Wolfgang a sus cuatro años." "El pequeño Wolfgang también aprendió este minueto a sus cuatro años." "El pequeño Wolfgang aprendió esta pieza el 24 de enero de 1761, tres días antes de cumplir los cinco años, durante la noche, entre las 9 y las 9:30 horas." "Este minueto y este trío han sido aprendidos ya por Wolfgang en media hora, el 26 de enero de 1761, un día antes de su quinto cumpleaños, a las nueve y media de la noche."

El mes de enero de 1762 señala la aparición del compositor Wolfgang G. Mozart. Uno puede adivinar la emoción en los trémulos trazos de la letra de Leopold cuando transcribió, en el nuevo cuaderno de Nannerl, un *minuetto* (indexado por Köchel como K. 2) compuesto íntegramente por su hijo de seis años. Al pie de la música, escribió: "Compuesto en enero de 1762", lacónicamente, sin expresiones de asombro o satisfacción; la elocuencia del hecho las hacía superfluas.

Poco tiempo después, según relato de Johann Andreas Schachtner[2], Leopold y él venían de un oficio religioso de los jueves y, al entrar en el hogar, encontraron a Wolfgang escribiendo música, sobre el clave. "Su padre tomó el papel y me lo mostró: era un borrador lleno de notas, la mayoría manchadas de tinta. Los dos nos reímos ante aquel galimatías que parecía indescifrable; pero cuando su padre comenzó a analizar la música, la composición, lo que era esencial, se quedó mudo y dos lágrimas de admiración y alegría corrieron por sus mejillas: 'Vea usted, señor Schachtner —me dijo— qué exacta colocación tiene todo. Pero es una música tan difícil que nadie sería capaz de tocarla'. El pequeño Wolfgang intervino entonces: 'Es un concierto, papá. Hay que ensayarlo mucho para poder tocarlo bien. Mira, así es más o menos como debe sonar'. Se sentó al clave y tocó algo, pero apenas pudimos adivinar lo que tenía en la cabeza".

Sin duda ese día Leopold comprendió que su hijo no era sólo un chico precoz: era un milagro.

"ORAGNIA FIGATA FA"

En aquellos tempranos y felices años Wolfgang era un niño encantador, dócil, inteligente y de increíble dulzura, según testimonian todos los que lo conocieron. Muy rubio, con dos luminosos y grandes ojos azules, revelaba una sensibilidad delicada y honda. "Me quería tanto —recuerda Nannerl— que me preguntaba diez veces al día si yo lo quería. Y cuando, en tono de broma, yo le decía que no, sus ojos se llenaban de lágrimas."

Mozart no parece haber concebido jamás el mundo sin música; era su felicidad, su atmósfera natural, el aire en el que respiraba su espíritu. Cuando no estaba estudiando con su padre o sentado sólo ante el clave tratando de verter las sonoridades que llenaban su cabeza, se las ingeniaba para que todo se hiciera con acompañamiento musical. Naturalmente extravertido e histriónico, solía pararse sobre una silla y cantar una escena de ópera que él mismo había inventado, con un texto disparatado que sonaba como si fuera italiano: *"Oragnia figata la marina gemina fa"*. Todas las noches, antes de ir a la cama, la escena del pequeño Wolfgang de pie sobre la silla cantando su *"Oragnia figata fa"* (así la llamaba) era una ceremonia que se cumplía sin excepción. Leopold recordaba esa escena en una carta de 1778: "Cuando eras niño no te ibas nunca a la cama sin haber cantado, de pie sobre tu silla, *'Oragnia figata fa'*, y sin besarme repetidas veces. Me decías entonces: 'Cuando seas viejo, te protegeré siempre del viento, dentro de un bote, para tenerte siempre cerca de mí y continuar venerándote'".

La música era, al parecer, la única cosa en el mundo capaz de alterar el temperamento dulce y afectuoso del pequeño. "Durante una ejecución musical —recordaba Nannerl— se irritaba ante el más pequeño ruido. Mientras duraba la música todo en el mundo era música para él. Sólo cuando ésta cesaba volvíamos a ver al niño."

Esta pasión devoradora por el arte que lo haría inmortal no era, sin embargo, su única preocupación; Wolfgang se interesaba por todo, quería saberlo todo y preguntaba constantemente. Pese a que nunca fue a la escuela, porque Leopold tomó a su cargo toda su educación, mostraba notables inclinaciones hacia las matemáticas, y pasó por una etapa en la que pintaba números sobre todo lo que tenía alrededor, desde los muebles hasta las paredes. También mostraba predisposición por el dibujo, y aunque nadie de su entorno parece haberse dado cuenta, tenía una extraordinaria facilidad para redactar con ingenio, claridad de conceptos y gracia, como lo revela su correspondencia, sin duda la más importante que ningún músico haya legado y el elemento básico para el estudio de su vida y su personalidad.

A pesar de que Schachtner lo define como "todo fuego y llama" y afirma que se apasionaba con facilidad, lo cierto es que el pequeño Wolfie (como se lo llamaba por entonces en su casa) era un niño dócil y obediente, lo que facilitó sin duda la tarea didáctica de Leopold. El amor entre el padre y el hijo, en esta época, parece haber estado más allá de cualquier medida, y Nannerl afirma que Wolfgang solía repetir: "Después de Dios viene papá". Resulta importante señalar que los mozartianos que acusan a Leopold de haberle quitado a su hijo la niñez (lo que en gran parte es cierto) suelen olvidar que Wolfgang jamás dio señal alguna (como sí las dio, y cómo, Beethoven) de que la enseñanza que le impartía su padre y las horas que debía dedicar a la música le resultaran pesadas o duras de sobrellevar.

Mozart ha sido, diga lo que se diga, el caso de precocidad más extraordinario que la humanidad haya conocido, y no sólo en el campo de la música. Los relatos de su niñez están colmados de anécdotas asombrosas, que tienen un aire de leyenda y provocan esa extraña sensación de temor ante lo inexplicable. Una de ellas nos viene también de Johann Andreas Schachtner: el pequeño Wolfgang quería tocar su violín con un trío que formaban su padre, el violinista Wentzl y el propio Schachtner, y Leopold, lógicamente, le dijo que no:

Wolfgang se puso a llorar amargamente, y se fue retirando con pequeños pasos, con su diminuto violín en la mano. Conmovido por el dolor del niño, rogué entonces que lo dejaran tocar conmigo; entonces, su padre dijo: "bien, de acuerdo. Toca con el señor Schachtner, pero tan bajito que no se te oiga; de lo contrario, tendrás que irte inmediatamente". Así se hizo, y Wolfgang tocó conmigo. Muy pronto me di cuenta, con estupor, de que yo estaba sobrando. Suavemente dejé mi violín y miré a vuestro padre, que lloraba de admiración. Wolfgang tocó así los seis tríos.

Poco a poco, entre estos indicios de un talento milagroso, Leopold fue meditando en el futuro de sus hijos. ¿Por qué privar al mundo de esos extraños fenómenos de precocidad? En febrero de 1762 se echó la familia a cuestas y marchó a Munich; comenzaba la era de los grandes viajes.

LEOPOLD MOZART

En doscientos años, los mozartianos no han logrado recuperarse de la prematura muerte del genial músico y de las angustias vitales que, probablemente, la precipitaron. Por ello, ha sido tendencia de todos los biógrafos e historiadores de la música que se han ocupado de Mozart el diabolizar a las personas de su entorno más cercano, a quienes responsabilizan, en mayor o menor grado, de sus desdichas y su muerte. En este panorama, Leopold es de los que salen peor parados: se lo ha visto como un ávido explotador del genio de su hijo, a quien exhibió durante su niñez casi como un fenómeno de feria; se lo ha acusado de comprometer seriamente su salud forzándolo a una actividad creativa que estaba por encima de sus fuerzas físicas; se le ha echado en cara la falta de instrucción y el espíritu provinciano que Mozart exhibió en algunos pasajes de su vida, por no haberlo enviado a la escuela, y en este mismo ítem se suele agregar la falta de amigos de su edad que Wolfgang padeció cuando niño. Se lo ha culpado sin piedad por todos los conflictos que padre e hijo mantuvieron a lo largo de la común peripecia vital, y se lo ha señalado con el dedo como autoritario, caprichoso, chantajista, servil y mezquino. Pobre Leopold.

Quien no ha vivido en balde sabe que rara vez las cosas son tan radicalmente en blanco y negro; que la gente no suele ser buena o mala en sentido absoluto y que no deben usarse criterios modernos para juzgar conductas de personas que vivieron hace más de doscientos años, en otra realidad y con otra escala de valores. Leopold Mozart fue, sin duda, una figura controvertible, con múltiples facetas desagradables. Pero fue también el gran forjador del genio Mozart. Desde que descubrió las asombrosas condiciones del pequeño, organizó toda su vida para lograr que éstas se desarrollaran al máximo. Es cierto que le quitó una niñez normal, sacándolo por los caminos en condiciones durísimas y exhibiéndolo en cortes y salones, haciéndole tocar el piano con los ojos vendados y un paño sobre las teclas; pero no lo es menos que, con escasos recursos económicos, logró que su hijo fuese el músico más formado y bien preparado de su tiempo. Es toda una hazaña, que debe anotarse en su haber, que Wolfgang, proveniente de una familia de modestos servidores, haya estudiado, durante su niñez y adolescencia, en Londres con Johann Christian Bach y en Bologna con el padre Martini; que haya estado en contacto, durante sus años fermentales, con lo más selecto de la música de Viena, Mannheim, París, Roma, Milán y Nápoles. Una de las facetas más impresionantes del compositor Wolfgang Mozart es su absoluto dominio de todos los lenguajes expresivos, la facilidad genial con la que se movía en todos los campos y todos los estilos; esta sapiencia fue producto de esa vida errante y difícil que le impuso Leopold; no se puede aceptar lo uno y rechazar lo otro.

Nada indica que fuera Leopold un avaro, o un hombre que hacía de la posesión de riquezas el centro de su vida. Si fue interesado y casi rapaz con el dinero (que lo fue), era porque no tenía opción; era eso o la renuncia a los viajes, a la educación de su hijo, a los sueños de grandeza. Frente a la altivez de Wolfgang, Leopold aparece con frecuencia como un espíritu sumiso y servil, que toma las dádivas de los nobles como presentes que lo honran y acepta agachar la cabeza ante quien era poderoso. En este sentido no fue sino un hombre de su tiempo, un pragmático que sabía que ciertas rebeldías se pagaban muy caro (como las pagó su hijo y, en menor medida, el propio Beethoven). No carecía Leopold, por cierto, de orgullo ni de sentido de la propia dignidad, y en algunas de sus cartas respira una ácida postura crítica ante la aristocracia que lo aproxima a las ideas iluministas; pero por formación, por mentalidad y por su deseo apasionado de ayudar a su hijo, soportó cosas duras y humillantes; tal vez fue ésta su manera de practicar el heroísmo.

Más justificado parece el anatema de hombre autoritario, caprichoso y poco flexible; nunca logró aceptar, en su fuero íntimo, que Wolfgang había dejado de ser su pequeño hijo, que ya era un hombre y que tomaba sus propias decisiones a su cuenta y riesgo, como él tomó las suyas en su juventud. A medida que se fue haciendo más viejo su hostilidad hacia aquel hijo que había adorado y que, en cierto momento, desertó de su vida, se fue haciendo más vehemente, y llegó a extremos como enviar una protesta porque, en un programa, se hablaba —refiriéndose a Wolfgang— simplemente de "Mozart"; Leopold consideraba que "Mozart" era él, mientras no se demostrase lo contrario. Estas actitudes no pueden sino achacarse a la provección, que no perdona a nadie.

Leopold Mozart fue un ser humano complejo y muy interesante, con un grado de cultura bastante superior a la media de su tiempo, y sus comentarios sobre estilos musicales, obras pictóricas o arquitectura revelan un espíritu selecto y cultivado. Era un buen compositor, y algunas de sus obras han logrado celebridad; la *Sinfonía de los Juguetes*, parte de una obra mayor llamada *Casación* y durante mucho tiempo atribuida erróneamente a Joseph Haydn, y *Un paseo musical en trineo* son las más conocidas. Hablaba al menos cuatro lenguas (alemán, francés, inglés e italiano), sabía filosofía y teología y estaba perfectamente al tanto de las ideas que por entonces predominaban en Europa. Aunque fue siempre un católico conservador, y no dejó de tener su veta provinciana (se negó a vacunar a sus hijos, los que contrajeron luego la viruela), mantuvo buenas relaciones con personajes destacados de la Ilustración, y sobre el final de su existencia ingresó en la masonería.

Era hombre de pasiones fuertes, de afectos profundos y antipatías vehementes. Sin él, con todos sus defectos y sus impresionantes virtudes (ambición, imaginación, voluntad y espíritu de sacrificio) el compositor Wolfgang Mozart simplemente no hubiera existido, al margen de los aspectos biológicos. Y esta sola comprobación nos obliga a estarle eternamente agradecidos.

CAPÍTULO 2

El niño milagroso

A finales de 1761 Wofgang Mozart se presentó en público por primera vez, cantando en un coro de cien niños en la Universidad de Salzburgo. Numerosos indicios permiten suponer que el niño Mozart cantaba muy bien, cualidades que no parece haber conservado de mayor.

A principios de 1762 (el 12 de enero) se produjo el primer viaje de los muchos que señalarían su infancia; según parece, la familia viajó a Munich sin Anne Maria, los niños Mozart tocaron ante el príncipe Elector Maximilian Joseph III y permanecieron tres semanas en la capital de Baviera. Los resultados de esta primera aparición solista del niño prodigio parecen haber sido buenos, ya que Leopold comenzó inmediatamente a preparar uno más largo y ambicioso, que los llevaría hasta Viena.

El trayecto, cuidadosamente preparado por Leopold, preveía tres etapas: Passau, Liz y Viena. La primera parte se hizo en carruaje, y tal vez nunca los Mozart fueron una familia tan unida y feliz. Pese a todas las incomodidades que suponía viajar en aquellos tiempos, los niños se mostraban alegres y animados "y se comportan como si estuvieran en su casa", según escribe Leopold a Haguenauer (que contribuyó a financiar el viaje). Todo el trayecto en coche estuvo animado por las canciones que los cuatro entonaban alegremente y por los gritos de sorpresa y felicidad del pequeño Wolfgang, curioso e interesado por todo. Con ellos viajaba un criado, Richard Estlinger, muchacho muy joven que trabajaba como copista de partituras en Salzburgo.

En Passau Leopold había arreglado una presentación de los niños ante la máxima autoridad de la población, el príncipe obispo Fürstl; pero éste no se dio prisa alguna en recibirlos. Cada día que pasaba era un calvario, pues Leopold contaba escrupulosamente el dinero de reserva.

Por fin, el obispo anunció que recibiría sólo a Leopold y a Wolfgang. Primera decepción para Nannerl, que por entonces era la principal atracción de la familia. El pequeño de seis años tocó ante el parco jerarca, que no pareció asombrarse demasiado con sus habilidades. Idéntica parquedad conservó en el momento de compensar al pequeño músico: un ducado. Fue éste el primer honorario profesional que recibió en su vida Wolfgang Mozart.

En carta a Haguenauer Leopold calculaba en ochenta florines la pérdida sufrida por los cinco días de espera, y pedía que no se comentase en Salzburgo que el pago había sido tan miserable. "Ojalá —dice— que nuestro obispo von Schrattenbach viva muchos años". Meses más tarde, cuando se enteró del fallecimiento de Su Excelencia el obispo Fürstl, Leopold formuló este negro comentario: "Dios castiga de muchas formas".

Para continuar el trayecto los Mozart abordaron la embarcación que bajaba por el Danubio hacia Linz, hasta donde los acompañó el conde Johann Karl von Herberstein (1719-1787), sacerdote católico cuya amistad habían logrado en Passau. Llegaron ese mismo día a las cinco de la tarde, y fueron muy bien recibidos por una parte de la aristocracia afín a Herberstein. Leopold comentaba a Haguenauer: "Mis niños son admirados en todas partes, especialmente el varón".

Los Mozart se presentaron en la casa de uno de los nobles de la ciudad y dieron un concierto al que asistió un joven e influyente aristócrata húngaro, el conde Johann (János) Pälffy (1744-1794), que quedó encantado. El 4 de octubre continuaron el viaje por vía fluvial; con paradas en Mauthausen, Ips (donde el pequeño Wolfgang, visitando una iglesia, se trepó solo hasta el órgano y tocó, para sorpresa y admiración de todos) y Stein, llegaron por fin a la Capital Imperial el día 6 de octubre, con un tiempo abominable de lluvia, viento y nieve.

EL "PEQUEÑO MAGO"

La fama de dos niños muy precoces que tocaban de forma excelente el clave había precedido ampliamente la llegada de los Mozart, que se convirtieron rápidamente en la sensación de la aburrida nobleza imperial. El día 8 ya se presentaron en casa del conde Collalto, en una velada en la que también cantó la prestigiosa soprano Maria Bianchi, que dos días antes había estrenado nada menos que *Orfeo y Euridice*, de Gluck[1]. Fue una noche que Leopold jamás olvidaría; el modesto músico de corte estaba allí, en un gran salón nobiliario, convertido, él y su familia, en la atracción principal y rodeado de algunos de los nombres más ilustres de Viena, que los llenaban de elogios y atenciones. Con inocultable emoción contaba a Haguenauer sobre las gentilezas recibidas del conde y la condesa von Zizendorf[2], del vice Canciller Imperial conde Rudolf Wenzel Joseph von Colloredo-Melz und Walsee (1706-1788, padre del que sería luego Príncipe Arzobispo de Salzburgo), de los Cancilleres de Hungría y Bohemia, condes Pälffy y Chotek, y de Karl Esterhazy[3], obispo de Erlau.

> Todas las damas están enamoradas de mi hijo —comentaba con orgullo a Haguenauer en carta del 16 de octubre—. Todo el mundo habla de nosotros, y cuando fui solo a la ópera, el día 10, pude escuchar al Archiduque Leopold, en su palco, diciéndole a alguien que había llegado a Viena un niño que tocaba maravillosamente el clavicordio. (…) La admiración de todos se centra en el chico, y no he conocido a nadie que no lo considere un fenómeno inexplicable.

El día 13 a las tres de la tarde la familia Mozart fue recibida en el palacio imperial. Estaban presentes: la emperatriz María Theresa (1717-1780), el emperador Franz I (1708-1765) y los archiduques Joseph, Leopold y Marie Antoinette (María Antonieta). Leopold dio a Haguenauer más referencias sociales que propiamente musicales; por él sabemos que Wolfgang intimó con la emperatriz, que saltó a sus rodillas y que la besó, lo que según el orgulloso padre era "como un cuento de hadas". Quien conozca la actitud estúpida que la propia Maria Theresa tendría años después ante el Mozart adolescente sabrá leer bastante miseria por debajo de este cuadro idílico; la gran emperatriz (pues lo fue) nunca vio en esta familia más que un grupo de saltimbanquis mendicantes; incluso la recompensa que les envió luego a su domicilio (dos trajes usados que habían pertenecido a sus hijos) suena más a un acto de caridad que a una remuneración profesional.

Leopold fue incluso llamado a otra habitación para que pudiera escuchar, con oído de experto, tocar el violín a la princesa Isabella de Parma (1741-1763), casada con el archiduque Joseph. Una anécdota de esa velada se ha hecho célebre: corriendo por el suelo encerado Wolfgang se cayó, y la joven María Antonieta (1755-1793) vino presurosa a ayudarlo a levantarse. "Sois muy gentil" —habría dicho el pequeño— "Cuando sea mayor me casaré con vos". La emperatriz, que asistía a la escena, le preguntó entonces por qué haría eso, y el niño respondió: "para agradecerle, porque ha sido muy buena conmigo".

El emperador Franz I, que quedó encantado con Wolfgang y lo llamaba "el pequeño mago", consiguió que tocara con las teclas del piano cubiertas por un paño y varias piezas con un solo dedo. Ya en esa ocasión mostró un rasgo de carácter que conservaría durante toda su vida: un cierto menosprecio por los halagos provenientes de la nobleza y un gran respeto por los entendidos. Wolfgang estaba sentado ante el clave y el emperador de pie a su lado; entonces el niño preguntó: ¿"No está el señor Wagenseil[4] aquí? Él entiende de esto". Vino entonces Wagenseil: "Voy a tocar uno de sus conciertos. Usted debe dar vuelta las páginas".

La velada en Schönbrunn se prolongó en la casa del príncipe von Hildeburghausen, que pagó seis ducados al satisfecho Leopold. La fama del niño milagroso se había extendido por toda la buena sociedad vienesa, y Mozart padre escribía a Haguenauer, henchido de placer:

Hoy a las 2.30 debemos recibir a las dos archiduquesas; a las 4 debemos ir a lo del conde Pälffy, canciller de Hungría; ayer fuimos a lo del conde Caunitz, y el día anterior a lo de la condesa Küntzgin, y más tarde a lo del conde von Ulefeld (16 de octubre).

Y tres días más tarde, en otra carta al mismo destinatario:

Vienen a buscarnos en carruajes con lacayos, y después nos traen de vuelta a casa. (…) Los señores nos invitan hasta con una semana de antelación, por miedo a llegar tarde (19 de octubre).

De todas estas actuaciones quedan pocos testimonios directos; uno de los más valiosos es el del conde Zizendorf, que anotó en su diario el 19 de octubre: "Luego fui a lo de Thurn; allí el pequeño niño de Salzburgo y su hermana tocaron el clavicordio. El pobrecito toca maravillosamente; es un niño despierto, vivaz y encantador. Su hermana tocó también magistralmente, y él la aplaudía".

La emperatriz pidió a Leopold si podía prolongar algo su estancia, pues tenía intención de recibirlos nuevamente; y para apoyar su solicitud, le envió nada menos que cien ducados. La situación era delicada, ya que el permiso de ausencia que había obtenido del arzobispo von Schrattenbach había casi caducado y era necesario regresar. Aceptó el pedido de Maria Theresa, desde luego, pero no sin pedirle a Haguenauer que explicara al Arzobispo las circunstancias, falsas y verdaderas, que lo retenían en Viena. Esta segunda presentación en Schönbrunn, que tuvo lugar el 21 de octubre, fue, sin embargo, el fin de los tiempos felices.

En esa tarde que pasaron con la emperatriz Wolfgang se sentía molesto, y se quejaba de calambres. Por la noche el pequeño fue revisado y se le encontraron manchas rojas en las tibias, en los codos y en los glúteos; cuando se las tocaban le dolía. Después de que pasara una mala noche sus padres comprobaron, al día siguiente —viernes— que las manchas habían crecido. Fue medicado caseramente con polvos del margrave, pero no hubo mejora aparente. Fue necesario cancelar todas las visitas comprometidas.

El médico de la familia von Zizendorf, doctor Johann Baptist Anton von Bernhard (1728-1796), vio al enfermo, diagnosticó fiebre escarlatina y aprobó las medidas tomadas por sus padres. En la actualidad se piensa, según estudios del doctor australiano Peter J. Davies (Melbourne, 1937), que la afección del pequeño, que mejoró rápidamente a partir del domingo siguiente, no fue escarlatina, sino un eritema nudoso casi seguramente estreptocócico. Leopold, angustiado, mandó decir misas en Salzburgo y manifestó amargamente: "La felicidad es como el cristal, y la hemos roto como se rompe la vasija del vinagre".

El 31 de octubre, día de San Wolfgang, el niño se levantó de la cama por vez primera desde el fatídico jueves; pero su desaparición transitoria hizo que el entusiasmo que había generado se esfumara con la misma rapidez con que adviniera; las invitaciones canceladas no se repitieron, y los nobles vieneses parecieron olvidar abruptamente a los Mozart. "Este suceso se puede evaluar en una pérdida de cincuenta ducados", comentó el siempre pragmático Leopold a Haguenauer.

Con motivo de su santo Leopold regaló a Wolfgang un cuaderno con ciento veintiséis ejercicios correspondientes a diversos géneros musicales; está claro que ese buen pedagogo que era Mozart padre había intuido que su hijo no debía ser orientado exclusivamente a la interpretación, sino también a la composición.

Los médicos consideraron que la afección que había tenido el pequeño podía ser contagiosa, y prescribieron una larga cuarentena; pese a ello, Wolfgang se presentó en casa de algunos nobles, sin duda como consecuencia de los inesperados apremios económicos que Leopold había comenzado a padecer. El 5 de noviembre tocó en lo del doctor Bernhard, el 9 en lo del príncipe Windischgrätz y el 19 asistieron a una cena de gala en el palacio. Leopold volvió a emocionarse con la amabilidad de la emperatriz, que lo llamó aparte para preguntarle personalmente por la recuperación del niño; pero los resultados económicos de esta actividad fueron magros: 21 ducados.

En aquellos días de forzada calma, y al tiempo que escribía reiteradamente a Haguenauer pidiéndole que moviera sus influencias para que el arzobispo von Schrattenbach lo nombrara *Kapellmeister* de Salzburgo (el fallecimiento de Johann Ernst Eberlin[5] había dejado vacante el cargo, que sería finalmente otorgado a Giuseppe Francesco Lolli, 1701-1778). Leopold meditaba profundamente en el futuro; si exhibir a sus hijos en Viena había resultado tan redituable, ¿qué no pasaría en toda Europa? ¿Qué cantidades fabulosas de dinero podían ganar? ¿Hasta dónde podía llegar su maravilloso hijo si viajaba desde su más temprana infancia y tenía ocasión de estudiar con los mejores músicos del continente? El gran viaje de la familia Mozart, que los llevaría hasta Londres, comenzó sin duda a gestarse en aquellos meses de noviembre y diciembre transcurridos en la capital imperial.

El 8 de diciembre, día de la Inmaculada Concepción y cumpleaños de la emperatriz, se realizó un gran banquete en el curso del cual los Mozart fueron invitados a viajar a Pressburgo (hoy Bratislava); Leopold aceptó y el 11 viajaron a la ciudad húngara. Aunque no pensaba quedarse más de una semana, permanecieron hasta la Nochebuena, pues Leopold sufrió un terrible dolor de muelas; además, el tiempo volvió a ponerse muy malo, y el tráfico de las barcazas sobre el Danubio se retrasó considerablemente.

Partieron el 24 de diciembre y estaban de regreso en Viena esa misma noche. El 26 Wolfgang y Nannerl hicieron su última presentación pública, en casa del mariscal Daum. El viernes 30, en medio de un frío cruel, emprendieron el viaje de regreso, por la misma ruta y las mismas vías de transporte que los habían traído. En esos días falleció la princesa Johanna (1749-1762), hija de Maria Theresa, que tenía trece años; Leopold recordaba, con emoción, que "había tomado a Wolferl de la mano y lo había llevado a sus habitaciones".

Los Mozart llegaron de vuelta a Salzburgo el 5 de enero de 1763; el balance de aquel primer viaje largo había sido muy favorable: ganancia económica y, especialmente, el lanzamiento de los niños como artistas capaces de interesar a lo más selecto de la nobleza. Pese a su flamante nombramiento de *Vicekapellmeister* (que seguramente le habrá, en parte, decepcionado), Leopold puso de inmediato toda su energía en la preparación del próximo y mucho más ambicioso viaje.

Fue por entonces que Wolfgang escribió su *Minueto en Sol*, K 1, la primera de sus obras que se conservan escritas de su puño y letra. Pero, sorpresivamente, el niño volvió a caer seriamente enfermo, afectado por otra infección estreptocócica y lo que el doctor Davies considera, más de doscientos años después de los hechos, como "fiebre reumática". Se recuperó rápidamente, pero estas caídas, que se produjeron después de un período de sobrehumana actividad (en Viena) y de un largo viaje, son significativas, y pueden considerarse un preludio de la gran crisis de La Haya de 1765, cuando estuvo al borde de la muerte.

Sobre el verano, Leopold logró por fin la autorización del Príncipe Arzobispo para una larga ausencia; y, después de cuidadosos preparativos, el 9 de junio de 1763 los Mozart emprendieron la más ambiciosa y larga aventura de su vida en común.

Capítulo 3

El Gran Viaje

El 5 de enero de 1763 los Mozart regresaban a Salzburgo desde Viena; en febrero terminaba la Guerra de los Siete años; y el 9 de junio la familia salía otra vez de viaje, el más ambicioso y largo de todos los que Wolfgang realizaría en su vida. Los llevaría, entre otras ciudades, a Munich, Ausburgo, Frankfurt, Bruselas, París, Londres, La Haya y Amsterdam, y duraría más de 3 años, pues los Mozart no estarían de regreso en Salzburgo hasta noviembre de 1766.

Leopold preparó cuidadosamente el viaje; reunió algo de dinero, estableció infinidad de contactos epistolares y consiguió sin mucho esfuerzo la autorización pertinente del Príncipe Arzobispo (el cual, sin embargo, difícilmente podía imaginar que la ausencia de su *Vicekapell meister* se prolongaría tanto tiempo). El final del sangriento conflicto bélico creaba, además, condiciones óptimas para la aventura; el viaje hubiera sido impensable con Europa convertida en un campo de batalla y la nobleza y alta burguesía preocupadas más por financiar los ejércitos que los conciertos. Leopold, meticuloso y excelente organizador, no dejó nada librado a la improvisación; hizo imprimir una serie de folletos propagandísticos que proclamaban las maravillas del niño prodigio (a esta altura la pobre Nannerl había quedado definitivamente relegada a un papel de comparsa) y lo mostraban en dibujos ante el clave con los ojos vendados, o tocando por encima de un paño. Los Mozart viajarían librados a una serie de circunstancias aleatorias; no tenían contratos ni compromisos fijos, no sabían quién los recibiría ni dónde, no podían aspirar a cobrar honorarios (quedaban a merced de la generosidad del noble o burgués de turno) y el resultado del viaje (incluso la posibilidad de completar el plan trazado) dependía en gran medida del interés que la presentación de Wolfgang pudiera despertar. Hay que anotar en el haber de Leopold que, pese a presentar a sus hijos casi como atracción de feria, jamás perdió de vista que uno de los motivos esenciales de aquel gran viaje era favorecer la formación musical de Wolfgang, en quien él veía no tanto un virtuoso, sino un compositor. Aspiraba, sin duda, a ganar dinero; pero también a que su hijo pudiera estudiar con Johann Christian Bach.

El *Vicekapellmeister* llevó consigo a un joven criado de 19 años, llamado Sebastian Winter[1], que desempeñaba funciones de cochero, cocinero y paje, ocupándose de hallar posada y llevar las maletas. Le quedaba tiempo, como revela un diario que llevaba Nannerl, para jugar con el imaginativo Wolfgang, dibujando fantásticos mapas en los que el pequeño situaba las ciudades que iban recorriendo y que, según él, integraban su reino personal.

Y allí estaba otra vez, con sus siete años a cuestas, el pequeño Wolfgang a bordo de los incómodos carruajes de aquellos tiempos, recorriendo ásperos caminos y parando en modestas posadas donde la alimentación dejaba, por lo general, mucho que desear. Allí estaba Nannerl, en plena adolescencia, aprendiendo dolorosamente a asumir su papel de objeto decorativo del interés y la pasión despertados por su hermano menor, lejanos para siempre los días en que fuera la principal atracción de la familia. Y Anna Maria, la más sacrificada de todos ellos, una buena mujer de su casa llevada por larguísimos períodos lejos de su hogar y de todo lo que era su mundo, obligada a alternar con personas desconocidas y extrañas, que hablaban lenguas que no comprendía, siempre angustiada por la salud de sus hijos y sostenida solamente por la fidelidad y el amor que sentía por su esposo. Y Leopold, el austero, ambicioso, formidable Leopold, apóstol de la gloria de su hijo, a la vez pedagogo, empresario, publicista y director de aquella pequeña compañía de artistas. Por delante, los caminos de Europa y un mundo por conquistar.

LOS MÚSICOS AMBULANTES

La berlina de los Mozart partió el 9 de junio de 1763, en dirección a Munich. Sesenta kilómetros antes de llegar, en la pequeña aldea de Waaserburgo, se rompió la rueda trasera, y Sebastian debió repararla;

los viajeros aprovecharon el tiempo para visitar la iglesia del pueblo, y Leopold cuenta a Haguenauer que Wolfgang "atacó los pedales del órgano como si lo hubiera hecho desde varios meses atrás. Todos quedaron asombrados; es una nueva gracia de Dios". Parecía haber olvidado que, un año antes, había dejado a todos con la boca abierta tocando el órgano en Ips.

El 12 de junio, domingo, llegaron a la capital de Baviera. El príncipe de Zweibrucken, que conocía a los Mozart de su visita a Viena, los recibió y concertó una presentación ante el príncipe elector Maximilian Joseph III[2]. Nannerl no tocó nada en aquella ocasión, y el hecho es bien demostrativo de la falta de interés de Leopold en la promoción de su hija, ya que el Príncipe se lamentó, poco después, de no haber tenido oportunidad de oírla. En los días siguientes volvieron a presentarse en público, esta vez en casa del duque de Clemens, que organizó dos veladas. No hubo otro interés en oír a los jóvenes músicos, y el viaje podía continuar; pero Leopold se vio obligado a aguardar unos días hasta que se le entregasen las "gratificaciones"; cobraron por fin cien florines de Maximilian y setenta y cinco de Clemens.

La segunda parada tenía especial interés para Leopold, pues era en su pueblo natal, Ausburgo; pero los resultados fueron decepcionantes: no hubo interés en escuchar a los Mozart y los niños debieron conformarse con tocar en tres ocasiones ante el entorno familiar de Leopold, con escasa asistencia ("casi todos luteranos", se quejaba Mozart padre) y nulos resultados económicos. Pese a ello, conocieron al célebre violinista y compositor Pietro Nardini[3], cuyo arte encantó a Leopold, y compraron un clavicémbalo pequeño al célebre fabricante Johann Andreas Stein (1728-1792).

El 6 de julio se reemprendió el viaje y esa noche la pasaron en Ulm, cuyo estilo gótico le pareció a Leopold "horrible, antiguo y carente de gusto". Este rechazo se repitió ante todas las ciudades alemanas en las que predominaban los estilos arquitectónicos del medioevo: Geisligen, Werstestetten, Plochingen y Stuttgart. Era precisamente esta última ciudad el próximo destino previsto en el itinerario; pero al enterarse de que el duque de Würtenberg se encontraba de cacería en Ludwigsburg, los Mozart se dirigieron a esta localidad. El día 10 de julio fueron recibidos por el *Kapellmeister* de la corte, Niccoló Jomelli (1714-1774), compositor napolitano y consumado intrigante, de quien se decía había envenenado a su rival, el catalán Domingo Terradellas. Wolfgang tocó ante Jomelli, y éste, tiempo después, expresó su admiración por el talento del niño en una frase que no tiene desperdicio: "Es sorprendente, casi increíble, que un niño alemán tenga tanto talento, tanto fuego y tanto espíritu".

Karl-Eugene von Würtenberg se negó a escuchar a los viajeros de Salzburgo, a los que tomó sin duda por feriantes de poca monta (Leopold acusó a Jomelli de esta negativa), y el 14 de julio éstos dejaron Ludwigsburg en dirección a Schweitzingen, residencia veraniega del Elector del Palatinado, Karl Theodor[4].

Aquí las cosas fueron mucho mejor; el Príncipe celebró inmediatamente una Academia en el palacio, en la que tanto Nannerl como Wolfgang alternaron con prestigiosos músicos, como el flautista Johann Baptist Wendling[5] y reputados cantantes. Según Leopold, "...mis hijos conmovieron a todo Schweitzingen, y Sus Altezas experimentaron un placer irresistible; todo el auditorio quedó mudo de asombro".

Los Mozart tuvieron, por su parte, ocasión de escuchar a la famosa orquesta de Mannheim:

> ...es, sin duda alguna, la mejor de Alemania; está compuesta por músicos jóvenes, pero de excelentes costumbres. No hay entre ellos jugadores ni bebedores, y no son libertinos ni se visten desaliñadamente; toda su conducta es tan estimable como su trabajo (Leopold).

El orgullo de éste se vio además satisfecho por la admiración que algunos músicos de la orquesta expresaron por su método de violín.

El viaje continuó a través de Heidelberg, en cuya Iglesia del Espíritu Santo Wolfgang tocó el órgano para embeleso de los oyentes; visitaron luego el famoso tonel de la bodega del castillo de los condes palatinos, con capacidad para 140.000 litros de vino, y continuaron hacia Worms (donde tocaron en casa del barón Dalberg), Maguncia (el Elector no los recibió, pero realizaron una triunfal presentación en un local llamado El Rey de Roma) y Frankfurt. Llegaron a esta ciudad el 12 de agosto, y el 18 dieron un concierto que significó uno de los grandes triunfos de la gira. "Que Dios, en su infinita bondad, continúe dándonos salud, y otras ciudades también podrán maravillarse", escribía exultante Leopold. Este éxito derivó en tres espectáculos más, y a uno de ellos asistió un muchacho de catorce años nacido allí y llamado Johann

Wolfgang Goethe (1749-1832). El gran poeta y padre del Romanticismo, que no supo apreciar los maravillosos *lieder* que Schubert escribiría sobre algunos de sus poemas, fue en cambio rendido amante del arte de Mozart desde aquella velada de su adolescencia, que recordaba luego a sus ochenta años:

> Lo vi; un niño de siete años que dio un concierto durante un viaje. (…)
> Recuerdo perfectamente a aquel hombrecito, con su peluca y su espada (Wolfgang Goethe, 1830).

También conocieron en Frankfurt al poeta Christoph Martin Wieland (1733-1813), que luego volvería a encontrarse con Wolfgang en Mannheim, en 1777. Los quince días en la ciudad del Main fueron sumamente fructíferos, lo que no impidió que Leopold siguiera quejándose de la falta de dinero. Algunas referencias laterales permiten suponer también que por entonces Nannerl comenzó a dar signos de disgusto por verse postergada: "Nannerl no sufre en absoluto a causa de su hermano —escribe significativamente Leopold—, teniendo en cuenta que cuando ella toca todo el mundo admira su velocidad".

BESOS EN VEZ DE LUISES

Con la llegada de septiembre los Mozart regresaron a Maguncia, esperando otra vez —infructuosamente— ser recibidos por el Príncipe arzobispo, y siguieron el curso del Rin a través de Koblenz, Bonn y Köln (Colonia). El 30 de septiembre se detuvieron en Aquisgran, donde Anna Amalie de Prusia (1723-1783), hermana de Friedrich (Federico) II, recibió a los pequeños con grandes muestras de afecto y los escuchó; pero los resultados económicos fueron magros, lo que motivó otro de los feroces comentarios de Leopold: "…si los besos con que han cubierto a mis hijos, sobre todo a Wolfgang, hubiesen sido luises de oro, yo habría sido feliz; pero desdichadamente, ni posaderos ni postillones se conforman con besos".

El 4 de octubre, después de atravesar Lieja y Lovaina, llegaron a Bruselas. Por entonces, los territorios de la actual Bélgica constituían parte de los llamados Países Bajos Austríacos, y estaban gobernados por el hermano del emperador Franz I, el príncipe Karl Alexander de Lorena (1712-1780). Éste demostró un interés inmediato en los músicos de Salzburgo, e hizo saber a Leopold que tenía previsto recibirlos, aunque no había precisado aún la fecha; mientras tanto, los Mozart debían abstenerse de realizar otras presentaciones públicas. Esto se convirtió en un auténtico calvario; pasaban los días y la invitación de Karl no se concretaba, mientras la familia debía sobrevivir a sus propias expensas. La situación ilustra debidamente la insensibilidad de ciertos aristócratas ante las dificultades de la gente común. Wolfgang, con casi ocho años, guardará cuidadosamente en la memoria estos agravios.

Un mes entero pasó antes de que el alegre y frívolo Karl se decidiera a recibir a los músicos; esos días los emplearon recorriendo la ciudad, estudiando y trabajando. Wolfgang compuso su Sonata K. 6 para clave, transformada luego en sonata para violín y piano, y Leopold se dedicó a admirar la gran pintura flamenca.

La audición tuvo lugar los primeros días de noviembre, en el palacio, y los resultados compensaron en parte la angustiosa espera. Los pequeños músicos encantaron a todos, Karl se mostró tan satisfecho como generoso, y lo que tan mal comenzara terminó magníficamente. Sin embargo, Leopold no quiso volver a correr riesgos en Bruselas y partió casi inmediatamente rumbo a París. Era uno de los puntos clave de la aventura; la capital de Francia no tenía aún el prestigio legendario que adquiriría en el siglo XIX, pero era ya uno de los centros principales de la cultura continental. Allí se libraba la batalla más espectacular entre la música italiana y la alemana, allí vivía la nobleza que se autocalificaba como la más culta de Europa, allí vivían algunos de los músicos más prestigiosos de Europa. Mozart llegaba, con el asombro y la alegría de sus siete años, a la ciudad en la que, quince años más tarde, vería morir a su madre y diría definitivamente adiós a su primera juventud.

NANNERL

Ser mujer en la Europa del siglo XVIII no era fácil, si es que alguna vez lo ha sido en algún lugar o tiempo del mundo. Curiosamente, en el único campo en que el sexo femenino podía destacar era en el de la política, si se era noble de cuna o se establecían relaciones muy especiales con los hombres que ostentaban el poder. El mundo de la cultura estaba vedado a las mujeres, que sólo podían participar en calidad de oyentes o, entrado el siglo, como anfitrionas de reuniones culturales. Más allá de los pininos poéticos de las jóvenes de buena familia, o del aprendizaje de un instrumento para solaz familiar, la mujer artista era algo que no se concebía.

Maria Anna Walburga Ignatia Mozart, Nannerl, pudo ser una excepción, una abanderada de la liberación artística de su sexo; y de alguna forma lo fue. Pero su carrera musical quedó frustrada ante el empuje del genio de su hermano. Nannerl aprendió con facilidad y seguridad, y pronto se convirtió en una destacada intérprete. Leopold era, desde luego, perfectamente consciente de ello, y sus primeros intentos de promover públicamente a sus hijos tuvieron a Nannerl como principal atracción. Pero muy pronto la dejó de lado y se dedicó totalmente a la educación de su hijo; Wolfgang se convirtió en la estrella absoluta de la familia, y su hermana mayor, que soñó tal vez para ella un porvenir glorioso, debió, por disposición paterna, quedarse en Salzburgo dando clases desde los diez años para contribuir a sufragar los gastos familiares, hinchados espectacularmente por los viajes del hermano pequeño. Participó, aunque ya en segundo plano, en la última gira austríaca de la familia, en 1767; pero cuando Leopold y Wolfgang emprendieron su viaje por Italia, en 1769, Nannerl fue condenada a permanecer con su madre; sus días de artista habían terminado para siempre.

Llevó en los años siguientes una vida retirada y apacible, dando clases de piano. Pero nadie puede saber el grado de frustración que llevaba adentro. Luego del malhadado viaje de 1778, durante el cual falleció su madre, solitaria y lejana, un sordo rencor la separó definitivamente de Wolfgang. Aunque éste le escribía en el sólito tono jocoso y familiar que acostumbraba, ella no le contestó jamás una sola línea, y en el duro enfrentamiento que padre e hijo mantuvieron por el regreso de éste a Salzburgo, ella tomó decididamente partido por su progenitor. En realidad había sido Leopold el primero en postergarla y frustrar su carrera musical; pero evidentemente ella pensaba que todo se debía al egoísmo de su hermano.

Durante la última etapa en que ambos convivieron, entre 1779 y 1781, parecen haber reanudado unas relaciones más o menos normales; pero cuando, para escándalo y furia del padre, Wolfgang rompió violentamente con el arzobispo Colloredo, y se instaló en Viena, Nannerl volvió a tomar distancia. Con ocasión de la última visita de Wolfgang a Salzburgo, en compañía de su esposa Constanze, Nannerl mantuvo ante los visitantes una actitud llena de consciente frialdad, que desagradó a los jóvenes esposos. Cuando Wolfgang abandonó su ciudad natal, saludó por última vez a su hermana. Viviría ocho años más a pocos cientos de kilómetros, pero jamás hizo intento alguno de volver a verla, ni siquiera cuando ésta contrajo matrimonio.

Nannerl se casó a los treinta y tres años con un hombre diecinueve años mayor que ella. El barón Johann Baptist von Berchtold zu Sonnenburg tenía en el momento de su boda (agosto de 1784) cincuenta y dos años, era viudo y con cinco hijos. Mozart felicitó a su hermana en una carta llena de afecto, pero excusó su asistencia: "Lamentamos desde el fondo de nuestros corazones no poder tener la alegría de asistir a tu boda; ojalá podáis vivir juntos con tanta felicidad como vivimos nosotros". Conociendo la animosidad de Nannerl hacia Constanze, esta sencilla expresión de buenos deseos adquiere mucha intención.

Nannerl fue razonablemente feliz en su matrimonio. Su marido le dio tres hijos, Leopold Alois Pantaleon (1785-1840), Johanna (apodada Jeannette, 1789-1805) y Maria Babette (1790-1791), de los cuales sólo el varón llegó a la edad madura. Durante esos años no mantuvo con su hermano ninguna relación. El único contacto entre ambos fue bastante sórdido, pues tuvo que ver con desavenencias generadas por el reparto de la exigua herencia del padre de ambos. No se mostró generosa esta Nannerl, esposa de un aristócrata acomodado, con su infeliz y genial hermano; fue tal vez su tardía y mezquina venganza.

Cuando Wolfgang falleció, en 1791, declaró que "esta muerte ha vuelto a despertar en mí los sentimientos de hermana", expresión muy significativa, y afirmó desconocer la verdadera situación en que se había encontrado aquél; escribió entonces bastantes cartas y memorias recordando los felices años de su niñez, pero éstas contienen muy pocas referencias al Mozart adulto, y no son favorables. Contribuyeron decisivamente a la creación del mito del "eterno niño", que tanto ha dañado la memoria del mayor de los músicos. Nannerl enviudó en 1801, y aunque no lo necesitaba, volvió a dar clases en Salzburgo, donde vivió hasta su muerte acaecida en 1829, a la edad de setenta y ocho años. A partir de 1825 estaba totalmente ciega. En los últimos tiempos de su vida su ex cuñada Constanze, viuda por segunda vez, también residió en Salzburgo, pero ambas mujeres se ignoraron absolutamente. De su larga e intensa relación con su hermano pequeño, Nannerl, la gran sacrificada, sólo parece haber amado en el recuerdo los dorados años de su primera niñez.

PARÍS

Sebastian Winter entró con el coche por la calle que hoy se llama François Miron, de París, a las tres y media de la tarde del día 18 de noviembre de 1763, y se dirigió a la principal de las direcciones que llevaba Leopold Mozart: la del embajador de Baviera en París, el conde Van Eick, que vivía con su esposa en un hotel llamado Beauvais. La familia fue invitada a instalarse en una habitación del mismo establecimiento, y el clavecín de la señora del embajador fue colocado en ésta, para uso de los niños.

Leopold traía varias direcciones y posibles contactos, por lo general orientados hacia la colonia alemana en París; pero surtieron escaso efecto. Los niños Mozart, aclamados por todas las ciudades de Alemania, parecían despertar escaso interés en París, aun entre los mismos alemanes. La suerte cambió cuando Leopold entró en contacto con Friedrich-Melchior Grimm[6], alemán radicado en París desde 1748, amante de Madame d'Épinay[7]. Cuando conoció a los Mozart, Grimm estaba en su momento de mayor prestigio en los ambientes liberales, y abrió puertas importantes a los niños bávaros. En su difundida "Correspondencia literaria, filosófica y crítica", una especie de periódico que él escribía y que llegaba a toda Europa, habló maravillas de los Mozart, y esto fue decisivo para que comenzaran a llegar las primeras invitaciones:

Un maestro de capilla de Salzburgo llamado Mozart acaba de llegar a París con sus dos hijos, niños de aspecto muy agradable. Su hija, de once años, toca el clave del modo más brillante y ejecuta las piezas más difíciles con asombrosa precisión. Su hermano, que cumplirá siete el próximo mes de enero, es un fenómeno tan extraordinario que nos cuesta creer lo que estamos viendo y oyendo (…). No descarto que este niño me haga perder la cabeza si lo escucho con frecuencia.

41

El día 9 de diciembre fueron recibidos por la marquesa de Villeroy y por la condesa de Lillebone; pocos días después, y a pesar de que la Corte estaba de duelo, los Mozart fueron recibidos en Versailles, donde conocieron a la célebre madame de Pompadour (1721-1764; "tiene en el rostro, y sobre todo en los ojos, algo de una emperatriz romana", comentó Leopold). Wolfgang trató de besar a la célebre cortesana y ésta dio muestras de desagrado, retirando su cara, ante lo cual el niño —recordemos la altivez del Mozart adulto— se habría indignado: "¿Quién es ella para negarse a besarme a mí, cuando la misma Emperatriz me ha besado?".

Por fin, Wolfgang y Nannerl tocaron ante la familia real, en el famoso faubourg Saint Honoré. Leopold, profundamente impresionado por el boato y la solemnidad de la corte francesa y siempre agradecido ante la atención de los poderosos, cuenta aquella velada en términos muy similares a los de sus cartas de Viena de 1762:

> Wolfgang estaba al lado de la reina y le hablaba constantemente, la divertía y comía las golosinas que ella le daba. La reina habla alemán tan bien como nosotros, pero el rey (Louis XV) no entiende una palabra. Ella traducía lo que decía nuestro Wolfgang; yo me mantenía cerca del rey, mientras mi hija y mi mujer se situaban cerca del Delfín...

Tan embelesado estaba el *Vicekapellmeister* por alternar con la mayor realeza de Europa, que olvidó decir una sola palabra de la actuación musical de sus hijos. Dejó, sin embargo, algunas impresiones sobre la música que pudo escuchar en Versailles, y sus juicios son muy negativos y llenos de prejuicios: "...todo era helado y miserable, es decir, muy francés". Estas opiniones despreciativas influyeron sin duda en la actitud igualmente negativa de Wolfgang, que tan caro le costaría en ocasión de su visita a París en 1778.

Por no gustarle lo francés, a Leopold no le gustaron ni siquiera las parisinas, de belleza y elegancia proverbiales a lo largo de las centurias:

> ¿Son hermosas las mujeres de París? —escribía a la señora de Haguenauer—. No sabría decirlo, en verdad, ya que se arreglan tan artificiosamente y se pintan de una manera tan exagerada que parecen muñecas de Berchtesgaden. De tal manera que aun las que serían bellas se vuelven, a causa de estos afeites, insoportables para los ojos de cualquier honesto alemán.

A pesar de estos y otros juicios despectivos hacia el "gusto francés", cuya desaparición en música llegó a vaticinar en breve tiempo, Leopold trató, interesadamente, de atar vínculos con los músicos parisinos, alemanes o franceses, como Johann Schobert[8], Johann Gottfrid Eckard (1735-1809), Leonzi Honnauer (1730-1790), Jean-Pierre Le Grand (1734-1809; "un clavecinista francés que ha abandonado completamente el gusto nacional y compone sus sonatas dentro de nuestro estilo alemán", sentenció Leopold), François Joseph Gossec[9] o Jean-Pierre Duport (1741-1818, excelente violoncelista y buen compositor). Por iniciativa de algunos de estos músicos, Wolfgang verá impresas sus primeras obras: cuatro sonatas compuestas por el prodigio de siete años. Dos de ellas (para clave y violín, opus 1, K. 6 y 7) fueron presentadas pocos días después a la princesa Victoire Louise (1733-1799), hija del rey, en Versailles. Las otras dos están dedicadas a Mme. de Tesse, una de las damas de la delfina (opus II, para clave y violín, la Nº 3 en Si bemol mayor y la Nº 4 en Sol mayor, K. 8 y 9). Leopold escribió la dedicatoria de esta última, y los términos fueron tan exagerados que la depositaria de tantas alabanzas se negó a aceptarlas, y fue necesario escribir otra dedicatoria un poco más moderada.

"Hemos sembrado bien, y ahora esperamos una buena cosecha", decía Leopold, y tuvo razón, pues la familia real francesa fue muy generosa en sus remuneraciones, tanto en regalos como en dinero (mil doscientas libras). Ello no impide que el siempre ávido Mozart padre encuentre motivos de queja: Wolfgang y Nannerl padecieron un catarro, y Leopold comenta así este incidente:

> Podía tener por lo menos veinte luises de oro más si mis hijos no hubieran debido permanecer algunos días en casa. (...). La gente quiere persuadirme de que vacune a los niños contra la viruela; pero como les he hecho ver mi aversión a estas cosas, me han dejado tranquilo. Aquí es la moda general. Yo prefiero ponerme en manos de Dios.

Las manos de Dios, por supuesto, no impidieron que pocos años después, en Viena, los dos hijos del provinciano Leopold adquirieran la viruela; estuvieron muy gravemente enfermos, y la cara de Wolfgang guardó toda la vida el recuerdo de la imprevisión y el atraso de su padre.

El octavo cumpleaños sorprende a Wolfgang en plena actividad musical y social, transformado en el juguete de moda de la frivolidad francesa y en la admiración sincera de los auténticos amantes de la música. De aquel período nos quedan algunos testimonios de la actitud de Wolfgang: en la breve biografía de Friedrich von Schlichtegroll (1765-1822), la primera que se publicó sobre Wolfgang como parte de un libro titulado *Necrológicas de alemanes*, escrito en 1793, el autor recuerda que, de los aplausos y felicitaciones que recibía,

> él no obtenía ni vanidad, ni orgullo ni obstinación; era, por el contrario, un niño extremadamente dócil y amable. Jamás se mostró descontento ante una orden de su padre, y aunque hubiera tocado todo el día, seguía complaciendo a todos, sin hacerse rogar. Obedecía a la menor señal de sus padres, y llevaba su devoción hasta el extremo de no comer ni aceptar nada que se le ofreciese hasta que no se le hubiera dado el permiso correspondiente.

Era la primera vez en su vida que alternaba con músicos profesionales de tanta calidad y en un número tan alto; a los ya nombrados Eckard, Schobert y Honnauer, se fueron sumando otros como Hermann Friedrich Raupach (1728-1778), que gustaba tocar a dúo con el pequeño Mozart. Estas personas, todos ellos músicos sólidos y prestigiosos, eran lógicamente los que mejor se daban cuenta de que tras el espectáculo circense montado por Leopold, en aquel joven músico de ocho años había un talento real, asombrosamente precoz y de extraordinarias posibilidades. Wolfgang tuvo, sin duda, ocasión de familiarizarse con las obras que estos artistas componían y tocaban, lo que sin duda gravitó decisivamente en la evolución de su faceta de compositor.

Un día antes de partir de París, Wolfgang participó en una velada con el prestigioso violinista Gaciniès, y tocó con él algunas piezas a dúo. Con las maletas dispuestas, Leopold tuvo que afrontar de pronto un imprevisto inconveniente; el joven y competente Sebastian Winter le comunicó que dejaba su servicio. Había recibido una interesante oferta económica de los Fürstenberg, una destacada familia alemana, y estaba dispuesto a aceptarla. Los Mozart tuvieron, con la máxima urgencia, que hacerse con los servicios de un sustituto, y lo encontraron en un hombre que hablaba varias lenguas y era de origen alsaciano. Inmediatamente, dijeron adiós a París y emprendieron viaje rumbo a la capital británica.

Marcharon por vía fluvial desde París a Calais y alcanzaron el mar el 21 de abril de 1764. Los niños vieron la inmensidad marina por primera vez en sus vidas, y Nannerl quedó profundamente impresionada. El 22 de abril los Mozart llegaron a Dover, y el 23 estaban en Londres.

CAPÍTULO 4

Londres, o el imposible retorno

La fama de los prodigios bávaros ya recorría Europa, y las hazañas de Wolfgang en París eran conocidas en Londres; de ahí que, aunque tenía menos cartas de recomendación, la tarea de Leopold fuera más sencilla; una semana después del día de llegada recibieron una invitación de la familia real, y el 27 de abril el joven rey George III (1738-1820), que a la sazón tenía veintitrés años y estaba casado con una alemana (Charlotte von Mecklenbourg-Strelitz, 1744-1818), buena clavecinista, los recibió en el Palacio de Buckingham.

La amabilidad y la sencillez de los reyes de Inglaterra impresionaron a Leopold hasta el punto de hacerle casi olvidar que la gentileza no estuvo acompañada de la generosidad.

La bondad con que tanto Su Majestad el Rey como Su Majestad la Reina nos han recibido es indescriptible —escribe a Haguenauer—. No hemos recibido más que veinticuatro guineas (...) pero la manera como hemos sido tratados y la amistosa actitud de la Corte hacia nosotros nos hacían olvidar que estábamos ante el Rey y la Reina de Inglaterra.

De esta primera velada, como de la de París, no tenemos de Leopold más que referencias sociales y económicas; pero los niños dejaron a los reyes tan encantados que el 19 de mayo los volvieron a invitar, y esta vez fue Leopold más explícito:

Estuvimos con el rey y la reina desde las seis de la tarde hasta las diez de la noche. No había más que los dos hermanos del rey y la hermana de la reina. Al marcharnos recibimos otra vez veinticuatro guineas. El rey hizo tocar a Wolfgang no sólo piezas de Wagenseil, sino también de Bach[1], Händel[2] y Abel[3]. Él tocó todo a primera vista; luego se sentó ante el órgano del rey e interpretó tan bien que ya lo consideran aquí mejor organista que clavecinista. Acompañó luego a la reina, que cantó un aria, y acompañó asimismo a un intérprete de flauta travesera. Por fin, ejecutó la parte de violín de unas piezas de Händel, y sobre la base de estas melodías ha improvisado, dejando asombrados a todos (...). Todo lo que sabía cuando salimos de Salzburgo no es más que una sombra en comparación con lo que sabe ahora; supera todo lo imaginable... ahora tiene una ópera en la cabeza.

Es muy posible que en estas veladas de palacio Wolfgang haya visto por primera vez a un músico que llenaría con su presencia toda la larga estancia londinense de los Mozart, y que tendría una decisiva influencia en su formación y en el desarrollo de su talento; Johann Christian Bach (Leipzig, 5 de septiembre de 1735-Londres, 1º de enero de 1782), el más joven de los hijos del gran Johann Sebastian, el "Bach de Londres". Será éste quien introduzca a Wolfgang en el "estilo galante", y el compositor bávaro mantendrá durante toda su vida una extraordinaria devoción por su figura.

BULLICIOSA LONDRES

Si París era el corazón intelectual de Europa, Londres era su principal centro económico; podían atisbarse, muy poco tiempo antes de que Cartwright inventara su telar mecánico, indicios de una importante revolución productiva. Inglaterra había vivido, cien años antes, una sangrienta y confusa revolución que había alterado de manera importante las relaciones económicas y sociales de la Edad Media, y la vida de la capital británica se parecía sin duda mucho más a una ciudad del siglo XIX que cualquier otra de Europa. Es probable que la población de la ciudad del Támesis no superara por entonces los setecientos mil habitantes; en 1760 se había ordenado la demolición de las murallas y puertas tradicionales, pues la dinámica de crecimiento así lo exigía. Desde finales del siglo anterior se había ido convirtiendo en una dinámica plaza financiera (el Banco de Inglaterra se fundó en 1694), y el puerto de Londres era uno de los más activos de Europa. La tradicional actividad artesanal de los gremios se encontraba en pleno apogeo (textiles, joyeros, relojeros, carpinteros, etcétera), y aunque, como es de suponer, había grandes áreas de pobreza, no se habían generado aún los bolsones de miseria que caracterizarían a la capital británica a principios del siglo XIX.

Leopold Mozart se mostró impresionado no sólo por la extrema sencillez y la amabilidad de la familia real, sino también por la familiaridad con que se trataban los ciudadanos, por encima de las diferencias de clase. Sin duda la sociedad londinense era mucho más democrática, en términos de relación social, que las demás de Europa (e incluso mucho más de lo que llegarían a ser en tiempos victorianos). Abundaban las tabernas, y estaban siempre llenas de gente de la más diversa extracción. El hábito de tomar café había motivado la apertura de numerosas *coffe houses*, pero en ellas la gente, con mucha frecuencia, se dedicaba a beber brandy u otras bebidas espirituosas. Por otra parte, los enlaces matrimoniales entre personas de diverso origen social eran algo bastante normal. Los campesinos habían logrado su libertad, y los artesanos y comerciantes eran gente orgullosa y socialmente respetada. Los nobles tenían hábitos poco acordes con sus pares del continente; juraban como carreteros, se emborrachaban con campesinos y burgueses y acudían a las riñas de gallos, las peleas de toros contra perros y otras rudas actividades que hacían las delicias de los londinenses.

El sentimiento religioso se hallaba mucho más debilitado que en el resto de Europa, y Hume (1711-1776) ejercía en Inglaterra un papel similar al de Voltaire en Francia. Los nobles refinados y los burgueses ricos se agrupaban en los famosos clubes de Londres, que comenzaban entonces a adquirir su legendario prestigio. Algunos de ellos, como el Kit-Kat, el Beafsteack Club o el October Club gozaban ya de gran consideración social. Por otra parte, la actividad política era, en toda Inglaterra, mucho más intensa que en el resto de Europa; existían canales de participación para amplios sectores del pueblo, y los grandes partidos (*Tories*, o conservadores, y *Whigs*, o liberales) ya estaban definidos.

Cuando los Mozart visitaron Inglaterra, Hume estaba en plena producción, la gran obra de Alexander Pope (1688-1744), uno de los mayores poetas del siglo XVIII inglés, se leía, comentaba e imitaba por doquier, los *Viajes de Gulliver* de Jonathan Swift (1667-1745) aún ejercían gran influencia en el pensamiento de los sectores críticos de la sociedad, y el *Robinson Crusoe*, de Daniel Defoe (1660-1731), estaba en la base de una poderosa corriente reivindicativa del hombre sencillo y en contacto con la naturaleza, en la línea que más tarde impulsaría Rousseau. Sir Samuel Richardson (1689-1761) había creado la novela inglesa moderna con *Pamela, o la virtud recompensada*. La pintura tenía sus puntos altos en Gainsborough (1727-1788) y sir Joshua Reynolds (1723-1792), ambos extraordinarios retratistas. El gran actor David Garrick (1717-1779) había conmovido con su talento los ambientes teatrales en la década de los 40. Las teorías económicas de Adam Smith (1723-1790) ejercían una extraordinaria influencia en todo el mundo. En el campo de la música, luego de la muerte de Purcell (1659-1695) las grandes figuras eran emigrantes alemanes como Händel, Bach o Abel.

Londres era una ciudad hermosa y violenta. Grupos de adolescentes llamados *mahacks*, desharrapados y agresivos creaban frecuentes problemas de orden público en una ciudad donde la policía no existía, y los caminos estaban a merced de salteadores de todo género. Las descripciones que los contemporáneos nos han dejado de la capital inglesa son, sin embargo, extraordinariamente laudatorias.

> Me sorprendió inmediatamente la extrema limpieza y la alta calidad de las comidas, la belleza de los paisajes y la excelencia de las carreteras. Admiré los elegantes coches estacionados en las paradas (…), lo razonable de los precios, los fáciles métodos de pago, el trote rápido con que se desplazan los caballos (Giacomo Casanova, 1725-1798).

> Cuando un hombre se cansa de Londres, se cansa de la vida, pues hay en Londres todo lo que la vida pueda ofrecer (doctor Samuel Johnson, 1709-1784).

> Envía un filósofo a Londres; pero nunca a un poeta (Heine, 1787-1856).

EL "BACH DE LONDRES"

Pocas personas en Europa, si es que había alguna, poseían la sabiduría musical del hijo menor de Johann Sebastian. Su persona reunía toda la antigua tradición de la música religiosa germánica, que había aprendido del más genial de los maestros, su propio padre; conocía con idéntica profundidad la escuela italiana, pues había vivido en Milán algunos años; y por si ello fuera poco, era un músico de extraordinaria personalidad, cuya huella quedaría señalada a través del llamado "estilo galante", del que fue el principal impulsor. Vivía en Londres desde 1760, como profesor de música de la familia real, y de alguna manera continuaba allí la influencia de Händel.

Johann Christian Bach era un hombre afable y amante de los niños, y según todos los indicios quedó encantado con el joven Wolfgang. Lo sentaba en sus rodillas, jugaba con él y, lo que es más importante, tocaba para él, lo acompañaba en dúos y lo ponía en contacto con formas musicales y estilos que no conocía. Lo introdujo en la música napolitana y le habló de la ópera, razón por la cual el niño comenzó a insistir ante su padre que quería componer una obra de este género. No cabe la menor duda de que el compositor Mozart salió inmensamente enriquecido, en todos los aspectos, de aquellos meses de familiaridad con el más joven de los Bach. Por otra parte, éste utilizó toda su influencia para introducir a los Mozart en el seno de la sociedad melómana londinense. Junto al compositor Karl Friedrich Abel, Johann Christian acostumbraba a celebrar academias semanales conocidas como los "Abel-Bach Concerts"; en uno de ellos, el 5 de junio de 1764, se presentaron los niños Mozart, con mucho éxito; descontados los gastos generados por la velada, a Leopold le quedaron cien guineas limpias de ganancia, lo que lo dejó, por supuesto, encantado. Para que se tenga idea de lo que significaba aquella cantidad, puede citarse el dato de que una localidad de palco para un concierto costaba media guinea. Londres fascinó a los Mozart, que aprovecharon el tiempo libre para pasear y conocerla; visitaron el zoológico, la famosa Torre de Londres y St. James Park. Una tarde se cruzaron con el carruaje real, y el rey abrió la portezuela y los saludó, para embeleso de Leopold. El 29 de junio los niños volvieron a presentarse en público, esta vez en un concierto a beneficio de la construcción de un hospital, y obtuvieron una vez más la admiración de todos. Wolfgang tocó en el órgano algunas piezas de Händel, y Nannerl se lució en el clave. Una vez más, como en otras ciudades, comenzaron a llover invitaciones de las familias más distinguidas de la capital inglesa.

Pero aquel momento dulce se vio interrumpido abruptamente por otro problema de salud. Esta vez el que cayó enfermo fue Leopold, afectado de una infección en la garganta. El *Vicekapellmeister* llegó a temer seriamente por su vida, y escribió una preocupada carta a Haguenauer en la que le encomendaba el cuidado de sus dos pequeños hijos. Afortunadamente, la cosa no era tan grave, y Leopold se recuperó, aunque lentamente y en el transcurso de varias semanas. Para ese entonces, el verano estaba en su plenitud, y las familias de buena posición se habían marchado a sus casas de campo. Londres era un desierto, y un desierto caro. Los Mozart aceptaron entonces una invitación y marcharon a Chelsea, donde permanecieron hasta octubre. En la serenidad de aquel retiro, el pequeño Wolfgang pareció vivir una primera época de fiebre creativa, como las que le asaltarían a lo largo de toda su vida; era como si todo lo que había aprendido en aquellos meses fermentales, latiendo en su cerebro y en su espíritu, pugnase por salir a la luz transfigurado y renovado. Compuso entonces su primera Sinfonía, en Si bemol mayor, K. 17, que lleva el Nº 2. No hay total certeza de que se trate de una obra original del niño en su totalidad; Nannerl, sin embargo, se referirá muchos años después a la composición de esta Sinfonía, trabajo al cual Wolfgang se habría dedicado "al no disponer de piano". Más enjundia tienen las seis sonatas para violín y teclado, cuya composición corresponde también, según parece, a aquellos días de retiro. Fueron impresas en noviembre y obsequiadas a la Reina de Inglaterra el 19 de enero de 1765; la soberana recompensó esta gentileza con cincuenta guineas. Junto a estas obras, Wolfgang compuso, casi como ejercicio, veinticinco piezas sencillas para clave.

Con la llegada del otoño, en octubre de 1764, los Mozart regresaron a Londres, y el 25 de ese mismo mes volvieron a tocar ante la familia real. Pero la situación, como en Viena en 1762, había cambiado totalmente; los niños alemanes habían pasado de moda, y las invitaciones no llegaban. Ni siquiera el padrinazgo de Bach fue capaz de lograr que alguien se interesase en financiar una presentación pública. Tampoco una carta de Grimm, enterado en París de la difícil situación de la familia, dirigida a una alta figura y en la que pedía protección para "esos niños que han sido la admiración de todo París", surtió efecto. Pasaron los días, llegó el invierno y la inactividad forzosa continuaba.

Johann Christian Bach se hallaba entonces ocupado en preparar el estreno de una ópera titulada *Adriano in Siria*, prevista para el 26 de enero. Para dicho estreno fueron traídos de Italia dos famosos *castrati*, Tenducci[4] y Manzuoli[5]; éste trabajó unos días con Wolfgang en la técnica de composición de piezas cantadas. Producto de dicha labor es la primera aria que compuso el que sería el mayor compositor de ópera de todos los tiempos: *Val dal furor portata*, K. 21, con un acompañamiento de orquesta de notable riqueza. De aquellos tiempos son también dos sinfonías, la Nº 5, K. 16 —con toda probabilidad la primera obra totalmente original de Mozart en este género— y la Nº 4, K. 19.

El 7 de marzo de 1765 Manzuoli organizó una velada en beneficio propio, y en ella se ejecutó la ópera *Il re pastore*, de Felice Giardini (1716-1796), seguramente basada en el texto de Metastasio que el mismo Mozart musicalizaría en 1775.

Mientras Wolfgang, gozoso, aprende y compone, Leopold ve con horror que se le acaba el dinero y no consigue que nadie se interese en invitar a sus hijos. Por fin, el 21 de febrero de 1765 se celebró un concierto público a beneficio de los Mozart, pero acude poca gente y los resultados fueron modestos. Leopold comenzó entonces a pensar seriamente en el regreso. Hacía ya un año y nueve meses que habían dejado Salzburgo, y el *Vicekapellmeister* comenzaba a preguntarse si no habría abusado del permiso del buen Arzobispo, y si aún tendría trabajo al volver.

EL INFORME DE BARRINGTON

Pero Bach no quería que el pequeño Wolfgang se marchase, y contribuyó a organizar otra presentación pública, el 13 de mayo; el niño alternó con la prestigiosa cantante Cremonini. Su actuación fue tan extraordinaria que el magistrado y naturalista inglés Daines Barrington (1727-1800) no pudo creer en el milagro y pensó que se trataba de un fenómeno biológico: algo así como un adulto con aspecto de niño, o al menos, un niño mucho mayor de lo que aparentaba. Se tomó el trabajo de escribir a Salzburgo para obtener un certificado del bautismo de Wolfgang en el que figurase la fecha de su nacimiento; lo obtuvo, y una vez convencido de que el niño tenía realmente ocho años (aunque no siete, como decía su padre), quiso comprobar personalmente la realidad de su talento. La impresión que el pequeño bávaro causó en el escéptico científico británico está claramente reflejada en un informe que redactó y envió a la Royal Society y que fue publicado en 1770:

He sido testigo del extraordinario talento de este joven artista y músico. Lo he oído en conciertos públicos y en casa de su padre, donde he pasado un largo rato a solas con él. Os envío este informe, por sorprendente e increíble que parezca. (…) Le di un texto manuscrito, con el fin de saber cuál era su habilidad para descifrarlo, pues no era posible que conociera la partitura. Apenas hubo puesto la música sobre el pupitre, atacó el preludio como un maestro, fiel a la intención del compositor tanto en la medida como en el estilo. (…) Terminado el preludio atacó la voz más alta, dejando la otra a su padre. Su voz tenía el débil timbre del niño, pero cantaba de manera magistral, inigualable. Su padre (…) desentonó una o dos veces en su parte, aunque ésta no era más difícil que la voz alta. El niño mostró entonces algo de contrariedad, indicó con el dedo las faltas y volvió a poner a su padre en el buen camino (…). Ejecutó su parte vocal del dúo de forma impecable, con un gusto y una precisión perfectos (…). Cuando hubo terminado este ejercicio se aplaudió a sí mismo por su éxito y me preguntó, con viveza, si no había traído conmigo alguna otra pieza musical.

Posteriormente Barrington pidió a Wolfgang que improvisara, cosa que éste realizó con maestría.

Después tocó un fragmento muy difícil que acababa de componer uno o dos días antes. Su interpretación era extraordinaria, ya que sus pequeños dedos apenas podían hacer la quinta sobre el teclado. (…) Dos o tres músicos me han contado que un día en que el célebre Johann C. Bach había empezado una fuga y se había interrumpido bruscamente, el pequeño Mozart la prosiguió de inmediato y la finalizó de forma absolutamente magistral. (…) Debo confesar que no podía evitar la sospecha de que el padre ocultaba la verdadera edad del niño. No obstante, se trataba realmente de un niño, y todos sus actos eran los propios de un muchacho de su edad. Por ejemplo, en un momento en que preludiaba delante de mí, apareció un gato al que quería mucho; abandonó inmediatamente el clave y pasó un rato largo antes de que aceptara volver a éste. Algunas veces caracoleaba sobre un bastón, como caballo imaginario, a través de la habitación.

Todo el informe de Barrington tiene un aire objetivo y preciso, propio de un hombre de mentalidad científica, y la admiración que desborda está legítimamente causada por un fenómeno absolutamente fuera de lo común. Contiene, por otra parte, uno de los más valiosos retratos psicológicos de Mozart niño; aparece espontáneo, desprejuiciado, alegre y juguetón, características que conservaría toda su vida, aun a través de sus años más duros.

CERCA DE LA MUERTE

Johann Christian Bach quería que los Mozart se quedaran definitivamente en Londres, e hizo intensas gestiones al respecto. Sin duda el gran músico tenía perfectamente claro que el talento de Wolfgang era muy superior a todo lo que hubiera visto antes, y alentaba la comprensible y noble esperanza de poder colaborar en su desarrollo. Pero, pasados los primeros meses, la estancia en Londres no había sido grata a Leopold, que se mantuvo firme en su decisión de regresar. Como le era muy duro confesar un fracaso que de alguna manera era responsabilidad suya, atribuyó su negativa a otros factores:

> No quiero educar a mis hijos en un lugar tan peligroso, donde la mayoría de la gente no tiene ninguna religión. Os quedaríais estupefactos si vierais la educación que los niños reciben aquí. Jamás se les habla de religión.

Los preparativos del regreso fueron largos, sin embargo, y el verano volvió a sorprenderlos en Londres. Antes de partir Wolfgang compuso una sonata para cuatro manos, en Do mayor, K. 19. Aquellos últimos días londinenses parecieron atraer otra vez sobre el niño el interés que se le había negado durante más de un año, y el British Museum pidió a Wolfgang manuscritos de sus composiciones. Para esta ocasión creó un motete para cuatro voces titulado *God is our refuge*, en Sol menor, K. 20, que entregó a la prestigiosa institución junto a un retrato suyo y otras obras. Wolfgang guardaría una imagen idealizada de aquel período de su vida, y Londres sería, en sus años trágicos, un lugar encantado donde, sin duda, le esperaba la felicidad. Soñó volver durante varios años, pero nunca pudo hacerlo; como la propia niñez, Londres fue un paraíso perdido al que se anhela en vano retornar.

El 24 de julio la familia abandonó la capital británica y pasó algunos días en casa de un amigo, en Canterbury. Allí estaban los Mozart cuando les llegó la invitación del embajador holandés en Inglaterra: la Corte de aquel país quería escuchar a los prodigiosos niños. Leopold tuvo dudas, pero por fin accedió a cambiar el trayecto previsto y postergar la vuelta a Salzburgo. El 1º de agosto de 1765 los Mozart llegaban a Dover y se embarcaban hacia Calais. Luego de una breve parada en la ciudad francesa emprendieron viaje hacia los Países Bajos; pero tanto Wolfgang como Leopold cayeron enfermos, afectados por catarros, y debieron permanecer un mes en Lille. A principios de septiembre llegaron a Gante, y allí se quedaron algunos días; Wolfgang tocó en el órgano de la iglesia de los Bernardinos. Pasando por Rotterdam, llegaron a La Haya el 11 de septiembre.

En esta ciudad se encontraba la sede de la monarquía holandesa, y el propio estatúder Willelm V, Príncipe de Orange (1748-1806) les dio la bienvenida y se ocupó de su equipaje y su alojamiento. Pero todos los planes vuelven a fracasar: esta vez es Nannerl la que cae gravemente enferma. En principio es una "fuerte bronquitis"; pero rápidamente se transforma en una congestión pulmonar, y el médico les dice que no hay muchas esperanzas de salvar la vida de la niña. Ésta delira, hablando sucesivamente en inglés, francés y alemán, "de modo que, pese a nuestra tristeza, nos veíamos obligados a reír", confiesa el extraño Leopold.

> La obligué a resignarse con la voluntad de Dios… y le hice administrar los Santos Sacramentos. (…) Mi mujer y yo persuadimos a la niña de la vanidad de este mundo y de la felicidad que es para un niño morir joven.

La gravedad de Nannerl no interrumpió las actividades previstas, pues Wolfgang se presentó el 30 de septiembre en un concierto. Por fin, contra las pesimistas previsiones, la joven quedó fuera de peligro. Los Mozart, sin embargo, no tuvieron tiempo de sentirse alegres; esta vez fue Wolfgang el que cayó de pronto muy enfermo, con un cuadro de extrema gravedad.

Se trata de la más seria enfermedad que Mozart padecería en toda su vida, excluida por supuesto la que lo llevaría a la tumba veintiséis años después. Los médicos hablaron de una "fiebre cerebral", y no supieron dar una explicación clara del origen ni el carácter de la dolencia. El niño deliraba y ardía de fiebre, y el 30 de noviembre entró en coma. Su aspecto era terrible: presentaba toxemia aguda, pulso lento, neumonía, exfoliación hemorrágica de la membrana mucosa oral y una fea erupción cutánea. Leopold, desesperado, envió dinero a Salzburgo pidiendo a Haguenauer que hiciera decir misas en favor de la curación de su hijo, respecto de la cual el doctor Schenke, médico de la casa real, no daba demasiadas esperanzas. Por cierto que respecto de Nannerl no tuvo una iniciativa similar.

Pero Wolfgang no murió. En la primera semana de diciembre dio señales de recuperación; lo peor de la crisis había pasado, y comenzaba la difícil y larga convalecencia. El niño estaba irreconocible: "no tiene más que la piel y los huesos", dice su padre. Sin embargo, a medida que iba recuperando las fuerzas y la vitalidad, comenzó a dar señales de una auténtica avidez creativa; como si el haber estado en el umbral de la muerte lo hubiera madurado interiormente, Mozart se pone a crear, y surgen de su espíritu las primeras obras totalmente originales y personales de su vida. En muchos aspectos, la crisis de 1765 significó el fin del niño prodigio, del espectáculo circense, y el verdadero nacimiento del compositor Wolfgang Gottlieb Mozart.

Dos días después de su décimo cumpleaños, el 29 de enero de 1766, el aún convaleciente Wolfgang se presentó, junto a su hermana, en la sala del Picadero de Amsterdam, en un concierto en el que se ejecutó sólo música compuesta por él. El espectáculo fue organizado por Leopold, a beneficio propio, y los anuncios mentían descaradamente respecto de la edad de Wolfgang, al que atribuían ocho años; la pequeña contextura física del chico hacía verosímil la mixtificación. Por otra parte, es interesante señalar que no hay, en estos anuncios, referencia alguna a las exhibiciones que acostumbraba a hacer: tocar por sobre un paño o con los ojos vendados. ¿Se negó el pequeño compositor a seguir actuando como fenómeno de feria, o bien Leopold asumió que su hijo estaba creciendo, biológica y artísticamente, y decidió cambiar de política?

REGRESO

Los largos meses de grave enfermedad y convalecencia de los niños habían creado serios problemas económicos a la familia, y Leopold trataba de recuperar el tiempo perdido; sin embargo, la estancia en Amsterdam no fue demasiado prolífica en presentaciones públicas. La segunda y última tuvo lugar casi un mes después, el 26 de febrero, en el mismo salón. En aquella oportunidad Wolfgang y Nannerl tocaron juntos, en un solo instrumento a cuatro manos y luego en dos claves, y el niño ejecutó posteriormente algunas composiciones propias. Casi inmediatamente después de este concierto abandonaron Amsterdam y regresaron a La Haya.

En esta ciudad se celebraba la toma de posesión del nuevo estatúder, Willelm V, el joven que, con diecisiete años, los había recibido a su llegada y que había alcanzado su mayoría de edad. Los Mozart participaron activamente en estas fiestas, y Wolfgang compuso varias piezas para sus actuaciones en público: variaciones para teclado sobre melodías populares holandesas (K. 25, sobre la canción *Wilhelmus*), la Sinfonía K. 22 en si bemol mayor —obra ya absolutamente mozartiana—, etcétera. "Cosas sin importancia", según Leopold. Es difícil coincidir esta vez con el juicio de Mozart padre ante la belleza de la citada y breve sinfonía o las seis sonatas para violín y clave que el niño creara en aquella misma época (K. 23 y K. 26 a 31) y que fueran editadas y dedicadas a la princesa de Nassau.

Los casi siete meses que llevaban en Holanda, muchos más de los previstos, habían resultado tan fundamentales en la evolución de Mozart como poco productivos desde el punto de vista crematístico, no por falta de éxito, sino fundamentalmente por los problemas de salud y los gastos consiguientes. Leopold se mostraba preocupado por emprender el viaje de vuelta cuanto antes, pero no sin intentar otra presentación en público. La familia regresó a Amsterdam en tiempo de cuaresma, celosamente guardado por entonces; pese a ello, Leopold no se arredró y organizó un concierto. Pretextos no le faltaron al imaginativo paterfamilia: "el espectáculo de los dones milagrosos de mis hijos puede servir para alabanza de Dios".

El concierto se realizó el 16 de abril de 1766, y Leopold quedó encantado, no sólo por el éxito de éste, sino por una agradable novedad: su ya famoso libro de estudio de violín había sido traducido al holandés y publicado por un editor local, en lujosa presentación. Un ejemplar fue entregado solemnemente al autor en la iglesia de San Bavorek por el editor y con la asistencia del organista de ésta, Christian Müller. Wolfgang asombró a todos con su maestría tocando el órgano.

Casi inmediatamente los Mozart emprendieron el viaje a París. Pasaron por Utrecht, Rotterdam, Malinas, Bruselas y Cambrai, donde dieron algunos conciertos privados, y arribaron a la capital francesa el 10 de mayo. Hay muy pocos datos de aquella segunda estancia en París, pero ellos indican que la actividad musical de Wolfgang fue intensa: volvieron a ser invitados a Versailles por la familia real, actuaron en la casa del príncipe Conti (Louis François I de Borbon, 1717-1776) y fueron visitados por el príncipe Karl Wilhelm von Brunswick (1735-1806), un apasionado melómano que los llenó de elogios. Entre los músicos que frecuentaron estaban notables figuras, como François André Danican Philidor[6] y Cannabich[7].

La familia dejó la capital de Francia el 9 de julio, y el 15 publicó Grimm un largo artículo laudatorio, en todo similar al de 1763; en una frase que parece inspirada directamente por Molière, hace referencia a la grave enfermedad que padecieron Nannerl y Wolfgang: "Han estado gravemente enfermos en La Haya, pero afortunadamente su buena estrella les ha librado tanto de la enfermedad como de los médicos". Como despedida, el barón había regalado a Nannerl un reloj de oro macizo y a Wolfgang un cortaplumas con hoja de plata y mango de oro y perlas.

Leopold puso dirección a Salzburgo, pero el destino inmediato era Ginebra, ya que llevaba una carta de Madame d'Épinay dirigida nada menos que a Voltaire (1694-1778). Se detuvieron quince días en Dijon y un mes entero en Lyon, pero no hay correspondencia de aquel período. Llegaron a Ginebra en plena ebullición política, y sabemos, por Voltaire, que en las tres semanas que permanecieron en el burgo fronterizo realizaron algunas actuaciones. El filósofo no pudo asistir a ellas, pues se encontraba enfermo, e incluso se negó a recibir a los Mozart, pese a la recomendación de Madame d'Épinay; pero refirió a ésta que Wolfgang fue "un fenómeno brillando en el horizonte de la ciudad", y se lamentó no haber podido oírlo. Así se frustró el encuentro entre el mayor músico de todas las épocas y el gran François Marie Arouet de Voltaire. Cuando éste falleció, en 1778, Mozart se congratuló de ello; la madurez lo aproximaría, sin embargo, al pensamiento del "impío". Las *Cartas filosóficas* no son una obra más iconoclasta y revolucionaria que *La flauta mágica*; la lucha contra la irracionalidad y la superstición, y la defensa del predominio de la razón, terminarían hermanando a estos dos grandes hombres, que en vida de ambos sólo supieron de desencuentros.

El fin del gran viaje

La parte final del largo periplo estuvo signada por las constantes actuaciones de Wolfgang, una vez más mimado del éxito, y la sombría preocupación de Leopold por la posible reacción del arzobispo von Schrattenbach ante su larguísima ausencia. A finales de septiembre de 1766 los niños se presentaron en Lausana, en casa del duque de Würtenberg, y su talento maravilló al doctor Simon Andre Tissot[8], un célebre científico que escribió una crítica extremadamente laudatoria sobre "el joven Mozart" en el periódico *Aristides o el Ciudadano*. Pasaron luego por Berna, Zurich, Winthertur y Donaueschingen, donde el melómano príncipe Karl Egon von Fürstenberg (1729-1787), que tenía su propia y excelente orquesta de cámara, ordenó que se le hiciera una recepción con todos los honores. En esta ciudad Wolfgang batió sus propios registros, pues se presentó en público nueve días de los doce que duró la estancia: recordemos que el niño aún estaba convaleciente de su gravísima enfermedad. Tal vez sea una simple coincidencia, pero pocos días después de este maratón cayó seriamente enfermo una vez más, atacado de fiebre reumática.

Los Mozart tuvieron la alegría de reencontrarse en Donaueschingen con el joven Sebastian Winter, su antiguo criado, que trabajaba ahora para Fürstenberg; el encuentro fue emotivo, especialmente para el hipersensible Wolfgang. Como el Príncipe fue, además, extremadamente generoso en la remuneración (veinticuatro luises de oro y varios regalos de gran valor), es natural que Leopold se sintiera apesadumbrado de tener que dejar la ciudad: "todos lloramos al despedirnos", escribía.

En Biberach, la siguiente parada, Mozart se encontró con otro precoz músico: el organista Joseph Sigmund Eugen Bachman (1754-1825), a la sazón de doce años, ya un excelente intérprete y destinado a convertirse en uno de los mayores de su tiempo. Se organizó, como era costumbre, una especie de competición entre Wolfgang y Bachman, que fue declarada empate y maravilló a los espectadores. Pasando por Ausburgo —casi sin detenerse— llegaron por fin a Munich. El príncipe elector, Maximilian, los recibió con extraordinarias muestras de simpatía y admiración, y organizó una velada musical en el palacio. Wolfgang improvisó una pieza sobre cuatro compases que le dio Maximilian y tocó largamente, hasta altas horas de la noche. Al otro día tenía fiebre; el viaje volvió a quedar interrumpido, y el pequeño tardó varios días en recuperarse.

Leopold tiene sueños, temores y sospechas mientras recorre los últimos kilómetros que lo separan de Salzburgo, el hogar que dejaron más de tres años antes. Soñaba que sus hijos —y en especial Wolferl, como llamaba al pequeño—, celebrados en todas las cortes de Europa, fueran reconocidos en su ciudad natal y pudieran lograr una colocación profesional inmediata y bien remunerada; temía que su larga ausencia, que había superado ampliamente los permisos del arzobispo, le trajera aparejada, en el peor de los casos, la pérdida de su empleo con la consiguiente necesidad de continuar la vida ambulante; y sospechaba —con razón— que las envidias pueblerinas y la reconocida cicatería de los aristócratas se aliarían contra sus proyectos. La última carta que escribe a Haguenauer trasunta todos estos estados de ánimo, y contiene una frase que parece revelar la más firme de las determinaciones: "No tendrán a mis hijos por nada".

Esta misiva final contiene, incidentalmente, una interesante definición del concepto de Leopold sobre la educación y el futuro de sus hijos:

Sabéis que están acostumbrados al trabajo. Si tomaran la costumbre de tener algunas horas de ocio, bajo cualquier pretexto, toda mi obra se desmoronaría. La costumbre es como un corsé de hierro.

Formidable, extraño este Leopold, capaz de conjugar en su endurecido interior el más profundo amor por sus hijos y una severidad educativa rayana en la brutalidad. Se ha dicho muchas veces que Mozart preludia y anuncia, en su obra inconmensurable y en su propia, agitada y desdichada vida, el Romanticismo; pero muy pocas veces se ha hecho referencia a los elementos románticos que hay en Leopold, ese hombre que podía ser servil y mediocre hasta la náusea, o lanzarse a los caminos, ebrio de pasión y de ambiciones, a conquistar el mundo con su esposa y dos niños como toda armadura.

El 30 de noviembre de 1766 el coche de los Mozart entraba en Salzburgo, exactamente tres años, cinco meses y veintiún días después de su partida. Atrás quedaban el brillo de las grandes Cortes, el aplauso de los públicos, las expresiones de admiración, cariño y asombro de los personajes más ilustres de Europa; atrás quedaban también los caminos incómodos, las fondas infectas, las comidas insanas y las enfermedades, aunque no sus secuelas. Presentes para siempre, en el espíritu y el talento del niño genial, quedaban las experiencias aprehendidas, los estilos musicales nuevos que conociera y aprendiera a dominar, las lecciones de Schobert y Johann Christian Bach, los primeros contactos con la ópera italiana y con el mundo del canto en general; y tal vez lo más importante: la visión de horizontes, realidades sociales y creaciones artísticas llenas de rica diversidad, la amplitud de los panoramas intelectuales. Mozart, el niño que con seis años jugaba sobre las rodillas de la emperatriz María Theresa, conoció, al filo de su primera década, no sólo el éxito y el halago, sino también el menosprecio y la distante soberbia de muchos nobles para quienes un músico no era otra cosa que un lacayo de tipo algo particular. Tal vez nació en aquellos años, en lo profundo de su precoz inteligencia, la inquietud que lo llevaría luego a comenzar —bien que a costa de su felicidad y de su vida— la revolución que liberó a los músicos de su servidumbre.

Von Schrattenbach los recibió con gran amabilidad; estaba informado de los éxitos de Wolfgang y Nannerl y se sentía justificadamente orgulloso; Mozart padre debió respirar con alivio, pues su puesto de trabajo no peligraba. Sin embargo, el Príncipe Arzobispo no se mostró generoso más que en ese aspecto: Leopold no cambió de jerarquía (nunca llegaría a ocupar el ansiado puesto de *Kapellmeister*) y no tuvo ni aumento de salario ni la satisfacción de ver a su hijo pequeño gratificado con un empleo. La vida de la familia en su hogar se reanudó con la misma rutina de tres años atrás.

El gran viaje había, por fin, resultado rentable. Realizadas las cuentas y pagadas las deudas, a Leopold le quedaban siete mil florines de plata, una cantidad nada despreciable, además de una colección de valiosos regalos. Su preocupación fundamental continuó siendo la promoción de su hijo, el lanzamiento de su carrera como compositor, la consecución de un empleo fijo. Sabía que Wolfgang se aproximaba a la adolescencia, que el "prodigio" pronto dejaría de serlo (al menos, en el sentido que lo entendía la gente por entonces; en realidad, el prodigio no hacía más que comenzar) y que era necesario aprovechar aquellos años de prestigio y admiración para labrarle al muchacho un porvenir.

Wolfgang continuó estudiando, bajo la severa vigilancia de su padre. Éste primaba ahora, sobre toda otra disciplina, el estudio de la composición, y puso en contacto a su hijo con la musica de Karl Phillip Emmanuel Bach[9], Händel, Eberlin y Hasse[10], entre otros. De aquella época es también el inicio de una relación profesional y personal que tendría la mayor importancia en la vida de Wolfgang: la que lo unió a Michael Haydn[11], hermano del celebérrimo Joseph y músico excepcional él mismo. Hombre de grandes valores humanos, cálido y algo bohemio, irresistiblemente inclinado a la bebida, fue buen amigo de Mozart durante toda la vida; le enseñó muchísimo cuando este era niño, y luego lo admiró sin recelos ni envidias. Wolfgang siguió componiendo: un oratorio escrito en colaboración con Michael Haydn y Adlgasser[12], una composición de carácter fúnebre (*Grabmusik*), una nueva sinfonía y su primera obra de tipo dramático: *Apollo und Hyacintus*, K. 38, también titulada *La metamorfosis de Hyacintus*. Fue esta obra producto de un encargo para las fiestas universitarias, y Wolfgang trabajó sobre un libreto latino anónimo tomado de las *Metamorfosis* de Ovidio que toca un tema poético y simple, pero teñido de homofilia (los amores del dios Apolo y de Zéfiro por el adolescente Hyacintus, la muerte de éste y su metamorfosis en la flor que lleva su nombre, el jacinto).

JUNTOS POR VEZ POSTRERA

El 11 de septiembre de 1767 la familia Mozart emprendió el que estaba destinado a ser último viaje de toda la familia y cuyo destino era Viena. Volverían a Salzburgo en enero de 1769, de modo que se trató de una larga ausencia: un año y cuatro meses. En el umbral de sus doce años, Wolfgang regresaba a la ciudad que lo había aclamado en sus días de prodigio de seis primaveras.

Fue un viaje signado por las desgracias; tal vez, la primera de ellas fuera la optimista suposición de Leopold de que los vieneses esperarían al prodigio con los brazos, las puertas y las bolsas abiertas. Nada más lejos de la realidad: la presencia de Mozart en la capital despertó muy poco interés social y más bien generó una reacción de rechazo a aquel renacuajo que pretendía competir con músicos consagrados.

Las otras desgracias fueron más fortuitas: el pretexto del viaje era la boda de la archiduquesa Maria Josepha de Habsburgo con Ferdinand, rey de Nápoles, pero una terrible epidemia de viruela se desató en la ciudad, y a consecuencia de ésta la archiduquesa falleció el 15 de octubre de 1767. El subsiguiente luto afectó toda la vida social y artística de Viena, y por supuesto, la presentación de Wolfgang en el palacio quedó suspendida. El contagio de la archiduquesa Maria Elisabeth (que no murió pero quedó terriblemente marcada por la enfermedad), decidió a Leopold a huir de Viena, y los Mozart se retiraron a la ciudad de Olmutz. Pero era tarde: el pueblerino Leopold debe de haberse arrepentido de su antigua negativa a vacunar a sus hijos, pues ambos contrajeron la viruela: primero Wolfgang y después Nannerl. Afortunadamente los niños resistieron bien, y se curaron con bastante rapidez: Wolfgang pasó sólo ocho días en la cama. Pese a ello, su rostro quedó señalado para toda la vida, y según Nannerl, ya no volvió a recuperar la belleza de sus años infantiles.

El 10 de enero de 1768, superada la crisis de salud, regresaron a Viena, y el 19 la familia real, de luto riguroso, recibió en visita privada a la familia. El archiduque Joseph, correinante luego de la muerte de su padre, les expresó su imposibilidad de escucharlos en aquellas circunstancias, pero les dio una carta de recomendación para el conde Giuseppe Affligio[13], director de los teatros del Burg y de la Kärtner Tor, y expresó su deseo de que el chico afrontara la composición de una ópera. Affligio los recibió con amabilidad y firmó con Leopold un contrato según el cual Wolfgang debía componer *La finta semplice*, una ópera bufa sobre libreto de Marco Coltellini (1719-1777). El niño se puso a trabajar intensamente, pues se trataba de una obra de aliento (el manuscrito tiene más de quinientas páginas), y creó una pieza llena de gracia y encanto; pero Viena no llegaría a conocerla.

Fueron meses terribles. Affligio incumplía una y otra vez su promesa de estrenar la ópera, Leopold no conseguía audiencias ni apoyos de otros músicos o personajes influyentes para su causa (con la excepción, según parece, del gran Gluck, que acababa de estrenar su *Alceste*, y del poeta Metastasio)[14], casi no había posibilidad de dar conciertos privados y la nueva línea de austeridad impuesta por el archiduque Joseph cerraba las pocas puertas que quedaban. Mozart padre comenzó a ver conspiraciones por todas partes y echaba la culpa a todo el mundo, incluido el propio Gluck, de sus desdichas. En los ambientes musicales aquel padre insistente que procuraba "vender" a su hijo de doce años, menos "prodigioso" que antes y que pasaba por compositor de valía siendo sólo un mocoso, comenzó a caer muy mal.

Pero Wolfgang no dejó de trabajar; en agosto y septiembre compuso *Bastian und Bastianne*, K. 50, pequeña ópera que es una auténtica delicia, por encargo del doctor Franz Anton Messmer[11], que la hizo cantar en su casa. Messmer, por entonces en la cumbre de su prestigio, trató a Mozart con extraordinaria amabilidad, y llama la atención el distanciamiento que se produjo luego con el compositor adulto, consecuencia tal vez de puntos de vista disímiles (Mozart era racionalista y masón, mientras Messmer se había inclinado al esoterismo). *Bastián y Bastiana*, compuesta sobre un libreto de Friedrich Wilhelm Weiskern (1711-1768), Johann Heinrich Müller (1738-1815) y J. A. Schachtner (el amigo de Wolfgang) sobre una parodia de Charles Simon Favart (1710-1792) basada a su vez en una pieza de Jean-Jacques Rousseau (1712-1778) titulada *El adivino de la aldea*, se estrenó en sesión privada, en casa de Messmer, el 1° de octubre, y aunque pasó inadvertida (incluso en la correspondencia de Leopold), la velada tuvo la mayor importancia; el selecto público invitado pudo escuchar la primera obra dramática de Wolfgang Mozart.

Von Schrattenbach, paciente pero no tonto, autorizó a Leopold a quedarse en Viena el tiempo que estimase necesario, pero le suspendió sus emolumentos hasta su regreso, lo que lógicamente creó una gran angustia en el *Vicekapellmeister*. Éste, que tan acremente criticaría a Wolfgang, años más tarde, la decisión de abandonar su empleo con Colloredo para vivir en Viena como músico independiente, escribía por entonces:

> En verdad, me alegro de esta decisión (de von Schrattenbach); me aclara la perspectiva de un viaje a Italia que ya no puede retrasarse más. ¿O debería pudrirme en Salzburgo esperando siempre en vano una situación mejor?

Wolfgang tuvo un único éxito, cuando en diciembre de 1768 estrenó su primera *Misa Solemne*, en Do menor, K. 139, para la inauguración de una nueva capilla. Su lenguaje maduraba día a día, evidentemente, pero muy poca gente en Viena se daba cuenta de ello. Por fin, los Mozart emprendieron el regreso a Salzburgo, en un clima de fracaso y frustración. Encontraron, esta vez, la comprensión y el reconocimiento de que carecieron en la capital. Leopold recuperó su salario, von Schrattenbach —indignado por el tratamiento que recibieron sus músicos— ordenó una representación de *La finta semplice* (Maria Magdelena Lipp, 1745-1827, la esposa de Michael Haydn, cantó la parte principal) y le encargó al niño una nueva *Misa solemne* (en Re menor, K. 65), que se estrenó en octubre. Por fin, y casi como consolación por el triste año pasado, nombró al joven Mozart *Hofkonzertmeister* (Maestro de Conciertos)' de la Corte, cargo honorario, pero que significaba el primer empleo fijo del compositor. Autorizó, además, a Leopold a emprender su soñado viaje a Italia, en el que tantas esperanzas depositaba y que el propio Michael Haydn había aconsejado fervientemente.

CAPÍTULO 5

Bella Italia

A partir de finales del siglo XVII el centro de la actividad musical europea fue trasladándose lentamente desde Italia a Alemania; pese a ello, el país que vio florecer y culminar el movimiento renacentista conservaba, en tiempos de Mozart, toda su aureola legendaria de meca y emporio de la música continental. Todo artista que se preciara de tal debía pasar por Italia, y Johann Christian Bach, que tanta influencia tuviera sobre los Mozart —padre e hijo— les había, sin duda, hablado con entusiasmo de sus años peninsulares.

UNA AVENTURA A DÚO

Los resultados del gran viaje, que dejó prestigio y dinero en proporciones envidiables pero que no se tradujo en una "colocación" para Wolfgang, el fracaso de la aventura vienesa y la permisividad del príncipe arzobispo von Schrattenbach, determinaron que Leopold se decidiera por fin, animado entre otros por Michael Haydn, a emprender la imprescindible incursión italiana. Pero el traslado de toda la familia era imposible; atrás habían quedado para siempre los felices días de las grandes aventuras colectivas, y la pobre Nannerl estaba condenada a ver truncada su carrera de virtuosa y a quedarse en Salzburgo dando clases para contribuir a los gastos del hogar. El viaje a Italia fue realizado sólo por Wolfgang y su padre. Por las cartas de Leopold sabemos que llevaban un criado, pero su nombre no se menciona.

Cuando el joven Mozart se subió al carruaje que los llevaría a la tierra prometida del sur, el 10 de diciembre de 1769, estaba a punto de cumplir catorce años; el niño prodigio iba dejando lugar al adolescente y, en consecuencia, se abría un fundamental período de afirmación de la personalidad. De esta época son las primeras cartas de puño y letra de Wolfgang, sus iniciales escarceos amorosos, sus primeras diferencias serias con su dominante padre. No cabe duda, sin embargo, de que el muchacho emprendió el viaje con júbilo y esperanzas. Ya no se trata sólo de un padre obsesionado por crearle a su hijo un porvenir como músico; ahora es este mismo músico, genialmente precoz, ardiente, ávido de conocimientos y experiencias nuevas, quien acepta de buen grado e impulsa incluso estas empresas viajeras, como precio inevitable a pagar por su formación y su madurez. El 14 de diciembre, cuatro días después de la partida, escribía Wolfgang a su madre:

> Tengo el corazón arrebatado de deleite, porque me divierto mucho en este viaje, porque hace mucho calor en el coche y porque nuestro cochero es un buen tipo.

Entramos así en contacto con el epistolario de Wolfgang, insólitamente rico e interesante a lo largo de toda su vida. Alguien ha señalado, con todo acierto, que si Mozart no hubiera sido un músico genial, la historia lo recordaría como un cronista agudo y profundo de su tiempo; sus cartas, de discutible ortografía y sintaxis, son sin embargo ocurrentes, llenas de sentido del humor, informativas y perspicaces.

La primera parada, en Innsbruck, permitió iniciar la aventura con los mejores auspicios, pues fueron recibidos por el conde Joseph Spaur (1725-1797) con todos los honores, y Wolfgang obtuvo un extraordinario éxito en su presentación en casa del conde Königl. El joven fue remunerado con doce ducados, lo que no estaba nada mal. El 19 de diciembre, a través del paso alpino de Brennero, penetraron en Italia y comenzaron a recorrer las tierras de la Lombardía. El 22 se detuvieron brevemente en Bolzano y en Nochebuena llegaron a Rovereto, donde vivía el magistrado Giovanni Andrea Cristiani von Rall, ex alumno de Leopold. Es bueno recordar que todas estas tierras estaban bajo dominio austríaco.

Cristani los invitó a comer en su casa por Navidades, y al otro día Wolfgang dio un concierto en casa del barón Giovanni Battista Todeschi (1730-1799), alcalde de la ciudad, con el consabido éxito. En esta ocasión el joven músico expresó deseos de tocar en el órgano de la iglesia, bastante célebre, y cuando el 26, al caer de la tarde, los Mozart y un grupo de acompañantes se acercaron a ésta, se encontraron con una multitud entusiasmada, que literalmente arrebató al muchacho y lo llevó en volandas hasta el instrumento, en el cual Wolfgang demostró una vez más su maestría de ejecutante. Fue éste el primer contacto de Mozart con el calor del pueblo, de ese pueblo llano que muchos años después aplaudiría incansablemente *La flauta mágica* en un teatro de barrio, casi al mismo tiempo que los aristócratas e intelectuales vieneses rechazaban el *Don Giovanni* por parecerles rebuscada y aburrida.

El 28 de diciembre llegaron a Verona, donde tuvieron otra recepción entusiasta y donde recibieron el nuevo año. Fue la primera ciudad propiamente italiana que visitaron, ya que pertenecía a la República de Venecia. Wolfgang volvió a protagonizar una escena de entusiasmo popular al tocar en el órgano de San Tomasso, y el 5 de enero fue recibido en la célebre Academia Filarmónica, donde se lo sometió a algo así como un examen y dio un concierto apoteósico; se le hizo improvisar sobre temas libres y dados, se le pidió que tocara una pieza a primera vista y se le solicitó una composición "impromptu", o sea, ejecutada al tiempo que se componía. El joven dejó a todos tan asombrados que se encargó a un pintor —Saverio dalla Rosa (1745-1821) o Giambettino Cignaroli, (1706-1770), no hay certeza— que le hiciera un retrato. Tuvo la oportunidad de asistir a una ópera en la patria del género: *Ruggiero,* de Pietro Guglielmi[1], sobre texto de Caterino Mazzola (1745-1806).

Wolfgang estaba radiante con sus triunfos y sus nuevas experiencias, y maduraba a ojos vista en todo sentido. Leopold lo describía así: "Está como si hubiera permanecido una temporada en el campo, moreno y quemado por el sol, sobre todo alrededor de la nariz y de la boca". Descripción curiosa, pues estaban en pleno invierno. Según Nannerl, Wolfgang nunca más perdió el tinte moreno de la piel que adquirió en Italia. El diario *La Gaceta de Verona* publicó un largo y ditirámbico artículo sobre el joven alemán, que tiene el interés de ser el primer texto en el que su segundo nombre, Gottlieb, fue vertido como "Amadeus". Wolfgang, encantado, lo transformó inmediatamente en "Amadé", y firmó así muchas veces en adelante.

El 10 de enero dejaron Verona y llegaron a Mantua, y ese mismo día fueron a la ópera; se representaba *Demetrio,* de Hasse, y Wolfgang refería así a su hermana la opinión que le mereció el espectáculo:

La *prima donna* canta bien, pero se mueve poco. Sin embargo, se podría pensar que ni siquiera canta, pues casi no abre la boca y bisbisea los sonidos. La *seconda donna* es como un granadero de voz potente, pero no canta mal, teniendo en cuenta que lo hace por vez primera. El tenor se llama Ottini[2]; no es malo, pero como todos los tenores italianos, sostiene mal el tono. El *primo ballerino* bien, la *prima ballerina* también bien, y dicen que no es fea del todo; pero yo no he podido verla de cerca. La orquesta no ha estado mal.

Dentro del tono humorístico asoma el crítico mordaz, consciente de lo que escucha y sapiente de lo que habla, aunque algunos juicios, como el referido a los tenores italianos (¿cuántos había escuchado Wolfgang en su vida?), parezcan en exceso pretenciosos.

El 16 de enero de 1770 se presentó en la Real Academia Filarmónica de Mantua en uno de sus conciertos más celebrados. La crítica del periódico de la ciudad ofrece una magnífica recreación de la velada:

Tocó dos sinfonías de su composición (…), conciertos, sonatas —con las más bellas variaciones— etc. (…) Cantó a primera vista una canción de la que jamás había leído los versos, con el acompañamiento adecuado. El director de la orquesta le dio dos ideas con el violín y con ellas compuso el niño dos sonatas, mezclándolas muy hábilmente y utilizando con destreza la última para la segunda voz. Le dieron una parte de violín de una sinfonía, sobre la que compuso de inmediato las otras partes; pero lo que causó mayor admiración fue que, al mismo tiempo que componía una fuga sobre un tema muy simple que le habían presentado, lo enlazó a aquélla con una unión magistral (…). Todo esto lo hizo sobre el clave. En el violín tocó solamente un trío de un famoso maestro, y lo hizo de manera incomparable.

Con el rumor de los aplausos y los homenajes de las personalidades más selectas aún resonando en sus oídos —el niño tocó también en la casa del conde Franz Eugen von Arco (1707-1776), pariente de los Arco de Salzburgo— dejaron Mantua hacia el 18 de enero, en dirección a Milán. Wolfgang estaba algo indispuesto, pero la cosa no tuvo mayor importancia. Se detuvieron brevemente en Cremona y asistieron a una ópera: *La Clemenza di Tito*, texto de Metastasio y música de Hasse; el mismo libreto sobre el cual Wolfgang, veintiún años después, escribiría su penúltima ópera. Por fin, el 23 de enero la carroza entraba por las calles de Milán, primer objetivo importante de la empresa.

El conde Karl Joseph von Firmian (1718-1782), sobrino del ex Príncipe Arzobispo de Salzburgo y ministro plenipotenciario de Austria, les dio la bienvenida pomposamente y los instaló en su propio palacio, en el que disponían de tres amplias habitaciones. Era tiempo de carnaval en la ciudad, y los espectáculos se sucedían en todos los teatros y salones. Asistieron al ensayo general de la ópera *Cesare in Egitto*, del gran Niccoló Piccini[3]. Leopold calificó la obra de "muy buena", y refirió a su esposa que ambos tuvieron oportunidad de conocer al compositor y charlar con él. Un párrafo de esta misma carta es extraordinariamente ilustrativo sobre lo que era el mundo de la música por aquel entonces:

Wolfgang no puede escribir hoy porque está componiendo dos motetes latinos para dos castrados que tienen quince y dieciséis años y le han rogado que escriba para ellos. No podía rehusar, pues se han hecho amigos, y los muchachos cantan muy bien.

El 7 de febrero los Mozart cenaron en casa del conde de Firmian y conocieron allí a Giambattista Sammartini[4]. Wolfgang tocó el clave y ello, según una versión, provocó un rapto de entusiasmo en Sammartini, que se abalanzó sobre el joven y lo cubrió de besos. Pocos días más tarde se desarrolló otra velada en casa de Firmian, a la que asistieron el duque y la princesa de Módena, los mismos que un año después le encargarían la composicion de *Ascanio en Alba*. El 23 de febrero Wolfgang dio un concierto público con grandes aplausos y poco provecho financiero, y el 12 de marzo el conde Firmian organizó una reunión de despedida, para la que el joven debía componer varias piezas. La recepción fue tan calurosa que el propio Firmian encargó a Wolfgang, por contrato, la composición de una ópera para ser estrenada la siguiente Navidad. El conde fue además muy generoso en la remuneración, de modo que en Milán todo salió a pedir de boca. "Wolfgang está grueso y fuerte, y se muestra todo el día alegre y activo", escribía Leopold a su esposa.

El 14 de marzo reemprendieron el viaje, con Bolonia como próximo objetivo. La noche del día 15 la pasaron en una posada, en Lodi, pues Wolfgang quería terminar su primer cuarteto de cuerdas (Nº 1, en Sol mayor, K. 80), obra en extremo personal, compuesta muy posiblemente bajo la influencia de Sammartini y del gran Luigi Boccherini[5].

El 19 de marzo llegaron a Parma, donde compartieron una velada con la famosa Bastardella (1743-1783), una cantante cuyo nombre era Lucrezia Aguiari; la *prima donna* los invitó a cenar y por una vez no fue Wolfgang la principal atracción de una velada musical, pues la Bastardella cantó profusamente para sus invitados. Al otro día reanudaron la marcha y el 24 arribaron a Bolonia, otra de las paradas importantes de la empresa, pues allí vivía el padre Martini.

Los viajeros llegaron a la ciudad en medio de una fortísima tormenta, y debieron refugiarse urgentemente bajo unos soportales que daban a la calle. La primera noticia que tuvieron no fue buena, pues la corte en pleno se había trasladado a Módena; había que descartar, pues, invitaciones oficiales. Pero Leopold tenía cartas de presentación del gobernador de Lombardía para el conde Gian Luca Pallavicini (1697-1773), y la buena actitud de éste cambió todo el panorama. Los maltrechos viajeros fueron recibidos y agasajados por el conde, quien de inmediato organizó una velada en su casa.

Ésta se desarrolló el 26 de marzo. Pallavicini, caudillo militar, hombre culto y amante tanto de las ciencias como de las artes, había reunido una orquesta de espléndidos músicos para que Wolfgang la dirigiera y para que interpretara la música del joven compositor.

> Había más de ciento cincuenta personas —cuenta Leopold—, y duró desde las siete y media de la tarde hasta las once. Estaban invitados el cardenal y todo lo mejor de la nobleza. El famoso padre Martini, también invitado, no quiso faltar, aunque es bien sabido que no gusta de asistir a estas veladas.

El éxito se tradujo en una segunda invitación, esta vez realizada por el famoso *castrato* Farinelli[6].

Al comenzar su adolescencia, Wolfgang vivía un auténtico frenesí de conocer, de aprender, de saber siempre más respecto del arte que lo fascinaba. Sin duda nunca tuvo los sentimientos y la inteligencia tan abiertos, tan deseosos de ser fecundados, como en aquel tiempo de sus peregrinos catorce años, y sin duda nunca los que le enseñaron, poco o mucho, tuvieron ni tendrían jamás un alumno tan capacitado y receptivo. Por esto mismo, las largas sesiones de trabajo que tuvo con el padre Giambattista Martini[7] fueron tan importantes. Wolfgang guardaba un recuerdo extraordinario de esta relación, si fugaz en el tiempo, inmensamente rica en enseñanzas musicales y humanas. Seis años después de los hechos que estamos evocando, un Mozart de veinte años, desmoralizado y varado en la provinciana Salzburgo, se dirigía al padre Martini en términos elocuentes:

Muy reverendo padre y maestro: señor mío estimadísimo. La veneración, la estima y el respeto que profeso hacia su dignísima persona me inducen a molestarlo con la presente y mandarle una débil pieza de mi música, para someterla a su juicio magistral. (...) Querido y estimadísimo padre y maestro, le ruego que me diga, con franqueza y sin reservas, su parecer. Vivimos en este mundo para iluminarnos mutuamente por medio de razonamientos, y para esforzarnos así en hacer avanzar las ciencias y las bellas artes. ¡Oh, cuántas y cuántas veces desearía estar más cerca para poder hablar y razonar con vuestra paternidad muy reverenda! Vivo en un país donde la música tiene escasísima fortuna. (...) ¡Ah, qué lejos estamos, queridísimo señor padre y maestro, cuántas cosas podría deciros! Me encomiendo siempre a vuestra gracia y no dejo de afligirme al verme lejos de la persona del mundo que más amo, venero y estimo (Mozart, 4 de septiembre de 1776).

Los términos de extrema admiración y sumisión eran propios de la retórica epistolar de la época (la carta está, además, redactada por Leopold); pero debe observarse que Mozart no se dirige al padre Martini para pedirle favor alguno, sino para indagar su opinión de músico sobre una obra que le envía (un motete). No tiene por qué haber la menor intención adulatoria, y los términos que usa Wolfgang expresan sin duda alguna el profundo cariño y la admiración que hacia la figura del gran maestro de Bolonia habían brotado durante las lecciones de 1770. El orgulloso joven de veinte años le hubiera enviado a muy poca gente, en todo el mundo, una obra para que opinara sobre ella; tal vez a nadie más que al padre Martini.

Los pocos datos que tenemos sobre las clases que dio a Mozart el gran franciscano, por entonces casi retirado en su parroquia de San Francesco, permiten suponer que trabajaron sobre formas de composición clásicas —especialmente fuga y contrapunto— y que Martini propuso a su alumno varios temas sobre los que debía componer fugas como ejercicio. Es presumible, por otra parte, que le haya dado consejos sobre cómo encarar su labor creativa y afirmar su personalidad de compositor, para mantenerse enhiesto y firme ante los vaivenes de la moda.

A finales de marzo Leopold y Wolfgang dejaban Bolonia para reanudar su viaje, esta vez con Florencia como punto de llegada. La legendaria ciudad renacentista era la capital del ducado de Toscana, y tenía a su frente al joven Leopold de Habsburgo, hijo de la emperatriz María Theresa. Leopold llevaba una carta de recomendación para el embajador austríaco, conde Franz Xaver Wolf von Orsini-Rosenberg[8], hombre muy interesado en la música y el teatro. Éste los recibió con muchas atenciones y les allanó el camino para llegar hasta el propio príncipe Leopold, que había conocido a los Mozart en Viena y que se mostró extrañado por el hecho de que Nannerl no hubiera acompañado esta vez a su hermano.

AMISTAD EN FLORENCIA

El 2 de abril hubo un concierto en la Corte, con Wolfgang como estrella y con la presencia del violinista Pietro Nardini y del *castrato* Manzuoli, que conocía a los Mozart desde tiempos de Londres. El joven de Salzburgo volvió a convertirse en el personaje de moda, y recibía constantemente invitaciones para tocar en residencias privadas de la mejor sociedad florentina.

Una noche los Mozart asistieron a una recepción en casa de la poetisa Corilla Olímpica (Maddalena Morelli-Fernández, 1727-1800), mujer apasionada y amante de las artes, que gozaba de un prestigio más social que intelectual; allí conoció Wolfgang al único amigo de su edad que tuvo durante toda su niñez y adolescencia: el violinista inglés Thomas Linley[9], alumno de Nardini. Una cálida amistad nació inmediatamente entre los dos muchachos, que tocaron toda la noche, uno detrás del otro y a dúo para admiración de Corilla y sus invitados. Tan grande fue la compenetración de los dos jóvenes músicos, que al otro día Thomas fue al alojamiento de los Mozart y se pasó con Wolfgang toda la tarde, charlando y tocando el violín. Al día siguiente el administrador de las finanzas del ducado, el señor Gerald, invitó a comer a los Mozart y a Linley, y los amigos volvieron a compartir una larga tarde musical.

Tan intensa relación era el preludio de una despedida que, aunque ninguno de ambos quería definitiva, lo sería fatalmente. Thomas Linley acompañó a Wolfgang hasta su casa, luego de salir de lo del señor Gerald, y según cuenta Leopold, se puso a llorar al enterarse de que los Mozart dejarían la ciudad al día siguiente. Y en la mañana de ese día el violinista inglés acudió nuevamente al alojamiento de los salzburgueses para despedirse emocionadamente de su amigo; entregó a Wolfgang un soneto de despedida que Corilla había compuesto para él, y los acompañó hasta los límites de la ciudad. Ambos hicieron proyectos de reencontrarse en la misma Florencia en el viaje de regreso de los Mozart, pero dicho encuentro no se produciría jamás. La única amistad de Wolfgang con un chico de su misma edad, músico como él, inteligente y genialmente precoz como él, había durado tres días. Nadie podía saber entonces que, entre las muchas cosas que los unían, se contaba el sino de la muerte prematura: Thomas a los veintidós, Wolfgang a los treinta y cinco.

El texto completo del soneto, en la versión original en italiano, es el siguiente:

> *Da poi che il fato t'ha da me diviso*
> *io non so che seguirti col pensiero*
> *e in pianto cangia la gioia ed il riso,*
> *ma in mezzo al pianto rivederti spero.*
>
> *Quella dolce armonia di paradiso*
> *che in estasi d'amor mi apri el sentiero*
> *mi risuona nel cuore, e d'improvviso*
> *mi porta in cielo a contemplare il vero.*

Oh! lieto giorno! O fortunato istante
in cui ti vidi e attonito ascoltai,
e della tua virtu divenni amante!

Voglian gli Dei che del tuo cuor giammai
non mi diparta! Io t'amero costante,
emul di tua virtude ognor mi avrai.

"In segno di sincera stima ed affeto
Tommas Linley."

UN PEQUEÑO PRÍNCIPE

Cinco días duró el viaje desde Florencia a Roma, pasando por Siena, Orvieto y Viterbo; por fin, Leopold y su hijo llegaron a la más célebre ciudad del mundo el día 11 de abril, en medio de una terrible tormenta y con un frío espantoso. La primera preocupación, natural en un católico viejo como Leopold, fue acudir a la basílica de San Pedro: corrían los días de la Semana Santa.

Los Mozart dejarían Roma el 8 de mayo, o sea, casi un mes más tarde, y los datos que hay sobre esa estancia son escasos. Parece que las presentaciones públicas de Wolfgang, en casas privadas, fueron mínimas —no más de tres— y que las cartas de presentación que llevaba Leopold no fueron en este caso muy efectivas. Estuvieron en el palacio Chigi y en el de Barberini, en los que Wolfgang exhibió una vez más sus habilidades de intérprete, y asistieron a varias ceremonias en la Capilla Sixtina. Leopold, entre cardenales y cerca del Papa, se sentía en la gloria:

Nuestra elegante indumentaria, el alemán que hablábamos y la libertad natural con que yo hacía intervenir a mi criado ante la Guardia Suiza para lograr que nos dejaran un sitio, fueron elementos muy útiles. Muchos tomaron a Wolfgang por un caballero alemán, y otros por un príncipe; mi criado se cuidó mucho de sacarlos de su error.

Una de las más extraordinarias hazañas de Wolfgang, según relato de su padre, tuvo lugar en esos días. Durante una ceremonia en la Capilla Sixtina a la que asistía, se interpretó un *Miserere mei, Deus*, escrito para nueve voces por Gregorio Allegri (1582-1652). Se trataba de una pieza de prestigio legendario, de exclusiva representación en la Sixtina, y estaba prohibido reproducirla o difundirla de cualquier manera. Según cuenta Leopold, Wolfgang la escuchó y, a la salida de la ceremonia, la transcribió totalmente, nota por nota y sin errores. Aunque repetida hasta la saciedad y recogida por Nissen, la anécdota es difícilmente verosímil si se la toma al pie de la letra; ya no lo es tanto si se piensa que, como señala Hutchings, la obra era utilizada por el padre Martini como ejemplo en sus lecciones, y es probable que Wolfgang hubiese trabajado sobre la partitura con el maestro de Bolonia.

Durante la estancia en Roma, bastante decepcionante en aspectos económicos, Wolfgang se dedicó, como siempre que disponía de algo de tiempo, a componer; de ese mes son un Kyrie para cinco sopranos en Sol mayor (K. 89), una Contradanza en Si Bemol mayor (K. 123), las arias *Se tutti i mali miei* y *Se ardire e speranza* (K. 83 y 82, respectivamente), para soprano con acompañamiento orquestal, y la Sinfonía en Re mayor K. 81, durante mucho tiempo atribuida a Leopold. Cada una de estas obras es en sí misma testimonio de un músico que iba encontrando su lenguaje personal a medida que descubría la propia vida.

Mozart se hacía hombre, y sus costumbres iban transformándose: "Ya no toca el violín en público; canta sólo si le dan la letra y ha crecido poco", escribía Leopold sobre su hijo el 2 de mayo de 1770. Éste, por su parte, maduraba sin dejar totalmente la alegría y la particular informalidad de su carácter, que conservaría aun en los momentos más difíciles de su vida; al mismo tiempo que crecía como compositor, que renunciaba voluntariosamente a seguir siendo un fenómeno de feria y se orientaba hacia el terreno de la creación, era capaz de seguir escribiendo esas cartas escatológicas que tanto han escandalizado a más de un purista: "Beso las manos de Mamá y tambien la nariz, el cuello, la boca y el rostro de mi hermana, y también —¡qué mala es mi pluma!— le beso el culo, si lo tiene limpio."

Wolfgang crece también en curiosidad por el mundo y las cosas que lo rodean, y en avidez de conocimiento, incluso al margen de la música. Lee bastante (en Roma le regalarán un ejemplar de *Las Mil y una noches*), se interesa por los elementos culturales de los sitios que visita y pide a su hermana que le envíe material que le permita seguir estudiando matemáticas, disciplina que le apasiona. Solicita también que se le envíen las partituras de unos minuetos de Joseph Haydn.

El 8 de mayo, con la primavera y el sol como nuevos acompañantes, padre e hijo abandonan Roma en dirección a Nápoles, a donde llegan el día 15. La ciudad estaba bajo la égida de Ferdinand de Napoli, casado con la archiduquesa Maria Karoline, otra de las hijas de María Theresa de Habsburgo. A pesar de que la pareja real los recibió con amabilidad, pronto quedó claro que la presencia de los músicos alemanes no les quitaba demasiado el sueño, y que éstos debían buscarse la vida por su cuenta. Sólo trece días después de su llegada, Wolfgang realizó una presentación pública en la ciudad del Vesubio: la esposa del embajador británico, lady Hamilton —que no era, por cierto, la célebre amante del almirante Nelson, Amy Lyon, más conocida como Emma Hart (1765-1815)—, sino la primera esposa de sir William Hamilton, Catherine Barlow, organizó una velada en su casa, y Wolfgang, que parece haber estado en un día de especial inspiración, cautivó una vez más a todos. De esa noche parece ser la conocida anécdota del anillo, narrada por Nissen: el jovencito llevaba un gran anillo en el dedo meñique de la mano izquierda, y mientras se encontraba ejecutando al clave una pieza en la que dicha mano tenía un notable protagonismo, comenzó a levantarse un murmullo del público. Alguien había afirmado que era imposible que nadie pudiera mover así la mano izquierda sino por arte de magia, y que el encantamiento provenía con seguridad del anillo del dedo meñique; por fin Wolfgang comprendió el porqué de aquella inquietud, se quitó el anillo y continuó tocando con la misma soltura.

Hubo otra presentación pública, en la casa de del conde Wenzel Anton Kaunitz-Rietberg (1711-1794), que trajo como consecuencia la oferta de componer una ópera para el célebre Teatro San Carlo, pero el joven compositor se vio obligado a rechazarla, pues debía cumplir su compromiso con Milán.

Frente a esta ciudad populosa y latina, Leopold reaccionó —como ya lo había hecho en París— con la cerrazón de un alemán provinciano. Le gustó enormemente Pompeya, le pareció magnífico el paisaje, pero "la mugre, la multitud de mendigos, el pueblo abominable, el paganismo, la mala educación de los niños y la increíble depravación que puede encontrarse hasta en la iglesia" merecieron su más severa crítica. Wolfgang, por su parte, se tomaba las cosas con menos dramatismo:

El rey es de modales rudamente napolitanos, y en la ópera se pone siempre sobre un taburete, para parecer un poquitín más alto que la reina. Ésta es bonita y cortés, ya que ciertamente me ha saludado seis veces en el Molo, y de la forma más afable (Carta a Nannerl del 5 de junio).

Wolfgang tuvo oportunidad de asistir al estreno de la ópera *Armide*, de Jomelli, que inicialmente le pareció "bien escrita", pero que luego encontraría "demasiado razonable y arcaica para el teatro", juicio éste notablemente refinado y agudo para un chico de catorce años. Por lo demás, los días de Nápoles parecen haber sido los más agradables del viaje. Excepcionalmente, padre e hijo actúan con mentalidad de turistas, y se dedican a pasear y conocer los bellísimos parajes de la bahía napolitana. Ello se revela en el hecho significativo de que Wolfgang no escribió ni una sola nota durante más de un mes, que fue lo que duró su periplo napolitano. Su padre comenta que había crecido abruptamente y estaba moreno, hasta el punto de no diferenciarse de los jóvenes del lugar.

Por fin, los Mozart recibieron una comunicación de Roma, con fecha 25 de junio, en la que se los invitaba a regresar a la ciudad, donde Wolfgang sería objeto de un homenaje. Emprendieron el viaje de inmediato, pero con mala suerte, ya que Leopold se luxó una pierna como consecuencia de una caída del caballo de varas de la silla de postas; según cuenta Wolfgang a Thomas Linley en una carta, "esta herida no solamente exigió que estuviera tres semanas en el lecho, sino que lo retuvo siete semanas en Bolonia".

Cuando por fin se encontraron instalados en Roma, recibieron la agradable noticia de que el Papa había dado al cardenal Lazzaro Opicio Pallavicini (1719-1785) instrucciones de conferir a Wolfgang el rango de Caballero de la Espuela de Oro, una importante orden papal que ostentaban entre otros Gluck y Dittersdorf[10] (aunque en grado inferior al concedido a Mozart) y cuyo origen se remontaba al siglo XVI y al legendario Orlando di Lasso (1532-1594). La distinción era excepcional, pero como muchas personalidades conscientes de su propia grandeza, Mozart no le concedió mayor importancia. En la carta que envió a Nannerl el 7 de julio de 1770 no hizo más que una referencia oblicua al galardón al despedirse en francés como "vuestro muy humilde servidor y hermano, el caballero de Mozart".

El 8 de julio Wolfgang y Leopold fueron recibidos por Su Santidad Clemente XIV en el Palacio del Quirinal en audiencia privada, lo que para un católico tradicional como Mozart padre era lo más grande que le podía suceder. El Papa abrazó a Wolfgang, le colocó él mismo la banda con la condecoración y se mostró en todo momento obsequioso y amable. Un dato curioso es que el maestro de ceremonias fue el cardenal de Gurk, que se llamaba nada menos que Hyeronimus Colloredo, y sería el próximo Príncipe Arzobispo de Salzburgo; habrá oportunidad de volver a referirse al personaje.

MARTINI POR ÚLTIMA VEZ

El 10 de julio padre e hijo reemprendieron viaje; a Leopold le dolía mucho la pierna, y no estaba en condiciones de realizar interminables desplazamientos. Aprovechando esta circunstancia y la pausa del verano, pasaron una temporada en Bolonia, como invitados del amable conde Pallavicini. Antes de salir de Roma el crédulo Leopold se había comprado una astilla que se suponía era un fragmento de la Vera Cruz, por el que sin duda pagó mucho dinero.

La llegada a Bolonia se produjo el 20 de julio, luego de un tranquilo viaje a través de Civita (donde Wolfgang tocó en el órgano de la iglesia), Pesaro, Rimini, Forli e Imola. Se trasladaron inmediatamente a la casa de campo de Pallavicini y se instalaron allí con toda comodidad. Casi de inmediato Wolfgang recibió el libreto de la ópera que debía componer para Milán: *Mitridate, Re di Ponto*, obra del poeta Vittorio Amadeo Cigna-Santi (1725-1785), basado en una tragedia de Racine (1639-1699). Se puso de inmediato a trabajar en la obra.

Los días de Bolonia fueron otra vez felices y fecundos. Wolfgang llevaba una vida sana y alegre, junto al joven conde Giuseppe Maria Pallavicini (1756-1818), un chico de su edad. Hicieron buenas migas: paseaban juntos, andaban a caballo y en burro y hablaban de música. El pequeño Giuseppe Maria tocaba bien el clave y, según cuenta Leopold, hablaba además tres idiomas. Tenía profesores para todas las materias (Wolfgang no había tenido jamás ninguno, fuera de la música).

El joven compositor seguía creciendo, y cambió la voz, como cuenta Leopold a su esposa en tono casi compungido. Además de trabajar en su ópera, compuso una sinfonía (N° 11, en Re mayor, K. 84), un Miserere para tres voces (K. 85), un Canon sin palabras y cinco cánones enigmáticos (K. 89), un minueto para piano (K. 94), otro para orquesta (K. 122), una misa inconclusa en Do mayor (K. 115), la Antífona *Cibavit Eos* (K. 44) y la Antífona en Do mayor *Quaerite Primum Regnum Dei* (K. 86). Le quedó tiempo aún para escribir cartas a su familia; en una de ellas juzga un intento compositivo de Nannerl, una canción: "Estoy sorprendido de lo bien que sabes componer. Tu *lied* es hermoso. Escribe de vez en cuando algo". No se conserva el *lied*; pero son muy sugestivos tanto el paternalismo superior de Wolfgang como el hecho mismo de que Nannerl se haya lanzado a tratar de componer. Como si se hubiera dicho: "ya que para viajar y tener éxito hay que componer, yo también puedo hacerlo".

Pero una vez más, toda la actividad de Bolonia giró alrededor del padre Martini. El ilustre franciscano se reunía con Wolfgang prácticamente todos los días, le daba clases y le proponía ejercicios que después él mismo corregía. Fueron más de dos meses de contacto personal, dos meses en los que el alumno aprendió muchísimo, y en los que la admiración mutua y la amistad entre profesor y educando se hicieron cada vez mayores. Por fin, Martini propuso que el muchacho fuera sometido a una prueba para su admisión en la Academia Filarmónica de Bolonia, una de las más prestigiosas de Italia. Wolfgang dio la prueba el día 9 de octubre (crear cuatro voces para una antífona dada) y luego de examinado su trabajo, fue admitido. Era un nuevo triunfo personal, pero Martini no estaba dispuesto a permitir el endiosamiento del joven: corrigió su trabajo, que tenía errores, y lo obligó a copiar otra vez el manuscrito (que, por cierto, se conserva en los archivos de la Academia, en Bolonia, con las correcciones realizadas). El juicio del gran franciscano sobre el más brillante de sus alumnos es evidentemente positivo, pero se expresa en términos de moderación: "Atestiguo que lo he encontrado muy versado en todas las materias del arte musical".

El largo verano de Bolonia tocaba a su fin, y había que marchar a Milán, donde se realizaría el estreno de *Mitridate*, la ópera sobre la que Wolfgang estaba trabajando. El 13 de octubre los Mozart se despidieron de sus amigos y emprendieron viaje; atrás quedaba, ahora sí para siempre, la más fecunda relación docente que el compositor Wolfgang G. Mozart tendría en toda su vida. Como en el caso de Thomas Linley, los sueños de reencuentro que sin duda alentaba el muchacho quedarían en nada: jamás volvería a ver al padre Martini, la huella de cuyo magisterio llevaría indeleble por siempre.

"EVVIVA IL MAESTRINO!"

Los Mozart llegaron a Milán el 18 de octubre, con Wolfgang ya absorbido por la tarea creativa. Escribía tantas horas seguidas que los dedos se vieron afectados y comenzó a tener problemas en las articulaciones. Mozart mantendría durante toda su vida esta capacidad de trabajo inhumana, superior a cualquier sacrificio físico; en este caso, el sentido de responsabilidad y el tiempo, que corría muy de prisa, hicieron que incluso le cambiase el carácter, y tal vez por vez primera se mostraba taciturno y nervioso.

Había escrito otras óperas antes, pero *Mitridate* era otra cosa: una obra de mayor aliento, su primer encargo trascendente. No es de extrañar que haya puesto en la empresa toda su energía. Por otra parte, debía trabajar ahora para artistas concretos y de prestigio, y se vio obligado a tomar contacto con el auténtico infierno que era crear para la escena en aquella época. Debió modificar las arias según la preferencia de los cantantes, esperar la llegada de todos para saber si estaban de acuerdo con lo que había escrito para cada uno de ellos, etcétera. Pero los cantantes parecen haber respaldado al joven maestro: la *prima donna*, Antonia Bernasconi (1741-1803), resistió diversas presiones que pretendían convencerla de que exigiera cantar las arias de soprano de Quirino Gasparini (1721-1778), abate turinés que había musicalizado el mismo libreto en 1767, pues las de Mozart eran "incantables". La soprano se mostró conforme con las arias del pequeño maestro y se negó a participar en la intriga. El que interpretaba el rol de Sifare, un *castrato* llamado Pietro Benedetti y conocido como "il Sartorino", quedó tan entusiasmado con uno de los dúos en que debía participar, que declaró que si el número no tenía éxito, estaba dispuesto a dejarse castrar por segunda vez.

Mitridate, Re di Ponto se estrenó en el Regio Ducal Teatro el 26 de diciembre, y la función incluyó dos escenas de ballet, con música que no era de Mozart: la representación total duró más de seis horas. Wolfgang dirigió su ópera desde el clavicordio, como se estilaba entonces, y cosechó una tempestad de aplausos: *Mitridate* fue un éxito absoluto y alcanzó veintidós representaciones, de las que el autor dirigió las tres primeras. En la noche del estreno fue bisada una de las arias de la protagonista, todos los números resultaron ampliamente celebrados y el compositor fue aclamado con gritos de *"Evviva il maestrino!"*. La simiente de *Don Giovanni* estaba sembrada.

Capítulo 6

Príncipe con librea

"Sabes que todo el mundo en Italia recibe un seudónimo: Hasse es el Sajón, Galuppi es Buranello, etcétera. Bien; a nuestro hijo lo llaman 'il Signore Cavaliere Filarmonico'."

Esto contaba, exultante, Leopold a su esposa luego del éxito de *Mitridate,* sin pararse a considerar —su júbilo era demasiado alto para ello— que el mote tiene un claro tinte irónico. No todos eran elogios sin tasa; Wolfgang crecía como persona y como compositor, pero esto sólo lo apreciaban los verdaderos amantes de la música. Gran parte del interés que había despertado en los públicos hasta ese momento se debía a la tremenda desproporción existente entre sus años y su pequeña figura por un lado y sus habilidades como músico por el otro. Pero el niño prodigioso ya no era un niño, había cambiado la voz y estaba grueso y moreno; un adolescente sin duda fresco y encantador, pero ya incapaz de enternecer con su sola presencia. El abate Fernando Galiani[1] escribía a Madame d'Épinay, en esos días: "Creo haberos escrito que el pequeño Mozart está aquí, y que ahora es menos milagroso que antes. Aunque sea siempre el mismo milagro, no será jamás nada más que eso: un milagro". Aunque históricamente puede coincidirse de manera plena con semejante juicio, no cabe duda de que ello sería forzando la voluntad del abate.

Wolfgang vivía con intensidad su gran triunfo. El 4 de enero de 1771 volvió a encantar a todos en casa del conde de Firmian, y un día después la Academia Filarmónica de Verona lo nombró *Cancilliere.* El empresario Castiglione, encantado con su descubrimiento, le encargó inmediatamente otra ópera, que debería estar lista para la apertura de la temporada 1772-73; las condiciones económicas eran excelentes. En esos días encontró aún tiempo para componer, y creó la última de las sinfonías del primer viaje a Italia: la Nº 10 en Sol Mayor, K. 74, una de sus obras más claramente italianas.

El 14 de enero padre e hijo iniciaron una excursión a Turín, que se prolongó dos semanas. Durante ese paseo Wolfgang cumplió quince años, con todas las sonrisas de la vida a su favor. El 31 de enero estaban de regreso en Milán, donde entregaron la partitura de *Mitridate* a un copista para la corte de Lisboa. A principios de febrero volvieron a los caminos en dirección a Venecia, adonde llegaron el día 11, martes de Carnaval.

En la ciudad de los canales se hospedaron en casa de un amigo de Haguenauer, Giovanni Wider, y aprovecharon para viajar en góndola, visitar los lugares de interés histórico y detenerse en los "Ospitali", las célebres casas de educación de señoritas para las cuales el gran Antonio Vivaldi (1678-1741) había escrito gran parte de su obra. Pero muy pronto la noticia de que Mozart estaba en Venecia hizo llegar las primeras invitaciones; Wolfgang se presentó en una velada en casa del conde Durazzo, y el 5 de marzo dio un concierto público, con el éxito consabido.

Por fin, el 12 de marzo, luego de un mes agradable e intenso en Venecia, comenzó el viaje de regreso a Salzburgo; llegaron a Padua, atravesando en barca la famosa laguna. En esta ciudad, en la que permanecieron tan sólo un día y medio, Wolfgang fue invitado por varias distinguidas familias, que querían oírlo tocar aunque fuera una sola pieza, y recibió un nuevo encargo: la composición de un oratorio de cuaresma. El joven lo escribiría parte durante el viaje de regreso y parte en Salzburgo: *La Betulia liberata*, K. 118, una obertura y dos actos en 16 números.

El día 14 de marzo continuaron el viaje y llegaron a Vicenza, donde permanecieron toda la jornada, agasajados por el obispo. El 16 se encontraban en Verona, donde les alcanzaron buenas nuevas: la copia del contrato que oficializaba el encargo de la ópera para Milán, y la noticia de que la propia emperatriz María Theresa invitaba a Wolfgang a componer una obra para las fiestas del casamiento de su hijo el archiduque Ferdinand con Maria Beatrice d'Este, que tendría lugar en la ciudad lombarda de Módena.

La última etapa de la travesía se hizo con mal tiempo, a través del paso de Brenner y de Innsbruck; por fin, el 28 de marzo, con la primavera, llegaron a Salzburgo. El largo y brillante periplo italiano había durado quince meses.

INTERREGNO Y RETORNO

Wolfgang regresaba hecho un príncipe, galardonado en varias academias extranjeras, condecorado por el Papa con la Espuela de Oro y convertido en un compositor de renombre internacional; esto implicaba necesariamente la aparición de esa envidia provinciana que llegaría a provocar en el adulto Mozart un rechazo cerrado por todo lo que significaba Salzburgo. De hecho, hubo una inmediata decepción: el arzobispo von Schrattenbach, a pesar de que se mostraba orgulloso de los éxitos de su súbdito, no cumplió su promesa de comenzar a remunerar a Wolfgang por su trabajo como *Konzertmeister*. En descargo del arzobispo debe reconocerse que Wolfgang apenas se había hecho cargo de tarea alguna, debido a sus constantes desplazamientos.

Cuatro meses duró el interregno de Salzburgo, y no fueron días de ocio: terminó la composición de *La Betulia liberata*, sobre libreto de Metastasio (que por cierto es muy malo); compuso un Kyrie para cuatro voces (K. 116), dos Letanías (K. 109 y K. 108), un Ofertorio para cuatro voces (K. 72) —cuya autenticidad está seriamente en cuestión— y cuatro sinfonías (K. 74, 75, 73 y 110). Todavía le quedó tiempo de enamorarse de una desconocida joven, amiga de su hermana, presumiblemente una hija del doctor Silvester Barisani (1719-1810), el más prestigioso de Salzburgo.

El 13 de agosto Leopold y su hijo comenzaron la segunda incursión italiana, que se centraría en Milán. El viaje fue largo e incómodo por el intenso calor, y las paradas en Bolzano, Rovereto, Verona y Brescia no tuvieron aspectos notables, como no sea el encuentro con el famoso violinista Antonio Lolli (1725-1802). El 21 de agosto llegaron a Milán y fueron recibidos por la propia princesa Beatrice, que los alojó en el palacio. Wolfgang recibió el texto de la obra que debía componer (una Serenata teatral, especie de farsa dramática en la que se hacía referencia oblicua a la boda) y se puso a trabajar inmediatamente; el autor del libreto era el poeta Giuseppe Parini[2], con el que Wolfgang desarrollaría una buena amistad. Nació así *Ascanio en Alba*, una historia pastoril de carácter mitológico que sublimaba los amores de Ferdinand por Beatrice. Las condiciones de trabajo no fueron sin duda las mejores, según lo que Wolfgang contaba a su hermana:

Encima de nosotros hay un violinista, debajo de nosotros otro, al lado un maestro de canto que da lecciones, en la última habitación frente a la nuestra alguien que toca el oboe... ¡Resulta tan divertido componer así! Uno recibe muchas ideas.

Fueron tres semanas de intenso trabajo, al cabo de las cuales la partitura quedó finalizada. El 28 de septiembre se iniciaron los ensayos, y Wolfgang tuvo oportunidad de trabajar con su viejo amigo el *castrato* Manzuoli, que cantaba el papel de Ascanio. En su tiempo libre renovó su relación con el músico Hasse, quien tenía por él una alta estima y era hombre noble y sin envidias; en marzo de 1771 había escrito:

El joven Mozart es ciertamente un prodigio para su edad, y yo lo quiero infinitamente. Pero su padre, por lo poco que lo conozco, es un eterno descontento (...) Sin embargo, tengo tan buena opinión de las inclinaciones naturales del chico que espero no se dejará confundir... Este muchacho hará que todos pasemos al olvido.

Hasse, que tenía entonces setenta y dos años, componía una ópera para la ocasión, *Ruggiero*. Por fin, el 15 de octubre se abrieron los festejos de la boda. El 16 se estrenó *Ruggiero*, con acogida más bien fría, y el 17 *Ascanio en Alba*, que obtuvo el éxito más completo y apoteósico, entre otras razones, por la gran actuación de Manzuoli[3]. Tan clamorosa fue la recepción que el día 19 se interrumpió el duelo decretado por el aniversario de la muerte del Emperador y se repuso la Serenata teatral. Mientras *Ruggiero* sólo se dio tres veces, *Ascanio* pasó las cinco representaciones.

El joven Mozart volvía a conquistar el mundo; la propia emperatriz María Theresa le regaló un hermoso reloj de oro y piedras preciosas, y el conde de Firmian, que lo invitó a su mansión junto a Hasse, hizo a ambos valiosos presentes. No se hablaba en las altas esferas sociales de otra cosa que no fuera Mozart, y Leopold vio en aquel ambiente una oportunidad espléndida de obtener para Wolfgang un puesto remunerado. Se dirigió por carta al archiduque Ferdinand (1754-1806), que tenía entonces diecisiete años, y le pidió que tomara a su servicio al joven músico.

El archiduque se mostraba inclinado a emplear a Wolfgang, pero antes de tomar una decisión pidió opinión a su madre, la emperatriz María Theresa; ésta, amante de las artes y la cultura, conservadora pero respetada por los iluministas, conocía a Wolfgang desde la primera niñez, le había encargado una obra para el casamiento de su hijo y le había hecho infinidad de obsequios. Respondió en los siguientes términos:

Me hablas de tomar a tu servicio al joven salzburgués: no sé en calidad de qué, pues no creo que tengas necesidad de un compositor u otra gente inútil. Pero si quieres hacerlo, yo no te lo impediré. Te aconsejo, sin embargo, que no cargues con gentes inútiles; no necesitas esta clase de gente en tu servicio. Se envilece el servicio de esta manera. Además, esta gente en particular vive recorriendo el mundo como pordioseros, y son una familia muy numerosa.

La insólita respuesta es absolutamente contradictoria con toda la actitud anterior de María Theresa hacia los Mozart. Se ha especulado con que la insistencia de Leopold en lograr la intercesión de la familia real durante sus incidentes con el conde Affligio por el frustrado estreno de *La finta semplice* había disgustado a la emperatriz, pero la explicación no convence: mucho después de aquellos incidentes María Theresa había encargado a Wolfgang *Ascanio en Alba*, y en esos mismos días le había obsequiado un valioso reloj de oro. La razón hay que buscarla, pensamos, en la mentalidad predominante en la aristocracia de la época. Por muy inteligente y culta que fuese (y la carta que nos ocupa cuestiona seriamente, por sí sola, ambas cualidades), María Theresa de Habsburgo no dejaba de ser una aristócrata consciente de su rango, y nunca vio en los artistas, por grande que fuese su talento, otra cosa que simples servidores, y servidores de los que se puede prescindir. Es evidente que, para ella, Mozart no era más importante que un payaso divertido; mientras se lo pudiese conformar con una dádiva todo iba bien, pero que no pretendiera más, pues los nobles no estaban para mantener parásitos. Desde su altura social, veía los esfuerzos de Leopold por difundir el genio de su hijo como una forma de mendicidad, como una manera indigna de ir por la vida. Es interesante observar que no sabía ni aproximadamente cuántos eran los Mozart (una familia reducida, de apenas cuatro personas; la emperatriz, por su parte, había tenido dieciséis hijos, cinco varones y once mujeres), pese a que los trataba desde casi diez años atrás.

De todas formas, su actitud fue signo inequívoco de insignificancia intelectual y espiritual, expresión de estulticia, testimonio de que toda la proclamada defensa y protección de la cultura no era otra cosa que una máscara hipócrita que cubría una honda ignorancia. Por fortuna, la historia suele poner, aunque tarde, a cada uno donde le corresponde.

Hyeronimus Colloredo

Ante la falta de respuesta del archiduque a su petición, Leopold decidió abandonar Milán y regresar a Salzburgo. En los días inmediatamente anteriores Wolfgang salvó su vida de milagro; concurrió a unas carreras de caballos, pero se retrasó unos minutos, y pocos instantes antes de que tomara asiento en una grada, ésta se derrumbó abruptamente y acabó con la vida de cincuenta personas.

El regreso se apresuró también por las noticias preocupantes sobre la salud del príncipe arzobispo. Los viajeros volvieron por Verona, Alta y Brixen; en esta última ciudad permanecieron unos días como huéspedes del conde Spaur. Llegaron a Salzburgo el 16 de diciembre, prácticamente en el mismo momento en que Segismund von Schrattenbach dejaba este mundo, y pudieron asistir a sus funerales.

Enterado de que el nuevo príncipe arzobispo no se designaría hasta marzo Leopold solicitó a las autoridades interinas que se le pagasen los sueldos retenidos con ocasión de sus viajes. Pero la preocupación de la familia pasó inmediatamente al propio Wolfgang, que volvió a caer enfermo de bastante cuidado, aunque Nannerl, que escribió sobre esta etapa, no especificó el carácter de la dolencia. Su decimosexto cumpleaños lo sorprendió en medio de este problema de salud. Con los augurios de la primavera, sin embargo, se encontraba ya dispuesto a reemprender sus tareas.

El 14 de marzo el Consejo de la Catedral de Salzburgo eligió, como príncipe Arzobispo de la ciudad, a Hyeronimus Joseph Franz de Paula Colloredo (Viena, 1732-1812); elección muy discutida, pues el candidato despertaba resistencias entre el sector más conservador del organismo.

Colloredo era un hombre inteligente y progresista, partidario decidido de las nuevas corrientes liberales, y era fama que en su despacho tenía retratos de Rousseau y del mismísimo Voltaire. Una de sus primeras preocupaciones fue reorganizar la capilla musical salzburguesa: trajo de Dresde al *Kapellmeister* Domenico Fischietti (1729-1783), postergando las aspiraciones de Leopold, y confirmó a Wolfgang en su puesto de *Konzertmeister*, con un sueldo de ciento cincuenta florines al año. Colloredo conocía al joven (es posible que haya asistido al concierto en casa de su padre, en Viena, en 1762, y ciertamente tomó parte en la ceremonia que lo consagró Caballero de la Espuela de Oro en Roma), y en principio pareció bien dispuesto hacia él: de hecho, le encargó una obra para las fiestas de su coronación, y él compuso la Serenata dramática *Il sogno di Scipione*, K. 126 (una obertura y un acto dividido en doce números), una vez más sobre libreto de Metastasio. Muy pronto, sin embargo, las relaciones entre ambos se deteriorarían gravemente.

Il sogno di Scipione era un texto alegórico de los que se usaban en la época, en el que se trataba de que las virtudes del protagonista, Escipion Emiliano, fueran vistas como propias del homenajeado, en este caso Hyeronimus Colloredo. La acción dramática es pueril y Mozart dedicó sus esfuerzos a las arias, complejas, difíciles y bellas, y a la orquestación. Fue el primer y último homenaje de Wolfgang al hombre que, sin lugar a dudas, más odió en su vida.

Hyeronimus Colloredo es un ejemplo típico de cómo un hombre puede ir directamente al basurero de la historia por no tener suficiente sensibilidad musical. La posteridad lo recuerda con acritud como el tiranizador de Mozart, cuando en verdad podría aspirar con justicia a un juicio más benévolo.

Las primeras medidas que tomó ya crearon escándalo: prohibió una serie de prácticas religiosas tradicionales que pasaron a ser consideradas como supersticiones, introdujo reformas administrativas de cuño liberal y disminuyó los gastos de la Iglesia que consideraba suntuarios o innecesarios. Logró así cierta popularidad entre el pequeño, casi insignificante sector progresista de la villa, pero adquirió también una imagen de herético que lo acompañaría durante muchos años.

El Príncipe Arzobispo no era insensible a la música: tocaba bien el violín, según dicen, y se preocupaba por conocer las corrientes musicales predominantes; era un decidido partidario de la "escuela italiana" y del "estilo galante". Respecto de Wolfgang no tenía, en principio, animosidad alguna, y puede apostarse a que si éste hubiera sido el clásico músico de corte, digno y levemente servil (en otras palabras, si hubiera sido Leopold), no hubieran existido entre ambos mayores problemas; pero Wolfgang era un genio, y era consciente de serlo, y como tal, aceptaba a regañadientes cualquier situación de inferioridad. Y además tenía dentro de sí la convicción de que no había en el mundo actividad más noble y elevada que la de crear e interpretar música. El choque era inevitable: sólo si Colloredo hubiera sido capaz de comprender que a su servicio estaba un artista excepcional, un músico tocado por la mano de Dios, las relaciones podían haberse encarrilado; pero no fue así.

Como muchos defensores de las "Luces", Colloredo terminó arrasado por los vientos que él mismo ayudó a desatar. Fue depuesto en 1803, en pleno auge napoleónico, y se trasladó a Viena, donde falleció en 1812. Sin duda el lugar que la historia le ha reservado es injusto, pues se lo recuerda casi exclusivamente como el gran obstáculo del genio Mozart; pero tampoco es posible olvidar que su conducta hacia éste estuvo motivada tanto por su falta de sensibilidad musical (de lo que no tenía la culpa) como por su anacrónico orgullo de clase; y éste sí fue de su entera responsabilidad.

Durante el mes de marzo de 1772 la vida social y cultural —por supuesto, también la musical— de Salzburgo giró en torno de la coronación del nuevo príncipe arzobispo; una vez que éste hubo realizado las reformas que consideró necesarias en su capilla, la actividad debía entrar en su ritmo normal, y Wolfgang debía hacerse cargo de sus tareas de *Konzertmeister*, ahora remunerado. Entre marzo y octubre desempeñó con seriedad sus tareas y compuso varias obras: tres Divertimentos para cuarteto de cuerdas (K. 136, 137 y 138), tres Sonatas de Iglesia (K. 144, 145 y 124), unas *Letanías del Santo Sacramento* (K. 125), seis minuetos con tríos para orquesta (K. 164), ocho sinfonías (K. 114, 124, 128, 129, 130, 132, 133 y 134), *Regina Coeli* (K. 127), el Divertimento en Re mayor Nº 2 (K. 131) y tres *lieder* (K. 149, 150 y 151). De esta amplia productividad destaca la preocupación por la forma sinfónica, dentro de la que crearía en el futuro algunas de sus obras fundamentales. Se encontraba entonces en pleno entusiasmo por la obra de Joseph Haydn, a quien con toda probabilidad había conocido personalmente en Salzburgo con motivo de una visita de éste a su hermano Michael; lo que se tradujo en su esfuerzo por progresar en la composición de sinfonías, campo en el que Haydn era maestro insigne.

Por otro lado, Colloredo dejó bien claro desde el principio que en sus dominios no habría privilegios: los músicos eran criados de cierta jerarquía, y ése es el lugar que ocuparían todos, incluidos los Mozart. Esto obligaba al uso de librea y a comer en la mesa de la servidumbre, cuando ello era necesario. Puede suponerse cómo le cayó al orgulloso Wolfgang, agasajado y condecorado por las mayores personalidades del mundo, esta condición servil, para él desagradablemente nueva.

Adiós, Italia

El 24 de octubre padre e hijo partían hacia Italia para cumplir el compromiso de estrenar una nueva ópera. De hecho, Wolfgang ya estaba trabajando en el libreto de *Lucio Silla*, del poeta Giovanni de Gamerra (1743-1803). Emprendió este viaje con un ánimo bien distinto del de otras veces y se mostraba algo taciturno, probablemente debido a que Colloredo debió de haber dejado claro que él no era Sigismund von Schrattenbach: la época de los viajes tocaba a su fin. Wolfgang, que había cumplido ya los dieciséis años, vivía un período difícil, y ello puede apreciarse en sus cartas, privadas del sólito tono burlón que lo caracterizaba. Durante el trayecto escribió a su hermana, y se quejaba de tener hambre, sed y calor, además de sentirse sumamente perezoso; declaraba que la composición de *Lucio Silla* no tenía mayor interés y se mostraba preocupado por enviar saludos a una cierta señorita. Era, en esos momentos, un adolescente sumido en el doloroso proceso de comprender que la infancia había pasado, que no tenía de momento otra salida que aceptar su condición servil y que la vida era más difícil e ingrata de lo que hasta entonces había pensado. Durante el viaje compuso, para su propia satisfacción, un cuarteto de cuerdas (en Re mayor, K. 155), género especialmente propicio a las expansiones intimistas, que abordará nuevamente en los meses venideros.

Cuando llegaron a Milán, el 4 de noviembre, el joven compositor había terminado los recitativos de *Lucio Silla*; pero en el ínterin, el poeta Gamerra había sometido su obra al juicio de Metastasio, y éste le había sugerido una serie de cambios, lo que obligó a Mozart a reescribir en parte su trabajo. Luego fueron llegando los cantantes, y según las características e incluso los caprichos de cada uno, el joven debió escribir las arias adecuadas.

Por fin, el 18 de diciembre la obra quedó concluida. La *prima donna, signora* Anna de Amicis Buonsollazzi[4], estaba encantada con sus arias y con el joven compositor (Wolfgang estaba cerca de cumplir los diecisiete años, y aunque no era especialmente bien parecido, le sobraba encanto y poder de seducción, especialmente hacia el sexo femenino), y todo marchaba sin inconvenientes. El 26 de diciembre se estrenó por fin *Lucio Silla*, con el teatro lleno y mucha expectación. Mozart asistió entonces a su primer fracaso en el campo de la música dramática.

La función comenzó tres horas después de lo previsto, pues el archiduque no llegaba; cuando se inició la acción, todos, cantantes y público, estaban cansados, impacientes y consumidos de calor. El tenor Bassano Morgnoni era un buen cantante de obras religiosas, pero pisaba una escena lírica por primera vez, y provocó un estallido de risa del público cuando, en el curso de un ataque de furor que el libreto prescribe, agredió con tal realismo a la pobre *signora* de Amicis que ésta casi se cae al suelo; las risas del público confundieron a la *prima donna*, que creyó que se reían de ella. Todo este ambiente de caos se agravó, si ello era posible, cuando, al aparecer en escena el personaje de Cecilio (interpretado por un famoso *castrato* llamado Venanzio Rauzzini, 1746-1810), la archiduquesa se puso a aplaudir con insólito entusiasmo, tarea en la que fue rápidamente seguida por toda la sala; esto, desde luego, generó un fuerte descontento en los demás cantantes. Después se supo que el entusiasmo exagerado de la archiduquesa era consecuencia de una solicitud del propio Rauzzini, que le había dicho antes de la función que se sentía mal y nervioso, y que sólo si lo aplaudían en abundancia sería capaz de cantar.

Después de este comienzo catastrófico, la representación se encarriló bastante, y finalizó entre aplausos; pero apenas se había evitado el desastre, y todo esto no tenía nada que ver con los resultados de *Mitridate* o de *Ascanio en Alba*. *Lucio Silla* se representó durante varios días sucesivos y fue juzgada con benevolencia, pero sin entusiasmo; Castiglione se mostró satisfecho y amable, pero no encargó otra ópera a Wolfgang: nadie lo hizo. Como para vengarse de este traspié —bellísima venganza, sin duda— Mozart se puso a componer: el aria *Ah, piu tremar non voglio* (K. 71), una Sinfonía en Do mayor (K. 96), seis cuartetos de cuerda conocidos como *Cuartetos Milaneses* (K. 155 a 160), seis sonatas para piano y violín llamadas *Románticas* (K. 55 a 60), un Divertimento (K. 186) y una de sus obras más deliciosas: el motete en Fa mayor *Exultate, jubilate*, para soprano, K. 165. Su encantador "Aleluya" es un pequeño prodigio de gracia melódica. Estas obras, en especial los cuartetos de cuerda, muestran la creciente autoindagación de Wolfgang, que comenzaba realmente a usar su impar capacidad creativa para dar salida a su turbulento mundo interior.

Antes de regresar, Leopold realizó un nuevo intento de "colocar" a su hijo, esta vez apelando al duque Leopoldo, que gobernaba en Toscana. Las ilusiones iniciales se esfumaron muy pronto, y pese a que Leopold fingió una enfermedad para poder quedarse unos días más en espera de la respuesta, debieron partir con las manos vacías; durante todos estos meses Wolfgang —y es bien sintomático de su estado de ánimo— no escribió ni una sola línea a su madre y su hermana. Por fin, en los primeros días de marzo emprendieron el regreso.

El muchacho no sabía, desde luego, que veía Italia por última vez; pero se sentía melancólico y deprimido. Esta vuelta no se parecía en nada a las dos anteriores, cuando regresó lleno de gloria y recuerdos felices, y con importantes trabajos encargados; esta vez predominaba la sensación de fracaso. Contemplaba, con ojos tristes, el paisaje primaveral, diciendo mental y espiritualmente adiós a aquella tierra italiana donde había pasado algunos de los días más bellos de su vida; lo esperaban Salzburgo, las limitaciones creativas y la librea de criado.

Escapada a Viena

Al regreso la rutina del trabajo se vio algo alterada por la mudanza de domicilio: los Mozart dejaron la casa que alquilaban a Haguenauer, y en la que habían nacido Nannerl y Wolfgang, para cambiarse a un amplio apartamento situado en el Nº 8 de la Marktplatz; la familia ya no volvería a trasladarse, y el viejo Leopold moriría allí en 1787.

Se trataba de una mejora de "status", por supuesto: la casa era más amplia y estaba mejor ubicada. Pero la satisfacción que esto pudo haber producido a Wolfgang duró muy poco; se sentía mal sirviendo a Colloredo, se sentía mal en Salzburgo, y anhelaba poder marcharse. El carácter agrio y desagradable del Príncipe Arzobispo provocaba constantes tiranteces y conflictos; era orgulloso, autoritario y exigente, y Wolfgang, tan orgulloso como él o más (y con razones infinitamente mejores), se mostraba díscolo, se negaba a usar la librea y no hacía el menor esfuerzo para resultar agradable. Los problemas deben de haber sido importantes desde el principio, pues por la época del viaje a Viena del que se va a hablar a continuación, ya el Arzobispo había dicho a su *Konzertmeister* que no se hiciera ilusiones de promoción alguna en Salzburgo, y que tal vez lo mejor que podía hacer era probar fortuna en otro sitio.

En julio de 1773 comenzó el último viaje a Viena del binomio Leopold-Wolfgang. Colloredo se tomó unas vacaciones largas, en virtud de problemas de salud, y concedió licencia a toda su servidumbre, incluidos los músicos. Inmediatamente los Mozart decidieron aprovechar la ocasión, y se improvisó una visita a Viena. Tal vez las relaciones que allí tenían fueran capaces de conseguir una mejor colocación para el joven, que no ocultaba su deseo de huir y no ver más a Colloredo en toda su vida. Por otra parte el viaje tenía un motivo más concreto: el *Kapellmeister* de la Corte de Viena, Florian Gassmann (1729-1774), estaba enfermo y se rumoreaba que no viviría mucho tiempo. Leopold contaba con que los movimientos que provocaría su muerte podrían favorecer a Wolfgang.

Lo primero que hicieron los visitantes, una vez en la capital imperial, fue pedir una entrevista a la emperatriz María Theresa; ésta los recibió muy amablemente, pero dejó bien claro que no haría nada por Wolfgang. En los días sucesivos visitaron a sus amigos el doctor Messmer y el doctor Alexander Louis Laugier (1719-1774), que era médico de la Corte imperial; pero tampoco las influencias de éstos dieron resultado. Por otra parte, la actividad musical vienesa estaba paralizada por el verano, de modo que no había oportunidad de organizar actuaciones. Los únicos aspectos positivos de la aventura fueron la composición por Wolfgang de una Serenata (K. 185) destinada a la boda de su amigo Judas Thaddä Antretter (1753-?), de Salzburgo, y el hecho de que Leopold dirigiera, en la iglesia de los Jesuitas, una misa de Wolfgang: la llamada del *Pater Dominicus*, K. 66, compuesta en 1769 y estrenada en octubre de ese mismo año en Salzburgo.

A finales de septiembre padre e hijo emprendieron el regreso y llegaron el día 30, con las manos tan vacías como las tenían cuando se fueron. Se iniciaban algunos de los años más difíciles de la vida de Mozart.

LAS PRIMERAS CIMAS

Wolfgang pasó los catorce meses que van desde septiembre de 1773 a diciembre de 1774 ocupado en el desempeño de sus tareas; fue el período más largo que vivió en su ciudad natal desde su primera niñez. No es posible reseñar hechos importantes en este lapso, que sin embargo —fácil es comprenderlo— resultó absolutamente decisivo en la evolución del artista y el hombre.

Sabiendo que iba a vivir una época de frustraciones y dificultades, pareció decidido a buscar refugio en la creación entendida como expresión de su individualidad más profunda; así, entre noviembre de 1773 y enero de 1774 surgieron un puñado de obras mayores, de insuperable belleza y honda inspiración: la Sinfonía en Do mayor (K. 200), conocida como la Nº 28, pieza innovadora y audaz, cuyo *minuetto* está muy lejos de la concepción tradicional de frívola elegancia y pasa a ser una pieza dramática e inquietante; el Quinteto de cuerdas Nº 2 (K. 174), fragmentos de música incidental para el drama heroico *Thamos, rey de Egipto*, sobre texto del barón Tobias Philip von Gebler (1726-1786); el Concierto para piano en Re mayor, K. 175, conocido como el Nº 5 pero que en realidad es el primero de su autor en un género en el que crearía piezas de maestría incomparable; la fundamental Sinfonía en Sol menor Nº 25, K. 183, transida de tensión dramática y escrita en una tonalidad que sera la de algunas de las más desgarradas obras de su autor, y la Sinfonía en La mayor Nº 29, K. 201.

Esta época señala la primera gran culminación de Mozart como creador. El musicólogo y escritor italiano Massimo Mila (1910-1988) sostiene que, en estas creaciones, a la amplitud de las formas, a la vastedad de las dimensiones, corresponden valientemente la intensidad y la dignidad del significado. (…) Tomó prestado, de los vieneses y de los dos Haydn, los recursos técnicos que le permitieron realizar su sueño de grandeza y elevación: amplitud en el desarrollo, con uso frecuente del contrapunto; empleo de la forma sonata, así como del Rondó en los finales; reintroducción del primer tema después del segundo y añadido de una larga coda. (…) Italia le había abierto el camino del corazón, la inspiración apasionada y romántica en la búsqueda de un ideal de vibrante intensidad expresiva; Viena le había revelado la meta de un arte austero, concebido grandiosamente y de bases sólidas. De la fusión de estas dos influencias, en la quietud de Salzburgo, nacieron algunas de las obras que representan un momento culminante en la producción juvenil de Mozart.

Se ha manejado en general el esquema de que esta sucesión de obras maestras, hondas y conmovedoras, obedecen a la influencia que sobre el adolescente compositor habría tenido el "Sturm und Drang", el gran movimiento prerromántico alemán, con cuyos ideales estéticos habría entrado en contacto en su última visita a Viena; mientras que las obras que siguieron, más ligeras y exteriores, aparecen como expresión del "estilo galante", de moda en aquel entonces. Lo cierto es que, pasado el período de honda expresividad creativa, las composiciones de Mozart adquieren un carácter distinto, menos intimista y más acorde con los presupuestos estéticos aceptados. La Sinfonía como forma creativa será abandonada por mucho tiempo, y en su lugar abundan estructuras compositivas más ligeras, como Divertimentos, Casaciones, Serenatas, etcétera. Al decir de Massimo Mila,

> las dimensiones de las obras se reducen, el contrapunto languidece —limitado, como máximo, a alguna intervención humorística— y las obras, aunque más breves, pierden cohesión: multiplicidad de temas yuxtapuestos, atrofia de los desarrollos, etc., como es propio del estilo "galante". (…) Es una música que se propone, sobre todo, seducir; pero es necesario señalar que lo consigue.

En efecto, Mozart exhibe en todo momento esa gracia alada, esa levedad seductora que anima toda su música, de la más circunstancial a la más desgarrada; hace gala de su inagotable capacidad de invención melódica y provoca, en definitiva, una completa satisfacción estética. Por otra parte, sus movimientos lentos siguen teniendo un vuelo poético, una melancolía envuelta en sonrisas que será su sello distintivo para siempre. Wyzewa y Saint Foix, en su célebre estudio biográfico, hablan de esta etapa en términos de admirable agudeza:

> En las altas ambiciones que revela la obra compuesta por Mozart entre 1773 y 1774 hay algo de desproporción respecto de su edad y de su escasa experiencia de vida. Refugiándose luego en una "galantería" de mera satisfacción exterior y superficial, logró convertirse en dueño absoluto de sus propios medios creativos y desarrolló en sí mismo ese sentido de pura perfección que transportaría luego a campos más vastos y dignos de sí mismo.

SALZBURGO EN TIEMPOS DE MOZART

Salzburgo significa literalmente "ciudad de la sal", y está situada sobre el arroyo Salzach ("arroyo de la sal"). La toponimia denuncia pues, claramente, cuál fue el origen económico de la población: la explotación de minas de sal.

Es más antigua que el propio Sacro Imperio Romano Germánico, al que perteneció hasta la desaparición de éste, abolido por Napoleón Bonaparte. Fue fundada, según la tradición, por San Ruperto en el año 700, y se convirtió en sede de un obispado en el 739. En el 798 ascendió a Arzobispado; en el 800 Carlomagno fundó el Sacro Imperio.

Sus lejanos orígenes y su rápida jerarquía religiosa la transformaron en una suerte de burgo autónomo, en el cual el Arzobispo desempeñaba a la vez los poderes político y religioso. Formaba parte del reino de Baviera, razón por la cual Mozart siempre se consideró bávaro y alemán, y jamás austríaco. El cargo obispal era electivo, y la selección estaba a cargo del Consejo de la Catedral. El Príncipe Arzobispo actuaba como un soberano independiente, y su dignidad religiosa era altísima; tenía el título de Primus Germaniae, lo que significaba que el Emperador y el Papa lo reconocían como la máxima autoridad espiritual del Imperio.

Hacia el último cuarto del siglo XVIII Salzburgo era una ciudad mediana para los parámetros de la época, y disfrutaba de saneado prestigio no sólo por su entorno natural paradisíaco, sino por el desarrollo cultural de su corte arzobispal. Tenía una universidad prestigiosa, un teatro de ópera y varios teatros pequeños, uno de los cuales funcionaba en el propio edificio universitario. En tiempos de Mozart actuaban en la corte salzburguesa músicos de excepcional valía, como Michael Haydn, Giuseppe Francesco Lolli, Anton Adlgasser, Domenico Fischietti, Antonio Brunetti (violinista, 1744-1786), el *castrato* Francesco Ceccarelli (1752-1814) y Joseph Otto, amén de Mozart padre e hijo. Pocas ciudades europeas, si es que había alguna, podían vanagloriarse de tener una selección de artistas de semejante jerarquía.

Pese a ello, Wolfgang se sentía mal en su ciudad natal; rechazaba su ambiente provinciano y plagado de chismografías, protestaba por las escasas posibilidades de componer para la escena y todo le resultaba mezquino y odioso. Es evidente que en este rechazo influían más circunstancias subjetivas, derivadas de sus pésimas relaciones con el Príncipe Arzobispo —su patrón directo— que el nivel cultural de la villa, comparativamente alto.

Por entonces Salzburgo tenía unos quince mil habitantes. La división entre nobleza y burguesía, como en el resto de Europa, era cada vez menos clara, y la influencia de las nuevas ideas era muy fuerte, lo que se demuestra, entre otras cosas, en la elección de un hombre de las características de Colloredo. Las reformas religiosas introducidas por éste habían, sin embargo, conmovido hondamente a una parte sustancial de la sociedad, como podrá verse en el transcurso de esta misma obra. Pese a ello, la vida transcurría tan plácida como el arroyo que da nombre a la villa, y los conflictos bélicos que comprometieron gravemente a otras ciudades no la afectaron sino en mínima proporción.

SALZBURGO COMO TRAMPA

El 27 de enero de 1774 Mozart había cumplido dieciocho años; se mostraba como un joven inquieto y nervioso, amante de la vida mundana, enamoradizo y lleno de alegría de vivir. Cumplía a regañadientes con sus obligaciones en la capilla musical de Colloredo, daba algunas clases particulares a señoritas de la buena sociedad (no tenía el menor aprecio por la docencia) y realizaba mentalmente quiméricos proyectos de futuro, que le permitirían abandonar Salzburgo y retomar su vida de artista respetado y querido en otros lugares del mundo. Su villa natal, gracias a Colloredo, se había convertido en una trampa que no sólo le impedía salir, sino que frustraba todos sus sueños e ilusiones.

Su escape espiritual se situó, como siempre, en la creación: una sonata para piano a cuatro manos, K. 358; la Sinfonía N° 30 en Re mayor, K. 202; el bellísimo concierto para fagot, K. 191, con un andante que sólo puede calificarse de mozartiano; la Misa breve N° 6 en Re mayor, K. 194; una Serenata en Re mayor, K. 203 (encargada para el santo del Arzobispo); doce variaciones para piano sobre un minueto de Johann Caspar Fischer (1670-1746) K. 179, y 6 sonatas para piano (K. 279 a 284), que los especialistas encuentran muy influidas por el estilo de Joseph Haydn.

Por fin, la oportunidad de volver a los caminos, que el joven veía entonces como una liberación, vino en forma de un encargo del elector de Baviera, Maximilian Joseph III, que no se había olvidado del pequeño Mozart. Para las fiestas de carnaval de Munich del año siguiente, se le pidió a Wolfgang que compusiera una ópera bufa —*La finta giardiniera*— sobre un libreto del poeta romano Giuseppe Petrosellini (1727-1799), basado en una obra anterior nada menos que de Rainiero de Calzabigi. Colloredo se vio incapaz de negar la autorización, pues no quería quedar mal con un personaje de la más alta influencia. Wolfgang comenzó a trabajar intensamente sobre el texto, y en diciembre, cuando llegó la fecha en la que deberían partir hacia Munich, tenía gran parte del camino andado.

El 7 de diciembre Leopold y Wolfgang llegaron a la capital bávara, donde se les reuniría Nannerl poco después; de inmediato entraron en contacto con el conde Seeau, responsable de las actividades musicales en Baviera, y fueron tratados con el máximo respeto y consideración. Rápidamente Mozart conoció a los cantantes y compuso las arias, y a finales de diciembre la ópera estaba terminada.

El estreno, fijado en principio para el día 29 de diciembre, se postergó hasta el 5 de enero de 1775, mientras Wolfgang convalecía de una incómoda infección bucal. Durante ese tiempo aprovechó para escribir a su hermana en términos que muestran su agitada vida sentimental:

A la joven señorita Mizerl, te lo ruego, dile que no debe dudar de mi amor. Está siempre presente ante mis ojos, con su maravilloso desaliño. He visto aquí muchas jóvenes encantadoras, pero no he visto una belleza igual.

El mismo 5 de enero, día previsto del estreno, Nannerl llegó a Munich, acompañada de una amiga. Pero *La finta giardiniera* volvió a sufrir otro retraso, y no subió a escena hasta el viernes 13. Los hermanos Mozart vivieron intensamente el carnaval, asistiendo a los bailes y divirtiéndose. Por fin, con el teatro totalmente lleno, se representó la ópera de Mozart, con una recepción digna de sus mejores tiempos:

> Después de cada aria se produjo siempre un terrible tumulto, con aplausos y gritos de "¡Viva el maestro!" (…) no hubo más que aplausos y gritos de "¡Bravo!", que tan pronto cesaban, volvían a empezar.

Quien describe el éxito de *La finta giardiniera* en esos términos no es Leopold, como pudiera pensarse, sino el mismo Wolfgang, que se muestra exultante; se trata de una carta que escribió a su madre el día 14, y que además de la narración de las circunstancias del estreno, contiene una frase significativa:

> En cuanto a nuestro viaje de vuelta, no será inmediato; y mi Mamá no debe tampoco desear que lo sea, porque sabe perfectamente lo bien que sienta respirar un poco…

Colloredo, invitado por supuesto a las fiestas, llegó tarde y no pudo asistir a la ópera de Wolfgang y a su clamoroso triunfo; según Leopold, las alabanzas a la obra provocaron en el Príncipe Arzobispo una tal confusión que "no podía literalmente responder más que alzando los hombros e inclinando la cabeza".

El éxito de *La finta giardiniera*, que no es una de las obras maestras de Mozart, pero sí una pieza llena de encanto, está confirmado por testigos imparciales: el poeta y músico Friedrich Daniel Schubart[5] escribía:

He oído una ópera bufa del admirable genio Mozart (…) Si no es una planta de invernadero, llegará a ser uno de los más grandes compositores que jamás hayan existido.

Sólo Colloredo parecía indiferente al genio de su criado.

EL ANHELO DE LIBERTAD

El triunfo devolvió a Wolfgang el clima de su perdida niñez; otra vez era el prodigio, el bienamado de los dioses, el mimado de los poderosos. Llegaron inmediatamente encargos de nuevas obras: el Príncipe Elector le pidió que compusiera para él un motete (será el *Misericordias Domini*, K. 222), y ello hizo nacer en Leopold ciertas expectativas de que su hijo fuera empleado por la Corte de Munich, esperanzas que pronto se frustraron. La obra se estrenó a finales de febrero de 1775, con la asistencia del propio Elector. Por su parte, el barón Thaddeus von Dürnitz (1756-1807), conocido por su afición al piano y al fagot, encargó a Wolfgang algunas obras para estos dos instrumentos, que fueron compuestas entre Munich y Salzburgo (entre ellas la sonata en Re mayor, K. 284, conocida precisamente como "Dürnitz"). Sin embargo, el encargo mayor de una ópera, en el que Leopold confiaba, no llegó. Como ya se ha apuntado, Wolfgang y Nannerl se divirtieron en grande durante el carnaval muniqués, y aquellos días fueron un remanso de serena felicidad en la dura existencia del primero. Se organizó inclusive una competencia de virtuosismo, oponiéndole al pianista Ignaz Franz von Beecke (1733-1803), capitán del ejército; ambos obtuvieron aplausos y elogios, y la victoria de Wolfgang no fue clara; incluso Schubart, siempre muy predispuesto en su favor, opinó en este caso que von Beecke era superior.

Por fin, llegó la hora del regreso: *La finta giardiniera* se representó por última vez el día 3 de marzo de 1775, y el 6 la familia inició su viaje de retorno. El 7 Wolfgang estaba en casa; no se movería de Salzburgo hasta septiembre de 1777, cuando iniciaría su segunda e infortunada incursión parisina

El archiduque Maximilian Franz (1756-1801), hijo menor de María Theresa, que tenía entonces diecinueve años, había realizado una visita a su hermana María Antonieta y en su viaje de retorno desde París se detendría en Salzburgo. Colloredo puso extremo cuidado en preparar la recepción del príncipe; en el aspecto musical, encargó al joven Mozart la música para un libreto de Metastasio: *Il re pastore*. Metastasio se mostraba especialmente orgulloso de este trabajo, lleno de simbologías y consideraciones éticas (como era normal en este poeta), que ya había sido puesto en música por compositores de la talla de Gluck, Piccini, Hasse, Jomelli, Guglielmi y Giardini. El Príncipe Arzobispo se comportó muy bien esta vez, y liberó a Wolfgang de todas sus obligaciones para que pudiera dedicarse totalmente a su tarea creativa; el compositor, sin embargo, parece haber dado menos importancia a su propia labor, ya que trabajó simultáneamente en su *re pastore* (clasificada como "Fiesta Teatral") y en su Concierto para violín en Si bemol mayor, K. 207, el primero de cinco obras maestras que señalan la única incursión de Mozart en este campo (existen otros dos que se le atribuyen sin certeza). Por otra parte, Colloredo se preocupó por el brillo de la representación, e hizo venir desde Munich al flautista Johann Baptista Becke (1743-1817), que llegaría a ser uno de los amigos más queridos de Mozart, y al *castrato* Tomasso Consoli (1753-1808).

Las fiestas se iniciaron el 22 de abril y el 23 se representó *Il re pastore*, en presencia de Max Franz y con mucho éxito. Tres días después Mozart tocó ante el archiduque, con un programa compuesto por obras propias y fragmentos de libre improvisación. Fue la última vez que Mozart actuó como figura estelar delante de sus paisanos; con la marcha del archiduque se abrían sus primeros "años de galera", según la expresión que haría célebre Verdi muchos años más tarde.

Estuvo dos años y medio sin salir de Salzburgo, que de ninguna manera fueron improductivos: compuso en ellos más de cien obras, entre las que le exigía su obligación de músico de corte y las que creaba por propia necesidad interior. La aparente adaptabilidad a su situación, su carácter alegre y comunicativo, la aureola de frivolidad que lo rodeaba y las buenas relaciones que mantuvo con la alta sociedad salzburguesa, pueden dar una idea equivocada de lo que pasaba en su espíritu. Algunos párrafos de su correspondencia, la creciente hostilidad que fue desarrollando hacia el Arzobispo y hacia toda la ciudad, y sobre todo algunas de sus obras, permiten afirmar que Wolfgang se sentía hondamente frustrado, y que aquéllos fueron tiempos de infelicidad. Su situación económica era buena, y sin duda vivió entonces mejor que en los duros años vieneses del porvenir; tenía un puesto seguro, trabajaba en lo suyo (la música) y podía crear. Muchos músicos hubieran envidiado su posición. Pero Wolfgang se sentía desdichado y daba signos constantes de disconformidad. No aceptaba de buen grado su condición de lacayo, se sentía limitado en su ardor creativo por las exigencias de la liturgia, no podía componer óperas y su carrera de concertista debía considerarse cerrada. Es natural que haya comenzado a idealizar el mundo exterior, a soñar con lejanas tierras en las que su genio era reconocido, su persona era valorada y agasajada y donde podía crear sin limitaciones de especie alguna; máxime cuando esta situación idílica no era producto de su fantasía, sino evocación de su propia experiencia personal.

Semejante estado de ánimo se tradujo, de manera particular, en su creciente odio hacia Colloredo. El aristocrático arzobispo sólo supo ver en Mozart a un servidor levantisco, indolente y hostil, y aunque hay indicios de que llegó a intuir su excepcional talento, lo trató en consecuencia, sin imaginar —con toda seguridad— que labraba así su poco envidiable lugar en la memoria histórica.

Durante el año 1775 Wolfgang compuso los otros cuatro conciertos para violín, obras todas de extraordinaria belleza. Al parecer, fueron compuestas para Antonio Brunetti. Consideradas expresión de la "época galante" del compositor, se ha señalado con frecuencia que carecen de la profundidad y el vuelo lírico de los grandes conciertos para piano, o del incomparable concierto para clarinete. Sin embargo, han sido una de las principales fuentes de placer de los mozartianos de todas las épocas, seducidos por la luminosa textura del primer movimiento del N° 3, por el altísimo vuelo lírico de los movimientos lentos o por el encanto melódico del último movimiento del N° 5, llamado "Turco".

A principios de octubre el Arzobispo cerró el teatro de la corte, dentro de la política de austeridad que impulsaba; aunque abrió otro más pequeño en los jardines de Mirabell, Wolfgang se sintió desolado, pues desaparecía así su única esperanza de poder escribir, de vez en cuando, obras escénicas. Fue entonces que pareció buscar una vía de escape frecuentando las casas de familias aristocráticas de la ciudad, y componiendo para ellas obras por encargo: el concierto para tres pianos en Fa mayor, K. 242 (para la condesa Antonia Maria Lodron y sus hijas), el concierto para piano N° 8, K. 246, y varios divertimentos y serenatas, entre ellas la famosa serenata *Haffner*, en Re mayor, K. 250 (compuesta para la boda de la señorita Elisabeth Haffner, 1753-1781). Esta producción alternaba con las obras religiosas que creaba en cumplimiento de sus tareas; sin duda en ningún período de su vida compuso Wolfgang tanta música religiosa, honda y sentida aunque también infiltrada del "estilo galante". Las piezas más notables, en este campo, son tres misas en Do mayor (K. 257, 258 y 259) y el *Sancta Maria* (K. 273), obra compuesta por inquietud personal y no por encargo alguno, que señala uno de los momentos más elevados de la creatividad religiosa mozartiana.

Wolfgang se encuentra por primera vez en su vida sin modelos de referencia, librado a su propio genio creador. Con la relativa excepción de Michael Haydn, es infinitamente superior a todos los músicos de Salzburgo, y nada tiene que aprender de ninguno de ellos. Aunque esta situación contribuyó, en definitiva, a afirmar su personalidad de compositor y a madurar sus asombrosas cualidades creativas, no cabe duda de que padeció esta orfandad, y tal vez aquí esté la clave de su famosa carta al padre Martini, que ya se ha comentado. La respuesta del gran maestro fue afectuosa, pero impersonal:

> Al mismo tiempo que tu carta he recibido los motetes; los he examinado con placer, de principio a fin, y debo decirte con toda franqueza que me han gustado mucho, pues he encontrado en ellos todo lo que distingue a la música moderna, o sea, buena armonía, modulaciones muy maduradas (...) y una elaboración muy apreciable. Celebro particularmente constatar que desde el día que tuve la satisfacción de escucharte sobre el clave, en Bolonia, has hecho grandes progresos en la composición. Pero debes continuar ejercitándote sin descanso, porque la naturaleza de la música exige ejercicio y estudio profundo durante toda la vida.

A principios de 1777 compuso Wolfgang el concierto para piano Nº 9, en Mi bemol mayor, K. 271; esta obra, primera culminación de Mozart en el género que albergaría algunas de sus composiciones más hondas, fue creada con ocasión de la visita a Salzburgo de una famosa (más bien, misteriosa) concertista parisina, la señorita Jeunehomme[6], y en su homenaje. El musicólogo Alfred Einstein (1880-1952) habla de este concierto con extraordinario entusiasmo:

Se trata de una obra verdaderamente sorprendente, única en su género. Nada hay, en la producción de Mozart del año 1776, que pueda preanunciar una composición semejante (…) Es una obra monumental, una de aquellas en las que Mozart es él mismo, y no se cuida de congraciarse con el público, sino de conquistarlo a fuerza de originalidad y audacia. El propio Mozart no logró jamás superar esta obra maestra. Expresiones de audacia similares a ésta, llenas a la vez de juventud y madurez, pueden hallarse en la obra de otros grandes maestros: *Amor sacro y amor profano*, de Tiziano, el *Werther* de Goethe y la *Heroica* de Beethoven.

Según el Evangelio

Para entonces, ya Wolfgang y Leopold se encontraban en plena actividad, tratando de conseguir invitaciones para actuar en otras ciudades. Por fin Leopold se dirigió epistolarmente al Arzobispo, el 14 de marzo de 1777, pidiéndole, en los términos más sumisos, autorización para partir con su hijo en una gira artística, necesaria para ellos por las dificultades económicas que afrontaban. Según parece, Colloredo dio la callada por respuesta, de tal forma que en junio Leopold se vio forzado a volver a la carga; pidió venia para realizar un viaje "de algunos meses". Esta vez el Arzobispo denegó expresamente la solicitud debido a que en el mes de julio estaba prevista una visita del Emperador a Salzburgo, y todos los músicos debían trabajar para esta solemne ocasión. El pretexto de la negativa era sólido, pero Colloredo no le encargó esta vez a Wolfgang la composición de ninguna obra, lo que es bastante elocuente sobre el estado de las relaciones entre ambos. Joseph II, que acababa —como su hermano menor— de visitar en París a María Antonieta, se detuvo un solo día en Salzburgo —el 31 de julio de 1777—, y no parece que Wolfgang haya tenido ningún lucimiento artístico en esa oportunidad. Cuando el Emperador se marchó Leopold pidió, por tercera vez, la anhelada autorización, y obtuvo una respuesta matizada: interdicción absoluta respecto de la ausencia del padre, pero el hijo, "que estaba sólo a medio servicio", podía partir, aunque Colloredo se dignaba realizar "algunas graciosas objeciones". Leopold no había siquiera soñado en dejar partir solo a aquel muchacho, que tenía ya veintiún años pero en quien él seguía viendo al niño necesitado de su consejo y su capacidad organizativa; de modo que cometió la imprudencia de insistir por cuarta vez, haciendo firmar la carta —que lleva fecha 1º de agosto de 1777— por Wolfgang:

> El Evangelio nos enseña que hay que utilizar el talento; estoy pues obligado, delante de Dios, a demostrar, de acuerdo con mis fuerzas, mi agradecimiento a mi padre, que ha empleado sin descanso todas sus horas en mi educación (...) Que V.G.S. me permita entonces pedirle muy respetuosamente mi libertad (...) Vuestra Grandeza no tomará a mal mi humilde plegaria, pues se dignó declarar, hace tres años (...) que no tenía nada que esperar y que sería mejor que buscara fortuna en otra parte.

Esta mezcla de humildad y desafío terminó de exasperar a Colloredo, que respondió breve, irónica y tajantemente: "Por la Cámara de Cuentas, con la presente: que padre e hijo tengan, según el Evangelio, autorización para buscar fortuna en otra parte".

Leopold quedó literalmente enfermo ante este inesperado despido: afectado de un catarro agudo, debió pasar algunos días en cama y, previsiblemente, culpó a Wolfgang de su desdicha. Pero Colloredo, evidentemente, no pensó nunca en privarse del servicio de un hombre como Leopold, y sólo quería darle un susto, cosa que logró de manera contundente; un mes más tarde, el Arzobispo aceptó la reasunción de sus tareas por el *Vicekapellmeister*, pero se mostró intransigente respecto del hijo: Wolfgang estaba despedido. Después de todo, esto era precisamente lo que el joven había estado procurando: era libre, y el corazón no le cabía de contento en el pecho. Su situación era incierta y difícil, pero no le importaba: era joven, tenía talento y podía conquistar el mundo otra vez, como en los viejos tiempos. Los preparativos del viaje comenzaron de forma inmediata: tal vez nunca fue Mozart tan feliz ni tuvo tan altas ilusiones como en la víspera del que sería el más desdichado de sus viajes.

Como Leopold no podía partir, surgió la idea de que Wolfgang viajara acompañado de su madre; la pobre Anne Maria no debe haberse sentido nada feliz con la perspectiva de abandonar por mucho tiempo a su esposo y a su hija; pero aceptó la misión que se le encomendaba. Viajaría con su maravilloso hijo, prodigio y admiración de toda Europa; a su cargo estarían los aspectos prácticos del viaje y el mantener a Leopold escrupulosa y constantemente informado de la marcha de los acontecimientos. Wolfgang aceptó, sin duda a regañadientes, la compañía de su madre; para un joven de veintiún años la perspectiva de viajar solo y libre debía ser mucho más seductora que la de hacerlo acompañado por una mujer que pasaba los cincuenta y que significaría una rémora en sus proyectos juveniles. La presencia de Anne Maria tenía, además, un aspecto humillante para él, hombre hecho y derecho en el que sus mayores aún no parecían confiar. Su conducta durante el viaje, muy independiente de la voluntad de su madre, da la pauta de su estado de ánimo al respecto.

El itinerario había sido cuidadosamente trazado por Leopold: Munich, Augsburgo, Mannheim y París. El dinero no sobraba, y el poco que había era producto, en parte, de un préstamo facilitado por Haguenauer; era imprescindible hacer el máximo de economía (ésta era una de las misiones de Anne Maria) y tratar de ganar dinero desde el primer momento. Por fin, el 23 de septiembre de 1777 a las seis de la mañana, con los primeros soplos del otoño, Wolfgang y su madre partieron de la casa de Marktplatz en el coche de la familia. Los preparativos finales fueron todo lo desordenados y caóticos que era de esperar, y Wolfgang se dejó en casa los diplomas de Bolonia y Verona, que eran fundamentales cartas de presentación. Leopold, por su parte, estaba tan emocionado que olvidó darles su bendición.

Capítulo 7

La libertad como tragedia

Mientras Leopold y Nannerl se hundían en la tristeza y la temprana añoranza, Wolfgang se mostraba, en su primera carta, alegre y lleno de entusiasmo:

> Vivimos como príncipes; no nos falta nada, excepto Papá; Dios lo ha querido así, pero todo irá bien una vez más. Espero que Papá sea feliz, como lo soy yo; ahora Papá soy yo, y me encargo de todo.

"Ahora Papá soy yo", decía el radiante joven, traicionando tal vez el hecho de que su alegría era producto no sólo del fin de su sometimiento a Colloredo, sino también de su liberación respecto de su padre, cuyo lugar como organizador y jefe de las excursiones familiares pasaba a ocupar. "Me encargo de todo", afirma inmediatamente, y ésta parece ser una forma elíptica de decir: "la presencia de Mamá es inútil; soy un adulto y no necesito a nadie conmigo".

En esta misma carta, de fecha 24 de septiembre, Mozart se refiere por primera vez al Arzobispo con el mote de "Mufti H. C.", que usaría luego constantemente, y no lo hace para añorarlo: "El Mufti H. C. es un miserable, pero Dios es compasivo, misericordioso y caritativo". Leopold, asustado ante estas expresiones tan irreverentes como peligrosas, le suplicó inmediatamente que se moderase: "Te lo suplico, querido Wolfgang, no escribas esas cosas respecto del Mufti. Piensa que yo sigo aquí, y que una carta puede perderse y caer en manos indeseables".

MUNICH

La primera etapa del viaje era la ciudad de Munich, conocida para Wolfgang, en la que gobernaba el príncipe elector Maximilian Joseph III, que lo conocía desde tiempos del Gran Viaje. Situarse en Munich hubiera sido extraordinariamente favorable para Wolfgang: servidor de un príncipe melómano, que sin duda sabría valorar su talento; un teatro de ópera de gran belleza a su disposición, y la cercanía de Salzburgo, y por lo tanto, de su familia. Era demasiado bello para ser verdad, y no lo fue.

Los viajeros se hospedaron en la posada de Albert, un hombre célebre en la ciudad por su acendrado amor a la música, y de inmediato Wolfgang trató de tomar contacto con el conde de Seeau[1], intendente de los teatros reales, y con el obispo de Chiemsee, príncipe von Zeil, a quienes había conocido dos años antes. Ambos lo recibieron con cordialidad y le prometieron realizar gestiones cerca del Príncipe Elector para lograr que lo recibiera. El joven salzburgués visitó además al flautista Becke y al *castrato* Consoli, los músicos que Colloredo había hecho venir a Salzburgo cuando el estreno de *Il re pastore*.

Sin embargo, la evolución de los hechos no fue favorable; Seeau lo recibió una segunda vez con fría distancia, y el obispo de Chiemsee le habló de su entrevista con el Elector: "es muy pronto para tomarlo a mi servicio; debe viajar antes por Italia y hacerse famoso", le habría dicho al religioso el monarca, que pese a su aureola de amante de la música parecía ignorar por completo la trayectoria de Wolfgang. Empero, aceptó recibirlo y tuvo con él el siguiente diálogo, según relato de Wolfgang a Leopold:

—Vuestra Alteza Electoral, permítame humildemente ponerme a sus pies y ofrecerle mis servicios.

—¿Así que has dejado Salzburgo definitivamente?

—Sí, Alteza, definitivamente.

—¿Y por qué? ¿Has acaso discutido con el Arzobispo?

—En efecto, Alteza; le pedí solamente autorización para realizar un viaje, y él me la negó. Ello me obligó a dar este paso, aunque la verdad es que hacía tiempo que tenía intenciones de marcharme; Salzburgo no es para mí, se lo aseguro.

—¡Santo cielo, he aquí un jovencito decidido! ¿Tu padre está todavía en Salzburgo?

—Sí, Vuestra Gracia; también él se postra humildemente a vuestros pies. Yo he estado tres veces en Italia, he escrito tres óperas y soy miembro de la Academia de Bolonia, para ingresar a la cual he tenido que pasar un examen; algunos maestros trabajaron y sudaron durante cuatro o cinco horas para superarlo, pero yo lo hice en una hora. Creo que esto basta para probar que soy lo bastante competente como para servir en cualquier corte del mundo; pero mi único deseo es servir a Vuestra Alteza, el más grande...

—Ya, querido muchacho, pero no tengo puestos vacantes en este momento; lo lamento mucho. Si hubiese aunque fuera un solo puesto libre...

—Aseguro a Vuestra Alteza que haré honor a Munich.

—Lo sé; pero no se puede hacer nada, ya que no hay puestos vacantes. "Y mientras decía esto —concluye Mozart— se alejó, mientras yo me recomendaba a su bondad."

El príncipe-melómano, que lo conocía desde la niñez y lo había aplaudido cuando el estreno de *La finta giardiniera*, no sólo no le daba empleo, sino que no le encargaba obra alguna y se retiraba dejándolo con la palabra en la boca. Tal vez no fuera Maximilian Joseph III tan buen músico como se decía, y sin duda ignoraba por completo los triunfos de Mozart; tal vez estaba ya muy enfermo, pues moriría ese mismo año. Pero también es seguro que la ruptura del joven con Colloredo lo influyó negativamente; quien había sido díscolo con un jerarca lo sería también con otro. Por otra parte, a Colloredo no le haría gracia que el Elector tomara a su servicio un músico que él había despedido; la causa de Mozart estaba perdida antes de empezar.

Se quedó, sin embargo, unos quince días más en la capital bávara, haciendo algunas gestiones desesperanzadas ante Seeau y alimentando un proyecto de quedarse allí como músico independiente, trabajando por encargo; Leopold, que seguía paso a paso las penurias de su hijo, se opuso a este plan: "tal vez sea cierto que puedes desenvolverte solo en Munich; pero con esto, en vez de hacerte honor, seremos más bien el hazmerreír del Arzobispo".

AUGSBURGO

El 11 de octubre madre e hijo dejaron Munich rumbo a Augsburgo, la ciudad natal de Leopold; aunque la visita tenía motivos fundamentalmente familiares, evitaron hospedarse en casa del tío de Wolfgang, Franz-Aloys Mozart, y tomaron una habitación en la Posada del Cordero. Wolfgang narró a Leopold su encuentro con el burgomaestre, que se llamaba Langenmantl (literalmente "manto largo") y al que se refiere sardónicamente como "Longotabarro"; la carta reviste especial interés, pues palpita en su lenguaje y en su tono de dolida ironía mucho del Mozart del futuro:

> En ningún lugar he sido recibido con tanto honor y consideración. (…) Mi tío, que es un hombre muy simpático y amable, un destacado ciudadano, ha tenido la amabilidad de acompañarme y de esperar en el vestíbulo, como un lacayo, a que yo saliera de ver a Su Señoría el burgomaestre (…). Él pretendía acordarse de todo, y me preguntó: "¿Cómo le ha ido a su padre en todo este tiempo?". Yo le respondí: "Muy bien, gracias a Dios; ¿y a usted?". Él, con gran educación, me dijo: "¿Usted?". Yo entonces repliqué: "Su Señoría" (…). Tuve que contenerme con todas mis fuerzas, o de lo contrario le hubiera dicho algo; aunque con la mayor educación, por supuesto.

Conoció luego al compositor y flautista Friedrich Hartmann Graff (1727-1795), que a Wolfgang le pareció "afectado y grandilocuente" y se reencontró con el célebre Johann Andreas Stein, el fabricante de pianos y órganos, que lo recibió con cálida hospitalidad (Wolfgang se hizo anunciar como "Trazom", invirtiendo las letras de su apellido). Posteriormente recibió una invitación del hijo de Langenmantl para tocar en una academia, pero la organización de ésta se retrasó y el anfitrión (miembro de un grupo supuestamente selecto llamado "Círculo de los Patricios") trató a Wolfgang con menosprecio, haciéndolo ir a su casa a horas intempestivas y despidiéndolo sin una respuesta clara. Por fin lo invitó a cenar en su casa con algunos miembros del "Círculo": Wolfgang asistió con su cruz de Caballero de la Espuela de Oro, por consejo de Leopold. La escena que sigue la narró Wolfgang a su padre: el señor Langenmantl se dirigía a Mozart llamándole "vos, Caballero de la Espuela de Oro":

> "Siguieron diciendo: ¿Cuánto puede costar esa cruz? ¿Tres ducados? ¿Habrá que disponer de algún permiso especial para llevarla? Y ese permiso, ¿cuánto costará? ¡Tenemos que conseguir esa cruz!" (…). Ese as-

no de Kurzenmantl ("manto corto") comenzó a burlarse de nuevo: "Mañana enviaré a alguien a su casa y tendrá usted la amabilidad de prestarme esa cruz, sólo un instante. Se la devolveré enseguida. Es para enseñársela al orfebre (...). cuando le pregunte cuánto puede valer me dirá algo así como un thaler bávaro, porque sin duda no es de oro sino de cobre". Yo respondí: "No, señor, es de hojalata"; me sentía lleno de rabia y de cólera. Él replicó: "¿Puedo, entonces, olvidarme de esa espuela?". "Sí, sí —dije yo— no la necesita para nada, pues ya tiene una en la cabeza. Yo también tengo una en mi cabeza, pero por nada del mundo la cambiaría por la suya." (...) Palideció, pero empezó de nuevo: "Atención; ¡que de ahora en adelante haya más respeto para nosotros cuando mi cuñado y yo llevemos la cruz del señor Mozart!". "Es verdaderamente curioso —dije—, me resulta mucho más fácil conseguir estas condecoraciones que a usted llegar a ser lo que yo soy, aunque volviese a nacer de nuevo." Y me levanté. Todos se levantaron también; estaban sumamente violentos.

Antes de retirarse Wolfgang los llamó "hatajo de miserables" —con toda la razón del mundo— y se marchó.

Los "Patricios" deben haberse dado cuenta de que su conducta había sido incalificable, pues el propio Langenmantl hijo pidió a Stein que intercediera ante Wolfgang para convencerlo de que se presentara por fin en la academia que había organizado. No encontró fuerza para responder con una negativa al amable fabricante de pianos, y por fin tocó en la dichosa academia, no sin decirle antes a Langenmantl un par de verdades:

Si no hubiera sido por el señor Stein, no habría venido. A decir verdad, señores de Augsburgo, he acudido también para impedir que se burlen de ustedes en los demás países cuando yo diga que he pasado ocho días en la villa natal de mi padre sin que hayan hecho nada por escucharme.

Los malos ratos soportados aquellos días se vieron aliviados por las excelentes relaciones que Wolfgang estableció con su prima Maria Anne Thekla Mozart[2], de diecinueve años. La define como "bella, inteligente, amable, razonable y alegre", y la convertirá en su compinche de juegos y de lenguajes sobrentendidos (y, probablemente, en su amante). Mantendrá con ella una cordial amistad durante toda su juventud, y sus cartas a la "Bäsle" ("tecla", en alemán), jocosas y llenas de bromas escatológicas, han confundido a quienes se empeñan en ver a Mozart como un espíritu puro e incontaminado y no como un muchacho exuberante de vitalidad.

El 22 de octubre Wolfgang dio un concierto a su propio beneficio; obtuvo un gran éxito de público y noventa florines, cantidad menor que la que esperaba. Se encontraba entre el público Friedrich-Melchior von Grimm, el intelectual liberal que tantas muestras de simpatía y afecto había dado a los Mozart en ocasión del Gran Viaje; pero no tomó contacto con Wolfgang, pues "debía partir de inmediato".

MANNHEIM

El 26 de octubre los Mozart dejaron Augsburgo con rumbo a Mannheim. Después de parar unos días en casa del príncipe Ernst von Oetinggen (1748-1802), que Wolfgang había conocido en Nápoles, llegaron el 30 a la ciudad que pasaba por ser el centro musical más importante del Sacro Imperio. Mannheim tenía, por otra parte, fama de ciudad licenciosa y liberal, y ello motivó recomendaciones de Leopold a Wolfgang sobre el cuidado de su alma.

Wolfgang se cuidaba, en efecto, pero de su futuro, y se puso inmediatamente en contacto con el violinista y oboísta Johann Georg Danner (1722-1803), para el que llevaba una recomendación de Leopold; éste lo llevó a ver al famoso Cannabich, que lo recibió con gran alegría y lo invitó a asistir a un ensayo de la famosa orquesta. Presentado a los músicos como un insigne compositor, algunos de ellos parecieron tomarse sus títulos con bastante escepticismo, lo que molestó al orgulloso Wolfgang:

Algunos me conocían de nombre y estuvieron muy educados y atentos; pero otros, que no sabían nada de mí, me miraban con los ojos muy abiertos, con expresión cómica. Se imaginaban que como soy joven y pequeño no podía haber en mí nada grande o maduro. Bien, pronto van a enterarse.

Cannabich no sólo lo puso en contacto con algunos de los músicos más prestigiosos de la ciudad: el compositor Ignaz Holzbauer, el flautista Johann Baptist Wendling, el oboísta Friedrich Ramm[3], el tenor Antón Raaf[4], sino que le consiguió una entrevista con el conde Ludwig Alexander Savioli (1742-1811), responsable de las actividades musicales. Savioli demostró también ignorarlo todo sobre la carrera del joven de Salzburgo, lo trató con fría amabilidad y le preguntó si era cierto que tocaba el pianoforte "aceptablemente". En aquellos primeros días Wolfgang conoció también al *Vicekapellmeister* Joseph Vogler[5]; no le cayó en absoluto simpático y discutió agriamente con él por culpa de unas manifestaciones despectivas que hizo sobre Johann Christian Bach.

En los días siguientes, y mientras esperaba respuesta a sus solicitudes de trabajo, Wolfgang tuvo ocasión de asistir a la representación de la ópera *Gunther von Schwarzburg*, de Ignaz Holzbauer[6], y de escuchar a la famosa orquesta; alabó la música ("es increíble el fuego que hay en ella; me maravilla que un hombre de sesenta y cinco años posea todavía tanta inspiración") pero criticó ácidamente a los cantantes, que le parecieron malísimos (entre ellos a su amigo Raaf). Por fin, el día 6 de noviembre Karl Theodor en persona lo recibió en la Corte y lo escuchó tocar; el Príncipe Elector y la princesa quedaron encantados y lo llenaron de elogios, lo que le hizo concebir expectativas reales de colocarse en aquella ciudad. En los días inmediatos Wolfgang siguió en contacto con el Elector a través de su relación con los cuatro hijos naturales que había tenido con la condesa Haydeck[7], y lo llegó a aconsejar sobre la educación musical de sus vástagos. La intensa vida social que desarrolló aquellos días le permitió conocer a la soprano Elisabeth Augusta Wendling (1752-1794), hija de Johann Baptist, para la que compuso la bellísima aria *Oiseaux, si tous les ans*, K. 307.

El 8 de noviembre fechó Wolfgang una carta de felicitación a su padre por su santo y su cumpleaños; no tendría ninguna importancia si no fuera porque contiene una de las más hondas y elocuentes definiciones que Mozart jamás realizaría de sí mismo:

No puedo escribir un poema; no soy poeta. No puedo colocar las palabras de forma tal que difundan luces y sombras; no soy pintor. No puedo expresar por gestos y pantomimas mis pensamientos y mis sentimientos; no soy bailarín. Pero sí puedo hacerlo por medio de los sonidos: soy músico.

117

Palpita aquí ya, maduro y militante, el orgullo de artista, la conciencia de la grandeza de su profesión; el mismo orgullo y la misma grandeza que lo llevarían a encabezar la gran rebelión que, a fines del siglo XVIII, liberaría a los compositores de su condición servil. Y es este joven maduro, consciente de su propia grandeza, sensible hasta el paroxismo y capaz de elevarse, como proclama su música, a esferas sublimes de infinita belleza, el mismo que escribe a su prima la "Bäsle", en esas mismas fechas, cosas de este tono:

Te voy a contar una triste historia que acaba de pasar en este instante, mientras escribo esta carta. Oigo un ruido en la calle; dejo de escribir, me levanto, voy a la ventana y no oigo nada. Me vuelvo a sentar, sigo escribiendo y de nuevo escucho algo. Me levanto otra vez y escucho un débil ruido. Inmediatamente percibo un olor como a quemado; por donde voy, apesta. Si me acerco a la ventana el olor se va; si entro en la habitación, el olor vuelve. Por fin, viene mi madre y me dice: "¿Qué es esto? ¡Te has tirado uno!". "No lo creo, Mamá." "¡Sí, sí, con toda seguridad!" Quiero tener la conciencia tranquila; introduzco el dedo índice en mi culo, me lo llevo a la nariz y... *ecce probatum est*. Mamá tenía razón.

En verdad, la condición humana es un misterio.

La larga espera

Las buenas perspectivas de los primeros días dejaron paso a una larga e infructuosa espera, mientras Wolfgang y Anne Maria se iban quedando sin dinero y los encargos no llegaban; como pago a su actuación delante de Karl Theodor éste le regaló un valioso reloj de oro, pero no le dio nada en efectivo.

Pasado el interés inicial Mozart se vio sumido en la indiferencia. Ni siquiera para las grandes fiestas realizadas con ocasión del cumpleaños de Karl Theodor fue invitado a componer algo o a participar de alguna forma. Einstein opina que el origen de este desinterés está en la ola de nacionalismo que por entonces recorría Mannheim y que se traducía en intentos de sustituir la estética italiana por la alemana; curioso argumento cuando se habla del fundador de la ópera alemana. Lo cierto es que la situación se hacía cada vez más difícil, y Wolfgang debió pedir un préstamo a un tal señor Schalz, que trabajaba para un banco de Augsburgo. Leopold, mientras tanto, había comprendido perfectamente que no había mucho que esperar de Mannheim, e instaba a su hijo a continuar viaje lo antes posible hasta París, en cartas cada vez más dolientes y acres, en las que realizaba un escrupuloso cómputo del dinero que llevaban gastado.

"¡Es urgente que obtengas dinero! (…) Es necesario que consigas ser escuchado por el Elector de Maguncia, que obtengas algún presente en dinero y que trates de dar un concierto al que asistiría toda la nobleza. (…) A propósito de la academia de Mannheim; ¿quién tocaba? ¿quién cantaba? ¿qué música se interpretó? No me dices ni una sola palabra; en verdad, eres una extraña persona".

Bien lo había advertido Wolfgang, pero Leopold no lo comprendió o no le quiso creer: "ahora Papá soy yo".

PRIMERAS LÁGRIMAS

El 9 de diciembre el conde Savioli comunicó a Mozart la negativa final del Príncipe Elector a su solicitud de entrar como músico en su Corte; finalizada la tensa escena (Wolfgang increpó a Savioli por haber tardado tanto en responder), se marchó a casa de Wendling y se echó a llorar amargamente. Su decisión inmediata fue sorprendente, sin embargo: en vez de decidir la continuación de su viaje hacia París, resolvió permanecer en Mannheim hasta finales del invierno. Fue una típica resolución del Mozart adulto, antecedente directo del gran gesto de rebeldía que lo llevó, en 1790, a ir a Frankfurt a las ceremonias de la coronación de Leopold II aunque no había sido invitado.

Cannabich le consiguió dos alumnos (uno de ellos, Christian Franz Danner, 1757-1813, hijo de Johann Georg, que llegaría a ser un virtuoso del violín y al que Mozart le enseñó composición); Wendling y el propio Cannabich lo habían invitado a comer y cenar en sus respectivas casas y uno de los consejeros del Elector, conde de Serrarius, se ofreció a dar alojamiento completo a Anne Maria; por otra parte un melómano vienés que había residido muchos años en Holanda, el doctor Ferdinand De Jean (o Dejean, 1731-1797), había encargado al joven compositor varias obras para flauta, y le pagó doscientos florines por ellas. Era posible quedarse y pelear un sitio bajo el sol en condiciones dignas. Mozart y su madre permanecerían en Mannheim hasta el 14 de marzo.

A finales de diciembre tuvo Wolfgang ocasión de encontrarse a Christoph Martin Wieland, a quien había conocido cuando niño; la descripción que el músico ha dejado del poeta es muy poco caritativa:

> Me parece bastante afectado, tiene una voz atiplada, como de niño, y una forma de inspeccionarme que raya en la descortesía. En otros momentos, sin embargo, se comporta con una afabilidad un poco tonta. (…) La gente lo considera como caído del cielo: delante de él guardan silencio, se muestran torpes y prestan exagerada atención a todas y cada una de sus palabras; y es lamentable que haya que esperar estas palabras mucho tiempo, porque tiene un defecto en la lengua que lo obliga a hablar despacio, y no puede pronunciar seis seguidas. (…) Su rostro es gratamente feo, y tiene una nariz bastante larga.

La actitud del gran poeta hacia Wolfgang, sin embargo, distó de ser fría u hostil, como el propio músico revela en su correspondencia:

> Después de haberme oído dos veces está entusiasmado; la última vez, tras cubrirme de alabanzas, me ha dicho: "es un gran honor para mí haberme encontrado con usted", y me ha estrechado la mano.

Por esa misma época Wolfgang aceptó una invitación para viajar a Kircheim-Boland y presentarse en casa de Carolina de Orange-Nassau (1743-1787), que gozaba de fama de ser una excelente cantante. Para esta ocasión el joven decidió llevar consigo algunas arias, y buscó un copista a esos efectos; tomó contacto entonces con un tal señor Fridolin Weber, hombre efectivo y rápido en su labor.

ALOYSIA

Es notable que casi todos los estudiosos de la vida y la obra de Wolfgang Mozart coincidan en valorar negativamente el encuentro de éste con la familia Weber; tanto Einstein como Massimo Mila califican este hecho crucial de la misma forma: "encuentro fatal". El escritor austríaco Emil Karl Blümml (1881-1925), autor de un libro sobre amigos y familiares de Mozart, lleva el juicio hasta los límites del "guignol":

> Una vieja leyenda popular alemana afirma que siempre que un niño nace se presenta un hada que deja, sobre su cuna, dos presentes, uno de alegría y otro de dolor. El curso posterior de la vida del niño estará condicionado por el peso de uno u otro presente. A la cuna de Mozart debe haberse presentado, con toda seguridad, un hada buena; le dio la inmortalidad. (…) Pero el presente de dolor, el elemento maligno y demoníaco, del cual no pudo él jamás huir, ese elemento que jamás perdió su poder sobre él, que complotó contra él incluso más allá de su muerte e hizo que se olvidara hasta su tumba, fue la familia Weber.

En todo caso, no cabe duda de que Wolfgang no vio nada fatal en su fortuito encuentro con los Weber; más bien todo lo contrario. Fridolin Weber (1733-1779) era miembro de una familia con fuerte tradición musical; su padre era aficionado al canto y buen ejecutante de órgano y violín. De las cuatro hijas del copista que Mozart conoció, Josefa (1759-1819) cantaba muy bien (no hay más que saber que Mozart compuso para ella el papel de la Reina de la Noche de *La flauta mágica* para intuir sus excelencias) y Aloysia (1760-1839) era una soprano de excepcionales calidades, en opinión del propio Mozart. Un tío de las jóvenes, Franz-Anton Weber (1734-1812), tambien músico, fue el padre nada menos que de Karl Maria von Weber[8].

Fridolin Weber era un hombre serio y trabajador y un buen copista, que no parece merecer en absoluto el calificativo de "pobre diablo" que le aplica Einstein. Padre de seis hijos (aunque Mozart sólo conoció cuatro), vivía con estrechez, aunque se ingenió para dar a sus vástagos una buena educación. Estaba casado con Maria Cecilia Stamm (1727-1793), una mujer de gran personalidad, que los estudiosos mozartianos han crucificado de manera despiadada.

Las cuatro jóvenes Weber que Mozart conoció eran las ya mencionadas Josefa y Aloysia, más Constanze (1762-1842) y Sophie (1763-1846). Estas últimas aún eran consideradas niñas, y no atrajeron la atención del joven compositor. No cabe duda de que Mozart encontró en aquella familia un clima cálido y grato, en momentos de soledad y dificultades; los Weber eran gente aceptablemente culta, amante de la música y con toda seguridad amable y hospitalaria. Sin embargo, la poderosa adhesión afectiva de Wolfgang hacia ellos no puede explicarse sin el profundo amor —tal vez el más intenso y doloroso de toda su vida— que concibió hacia Aloysia, que tenía entonces diecisiete años.

Aloysia era bella, tenía toda la frescura y el atractivo de la juventud y cantaba maravillosamente, según juicio del propio Wolfgang. Su amor, violento y pasional, se extendió rápidamente a toda la familia: Fridolin era, según las cartas que envía a su padre, "un alemán de una sola pieza, trabajador y honesto, maltratado por la suerte y por la insensibilidad e incomprensión de los aristócratas" (según parece, Fridolin había sido tratado injustamente por el barón de Schönau, a cuyo servicio había estado); Josefa cantaba y cocinaba muy bien, y las dos hermanas pequeñas eran encantadoras. Los elogios principales son, como es lógico, para su amada:

> Cantando es perfecta. (…) Me asombra que haya tocado mis sonatas a primera vista, lentamente, es verdad, pero sin equivocarse en una sola nota.

Afirma que tiene una "conducta excelente" y le augura un luminoso porvenir como cantante.

El amor y la hospitalaria calidez de la familia Weber provocaron en el joven un cambio total de mentalidad y de planes. Se los llevó a todos a Kirchen-Boland, con el pretexto de que Aloysia cantase sus arias ante la Princesa, y sin duda aquellos días deben contarse entre los más felices de su vida. Hay indicios de que Wolfgang se hizo cargo de una parte importante de los gastos del viaje, pues en su larguísima y elocuente carta a Leopold del 4 de febrero pedía excusas porque de setenta y siete florines que llevaba le quedaban sólo cuarenta y cuatro. En esa misma misiva manifestaba una asombrosa mutación en su juicio sobre Wendling y el oboísta Ramm, con quienes pensaba continuar viaje a París: de pronto ambos le parecían licenciosos, irreligiosos y libertinos, y creía que no eran buena compañía. Todos sus proyectos se vinculaban en ese momento con los Weber, y la imaginación del enamorado muchacho galopaba como un caballo desbocado; después de haber hecho planes para instalarse en Viena, proyectaba ahora quedarse en Mannheim, trabajar a medias con Weber, viajar con sus nuevos amigos a Salzburgo, organizar la carrera de Aloysia en Italia, componer para ella una ópera ("italiana, no alemana") y luego continuar viajando con ellos a Suiza, Holanda, etcétera.

Si yo pudiese viajar con él —el señor Weber— sería como si viajase con usted; es por esto que lo aprecio tanto. Inclusive en el aspecto exterior se le parece bastante. Tiene su mismo carácter y su manera de pensar.

"Habrás podido ver, por esta carta, que cuando Wolfgang hace una nueva amistad se apasiona enseguida", escribe Maria Anna en una postdata a la carta de Wolfgang dirigida a Leopold. "Prefiere estar con ellos —los Weber— antes que conmigo. De vez en cuando le hago alguna reflexión sobre lo que no le conviene, pero no le gusta."

Violentamente enamorado, Wolfgang se siente en ese momento amigo, maestro, empresario y protector, todo a la vez. Cualquier proyecto, aún el más descabellado, le parece pertinente y razonable, y su única, su real y profunda preocupación, es quedarse cerca de Aloysia. En este panorama la pobre Anne Maria no encajaba en absoluto, y el joven piensa que lo mejor es que su madre regrese a Salzburgo, cosa con la que la buena mujer está absolutamente de acuerdo. Significativamente, tres días después de la carta del 4 de febrero Wolfgang volvía a escribir a su padre hablándole de matrimonio, y en vez de su voz parece que oyéramos la de Fígaro:

Las personas nobles no se casan por gusto o por amor, sino por interés. Pero nosotros, pobres gentes del pueblo, estamos obligados y tenemos el derecho de escoger una esposa que nos ame y a la cual amemos. (…) No tenemos ninguna necesidad de una mujer rica; nuestra riqueza termina con nosotros, porque la llevamos en la cabeza, y ningún hombre nos la puede quitar a menos que nos corte la cabeza.

Por supuesto, Leopold vio de inmediato a los Weber como una tribu de vividores que querían aprovecharse de la inexperiencia y la buena fe de su hijo, y su larguísima y agitada respuesta lo deja bien claro:

He leído tu carta del día 4 con estupor y horror. (…) No reconozco a mi hijo si no es por su habitual defecto de confiar en cualquiera que le dirige una palabra amable, de dejarse llevar —con su buen corazón en la mano— por las lisonjas del primero que se acerca a él, (...) de marchar contra sus propios intereses y su propia gloria.

En su prosa llena de indignación e impotencia, Leopold utiliza todas las armas: recrimina, amenaza, suplica, coacciona. Evoca cálidas escenas de familia ("los momentos felices han pasado para mí"), resume los propósitos del viaje, recrimina a su hijo sus frivolidades y sus súbitos cambios de humor, de juicios y de intenciones ("has hecho muchas tonterías, de modo que te han tomado por una especie de loco gracioso"), analiza con sensatez e intransigencia los alocados proyectos con los Weber y le recrimina que lo haya olvidado ("Sabes, y tienes mil pruebas de ello, que Dios me ha concedido el don de razonar. ¿Por qué motivo, entonces, no me has pedido consejo? ¿Qué es lo que te ha impedido cumplir mis deseos?"). El final es sumamente efectista:

Recuerda lo mal que me encontraba el día de tu partida, junto al carruaje; y sin embargo, enfermo y todo, yo mismo hice tu equipaje hasta las dos de la mañana y al otro día a las seis estaba a tu lado para ayudarte. Y ahora, tú me desesperas con tu crueldad. Vete a París, consigue gloria y dinero y luego podrás ir a Italia (...). Nannerl ha llorado mucho estos días. Mamá debe ir contigo a París.

La respuesta de Wolfgang fue sorpresivamente conciliadora y claudicante; admite que sus proyectados viajes con los Weber han sido una fantasía que jamás pensó realizar ("por el momento, al menos"), reconoce que Aloysia "es aún demasiado joven" y "debe tener paciencia", y se defiende de algunas de las acusaciones de Leopold ("Lo que con tanta mordacidad me escribe a costa de mis alegres conversaciones con la hija de vuestro hermano me ofende en lo más profundo"). Esta vez Mozart es sincero, pues de inmediato comienza a preparar su partida hacia París. Su disgusto es evidente, sin embargo, y se vio afectado por una enfermedad claramente psicosomática (dolor de cabeza, fiebre, inflamación de garganta); pero decide marchar el 14 de marzo, cuando la primavera está a punto de florecer. Su amor por Aloysia se mantiene intacto y en carne viva, y su idea es triunfar en la capital francesa para regresar a su lado henchido de gloria.

En los días previos a la partida participó en una velada musical en casa de Cannabich, con los Weber, por supuesto; Aloysia cantó allí el aria *Non so d'onde viene*, K. 294, compuesta especialmente para ella. Por fin, el 13 de marzo se despidió de sus amigos; Maria Cecilia le dio unos mitones que había tejido para él y Fridolin le regaló un libro con obras de Molière. Nada cuenta Wolfgang de su adiós a Aloysia. El día 14 por la mañana, por fin, madre e hijo comienzan su último viaje juntos.

"PARÍS ES UNA PORQUERÍA"

El traslado de Mannheim a París llevó nueve días; cuando llegaron a la capital de Francia, el lunes 23 de marzo a las cuatro de la tarde, madre e hijo se hospedaron en la casa de un señor Mayer, amigo de Leopold. Se encontraban incómodos, sin embargo, y se trasladaron, pocos días después, al Hotel de les Quatre Fils Aymon, en la actual calle de Croissant. Mientras Wolfgang se lanzó inmediatamente a la pesada tarea de encontrar a las personas que se supone debían ayudarlo, Anne Maria pasaba encerrada en su habitación, sin poder tomar contacto con nadie por su ignorancia de la lengua, solitaria y apesadumbrada: "No veo a mi hijo en todo el día —escribe a su marido—, no salgo de mi habitación, no sé ni siquiera el tiempo que reina; tengo miedo de olvidarme de hablar".

En los días inmediatos a su llegada Wolfgang vio a Grimm, a sus amigos de Mannheim Wendling, Ramm y Raaf (que ya no le parecían, lejos de Aloysia y de sus alocados proyectos, ni libertinos ni irreligiosos), a Joseph Le Gros[9], director de los prestigiosos "Conciertos espirituales", a Jean-Georges Noverre a la sazón director de los ballets del teatro de la Ópera (véase la nota 6, en el capítulo 6), y al duque de Guisnes[10]. Muy poco tiempo, sin duda, le quedaría para atender a su madre.

Wolfgang había ido a París contra su voluntad y se sintió siempre muy mal allí; su rotundo fracaso no puede divorciarse de esta inadaptación, que fue —como casi siempre sucede en estos casos— responsabilidad básicamente suya. Wolfgang, el más universal de los músicos, había heredado de su padre (y de su tiempo) una mentalidad nacionalista bastante estrecha, con todos los prejuicios que ello implica. Es cierto que la nobleza parisina, en vísperas de la Revolución que la diezmaría trágicamente, se mostraba frívola, estúpidamente orgullosa e incapaz de reconocer el genio de un artista; pero no es menos cierto que la actitud del orgulloso Wolfgang, incapaz de transigir con las costumbres del medio en el que pretendía introducirse, no contribuyó en absoluto a facilitarle las cosas. "París es una porquería indescriptible" —escribía a Leopold en mayo—. "La gente te hace al principio muchos cumplidos, y después te olvida. (...) Los franceses han perdido su cortesía de hace quince años; ahora bordean la grosería y son abominablemente orgullosos." No parece ocurrírsele que tampoco él era ya el encantador niño prodigio de los tiempos de su primera visita.

Durante sus primeras semanas en París Wolfgang escribió las dos obras más importantes del período: la Sinfonía concertante para instrumentos de viento, en Mi bemol mayor, K. 297 (sus amigos de Mannheim la interpretaron en uno de los "Conciertos espirituales") y el encantador Concierto para flauta y arpa en Do mayor, K. 299, compuesto para el duque de Guisnes y su hija, una buena arpista que era alumna suya. En los más de diez meses que duraría su estancia parisina Wolfgang compuso muy escasas obras de importancia, lo que es muy elocuente respecto de cómo se sentía en aquel amargo paréntesis de su existencia.

Sin embargo, los primeros contactos parisinos fueron alentadores; consiguió algunos alumnos, fue bien recibido por Madame d'Épinay y otras familias influyentes de la nobleza y la alta burguesía, y tuvo algunos encargos. Pero la posibilidad de encontrar un puesto fijo se mostró siempre muy remota, a excepción de una vaga promesa de Grimm —jamás cumplida— en el sentido de hacerlo su secretario. Los sucesivos fracasos, la incomprensión hacia su genio y los crecientes problemas económicos afectaron el alegre carácter del joven y lo llevaron a la equivocada actitud de atrincherarse, a la defensiva, contra el medio en el que pretendía vivir:

> Estoy rodeado de brutos y de bestias, hablando de música; pero se comportan igual en todos sus actos. No puede haber en el mundo otro lugar más abominable que París. (...) Se lo ruego, Papá querido, haga todo lo posible para que pueda ir a Italia inmediatamente.

LA ÓPERA COMO POLÉMICA

Cuando Mozart llegó a París la capital francesa era, sin discusión, el centro más fermental de Europa en el plano de las ideas, y la música, por supuesto, no estaba al margen de esta floración intelectual. Debe recordarse que la ópera tenía por entonces un valor cultural decisivo; el genero dramático, por sus propias características, era el más apropiado para exponer ideas y puntos de vista de índole cultural e inclusive filosófico.

Mozart se mantuvo al margen de la gran polémica que en aquel momento conmovía apasionadamente el ánimo de los melómanos: la que enfrentaba a los partidarios de la estética italiana con los defensores de la tradición francesa, aliados estos últimos a los grandes reformadores alemanes. Esta polémica se personalizaba en dos compositores: Gluck y Piccini.

Christoph Willibald Gluck fue el gran reformador del género operístico en Alemania. En estrecha colaboración con el poeta Rainiero de Calzabigi, impulsó una nueva concepción del drama musicalizado, combatiendo a la vez la tendencia a trabajar sobre libretos mitológicos llenos de referencias simbólicas y los excesos vocalistas de la escuela italiana. La gran reforma de Gluck-Calzabigi puede resumirse en estos puntos: libretos coherentes y sobrios; música funcional, sin exageraciones ornamentales; disminución de los recitativos "secos"; modificación de la función del coro, que pasaba a integrar la acción, y enriquecimiento del papel de la orquesta. El resultado final aparecía como una síntesis entre música y texto, una simbiosis racional entre la poesía y la música. La primera obra que expresó cabalmente esta profunda obra reformista fue *Orfeo y Eurídice*, estrenada en 1762.

Niccoló Piccini representaba a la gran escuela napolitana, orgullosa y celosa de sus aportaciones al melodrama escénico: predominio de la melodía pura, exaltación de la voz humana y de sus posibilidades, preferencia del efecto estético sobre la coherencia o la expresividad dramática, concepción del aria como momento supremo de la expresividad operística. Tradicionalmente estos elementos, propios en realidad de toda la ópera italiana (y que se mantendrían notablemente fieles a sí mismos durante todo el siglo XIX) se habían opuesto a la gran tradición operística francesa, creada y desarrollada por Jean-Baptiste Lully (1632-1687) y Jean-Philippe Rameau (1683-1764); ésta se caracterizaba, básicamente, por un menor protagonismo de la voz, una distancia bastante esfumada entre recitativo y aria y una expresividad más contenida, además de algunas diferencias formales.

El estilo italiano se había puesto de moda en París; el impacto de

La serva padrona, de Pergolesi[11], estrenada en la capital francesa en 1752, había creado la primera gran polémica: la frescura de la música y la verosimilitud de los caracteres habían conquistado a muchos melómanos, hartos de tanto héroe mitológico y tanto final trágico, y se había desatado a partir de ese momento la llamada "Querella de los Bufones", que oponía a los partidarios de la ópera cómica de estilo italiano con la gran tradición trágica de la ópera francesa. La llegada de Gluck a París, en 1773, y el conocimiento previo de algunas de sus óperas provocó en los partidarios de la ópera de estilo francés una identificación con la reforma del músico alemán, y éste se convirtió de pronto, y sin duda sin proponérselo, en abanderado de la tradición francesa. El enfrentamiento entre Gluck y Piccini, uno de los más enconados y célebres de la historia de la música, estuvo más en la pasión de los melómanos y en los intereses políticos que se movían detrás que en los propios músicos, que más allá de las intrigas manifestaban gran respeto y admiración por la música del otro.

MUERTE Y SOLEDAD

Cuando Wendling y Ramm abandonaron la capital francesa la soledad de Wolfgang se fue haciendo cada vez más insoportable. Pese a ello, tenía proyectos; pensaba en componer una ópera, soñaba con un puesto de organista en Versailles y comenzó, a pesar de sí mismo, a entenderse con algunos franceses: el influyente François Joseph Gossec, a la sazón director de los llamados *Concert des Amateurs*, Noverre, Le Gros (que le encargó la Sinfonía Nº 31, en Re mayor, K. 297, llamada *de París*) y otros. Las perspectivas parecían mejorar; pero en aquel momento crucial la desgracia vino otra vez a abatirse sobre su cabeza. En junio Anne Maria se sintió enferma, su estado se agravó rápidamente y falleció el 3 de julio de 1778.

En la primavera Anne Maria había padecido fuertes dolores de cabeza, de garganta, de ojos y de muelas, y había pedido a Leopold que le enviara unas hierbas que solía tomar como medicina. En mayo se sentía mucho mejor; pero a mediados de junio los síntomas volvieron con fuerza renovada. Sus problemas de salud se complicaron desde el principio por su negativa provinciana a ver médicos franceses, lo que determinó, entre otras cosas, que se le administraran medicinas y tratamientos caseros que resultaron, con toda seguridad, contraproducentes. Uno de ellos fue la sangría, especie de panacea universal para los males de la época, que Leopold recomendaba desde Salzburgo y que, cuando se le realizó, agravó considerablemente la debilidad de su estado. El responsable de la operación fue un barbero, que le sacó dos platos de sangre y, declarando que aquello era "muy necesario", se lamentó de no poder extraerle más debido al calor.

Hacia el 18 de junio Anne Maria se sentía muy mal, con fiebre y diarrea; el 19 había empeorado tanto que no se levantó de la cama, y el 20 su fiebre era tan alta que Wolfgang se alarmó seriamente y pensó en llamar a un médico. Los días 21 y 22 el joven no se movió de su lado, sumido en la angustia ante el rápido deterioro de la pobre mujer de cincuenta y siete años: había perdido casi completamente el oído y fue quedando paulatinamente sin voz; se quejaba de accesos sucesivos de frío y de calor, y comenzó a delirar. El 22 a la noche vino el músico Francis Joseph Heina[12] de visita, y Wolfgang pudo arreglar un relevo que le permitió ir a buscar un médico alemán. Lo encontró el día 23; se trataba de un anciano de más de setenta años, que sólo pudo acudir a ver a la enferma el día 24. Prescribió un tratamiento a base de ruibarbo en polvo mezclado con vino y dio vagas teorías sobre la enfermedad.

La paciente no dio señas de mejoría; el 25 Wolfgang pasó la jornada a solas con ella, y el 26 volvió el doctor, que se declaró impotente y dijo al azorado joven que no creía que la enferma pasara de esa noche; le aconsejó, por consiguiente, que le buscara un confesor. Presa de la desesperación, Wolfgang dejó a su madre sola y corrió a ver a Heina, a quien le pidió que buscara un sacerdote; inmediatamente acudió a Grimm y a Madame d'Épinay, que ignoraban la situación y que le reprocharon que no hubiera acudido antes a informarles. Prometieron enviar su propio médico a examinar a la enferma.

Wolfgang la encontró algo mejor a su regreso, y se valió de una artimaña para explicar la visita del sacerdote, que le dio los últimos auxilios espirituales. El médico de Madame d'Épinay no pudo hacer nada, y la "mejoría de la muerte" pasó rápido; el día 2 de julio Anne Maria entró en coma, y pasó sus últimas horas sin conciencia, acompañada por su hijo, por el fiel Heina y por una enfermera; falleció el día 3 de julio a las 10:21 de la noche, "apagándose como una vela", según expresión de Wolfgang.

La actitud de éste en las horas inmediatas al trágico desenlace ha desconcertado profundamente a muchos estudiosos de la vida del compositor. Sin duda es muy difícil contentar a la posteridad; muchos de los que con frecuencia juzgaron a Mozart con dureza por su exagerada sensibilidad y su tendencia a dejarse llevar por los sentimientos, lo tratan luego de insensible cuando, ante el cadáver de su madre, supo dominar su desesperación y actuar con la más estricta y disciplinada racionalidad. Primero se ocupó de los ritos fúnebres y del sepelio; Anne Maria fue enterrada al otro día en el cementerio de la iglesia de Saint-Eustache, con una breve ceremonia funeral a la que, aparentemente, sólo asistieron Wolfgang y Heina; una lápida recuerda hoy el sitio de su tumba. Aún con el cadáver insepulto, la noche del 3 al 4, Mozart se dispuso dar la noticia a su padre y su hermana, y lo hizo con una discreción y una sensibilidad exquisitas; a Leopold le escribió que Anne Maria estaba gravemente enferma y que había pocas esperanzas de salvarla, pero le ocultó el hecho de que ya había fallecido, y al abate Franz Joseph Bullinger (1744-1810), amigo de la familia, le envió una carta a la vez lúcida y llena de desesperación, en la que le contaba la verdad de los hechos y le pedía que preparase a su padre para la trágica noticia. Luego ordenó y envolvió los objetos personales de su madre (ropa, unas pocas joyas, la lencería, etcétera) para enviarlos a Salzburgo e inmediatamente abandonó el Hotel de les Quatre Fils Aymon y fue a alojarse a la casa de Madame d'Épinay, que le había ofrecido su hospitalidad.

En la carta de la mentira piadosa a su padre, luego de advertirle de que Anne Maria estaba muy grave, habla largamente de sus problemas cotidianos, comenta la muerte de Voltaire ("reventó como un perro, como un animal") y se refiere a sus proyectos inmediatos. En la carta al abate Bullinger hay una frase notable: "hace ya mucho tiempo que me he consolado". Si se piensa que Mozart escribe, según el texto de la propia carta, a las dos de la mañana, tres horas y media después de la muerte de su madre, dicha frase no tiene, no puede tener, el sentido sesgado que se le ha atribuido; sería ridículo que le dijera a su corresponsal que en tres horas se había consolado de la muerte de su madre, y que estas tres horas eran "mucho tiempo". Por otra parte, el tono doliente y las precauciones que toma y recomienda para dar la noticia a su padre y hermana ("haga lo que le parezca bien para que yo pueda tranquilizarme y dejar de temer nuevas desgracias") están gritando, con extremada elocuencia, que su corazón está deshecho, como no podía ser de otra manera. La extraña frase debe interpretarse como una reafirmación de su entereza personal, de su resignación cristiana ante las pruebas a que lo somete Dios; como si dijera "hace ya mucho tiempo que he logrado que las desdichas no me destruyan, que las cosas desgraciadas de la vida no me hundan en la desesperación".

Respecto de la larga carta a su padre, debe recordarse que hacía más de veinte días que no le escribía una línea, y que tenía muchas cosas que contarle. Si el objetivo de éste era preparar a Leopold para una noticia que al mismo tiempo le ocultaba, nada más lógico que ponerla entre la narración de hechos cotidianos. Por otra parte, en aquellas horas amargas el joven debe haber encontrado, en esta tarea, un breve momento de alivio, una corta vía de escape a la desesperación. No hay, a nuestro juicio, insensibilidad en la actitud de Mozart ante la muerte de su madre; hay sólo inteligencia, autodominio y mucha valentía espiritual. El anatema de insensible, bastante ridículo por principio cuando se aplica a Mozart, termina de hacerse pedazos cuando se escuchan las variaciones para piano compuestas sobre la canción infantil *Ah, vous dirai-je, Maman*, K. 265, una de sus primeras composiciones posteriores al óbito de Anne Maria, una conmovedora añoranza de la niñez perdida. El auténtico Mozart se encuentra, como siempre, en su música.

Por su parte, un acongojado Leopold le envió una larga y dramática carta, en la que va revelando de qué forma fue haciéndose a la idea de que su esposa había muerto hasta que confirmó la noticia. Los fragmentos que aquí transcribimos de esa misiva revelan no sólo el estado de ánimo del reciente viudo, sino su pragmatismo; no olvida los consejos prácticos: la vida sigue.

Mi querida esposa y mi querido hijo: como no quiero faltar el día de tu santo, te escribo hoy, esposa querida, aunque sé que mi carta te llegará demasiado pronto. Te deseo, una vez más, toda la felicidad del mundo. Ruego a Dios Todopoderoso que te conceda felicidad y buena salud en este día y por muchos años más. (...) Todo esto ha sido escrito el día 12. Hoy, día 13, antes de las diez de la mañana, he recibido la triste carta del 3 de julio. A mediodía continúo escribiendo: Puedes imaginar lo que tu hermana y yo hemos sentido en el fondo de nuestros corazones. Llorábamos tanto que apenas podíamos leer tu carta. (…) A pesar de que tú conoces mi sumisión a los designios de la Voluntad Divina, no te llamará la atención si te digo que las lágrimas no me dejan escribir. (…) Pongo toda mi confianza en tu amor filial; creo que habrás hecho todo lo posible para cuidar a tu buena madre y que, si Dios quiere dejárnosla, continuarás con esos cuidados. (…) Si nos llegara a suceder la desgracia que tememos, pide a Grimm que guarde en su casa todas las pertenencias de tu madre para que tú no tengas que estar vigilando todo, o si no, enciérralo todo cuidadosamente; alguien podría entrar en tu casa y desvalijarte mientras estés ausente. (…) ¡Pero no! ¡Ella ya no está! Te esfuerzas en vano por consolarme. No se pone tanto empeño si no es porque se ha perdido ya toda esperanza. Ahora voy a comer; pero sin duda no tendré apetito. Escribo lo que sigue a las cuatro de la tarde. Ahora ya sé que mi querida esposa está en el cielo. (…) El señor Bullinger nos ha encontrado en un estado muy triste. Sin decir una palabra le he entregado tu carta para que la leyera; me ha preguntado qué era lo que yo pensaba, y le respondí que estaba casi seguro de que mi esposa estaba ya muerta. Me confesó que él creía lo mismo. Y añadió de pronto: "Sí, ella ha muerto". Entonces, la venda cayó de mis ojos. (…) Nannerl todavía no sabe nada de tu carta a Bullinger; solamente le he dicho que creía que su excelente madre había muerto. Escríbeme pronto, y dame todos los detalles; ¿cuándo ha sido enterrada? ¿Dónde? ¡Gran Dios! ¡La tumba de mi querida esposa en París! (…)

Tu honesto padre, enormemente afligido

Leopold Mozart

Salzburgo, 13 de diciembre de 1778

P.S.: Cuida de que no se pierda nada.

Adiós a París

Superados los tristes días del duelo Wolfgang volvió a pensar en sí mismo y en su porvenir. Su intención primaria era permanecer un tiempo más en París, con la esperanza de que su suerte mejorara o se confirmaran algunas de sus expectativas en Italia u otro lugar. Mientras tanto, su situación financiera se agravaba por momentos; las esperanzas de recibir un encargo para componer una ópera se desvanecían, y los pocos amigos que tenía, sin duda ante sus crecientes dificultades económicas, se iban alejando, incluido Grimm.

Pese a ello, la Sinfonía concertante para instrumentos de viento se volvió a ejecutar en los Conciertos Espirituales el día 15 de agosto, con magnífica recepción, y Le Gros le encargó la composición de un oratorio; además, el editor Jean-Georges Sieber publicó en París seis sonatas para piano que había compuesto entre Mannheim y la propia capital francesa. El 20 de agosto arribó desde Londres Johann Christian Bach, lo que causó a Mozart tal vez la mayor alegría de su triste estancia parisina. El antiguo maestro y su alumno se reencontraron cálidamente y recordaron sin duda los viejos y hermosos días londinenses; Johann Christian venía acompañado del *castrato* Tenducci, y Wolfgang compuso para él una escena dramática que se ha perdido. Aprovechando una invitación del mariscal Phillipe de Noailles (1715-1794, un noble liberal que lograría luego celebridad por ser quien propuso la abolición del feudalismo en la Constituyente, el 4 de agosto de 1789), los tres músicos marcharon unos días a la casa que éste tenía en Saint Germain, donde pasaron una temporada de descanso y camaradería.

Pero pronto entró otra vez a gravitar la opinión de Leopold, que a pesar de todas las lejanías, no había renunciado a su intención de dirigir la carrera y la vida de su hijo. Luego de realizar una serie de serios esfuerzos para conseguir una colocación en Italia o Alemania (volvió a escribirle al padre Martini y logró que éste intercediera en favor de Wolfgang ante Karl Theodor, por intermedio de Raaf), comenzó a urgirle para que retornara a Salzburgo. Para ese entonces las relaciones entre Wolfgang y Grimm se habían enfriado notablemente, y éste escribió a Leopold recomendándole que se llevara a su hijo:

es cándido, perezoso, incauto y se preocupa muy poco de hacer fortuna. Aquí para triunfar hay que ser astuto, emprendedor, lleno de audacia; ojalá tuviera la mitad de talento y el doble de habilidad para relacionarse con la gente.

Tal vez Grimm no merezca el calificativo de "papagayo" que le aplican Jean y Brigitte Massin (en el sentido de personaje no creativo, mero repetidor de ideas de otros), pero no cabe duda de que su conducta ante Wolfgang fue la necesaria como para que éste emigrara desde la inicial admiración y el afecto hasta el desprecio y algo muy cercano al odio. Es cierto que Grimm nunca abandonó totalmente a Wolfgang; le abrió puertas, le consiguió el alojamiento en que falleció Anne Maria, le prestó quince luises de oro para afrontar los gastos de la enfermedad y el sepelio de ésta y se hizo cargo de su regreso a Salzburgo. No está nada mal para quien, en realidad, no tenía obligación alguna con el joven músico alemán. Pero también es cierto que en la medida en que Wolfgang demostró que tenía sus propias ideas y no estaba dispuesto a permitir que le planificaran su vida (no mostró entusiasmo alguno por el vago ofrecimiento de hacerlo su secretario, y se negó a tomar partido en favor de Piccini en la polémica contra Gluck) Grimm fue comportándose de forma cada vez más distante e hiriente. Era de esa clase de personas que gusta de echar en cara los favores, como una especie de chantaje sentimental, y esta actitud humillaba a Wolfgang, como es natural, y lo ponía fuera de sí. "Es falso —escribe a su padre— y le gusta humillarme."

Leopold, mientras tanto, tenía noticias: la muerte del *Kapellmeister* Lolli y del organista Adlgasser en Salzburgo había dejado desorganizada la capilla musical del arzobispo Colloredo, y el insistente padre elevó de inmediato una carta solicitando la readmisión de su hijo. Colloredo, que sin duda no era tan insensible al talento de Mozart como se ha supuesto, aceptó la propuesta, y el 31 de agosto Leopold escribía exultante a su hijo: debía volver inmediatamente. El panorama que pintaba era idílico; según él, el Arzobispo había cambiado mucho, no demostraba guardar rencor alguno por las pasadas diferencias y Wolfgang disfrutaría de condiciones muy superiores a las de antes: permiso para realizar al menos un viaje al año, autorización para componer óperas y quinientos florines de salario anual.

Leopold sabía perfectamente que retornar a su ciudad natal es lo último que Wolfgang podía querer; significaba el reconocimiento del fracaso, la vuelta a la servidumbre, las risas y burlas contenidas de sus colegas, la muerte de los sueños. Por eso despliega todas sus artes a efectos de convencerlo: ruega, amenaza, hace chantaje:

Debo tener una naturaleza de hierro; de lo contrario, ya habría muerto a causa de los disgustos. Pero con tu presencia, la pesada piedra que me oprime el corazón desaparecerá, pues no hay reconstituyente cardíaco capaz de curar una enfermedad del alma. Nadie, sino tú, puede salvarme de la muerte.

Como sabe perfectamente el amor que Wolfgang alienta hacia Aloysia Weber argumenta, con artes de cortesano florentino:

La señorita Weber interesa mucho al Príncipe Arzobispo y a su entorno; han demostrado intención de escucharla, y si las cosas se arreglan, la familia podrá venir a Salzburgo y vivir con nosotros.

Si Mozart acató las imposiciones de su padre —y sería la última vez— no fue sin duda porque la idea de regresar al servicio del Arzobispo no le produjera la más intensa repugnancia; él mismo se lo decía desde Estrasburgo, durante el viaje de regreso: "creo que cometo la mayor locura del mundo". Las razones de este acatamiento hay que buscarlas en su difícil situación personal: solitario en una ciudad hostil, con el corazón lacerado por la reciente muerte de su madre, es natural su deseo de volver a sentirse rodeado por el calor familiar. Por otro lado, Salzburgo está muy cerca de Munich, y él sabía que Aloysia había comenzado una brillante carrera en la capital bávara.

Por fin el barón Grimm, en secreto acuerdo con Leopold, le exigió que abandonara inmediatamente la ciudad y regresase, y lo amenazó con no volver a hablarle y convertirse en su enemigo si se quedaba en París. El 26 de septiembre, en un carruaje de ínfima categoría (que había pagado Grimm) Mozart abandonaba para siempre la capital de Francia. Sobre la mesa del editor quedaban las pruebas de impresión de sus sonatas, que nunca pasó a corregir: El músico más genial de todos los tiempos y la ciudad más fermental de toda la cultura europea no habían sabido reconocerse.

EL MISTERIOSO COMPAÑERO

Al llegar a Nancy Wolfgang abandonó el vehículo y, en sociedad con un comerciante alemán con el que había hecho amistad durante el viaje, alquiló un coche particular; esta relación merece atenderse con cierto detalle.

Además de las incomodidades del carruaje público que había pagado Grimm, lento y que le obligaba a levantarse a las dos y a veces a la una de la mañana, Wolfgang se sintió incómodo con uno de los compañeros de travesía, el cual, según dice a su padre en carta del 3 de octubre, "estaba muy versado en lo francés; no hacía de ello ningún secreto, y eso era suficiente como para que yo me decidiera a tomar la diligencia pública".

El sentido de la expresión "muy versado en lo francés" ha sido considerada —y lo es— poco explícita, o equívoca, como dice el prestigioso traductor doctor Miguel Sáenz en sus notas a una versión española de las cartas de Mozart; pero mucho más probable que una referencia a alguna enfermedad venérea, como sugiere el doctor Joseph Heinz Eibl, es que Wolfgang se refiriera al hábito sexual universalmente conocido como "vicio francés", y se haya sentido incómodo ante alguna insinuación de su compañero de viaje.

Lo cierto es que no fue necesario tomar la diligencia pública, porque, según propias palabras,

tuve la suerte de encontrar un hombre muy agradable, un alemán, comerciante, que vive en París y trafica con géneros ingleses. Antes de subir al carruaje ya habíamos hablado un poco, y a partir de ese momento hemos estado siempre juntos. No comemos en la companía, sino solos en nuestra habitación, y también dormimos juntos.

Es de suponer que a Leopold debe haberle dado algo muy similar a un soponcio, y no precisamente porque sospechara que el amigo alemán de su hijo fuese un ladrón, como afirman cándidamente los esposos Massin. Conocemos su previsible reacción por una referencia tranquilizadora que Wolfgang le hace en la carta que le envió desde Estrasburgo el 26 de octubre:

Por el comerciante que viaja conmigo no debe preocuparse en absoluto; es el hombre más honesto del mundo, y se cuida más de mí que de sí mismo. Sólo por complacerme irá conmigo a Augsburgo y Munich, y probablemente incluso hasta Salzburgo; ambos lloramos cuando pensamos que tendremos que separarnos. No es un hombre instruido, pero tiene mucha experiencia, y vivimos juntos como si fuéramos niños. Cuando piensa en su mujer e hijos, que ha dejado en París, tengo que consolarlo; si soy yo el que pienso en mi familia, él me da consuelo.

Las sospechas de Leopold parecen claras a tenor de la respuesta; Wolfgang se preocupa por dejar en claro la honestidad de su nuevo amigo y, como quien no quiere la cosa, desliza la información de que tiene mujer e hijos, y pone todo bajo una pátina de inocencia al afirmar que "vivimos juntos como si fuéramos niños". Lo más curioso de todo es que, pese a la intimidad lograda, en ningún momento Wolfgang comunicó a su padre el nombre de su compañero. Éste se quedó con él durante los días que permaneció en Estrasburgo y, presumiblemente, lo acompañó hasta Mannheim; a partir de las cartas escritas desde esta ciudad Mozart no vuelve a referirse a él, y los proyectos de viajar juntos hasta el propio Salzburgo se frustraron, por razones que nunca llegaremos a conocer.

REGRESO EN ETAPAS

El 10 de octubre los viajeros llegaron a Estrasburgo, y lo que debía ser apenas una escala fugaz se convirtió en una estancia de un mes de duración. Su amigo lo acompañó todo ese tiempo. Es uno de los períodos de la vida del compositor del que hay menos información; se sabe que estuvo en contacto con el compositor Richter (1709-1789), que visitó al célebre Johann Andreas Silbermann (1712-1783), fabricante de órganos, y que dio dos academias a su beneficio, con éxito moderado y magros resultados económicos (seis luises de oro entre las dos). No sabemos, en cambio, si tuvo alguna expectativa de trabajo que lo llevara a diferir su partida; muy probablemente, aquel reencuentro con una ciudad de cultura parcialmente alemana, el afecto de que se vio rodeado y la amistad con el ignoto compañero de viaje, lo llevaron a sentirse, por vez primera en mucho tiempo, satisfecho y en paz. De hecho, sus cartas desde Estrasburgo están henchidas de energía y sana vitalidad; era joven, tenía talento y la vida continuaba. Por fin, el 3 de noviembre el carruaje de alquiler dejó Estrasburgo, y el día 6 llegó a Mannheim, donde Mozart permanecería otro mes entero.

Se hospedó en casa de Cannabich y entró de inmediato en contacto con los ambientes musicales, que ya conocía y que estaban en plena crisis ante la ausencia definitiva de Karl Theodor, que se había trasladado a Munich. No estaban los Weber, es cierto, pero todos lo recibían con muestras de afecto y alegría. El barón von Dalberg (1750-1806), intendente del teatro, le encargó de inmediato la composición de un melodrama[13], por el que prometió pagarle cuarenta luises de oro, y más tarde le habló de un curioso proyecto: una ópera cuya música sería escrita simultáneamente por Mozart, Anton Schweitzer (1735-1787) y Gluck. Wolfgang encontró algunos alumnos y comenzó a hacer proyectos para quedarse en la ciudad indefinidamente. La fuerte influencia de artistas e intelectuales masones no estaría, según algunas opiniones, al margen de este sorpresivo cambio de planes.

El joven comenzó inmediatamente a escribir el melodrama, sobre un libreto de Otto-Friedrich von Gemmingen-Hornberg (1755-1836) titulado *Semiramis*; no se sabe cuánto llegó a componer, pues la obra se ha perdido en su totalidad. Todo iba, de pronto, de manera promisoria; pero aquí irrumpió otra vez Leopold. Su carta del 19 de noviembre es una de las más hostiles, desesperadas y violentas de todas las que escribió a su hijo:

"Me encuentro en tal estado que ya ni sé lo que escribo —comienza—. Me voy a desmayar, o a morir de consunción". Inmediatamente hace una escrupulosa relación de ingresos y gastos del viaje y concluye que Wolfgang le debe ochocientos sesenta y tres florines, cuyo pago reclama perentoriamente; estas deudas son esgrimidas como pretexto para exigirle la inmediata partida hacia Salzburgo: "Espero que después de que tu madre ha muerto en París, no querrás tener también la muerte de tu padre sobre tu conciencia".

Cuatro días después le escribía nuevamente, en esta ocasión amenazando:

Espero que partas en el acto; si no lo haces, escribiré a la señora Cannabich. Deseo, si Dios quiere, vivir los años necesarios para pagar mis deudas: después podrás, si quieres, darte con la cabeza contra un muro.

Wolfgang respondió el 3 de diciembre, en términos de comprensible frialdad:

Si he tardado tanto en escribirle, la culpa no es de nadie sino de usted mismo; jamás creí que... en fin; silencio. No quiero hablar más sobre este asunto. Ya pertenece al pasado.

Sin embargo, de una forma algo difícil de entender, abandonó todos sus proyectos y partió hacia Munich el 9 de diciembre; su amigo alemán lo había dejado, y Wolfgang aprovechó el viaje de un alto dignatario eclesiástico que lo invitó a acompañarlo. No tuvo que pagar nada, pero debió viajar en el coche de la servidumbre. Su corazón estaba desolado al dejar amigos y proyectos ante la presión de un padre que le reclamaba deudas y le echaba en cara favores:

"Este viaje hubiera sido muy triste de no ser porque estoy acostumbrado desde la infancia a abandonar personas, países y ciudades" —escribió el 18 de diciembre. Su tristeza estaba mitigada por la ilusión de volver a ver a su querida Weberin, a cuyo encuentro corría con toda la ilusión del mundo; le esperaba el más cruel desengaño afectivo de su vida.

CAPÍTULO 8

El 14 de julio de los músicos

Antes de llegar a Munich, Wolfgang, que demoraba todo lo posible su triste regreso, pasó diez días en la abadía cisterciense de Kaiserheim. En esos días escribió a su prima, la Bäsle, invitándola a reunirse con él en Munich, ya que había renunciado a sus intenciones de pasar por Augsburgo, que tan malos recuerdos le traía. "Me sería muy necesaria tu presencia —le dice— porque tendrías un importante papel que jugar."

El día de Nochebuena el obispo reemprendió camino, y Mozart con él; entró en la capital bávara el 25 de diciembre, y fue directamente a lo de la familia Weber, que vivía allí desde que Aloysia lograra un contrato con la Ópera de la ciudad, con un sueldo de mil florines al año (más seiscientos para don Fridolin, por otras tareas).

Aloysia era ahora una cantante colocada y bien pagada, muy lejos de la chica encantadora y necesitada de protección que Wolfgang había conocido en Mannheim. No sólo ya no necesitaba a Mozart, sino que podía mirarlo, profesionalmente, por arriba del hombro, y lo sabía: con su clásica ingenuidad, él les había escrito constantemente, a ella y a su padre, teniéndolos al tanto de sus sucesivos fracasos en París. Lo sabemos por las cartas que conservó Fridolin, pues Aloysia las tiró todas menos una. La suposición de Einstein de que, detrás de la actitud de Aloysia, estuvo la mano maquiavélica de su madre es sólo eso, una suposición.

Wolfgang llegó a la casa de los Weber vestido de luto, con una casaca roja de botones negros, como se estilaba en París, y fue alborozadamente recibido por todos menos por Aloysia, que mostró una frialdad brutal, hasta el punto de fingir, por un instante, no reconocerlo. Era el golpe que faltaba. Wolfgang vio el clave abierto, se sentó en él, y en voz alta entonó una vieja y obscena canción atribuida a Goetz von Berlichingen (1480-1562), que comienza diciendo algo así: "Me cago en todos aquellos que no me quieren[1]".

A pesar de esta terrible decepción, se alojó —qué más remedio— en casa de los Weber. Visitó con frecuencia a su amigo, el flautista Becke, y escribió a su padre, el 29 de diciembre, dejando entrever su real estado de ánimo:

> Hoy no puedo hacer nada más que llorar. Escribo mal porque nunca he aprendido a escribir bien, pero hoy es aún peor; no puedo más. Mi corazón está demasiado lleno de dolor.

Leopold no necesitó toda su inteligencia para comprender lo que había pasado; incluso lo había intuido, y en una carta enviada a Munich con fecha 28 (que se cruzó con la de Wolfgang) se burlaba de sus "alegres sueños". Al mismo tiempo lo conminaba en los más duros términos para que estuviera en Salzburgo el 1º de enero del año que entraba:

> Soy viejo, no puedo saber cuándo querrá Dios llevarme consigo. No quiero morir con deudas que he contraído por tu culpa. (…) Cuando empiece a recibir cien florines de tu sueldo todos los meses, en dos años habré pagado todo y podré morirme tranquilo. Esto es así, y así será.

Mozart soportó incluso esta actitud de dómine, que seguramente le sublevó la sangre; pero no que se burlara de los sueños que la realidad había destrozado. En carta de fecha 31 de diciembre le decía, con términos y sensibilidad de poeta:

> A propós, ¿qué quiere usted decir con eso de los "alegres sueños"? No discuto la palabra "sueños", porque no existe mortal alguno sobre este mundo que no haya soñado alguna vez. Pero "¿sueños alegres?" No, sueños serenos, dulces, restauradores; he aquí los adjetivos exactos. Sueños que, si se hubiesen hecho realidad, me hubieran hecho soportable esta vida mía, siempre más llena de dolores que de alegrías.

Ese mismo día Leopold fechaba una carta, en respuesta de la del 29, con un tono más conciliador: lo ha adivinado todo. "He quedado muy afectado por tu carta y la del señor Becke" (éste había escrito a su vez a Leopold, pidiéndole paciencia y comprensión para su hijo). "Si tus lágrimas, tu pena y la tristeza de tu corazón se deben a que dudas de mi amor y mi ternura, veo que aún no conoces a tu padre." Pero a medida que va escribiendo el tono vuelve a hacerse ácido, y termina con una expresión muy poco adecuada para el momento que su hijo estaba viviendo: "Me escribes pidiendo que te consuele, y yo te digo: ven y consuélame tú a mí".

La llegada de la Bäsle sirvió sin duda para mitigar algo el dolor que atenazaba su alma. La joven parece haber estado a la altura de las circunstancias, alegrando algo el sombrío entorno muniqués de su primo. Éste la invitó entonces a acompañarlo a Salzburgo, para lo cual pidió autorización a su padre y a su tío.

Antes de partir de Munich, Wolfgang, que había recibido ejemplares de sus sonatas impresas en París (enviados por Grimm), entregó uno de ellos a la Princesa Electora. Se despidió de sus amigos Cannabich, Raaf y Becke y, en gesto de suprema elegancia, de verdadera superioridad espiritual, ese mismo Mozart al que tantos frívolos han acusado de basto y escasamente refinado, en el momento de decir adiós a los Weber entregó a Aloysia un recitativo y aria que acababa de componer, y que le había dedicado: *Popoli di Tessaglia e Io non chiedo*, K. 316. Cumplido este acto de desagravio, a la joven y a sí mismo, emprendió el viaje de regreso; el 15 de enero llegaba, por fin, a su ciudad natal, sobre la que había escrito, en su última carta a Leopold desde Munich (8 de enero de 1779): "Le juro por mi honor que no puedo soportar ni a Salzburgo ni a sus gentes. Su lenguaje, su forma de entender la vida, me resultan insufribles".

Mozart no podía jamás haber concebido un regreso tan desolador.

PARTIDAS Y LLEGADAS

Los primeros días en Salzburgo, con la Bäsle y las atenciones de su padre, seguramente fueron más felices de lo que Wolfgang había supuesto; su habitación había sido cuidadosamente arreglada, con un gran baúl para sus objetos personales, y la vieja criada Threzel se desvivía por atenderlo y cocinarle sus platos favoritos. Rodeado otra vez del calor familiar, Mozart puede haber pensado, en algún momento, que la idea de regresar no había sido tan mala.

Pero irrumpió el tema laboral, y con él las amarguras. El 17 de enero Colloredo, cumpliendo su palabra, lo nombró *Konzertmeister* de su corte, pero no contempló otras vagas promesas que, presuntamente, había hecho a Leopold: cuatrocientos florines en vez de los quinientos prometidos y la obligación de usar librea de criado; ni una palabra sobre viajes o ausencias que permitieran adivinar un cambio en la dura actitud anterior del arzobispo. Era la derrota total.

La partida de la Bäsle, a la que no volvería a ver jamás, fue otro motivo de tristeza. Si bien mantuvo con ella correspondencia, en el tono que conocemos, durante algún tiempo, la joven desapareció de su vida, y no para ser feliz. En 1785, desde Viena, Leopold escribía a Nannerl en los siguientes términos:

> Puedes imaginarte fácilmente la historia de tu prima de Augsburgo: un caballero del Duomo la ha hecho feliz. (…) Lo más gracioso es que decía que los regalos que recibía, y que causaban la admiración de todos, venían del tío de Salzburgo. ¡Qué honor para mí!

La presencia de una compañía ambulante que dirigía el actor, director y empresario teatral moravo Johannes Heinrich Böhm[2], sirvió de escape para la vida provinciana y monótona que había vuelto a atrapar a Mozart. Él mismo dice que no eran grandes artistas; pero Böhm se las ingenió para entusiasmarlo con una colaboración, y como se trataba de ópera (una de las cosas que más echaba de menos Wolfgang en Salzburgo), aceptó encantado. Así, hizo traducir al alemán el libreto de *La finta giardiniera* y la convirtió en un *singspiel*[3] que fue representado por la compañía de Böhm. Entusiasmado por el éxito obtenido pensó en reponer *Thamos, rey de Egipto*, y con ese objetivo hizo reformas a la obra, modificó su partitura y pensó transformarla en un "melodrama" al estilo de la *Medea* de Georg Antón Benda que había visto en Mannheim. Pero, al parecer, no llegó a representarse.

Por encargo de Böhm, que marchaba hacia Viena, Wolfgang comenzó a componer entonces *Zaide,* un *singspiel* también llamado *El serrallo*, sobre texto escrito por Schachtner basado en una pieza anónima. Aunque no la terminará nunca, el intento es importante, ya que debe considerarse un antecedente directo de *El rapto en el serrallo*.

Después de la partida de Böhm, Salzburgo recibió la visita de otra compañía, y ésta sí, destinada a tener una influencia decisiva sobre el futuro de Mozart. Su director, Emmanuel Schikaneder[4], era un empresario culto y audaz, que había traducido al alemán y representado, entre otras obras, el *Hamlet*, de Shakespeare. Pronto se estableció entre Wolfgang y Schikaneder una sólida amistad que se prolongaría años después en Viena y produciría la más esplendorosa de las joyas: *La flauta mágica*. Compuso arias y canciones para las obras que representaba su nuevo amigo, y asistió embelesado a obras como *Hamlet*, *El barbero de Sevilla*, de Beaumarchais[5], y el ballet *Las estatuas animadas*, que lo puso en contacto con el tema de Don Juan.

¿Y el cumplimiento de las obligaciones laborales con Colloredo? Mozart las atendía mínimamente. En el tiempo que sacaba a sus tareas frecuentaba a familias nobles y ricas de Salzburgo, llevando una vida hueca que, sin duda, le causaba una gran frustración. Pero ello no le impedía crear: en esos dos años de 1779 y 1780 compuso una sonata para violín y piano (K. 378), un concierto para dos pianos (K. 365), dos Vísperas, varias sonatas de Iglesia, dos sinfonías (Nº 33 y 34, K. 319 y 338, respectivamente), un Divertimento (K. 374), cinco canciones (dos con acompañamiento de mandolina), los fragmentos de *Zaide* y *Thamos* y una obra maestra absoluta, una de sus composiciones más inspiradas y bellas: la Sinfonía Concertante para violín y viola K. 364, cuyo sublime segundo movimiento, en doliente tono menor, ha hechizado, y lo sigue haciendo, a varias generaciones. Einstein no encuentra calificativo mejor que afirmar que se trata de una obra "verdaderamente mozartiana". Para Jean y Brigitte Massin es la "sinfonía de los silencios (…) y representa una cima que durante mucho tiempo no tendrá equivalente en su creación". Y el musicólogo británico Alec Hyatt King (1911-1995) afirma que aparece, en medio de las otras obras del período, como si "una montaña fuera trasladada y puesta entre las gentiles colinas de Salzburgo".

De esa misma época son también dos misas. K. 317, llamada *de la Coronación*, con un bellísimo *Agnus Dei* que recuerda marcadamente el aria de la condesa de *Las bodas de Fígaro*, *Dove sono i bei momenti*, y K. 337, llamada *Misa Breve*, o *Misa Solemne*, cuyo *Agnus Dei* se parece notablemente a la otra gran aria de la Condesa, *Porgi, amor*. Otra obra importante del período es la Serenata K. 320, llamada *Serenata del posti-*

llón, una obra tensa y llena de contrastes, en la que Einstein ha querido ver una expresión musical de la relación entre Mozart y Colloredo, con una trompa final que evoca la de los postillones o carteros, y que señalaría, en esta hipótesis, el deseo del autor de marcharse.

La mayor parte de esta producción está concentrada entre enero y octubre de 1779; los diez meses restantes son de una parquedad productiva que no volverá a producirse hasta 1790, año de silencio casi total que precede al gran estallido creativo de 1791. Aunque no hay testimonios de enfrentamientos entre Mozart y su Serenísimo patrón, no cabe duda de que el compositor se sentía esclavizado y con las alas cortadas.

Por ello, cuando en agosto de 1780 el Príncipe Elector de Munich le pidió una ópera para ser estrenada en esa ciudad durante el siguiente carnaval, Wolfgang vio de pronto que todo a su alrededor resplandecía. Salir de Salzburgo, y a componer una ópera, eran sin duda las dos cosas que más deseaba en este mundo. A pesar de la librea de criado y de la caída de todos sus sueños, aún había en el mundo quien se acordaba de él.

IDOMENEO

Inmediatamente se puso a trabajar. Analizó los textos que le propusieron y por fin se decidió por *Idomeneo, re di Creta,* libreto tomado de una tragedia de Claude Prosper Jolyot de Crébillon (1707-1777): tema clásico en óptica francesa para una ópera italiana que crearían artistas alemanes. Para comodidad de Mozart, Karl Theodor nombró como libretistas a dos salzburgueses, amigos del compositor; el abate Giovanni Battista Varesco[6] y el trompetista Johann Andreas Schachtner, que se limitó a traducir al alemán el original francés.

¿Y Colloredo? Había prometido vagamente no oponerse a los viajes de Wolfgang, si éste no abusaba; y no lo había hecho: en año y medio no había abandonado Salzburgo. Por otra parte, no debía tener el más mínimo interés en quedar mal con el Elector de Munich, de manera que concedió el permiso, pero con gran cicatería: sólo autorizó una ausencia de seis semanas. La fecha de regreso se fijaba incluso antes del estreno.

Wolfgang tenía viejos contactos con el tema de Idomeneo, el rey de Creta que, regresando de la Guerra de Troya, sacrifica a su propio hijo para lograr la buena voluntad del dios Poseidón. De niño había leído la tragedia *Telémaco*, de François de Salignac de la Mothe de Fénelon (1651-1715), y es probable que, cuando su primera estancia en París, con ocho años, haya visto u oído comentarios sobre un *Idomeneo* del dramaturgo Antoine Marin Lemierre (1733-1793). Por otra parte la obra, tal cual quedó después del trabajo de Varesco y Schachtner (y seguramente del propio Wolfgang), tenía elementos renovadores y casi provocativos: un drama basado en la antigüedad griega (lo que sugería Wieland, entre otros, como forma de renovar el teatro alemán), alejado de las convenciones y del moralismo de la ópera italiana clásica; un drama humano poderoso, lleno de tormentas, mostruos marinos y fatales oráculos, que tiene un clima claramente prerromántico. El musicólogo británico Nicholas Till afirma que, en esta ópera,

> Mozart usó el mundo antiguo para reemplazar al viejo absolutismo, racionalista y sometido a la idea de deber, por un sugestivo alegato en favor de la universalidad de los nuevos valores burgueses.

Por fin, después de dos meses de intenso trabajo, Wolfgang marchó hacia Munich, el 5 de noviembre de 1780, con el secreto propósito de no volver más a Salzburgo; alentaba la esperanza de que si su ópera, como esperaba, era del agrado de Karl Theodor, éste le daría un empleo. Ligero de equipaje pero cargado de proyectos, Wolfgang G. Mozart se despidió sin pena alguna. Sólo puede especularse sobre el grado de conciencia que tenía en ese momento respecto de que estaba abandonando de manera definitiva, al menos como residente, la ciudad que lo había visto nacer.

En la capital bávara se encontró con sus amigos Becke, Wendling, Raaf y Cannabich, en un clima alegre muy distante del que predominó en su última visita, cuando llegó derrotado y herido por el desengaño sentimental. Los Weber ya no vivían en Munich sino en Viena, adonde se habían trasladado en aras de la carrera de cantante de Aloysia, contratada por la Ópera de Viena; Fridolin, empleado como cajero por el mismo teatro, había muerto sorpresivamente, el 23 de octubre del año anterior, cosa que Mozart probablemente ignoraba y de la cual debe haberse enterado a su llegada a Munich.

El compositor tomó una habitación en la casa de un señor Fiat e inmediatamente, acompañado por Becke, visitó al Intendente del teatro, el conde Seeau, al que conocía desde los tiempos de *La finta giardiniera*. Seeau arregló una entrevista entre el compositor y Karl Theodor, en el curso de la cual éste saludó cálidamente a su invitado y, según parece, le dio algunas vagas esperanzas de que podía liberarlo de la esclavitud de Salzburgo; al menos, así debe haberlo creído Wolfgang, que en carta a Leopold del 15 de noviembre le decía, sugestivamente: *"piano, piano, si va lontano"*.

Mozart tenía a disposición una excelente orquesta, un buen coro y cantantes de prestigio, y era tratado con todo el respeto y la consideración que merecía un músico destacado de una corte vecina. Se dedicó a trabajar con una pasión que hacía tiempo le era ajena, y lo hizo con insólita seguridad en sus ideas y su genio. Todas las debilidades e incoherencias del hombre se esfumaban cuando aparecía el compositor; a Leopold, que le pedía una música que no fuera "sólo para los entendidos, sino también para el gran público, ya que por cada diez entendidos hay cien ignorantes", le respondió que se quedara tranquilo, que en la obra "hay música para toda clase de gente, incluidos los de orejas grandes"; y a su amigo Raaf, que cantaría el papel de Idomeneo y le pedía cambios en la partitura, le dio una amable pero firme negativa:

> Si creyera que una sola nota debiera ser cambiada (…) lo haría inmediatamente; pero no hay ningún fragmento de esta ópera que me satisfaga tanto como este cuarteto. (…) Me he tomado muchísimo trabajo para satisfacerlo en dos arias, y haré otro tanto con la tercera, que espero quede perfecta; pero los tríos y los cuartetos deben quedar librados a la voluntad del compositor.

Durante ese período de gran intensidad creativa, donde prácticamente no salió de su habitación sino para ir al teatro, Mozart mantuvo una continuada y por momentos tensa correspondencia con Varesco, que se había quedado en Salzburgo y al cual pedía constantemente cambios en el libreto; era el dueño de la obra y hacía valer, a veces con intransigencia, sus puntos de vista.

"¿No cree, usted, que el discurso de la Voz subterránea es demasiado largo?" —preguntaba al libretista—. "La voz debe ser terrorífica, debe penetrar en el alma, debe sonar como la Verdad misma. ¿Y cómo puedo conseguir este efecto si el discurso es tan largo, si su propia extensión permite a los espectadores reflexionar de que se trata sólo de una ilusión?"

La audacia de Wolfgang llega incluso a corregir a Shakespeare: "Si en el *Hamlet* el discurso de la Sombra no fuera tan largo tendría un efecto mucho mayor". Y como Varesco se quejaba de tener trabajo extra y afirmaba haber tenido que escribir cuatro veces el libreto entero, Wolfgang le respondió: "Habría que cambiar aún muchas cosas, y seguramente no encontraría usted jamás un compositor tan complaciente como yo lo he sido". Ni siquiera el conde de Seeau, que se oponía a una exigencia de Wolfgang sobre los trombones, pudo salirse con la suya: "Tuve con él lo que llamo una fuerte discusión —escribe a Leopold el 10 de enero—. Tuve que mostrarme duro, o no hubiera conseguido nada".

Está transfigurado, lleno de seguridad en sí mismo, de confianza y de vitalidad, con una tremenda capacidad de trabajo que incluyó largas noches en vela. Ni siquiera el molesto catarro que lo afectó durante varios días lo llevó a disminuir su ritmo. Sólo dejaba de componer para ir ocasionalmente al teatro o a reunirse con algún cantante, para escribir cartas breves y concisas a su padre y a Varesco y para preocuparse por recibir partituras de sus recientes obras, que quería hacer oír a Karl Theodor. Con Leopold, incluso, llega al borde la brutalidad, con motivo de una carta depresiva que éste le enviara: "Se lo suplico —escribe el 24 de noviembre— no me escriba cartas tan tristes, ya que necesito, en este momento, que mi ánimo no se vea ensombrecido por nada. Debo tener la cabeza fresca y sentir alegría por el trabajo".

El 29 de noviembre falleció en Viena la emperatriz María Theresa, tan vinculada a la niñez de Mozart; éste, que seguramente no conoció la maligna carta que envió a su hijo Fernando en 1771, lamentó la muerte de la soberana, sobre cuyas rodillas había jugado con seis años. De todas formas, el luto prescripto no alteró la fecha del estreno, previsto para el 20 de enero de 1781; Wolfgang mandó pedir a Salzburgo su traje negro, para cumplir con las exigencias del caso.

El 1° de diciembre comenzaron los ensayos en el teatro, y apenas se escucharon los primeros compases de la música de Mozart todos parecen haberse sentido hondamente emocionados: el conde de Senzheim, apenas un muchacho, dijo al autor, lleno de emoción: "Esperaba mucho de usted, pero esto supera todas mis expectativas"; y Ramm: "Debo confesarte que hasta ahora nunca una música me había impresionado tanto". Becke decía, en carta a un amigo, que aquélla "era la música más singular y bella" que había escuchado nunca.

Mozart, mientras tanto, parecía indiferente a toda esta conmoción, que repercutió ampliamente en Salzburgo, y se mostraba frenético con un cantante, el *castrato* Vincenzo dal Prato[7], que le parecía muy malo. Pese a ello, los ensayos siguieron su curso y Karl Theodor, que asistió a varios de ellos, declaró: "ninguna música me había hecho jamás este efecto; es magnífica".

En medio de todo este clima de triunfo, halagado como tal vez nunca lo había sido antes, Mozart se percató de que se acercaba la fecha del estreno y, con ella, la de regresar a Salzburgo: las seis semanas de permiso estaban a punto de caducar. Escribió entonces una ácida carta a su padre en la que le pedía que averiguara "cómo están las cosas con el arzobispo", y donde afirmaba que "recibiría con mucho placer la carta en la que me dijera que ya no me necesita.". Pero la muerte de María Theresa arregló el problema: el Príncipe Arzobispo marchó a Viena a presentar sus condolencias a la familia real y a saludar al nuevo Emperador, Joseph II (1741-1790); Mozart podía quedarse en Munich sin problemas por lo menos hasta el esperado 20 de enero.

Por fin el estreno fue transferido al 28, por lo que Leopold y Nannerl decidieron viajar a Munich. Llegaron el día 26, trayendo, por pedido del compositor, la partitura de *Zaide*. Los Mozart se alojaron juntos en la misma casa; el 27 de enero Wolfgang cumplió veinticinco años, y ese mismo día dirigió el ensayo general.

La obra se estrenó, efectivamente, el día 28, y según algunos testigos con espléndida recepción. Sin embargo, la única crítica periodística que se conserva no hace sino alabar la escenografía, obra del muniqués Lorenzo Quaglio (1730-1805), y las escasas veces que el título se representó permiten suponer que el éxito fue mucho más modesto. Aún hoy *Idomeneo* sigue despertando controversias; mientras hay quienes la consideran una de las obras supremas de Mozart, a la altura (e incluso por encima) de *Bodas* o *Don Giovanni*, otros tienen un juicio menos generoso, debido a su escaso funcionamiento escénico y a la densidad de la música. Massimo Mila, por ejemplo, considera insoportable el libreto de Varesco: "frío y banal (…) albergaba todas las taras que ya hacían de la 'ópera seria' un género muerto y condenado", y sostiene que "Mozart se hallaba incómodo en la expresión de la pomposa solemnidad real, que tan bien ajustaba a Gluck". Pese a estas objeciones, el musicólogo italiano concluye que Mozart creó, con *Idomeneo*, "el más bello ejemplar de ópera seria del Setecientos".

Bastante diferente es la opinión de Alfred Einstein:

> En esta partitura, que uno no se cansa nunca de estudiar y que permanecerá eternamente como fuente de delicias para cualquier melómano auténtico, encontramos una verdadera explosión de fuerza creativa, no sólo musical, sino también dramático-musical. (…) Para aquella época *Idomeneo* era, en forma de ópera, un drama de una audacia y una libertad sin precedentes. (…) Se dice que Mozart distinguió *Idomeneo*, considerándola la mejor de toda su producción; juicio que, por otra parte, todo melómano podrá fácilmente comprender.

Por su parte, Neal Zaslaw y William Cowdery recuerdan que "fue una obra menospreciada por musicólogos y directores teatrales durante todo el siglo XIX, hasta una época tan reciente como el final de la Segunda Guerra Mundial"; Robbins Landon la califica como "la primera gran ópera de Mozart" y destaca

> el poderío y la magnética calidad de los coros, en especial el misterioso *O voto tremendo*, con sus trompetas en sordina (…) y tambores cubiertos. (…) ¿Dónde la ferocidad de los celos había sido descripta con tintes tan horrísonos como cuando Elektra enloquece, y con ella la música? Ella y nosotros vemos las serpientes que se retuercen en su extravío enloquecido e insondable.

COLLOREDO, POR ÚLTIMA VEZ

Mozart había finalizado una tarea de 5 meses, dos de ellos de trabajo intenso: era carnaval en una de las ciudades más alegres del mundo, y se dedicó a recuperar el tiempo perdido, a ser joven y a divertirse, junto a Nannerl y a sus amigos. Asistió a los bailes, tuvo varios amoríos, participó de distendidas y cálidas veladas musicales y derrochó alegría de vivir. Colloredo estaba lejos, Salzburgo era sólo un mal recuerdo y la vida se abría como una rosa henchida de promesas. Fue el tiempo más feliz de su vida, según él mismo afirmaba años después.

Como sucedió siempre en sus momentos de euforia, la diversión no le impidió crear, y en aquel mes y medio transcurrido entre el estreno de *Idomeneo* y su partida hacia Viena, compuso un Kyrie dedicado a Karl Theodor (K. 341), un aria (*Ah, non son io*, K. 369) para la condesa Josepha Baumgarten (amante, según se decía, del Elector), otra aria dedicada a Elisabeth Wendling[8] (*Sperai vicino*, K. 368), un cuarteto para oboe, viola y chelo (K. 370) y la serenata *Gran Partita*, K. 361, para trece instrumentos de viento, que, según Einstein, fue terminada en Viena. Mozart se sentía libre, creaba cuánto y cómo le parecía, estaba rodeado de admiración y respeto y era feliz. En medio de ese éxtasis, recibió el mensaje de Colloredo; debía partir para Viena inmediatamente.

Leopold y Nannerl regresaron a Salzburgo y Wolfgang marchó a la capital por un período que se preveía muy breve. Llegó el 16 de marzo por la mañana; el arzobispo lo alojó en el mismo palacio que él habitaba, entre la servidumbre, discriminándolo ofensivamente respecto del violinista Brunetti y el *castrato* Ceccarelli, que disfrutaban de un plus para pagarse una habitación independiente. Mozart debía comer con el resto de los criados:

> A mediodía, muy temprano para mí, nos sentamos a la mesa —escribía a Leopold al día siguiente de su llegada—; allí están los ayudas de cámara del cuerpo y del alma, el registrador señor Zetti, el que hace los dulces, los dos cocineros y Ceccarelli y Brunetti, además de mi humilde persona. Los dos ayudas de cámara se colocan en un extremo de la mesa, y yo tengo el honor de estar sentado entre los cocineros. En fin, me parece que estoy en Salzburgo.

Además, tenía absolutamente prohibido desarrollar ninguna actividad musical al margen de la que ordenara el propio Arzobispo. Cuando Mozart le pidió una paga suplementaria por las actividades que realizaba en Viena, Colloredo respondió negativamente.

¿Cómo puede explicarse una actitud tan torpe por parte del Arzobispo, que parece haber querido provocar la rebeldía de Mozart? Se ha sugerido que estaba enojado por los días que éste permaneció en Munich sin autorización, que estaba envidioso del éxito de *Idomeneo* o que, simplemente, pretendía humillarlo por puro "sadismo" (por entonces, el "Divino Marqués" que daría nombre a este tipo de conducta se hallaba preso, como lo estuvo más de la mitad de su vida, en el torreón de Vincennes). O las tres cosas a la vez. La conducta del arzobispo se debió, en mi opinión, a factores menos retorcidos: tenía fundadas razones para desconfiar de la responsabilidad profesional —y hasta de la fidelidad personal— de su criado, y debió creer que era conveniente, después de aquellos meses de libertad, "recordarle" que no era un músico independiente, sino un empleado de su capilla; en aras de esa idea, se limitó a darle exactamente el trato que correspondía a su estatuto. Pese a la negativa de pagarle extra por el trabajo que desarrollaría en Viena (pretensión injustificada, ya que Wolfgang había cobrado al menos un mes y medio de salario sin cumplir tarea alguna), le dio cuatro ducados como compensación por el primer concierto; y para indicar claramente que aquél era un gesto de generosidad y no una obligación, no le dio nada por el segundo. Mi impresión es que Colloredo no tuvo intenciones de "torturar" a Mozart, ni estaba envidioso de su éxito en Munich (del cual, probablemente, apenas habría oído hablar), ni mucho menos pretendió provocar una ruptura; simplemente, quería hacer sentir su autoridad a un servidor joven que, en su opinión, requería disciplina.

El resto lo hizo la actitud de Wolfgang. En la primera presentación pública de la corte musical de Colloredo, en casa del embajador de Rusia, el príncipe Dimitri Alexeievich Galitzin (1721-1793), llegó ex profeso tarde y separado de sus compañeros, con lo que fue recibido aparte y llenado de honores; es de suponer cómo habrá caído esta conducta soberbia a los restantes músicos y, por supuesto, al Arzobispo. Pese a la prohibición de ejecutar música fuera de las ocasiones previstas por su empleador, Mozart se movió por Viena con total libertad, visitó a muchos de sus amigos y tocó para ellos cuanto quiso. Cuando Colloredo le prohibió expresamente presentarse en un concierto de beneficencia organizado por la Tonkünstler-Societät[9], Wolfgang insistió ante el director de ésta, Joseph Starzer[10], para que presionara al Arzobispo hasta obtener el consentimiento, cosa que logró.

Mozart se comportaba más como lo haría hoy en día una estrella cinematográfica o un gran cantante lírico que como el servidor de un jerarca nobiliario, y tenía razones para hacerlo; tan fuertes como las que tenía Colloredo para reprochárselo. Precisamente, el conflicto se origina en esta diversidad de puntos de vista.

Mientras visitaba con frecuencia a la familia del doctor Messmer (el médico ya no vivía en la capital en 1781); mientras pasaba largas horas en casa de la condesa Thün ("la más encantadora y amable de las damas que he conocido en toda mi vida"), o comía en lo del Vicecanciller de la Corte Imperial, conde Johann Philipp Cobenzl[11], o se reunía con el Inspector de los Teatros Alemanes, Johann Gottlieb Stephanie[12], o daba clases a la condesa Marie Karoline Thiennes de Rumbeck, en franco desconocimiento de la prohibición de Colloredo, Mozart se decidía cada vez más a quedarse en aquella ciudad donde tan extraordinariamente se lo trataba y donde tantas posibilidades se le abrían.

Al tiempo que hacía gestiones reservadas para lograr una entrevista con el emperador Joseph II, comenzó una tarea de sondeo hacia su padre:

> Le pido, si es posible, una carta y un consejo paterno —escribió a Leopold el 8 de abril—. Lo más afectuosa que pueda ser. (…) Podría, efectivamente, quedarme aquí, no solamente sin perjuicio sino con provecho. Tengo la intención de pedirle al Arzobispo que me permita quedarme. (…) Daría un gran concierto, tomaría cuatro alumnos y dentro de un año habría alcanzado una posición en la que, como mínimo, me haría con mil táleros al año.

Hay bastante hipocresía en esta carta; Wolfgang no tenía la menor necesidad de un consejo de Leopold (que sabía perfectamente cuál iba a ser) ni la mínima intención de pedirle a Colloredo que lo dejara quedarse, pues la negativa era segura. Pero no tuvo más remedio que actuar de esta manera, para que su padre comenzara a tragar la amarga píldora que planeaba obsequiarle; a estas alturas, y más allá de alguna duda ocasional, puede apostarse a que su decisión estaba tomada.

Parece que el factor desencadenante de la ruptura entre el músico y su patrón fue la negativa de autorizarlo a asistir a una velada musical en casa de la condesa Thün[13]. El Arzobispo tenía sus buenas razones: esa misma noche daba un concierto él mismo, y quería contar con todos sus músicos. Pero Wolfgang montó en una cólera terrible cuando supo que en la residencia de la condesa había estado, esa noche, nada menos que el Emperador, probablemente esperando encontrarlo. Inmediatamente, con fecha 11 de abril, escribió una frenética carta a su padre en la que le narraba esta circunstancia, y se refería a Colloredo como "ese enemigo de los hombres". Terminaba con dos preguntas retóricas: "¿Debo enterrar en Salzburgo mis años de juventud y mi talento? ¿Se me permitirá ser feliz cuando se presenta la ocasión, o deberé esperar hasta que sea demasiado tarde?".

Aunque las respuestas de Leopold se han perdido, no cabe duda de que mostró, desde el primer momento, la más firme oposición al proyecto de su hijo, que debió parecerle tan alocado como los que formulaba desde Mannheim en 1778. Wolfgang, en primera instancia, pareció dispuesto a ceder; jamás sabremos si realmente se propuso en algún momento regresar o se trató de una estratagema para ganar tiempo. Porque pese a que debía haber partido hacia el 11 de abril, se siguió quedando con los pretextos más peregrinos. Por esas fechas se había reencontrado ya con sus amigos los Weber, y la madre de Aloysia (y de Constanze, que tal vez ya se había hecho notar ante el joven) le había ofrecido quedarse en su casa, ya que tenía una habitación libre para alquilar. Mientras tanto, la correspondencia con Leopold continuaba, en parte en una clave particular que ambos manejaban, en parte en idioma corriente. Wolfgang seguía afirmando que regresaría sólo con una condición: que se le otorgara permiso para volver a Viena en Cuaresma; de lo contrario, se quedaría.

A todo esto Colloredo se mostraba cada día más nervioso y agresivo, al ver que su servidor desconocía sus órdenes. Aunque siguió utilizándolo en algunas academias y conciertos, parece ser (sólo tenemos la versión de Wolfgang) que su actitud era cada vez más hostil. En carta del 28 de abril el músico hacía referencia a un incidente

que es mucho mejor que se lo cuente de viva voz que por escrito. Si algo semejante se repitiera, y aunque espero que no, le aseguro que no tendría paciencia para soportarlo, y espero que me comprenderá.

Después del día 27, cuando se dio su último concierto, Colloredo comenzó a urgir seriamente a Wolfgang para que regresara a Salzburgo; éste fijó varias fechas de partida, pero siempre pasaba algo que le impedía marcharse. El estallido no podía tardar, y no tardó. Conminado en los términos más severos por el Arzobispo, Wolfgang fijó el 9 de mayo e inmediatamente salió de la residencia de su patrón y aceptó la propuesta de los Weber, alquilando —en principio por unos pocos días— una habitación en su casa de la plaza San Pedro N° 11, llamada El Ojo de Dios. Al mismo tiempo decidió posponer el viaje para el día 13 (oficialmente; con toda probabilidad, la postergación era, en su ánimo, *sine die*). El mismo miércoles 9 se presentó en la Casa Alemana (donde paraba el Arzobispo y donde había parado él mismo) para informarle de la postergación.

"El día más feliz de mi vida"

La que vamos a narrar a continuación es una de las escenas más célebres de toda la historia de la música, algo así como un equivalente musical de la entrevista de Cajamarca entre Pizarro y Atahualpa. Se la ha llamado "el 14 de julio de los músicos", y tiene una significación extraordinaria en la lucha de los artistas para abandonar la condición servil.

De la borrascosa entrevista sólo tenemos la versión de Wolfgang, evidentemente poco objetiva; hubiera sido muy interesante conocer la de Colloredo. Sin embargo, y más allá de la exageración de algún insulto, no parece que la narración que aquél hace a Leopold en su famosa carta del mismo día se aparte mucho de lo que realmente sucedió. Mucho más elocuentes que todo lo que pueda escribirse resultan las palabras del propio interesado:

> Le escribo aún lleno de cólera. Mi paciencia fue severamente probada durante mucho tiempo, pero por fin se ha agotado. Ya no tengo la desdicha de estar al servicio del soberano de Salzburgo. Hoy es el día más feliz de mi vida. (…) Hace ocho días un lacayo subió a mi habitación y me dijo que debía irme inmediatamente. (…) Fijé mi viaje para el miércoles, es decir para hoy día 9, en el coche ordinario, pero no pude reunir para esa fecha el dinero que aún tengo por cobrar, por lo que aplacé mi viaje para el sábado. Cuando me dejé ver por la casa del Arzobispo los criados me dijeron que tenía un paquete para darme; pregunté si era urgente, y me dijeron que sí, que era de la mayor importancia. "Entonces —les contesté— siento no poder tener la satisfacción de servir a S. A. Graciosa, porque, por las causas que ya les dije, no po-

dré partir antes del sábado; estoy fuera de esta casa y viviendo a mis expensas; de esa forma, es natural que no pueda marcharme hasta no estar en condiciones de hacerlo, porque nadie tiene derecho a pedirme que me arruine". Kleinmayer, Moll, Benecke y los dos ayudas de cámara me dieron toda la razón. Cuando por fin llegué a sus habitaciones —nota: debo decir antes que Schlaucher ("ayuda de cámara"; Mozart se refiere seguramente a algún criado que Leopold y él conocían, y que no quiere nombrar por elemental precaución) me había aconsejado que diera como excusa que el coche estaba lleno, ya que sería una razón de mayor peso para él—, cuando por fin entré a verlo, lo primero que me dijo fue: "Bueno; ¿cuándo parte este jovencito?". "Yo quería marcharme esta noche, pero todos los asientos estaban vendidos." Entonces me soltó, sin respirar, que yo era el peor malcriado que había conocido, que nadie le había servido jamás peor que yo y que me aconsejaba que me marchase ese mismo día, porque si no escribiría a Salzburgo para que fuera retenido mi salario. Era imposible hablarle, pues había estallado como un incendio. Yo escuchaba todo aquello pacientemente; me mintió en la cara, diciendo que mi sueldo era de quinientos florines, y me llamó piojoso, miserable y cretino (*Lumpen, Lausbub, Fexen*). Oh, no puedo escribir todo lo que me dijo. Por fin, mi sangre empezó a arder, y le dije: "entonces, ¿vuestra alteza no está satisfecho conmigo?". "¡Cómo! ¿Todavía me amenaza este cretino? ¡Oh, qué cretino! ¡Ahí está la puerta! No quiero tener nada más que ver con semejante individuo." "Entonces tampoco yo quiero saber más de vos", "¡Fuera!", replicó. Al retirarme, le dije: "Las cosas quedan así; mañana recibiréis mi dimisión por escrito".

Dígame, amado padre, si no le dije todo esto demasiado tarde antes que demasiado pronto. Y ahora, escúcheme; sé que mi honor está para mí por encima de todo, y sé que para usted también es así. No se preocupe en absoluto; estoy tan seguro de mi futuro aquí, que aún sin motivo alguno me hubiera quedado. Y ahora que tengo una buena razón para ello —en realidad, tres razones— no tiene mérito alguno tomar esta decisión. *Au contraire*, fui por dos veces un idiota; no podía serlo por tercera vez. (…) Si usted cree que por esto adquiriré mala reputación con la nobleza y con el mismo Emperador, se equivoca; aquí todos odian al Arzobispo, y el Emperador más que ninguno. De ahí precisamente su rabia, pues el Emperador no lo ha invitado a Luxemburgo. Con el próximo correo le mandaré algo de dinero, para que vea que no estoy en la miseria. Por lo demás, le ruego que esté contento;

ahora empieza mi fortuna, y confío en que será también la suya. Escríbame en clave que está satisfecho de todo esto, ya que en realidad puede estarlo; pero en palabras normales deme un buen reto, para que no haya nada que reprocharle. Si, a pesar de esto, el Arzobispo lo hiciera víctima de la menor impertinencia, venga inmediatamente, con mi hermana, a mi lado a Viena; los tres podemos vivir bien aquí, se lo aseguro por mi honor. (...) Odio al Arzobispo hasta el frenesí.

El gran musicólogo británico Cuthbert Girdlestone (1895-1975), en su obra sobre los conciertos de piano de Mozart, dice:

En Mozart es toda la Música la que rechaza las cadenas doradas del mecenazgo; su gesto del 9 de mayo de 1781 hace de esta fecha el 1789 de los músicos. Es él, y no Beethoven, el primero que, en el mundo de los compositores, hace soplar un viento revolucionario. Es ese hombre joven, de veinticinco años, en quien a veces se ha visto al músico de corte por excelencia, el primero que se atreve a poner la dignidad de su arte por encima de una vida segura.

Mucho más tradicional es la visión de H. C. Robbins Landon:

La riña de Wolfgang con el Arzobispo fue escandalosa. En 1781 sencillamente no se podía hablar a un Príncipe Arzobispo de la manera en que él lo hizo. Si Mozart hubiera estado tan furioso como para levantarle la mano al conde Arco[14], maestro de cocina de Colloredo, que poco después lo echó a puntapiés de la habitación escaleras abajo, el resultado hubiera sido similar al de un joven de Innsbruck que golpeó a un noble y fue condenado a cincuenta bastonazos.

"Todo pasó en dos horas —escribió Mozart a su padre sobre este incidente, que presenció—. A partir del quinto latigazo se le rompieron los calzones (...) se lo llevaron sin sentido" (carta del 8 de agosto de 1781).

Ambas visiones, aparentemente antitéticas, son en esencia correctas: la conducta de Mozart era insólita en un hombre de su tiempo y de su condición, y pudo haberle costado mucho más caro de lo que le costó. Pero alguien tenía, alguna vez, que afrontar ese riesgo, en una dimensión heroica, y ése fue el pequeño y pálido joven de Salzburgo. La grandeza que asume su figura en esta situación, cuyo reconocimiento

¡EL MÚSICO HÉROE!

le fue negado durante un siglo y medio, lo coloca no sólo a la cabeza de todos los músicos (donde ya estaba por la impresionante elocuencia de su obra), sino en la vanguardia de los constructores de una nueva y revolucionaria manera de vivir.

LA CÉLEBRE PATADA

Liberado por fin de su cadena, Mozart se enfrentó a su libertad y a los riesgos nada pequeños que ella conllevaba. Sus esfuerzos se orientaron inmediatamente en dos direcciones: por un lado, lograr que su dimisión fuera aceptada por Colloredo, que tenía derecho jurídico a desconocerla y forzarlo a optar entre Salzburgo y la cárcel; por otro lado, obtener el beneplácito de Leopold. Era mucho más fácil lo primero que lo segundo, pero la relación de importancia era exactamente inversa; el joven estaba decidido a quedarse en Viena le gustara o no a su padre, mientras que Colloredo, de habérselo propuesto, podía arruinar todos sus proyectos. El Arzobispo no lo hizo, y ese acto de magnanimidad no ha sido jamás reconocido por los mozartianos.

Con fecha 10 de mayo, al otro día de la homérica escena con Colloredo, Mozart dimitió por escrito en carta dirigida al conde Karl Arco, jefe de cocinas de la corte de Salzburgo. Arco (y hay que ver detrás de él la mano de Colloredo) lo citó inmediatamente a la Casa Alemana para tratar de disuadirlo, pero Wolfgang se abstuvo de concurrir. Así transcurrieron veinte días de indefinición; por fin, el conde Arco lo citó otra vez diciéndole que tenía una carta de Leopold que deseaba entregarle, y esa vez Wolfgang acudió; debe de haber sido el 31 de mayo o el 1º de junio de 1781.

Por carta del propio Mozart sabemos que la actitud del emisario de Colloredo, que se daba por amigo suyo, fue inicialmente cordial y respetuosa. Trató de convencerlo de que había adoptado una decisión equivocada y de que lo mejor era volver al redil:

Créeme —le dijo, según carta de Mozart a Leopold de fecha 2 de junio—. Te has dejado deslumbrar demasiado fácilmente por Viena. La fama de un hombre aquí dura muy poco. Es cierto que, en un principio, se lo cubre a uno de alabanzas y de dinero, pero ¿cuánto dura este estado de cosas?

Me dijo —escribía Wolfgang a Leopold— que si no creía yo que él también había tenido que tragarse palabras desagradables. Me encogí de hombros y le respondí: "sin duda tendrás tus razones para soportarlas; yo tengo las mías para no soportarlas".

La entrevista terminó sin acuerdo y en un clima agrio. Arco no le aceptó la dimisión ni le pagó los emolumentos que Mozart reclamaba como fin de la relación laboral. Durante la semana siguiente el compositor redactó un memorándum en el cual reafirmaba su voluntad de dimitir y volvía a solicitar el dinero que consideraba le debía el Arzobispo. El 9 de junio, exactamente un mes después de la trifulca con Colloredo, fue a la Casa Alemana para entregarle personalmente a éste el documento y arrancarle una respuesta a ambas peticiones. Lo atendió Arco, quien estaba en una actitud muy diferente; le negó la entrevista solicitada, eludió toda dilucidación del conflicto y terminó atacándolo físicamente y echándolo escaleras abajo de un puntapié en el trasero. Fue, sin duda, la más célebre patada en el culo de la historia, y le ganó al conde una celebridad tan universal como honoríficamente dudosa.

Mozart nunca logró que su dimisión fuera reconocida, ni que se le pagara lo que reclamaba; pero Colloredo no volvió a molestarlo. Para el altivo temperamento del compositor, sin embargo, la humillación recibida era una mancha intolerable. Más de veinte años antes de que Beethoven le escribiera al príncipe Lichnowsky su famosa carta de octubre de 1806 ("Príncipe, lo que sois vos lo sois por el azar de vuestro nacimiento. Lo que soy yo, lo soy por mí mismo. Príncipes los hay y habrá a millares. No hay más que un Beethoven"), Mozart, adelantado en el mismo combate secular por la dignidad y la libertad, escribía a su padre en estos admirables términos:

> Es el corazón lo que ennoblece a un hombre, y aunque no soy un conde, mi honor vale tanto, y tal vez mucho más, que el de cualquier conde. Pero conde o siervo, si (Arco) ha abusado conmigo de su posición es porque se trata de un miserable. Para empezar, pienso hacerle ver, de la forma más razonable, de qué manera torpe y malvada se ha comportado; pero para concluir, me veré obligado a asegurarle, por escrito, que sentirá mi bota en su trasero y un puñetazo en la oreja por añadidura. Porque si me insultan, es necesario que tome mi venganza, y

si me limitara a hacerle lo mismo que él me hizo a mí habría devolución pero no castigo. En ese caso, me pondría sólo a su altura, y le juro que soy demasiado orgulloso como para ponerme en el mismo nivel que semejante imbécil.

Adiós a Colloredo

Hacia mediados de junio el príncipe arzobispo de Salzburgo, conde Hyeronimus Colloredo, regresó a sus dominios y salió definitivamente de la vida de Mozart, el hombre que lo colocó en tan triste lugar en la historia. Sólo se lo mencionará una vez más, con ocasión de una representación en Salzburgo de *El rapto en el serrallo*, en 1784; el Arzobispo asistió respetuosamente y, al final, comentó que la obra "no estaba mal".

Los mozartianos han convertido a Colloredo en una de las bestias negras de la vida del compositor (las otras dos han sido Leopold y Constanze). Jean y Brigitte Massin llevan este juicio al extremo de negar al Arzobispo toda entidad histórica fuera de la vida de Mozart:

> Colloredo morirá en 1812, a la edad de ochenta años, en Viena, cuando hacía ya nueve que estaba desposeído de su categoría principesca. No parece haberse acordado jamás de Mozart después de 1781, o al menos nunca ha pronunciado su nombre. ¿Seguiría creyendo que era un truhán y un libertino embriagado de orgullo cuando la gloria póstuma de su antiguo sirviente llenaba toda Europa? ¿O sentiría despertar el odio contra este lacayo que no había logrado domesticar, cuando la Revolución Francesa y sus insolentes villanos lo expulsaron del trono? Nadie puede saberlo. La historia acepta, clemente, que desde el día en que Mozart no quiso saber nada más de él, Hyeronimus Colloredo se hundió en la nada.

Duro, durísimo veredicto para juzgar la vida de un hombre a todas luces (y el término es adecuado aquí) inteligente y sensible, que tuvo el valor de colgar los retratos de Voltaire y Rousseau en su despacho. Sin duda alguna es de justicia concederle, en el contexto histórico de su dramático tiempo y en el reducido ámbito de su influencia, un sitio entre los hombres abiertos al progreso y los cambios. Su carácter autoritario, también propio de su tiempo de "déspotas ilustrados", le venía probablemente de su temperamento y seguramente de su herencia cultural y conciencia de clase, y resulta injusto juzgarlo anacrónicamente según los valores de nuestra época.

Tampoco parece justo burlarse de su relativa competencia en materia musical; ya se ha visto, en esta misma obra, que era un violinista bastante apto y un defensor de la estética italiana, como correspondía a su origen familiar y a sus preferencias. Ver en Colloredo a un hombre inculto sólo porque no alcanzó —como tantos otros— a comprender que a su servicio estaba el músico más genial de todos los tiempos parece un exceso. Por otra parte, hay numerosos indicios de que el talento de Mozart no se le había escapado: después de los múltiples incidentes suscitados entre ellos y de la primera renuncia de Wolfgang, lo volvió a tomar a su servicio al regreso de su triste aventura parisina; y una conducta semejante sólo puede explicarse si tenía un alto concepto de las dotes musicales de aquel joven rebelde. En 1781 lo hizo venir desde Munich como principal atractivo de su capilla musical, y la ruptura posterior nada tuvo que ver con la idoneidad de Mozart como músico, más allá de lo que haya dicho en un momento de furor, sino con la desobediencia constante de éste, que ponía en entredicho su autoridad frente a los otros músicos y servidores. Más tarde asistió a una función del *Rapto* y emitió un juicio reticente, pero favorable.

La demonización que de Colloredo han hecho los mozartianos, atribuyéndole una satisfacción sádica en torturar al compositor no tiene, a nuestro juicio, fundamento valedero. Aunque nunca aceptó formalmente la dimisión de su criado rebelde, se mostró generoso al no ejercer contra él su autoridad, actitud que repitió cuando el matrimonio Mozart visitó Salzburgo. Señalar esta conducta es tan justo como condenar —lo que se ha hecho hasta el cansancio— su autoritarismo y su orgullo de aristócrata, ya por entonces bastante anacrónico.

Quien esto escribe tiene la convicción de que Colloredo apreciaba a Mozart, como músico e incluso como persona, mucho más de lo que los exégetas del compositor han reconocido. Si el primer aspecto parece claro en las actitudes señaladas precedentemente, el segundo se manifiesta en la magnanimidad que mostró ante su abierta rebelión. Colloredo pudo haber hundido a Mozart; le hubiera bastado levantar una mano acusatoria. Y no lo hizo. Él era venticuatro años mayor que el músico, y muy probablemente siempre vio en él a un joven orgulloso, henchido de talento pero reticente en el cumplimiento de sus deberes, que, en definitiva, eran los que correspondían a un hombre de su clase social. Debía estar convencido de que los viajes del joven Mozart y su contacto con la alta nobleza de toda Europa eran factores que lo habían perjudicado, haciéndole olvidar su verdadero sitio en la estratificación de la época, y que ello contribuiría decididamente a hacerlo infeliz. Y debió creer en la virtud de la mano dura para volverlo a la realidad. Creo firmemente que el orgulloso arzobispo, que era hombre de las Luces, a quien no se le escapaba que el mundo estaba cambiando y no precisamente en favor de la clase que él representaba, que había sabido él mismo ser rebelde, debía esconder, incluso a su pesar, una secreta simpatía por aquel joven levantisco que tantos dolores de cabeza le daba, que no cumplía adecuadamente con sus obligaciones y que le distorsionaba el funcionamiento de toda su capilla y su corte.

Tengo la convicción, tan imposible de comprobar como la envidia y el odio que otros le atribuyen, de que el viejo arzobispo debió sentir una íntima satisfacción al conocer los triunfos y la gloria póstuma del jovencito que había visto crecer y madurar a su sombra, y que tantos disgustos le había causado. Al menos, prefiero creerlo así; es más noble y mejor para la condición humana.

CAPÍTULO 9

Dos raptos y un regreso

VIENA EN TIEMPOS DE MOZART

Cuando Wolfgang decidió quedarse a vivir en Viena, la capital del Imperio Austríaco era una de las ciudades más bellas y fascinantes del mundo. Situada en la orilla sur del Danubio (que por entonces todavía era azul), conservaba parte de sus antiguas fortificaciones, algunas de las cuales provenían de tiempos romanos, cuando la ciudad aún se llamaba Vindobona. Su entorno aún estaba ornado por la silvestre belleza de bosques, verdes colinas e islas que inspiraron a algunos de los músicos y poetas más importantes de la historia.

Viena supo equilibrar siempre, tal vez como ninguna otra ciudad en el mundo, los avances del progreso y el cuidado de su identidad histórica, y así era en aquellos años finales del siglo XVIII. El centro urbano estaba separado de los suburbios por la Explanada, un lugar abierto atravesado por caminos umbríos flanqueados por árboles y recorridos por carruajes. Reina absoluta de la ciudad era la catedral de St. Stephen, rodeada por entonces de grandes mansiones. Los principales edificios eran el palacio imperial de Hofburg, mucho más hermoso por dentro que por fuera; la Cancillería Imperial, la Biblioteca Imperial, el Palacio Belvedere, el Palacio Liechtenstein, los Establos Imperiales y la Karlkirche, entre otros. Los suburbios eran, por lo general, limpios y agradables, entre otras cosas porque eran nuevos, ya que los turcos habían incendiado toda la parte periférica en 1683. Su clima típicamente mediterráneo, con inviernos gélidos y veranos muy cálidos, se veía afectado en esa época por el polvo que se levantaba durante los meses de calor, y del cual se quejaban todos los visitantes y ciudadanos, atribuyéndole afecciones a los ojos y otras enfermedades; era el antecedente del moderno smog.

Viena constituía una especie de círculo con unas veinte millas inglesas de circunferencia. Tenía unas cinco mil viviendas y las calles estaban iluminadas por dos mil quinientos faroles. Las casas eran grandes y estaban por lo general superpobladas; contaban con cinco o seis pisos con un promedio de cuarenta y siete habitantes por unidad. Las diferencias de precio entre el centro y los suburbios eran, como puede suponerse, notables; un apartamento que en la zona céntrica podía alquilarse por doscientos florines costaba ciento veinte en los barrios, y similares diferencias se daban en los restaurantes y otros servicios.

La población total de la ciudad, a finales del XVIII, era de doscientos setenta mil habitantes, cincuenta y dos mil de los cuales vivían en la zona central y ciento cincuenta y seis mil en la suburbana; treinta mil de ellos eran extranjeros. Se contabilizaban unos diez mil nacimientos y once mil fallecimientos anuales, no obstante lo cual la población crecía constantemente debido al continuo flujo de inmigrantes.

Ya por entonces Viena presentaba problemas de circulación, ante la abundancia de carruajes. Se calculaba en más de cuatro mil los coches de diverso tipo que circulaban por la capital, a los que había que agregar más de nueve mil quinientos caballos. Los accidentes de tránsito eran comunes, y los textos de la época advertían una y otra vez sobre los peligros de andar distraído por las calles. Los vieneses tenían fama de ser hospitalarios (como es propio de una sociedad de aluvión), serviciales y sinceros, aunque bastante poco religiosos.

La vida era relativamente cara, y algo similar a la "canasta familiar" (incluyendo un modesto alquiler) costaba unos quinientos florines anuales. Las principales diversiones eran el teatro, los conciertos, los restaurantes y los cafés, por entonces en pleno desarrollo y que terminarían por convertirse en los más famosos del mundo. Los vieneses tenían —y aún conservan— una particular pasión por los juegos de azar, pero en la época que nos ocupa estaban bastante reprimidos, con excepción de la lotería, establecida en 1750. Desde luego, una de las principales diversiones de la gente acomodada era el paseo por el Prater, una amplia zona de bosques recorrida por carruajes y gente de a pie, llena de mesas en las que se improvisaban comidas campestres y frecuentemente animada por espectáculos y música. La entrada al Prater costaba veinte kreutzer, lo que bastaba para hacerlo inaccesible a los menos pudientes. Años antes el paseo había sido de uso exclusivo de la nobleza.

La vida intelectual era muy intensa; periódicos y publicaciones del más diverso tipo salían y desaparecían constantemente, aunque algunos, como el *Wiener Zeitung* (que aparecía dos veces por semana) eran muy sólidos. Particularísima importancia tenía la vida musical, y no es exagerado afirmar que Viena era el centro más importante de Europa en este arte. Todo músico con pretensiones de hacer carrera debía pasar (o instalarse en) Viena. Mozart, Beethoven y Brahms son un buen ejemplo de ello.

La capital del Imperio tenía ya entonces el encanto que la convierte en una de las urbes más atractivas del planeta. Tenía, además, una dimensión de gran ciudad que fundamentaba las más soñadores expectativas; Mozart tuvo la de vivir en ella como músico independiente, y demostró que ello era mucho más que una simple quimera.

Un lugar en el sol

Todas las cartas de Leopold de esta época se han perdido; pero las de Wolfgang permiten reconstruir en parte lo que su padre le decía. Mozart padre rechazó la conducta de su hijo en los términos más radicales, y éste ni por un instante pensó en obedecerlo. El cordón umbilical se había roto ya hacía tiempo, y Wolfgang era un adulto dispuesto a dirigir su vida asumiendo todas las responsabilidades.

La figura de Leopold, envejecido y lleno de veneno, se vuelve patética en sus inútiles intentos de seguir dirigiendo la vida de su hijo; esta vez su mezcla de consejos, órdenes, chantajes y amenazas no le dio resultado. Las cartas de Wolfgang tienen inicialmente un tono defensivo, pero en determinado momento se hacen más agresivas: "No esperaba otra cosa de usted" —escribía el 16 de mayo—. "Comprendo su reacción, pues la sorpresa ha sido grande (aunque tal vez tenía ya alguna sospecha) y le perdono todo lo que me ha dicho y los términos que ha empleado". Y el 19 del mismo mes:

> Verdaderamente no sé qué decirle, querido padre, pues todavía no he podido salir de mi asombro y no podré hacerlo nunca si continúa pensando y escribiendo en esos términos. Debo confesarle que no hay un solo trazo en su carta en el que yo pueda reconocer a mi padre. Es un padre, sin duda, pero no el mejor y más querido de los padres, siem-

pre guardián de su propio honor y del de sus hijos; en una palabra, mi padre. Creo que todo ha sido sólo un mal sueño. (…) Convénzase de una vez que no voy, ahora menos que nunca, a renunciar a mi decisión.

Por fin, el 20 de junio Wolfgang decidió espaciar su correspondencia a una carta cada ocho días; Leopold comenzaba a resultarle insoportable.

Por supuesto, no contribuyó a mejorar las cosas el hecho de que Wolfgang hubiera decidido alquilar una habitación en casa de los Weber. La viuda de Fridolin vivía con sus tres hijas solteras, Josepha, Constanze y Sophie; Aloysia, que había sido la causa del traslado a Viena de toda la familia, se había casado con el actor y pintor Joseph Lange[1], en octubre de 1780, y —según Wolfgang, que dice haber oído quejas de la viuda— había dejado de lado a su familia. "Sabe cuánto la he querido" —escribía Wolfgang a su padre el 16 de mayo de 1781— "y aún no me es del todo indiferente, pero, afortunadamente para mí, su esposo es un loco celoso que no la pierde de vista ni un instante, con lo que las ocasiones que tengo de verla son mínimas". Todo induce a suponer que Joseph Lange no era en absoluto un loco celoso, sino una persona sensata y precavida. Mozart calificaría después a Aloysia de mujer falsa, maliciosa y coqueta; sin embargo, cuando el paso del tiempo aquietó las aguas, ambos matrimonios (Wolfgang y Constanze por un lado y Aloysia y Lange por el otro) mantuvieron relaciones cordiales; Mozart escribió numerosas arias para su cuñada y Lange pintó un célebre retrato del compositor que, aunque inconcluso, todos coincidieron en juzgar como el mejor que jamás se le hiciera.

Puede afirmarse que Wolfgang, incluso si hubiera podido conocer la globalidad de su vida, no hubiese estado de acuerdo con muchos de sus exégetas, que piensan que todas sus desdichas posteriores provinieron de su relación con las Weber; entre ellas encontró apoyo (interesado o no, ése es otro tema) en el momento que más lo necesitaba, encontró la compañera de su vida (una mujer polémica y tal vez inapropiada para él, pero a la que manifestó hasta el último día de su vida una especialísima ternura) y encontró un grupo humano que fue lo más parecido a una familia que llegó a tener en Viena. La denostada Maria Cecilia Stamm, tantas veces descripta por los mozartianos como una bruja artera (cuando, en realidad, no era sino una viuda con tres hijas casaderas a las que trató de conseguirles el mejor destino posible), mantuvo con Mozart, en los últimos años de la vida de éste, una relación filial; Mozart la llamaba "mamá".

Corto de fondos y sin ocupación fija ni perspectivas inmediatas, el ganarse la vida se presentaba como un arduo problema para Wolfgang; entraba el verano, la temporada estaba agonizando y las grandes familias de la nobleza se marchaban a sus residencias campestres. Sus primeros esfuerzos se orientaron a tomar alumnos ("pero no muchos; es preferible tener pocos bien pagos que muchos por poco dinero, pues el prestigio se resiente"); a editar seis sonatas de su autoría por la editorial Artaria, financiadas por su protectora, la condesa Thün; a preparar una academia por suscripción para el otoño, y a insistir ante Gottlieb Stephanie para que cumpliera su promesa de encargarle una ópera sobre libreto propio. En casa de la condesa Thün se realizó una representación privada de *Zaide*, en el mes de abril, lo que le significó unos ingresos mínimos que posibilitaron su supervivencia.

Poco a poco, y a medida que fue encontrando un lugar en la sociedad musical vienesa, Mozart fue recuperando una actividad creativa que desde el estreno de *Idomeneo* se había visto bastante morigerada por las circunstancias. Aún al servicio de Colloredo había compuesto un Rondó para corno y orquesta (K. 371), un fragmento de sonata para violín y piano (K. 372), un rondó para violín y orquesta (K. 373) y el aria *Or che il celo a me* (K. 374), cantada por Ceccarelli en uno de los conciertos del Arzobispo. Luego de su rebelión lo primero que compuso fueron cuatro sonatas para violín y piano (K. 376, 377, 379 y 380), que fueron publicadas junto a dos obras anteriores del mismo carácter por Artaria en noviembre de 1781 y dedicadas a la señorita Auernhammer[2]. Las obras fueron muy bien recibidas por la crítica, y la revista musical de Cramer[3] dijo de ellas que "son únicas en su género. Ricas en nuevas ideas, evidencian el genio musical de su autor". Alfred Einstein las juzga irregulares, pero destaca que en las últimas cuatro (las de Viena) "la relación entre ambos instrumentos se hace mas poderosa y más íntima, al punto de cambiar el antiguo concepto de 'alternancia' por el de un verdadero diálogo".

Entre mayo y julio no compuso nada, pero luego surgieron variaciones para violín y piano y para piano (K. 352, 359 y 360, ejercicios para sus alumnos), la Serenata Nº 11 (K. 375), la sonata para dos pianos en Re mayor (K. 448), que compuso para sí mismo y para la señorita Auernhammer, y algunas piezas menores. Debe tenerse en cuenta que esta actividad creativa se desarrolló paralelamente a su trabajo en *El rapto en el serrallo*, que lo ocupó irregularmente en aquellos meses de mayo a diciembre de 1781.

El 30 de junio Mozart recibió de Gottlieb Stephanie el libreto de un *singspiel* que se titularía *Belmont y Constanze, o El rapto en el serrallo*. Nada podía hacer tan feliz a Wolfgang como componer para la escena, máxime cuando, como en este caso, se trataba de su primer encargo oficial en Viena y de un texto en alemán. Alejó totalmente las sospechas que había albergado hasta entonces sobre la calidad moral de Stephanie y se entregó al trabajo con inusitada pasión: "Tengo tanta alegría por tener la oportunidad de escribir música para este libreto que ya he completado tres arias", escribía a Leopold el 1º de agosto.

La obra se basaba en una pieza de Christoph Friedrich Bretzner[4], que había sido estrenada en Berlín en mayo de 1781 con acompañamiento musical de Johann André (1741-1799). El *singspiel* debía representarse en septiembre de ese año, lo que dejaba sólo un mes para su composición; eso explica la febril actividad inicial de Wolfgang. Sin embargo, el *Rapto* sólo se estrenaría en julio de 1782.

Mientras tanto, Mozart había tomado otros alumnos y frecuentaba un grupo de personalidades de la alta sociedad vienesa ante los que tocaba eventualmente (y obtenía recursos para solventar su vida) y que lo trataban como a un amigo. La condesa Thün, el barón Gottfried van Swieten[5], el destacado intelectual masón Joseph von Sonnenfelds[6] y el propio Stephanie fueron los más cercanos, y todos ellos se movían en torno de las ideas del Iluminismo. No sería posible exagerar la importancia que estos nuevos contactos tuvieron en la evolución intelectual de un joven de provincia, católico y conservador, con muchas más dudas que conocimientos, pero de inteligencia superior.

La otra Constanze

Mientras daba vida musical a la Constanze del *Rapto*, otra Constanze entraba violentamente en la vida de Mozart y daría lugar a otro rapto. Todo parece haber comenzado con habladurías en Salzburgo, donde se corrió la voz de que el joven Mozart vivía con una de las Weber, y que pensaba casarse. Leopold, al tanto de estos rumores, escribió a su hijo en términos recriminatorios y le aconsejó cambiar de alojamiento.

Wolfgang respondió, en carta del 25 de julio, negando todo:

Lamentaría tener que mudarme sólo por estúpidos rumores en los que no hay una palabra de verdad. Me gustaría saber qué clase de placer encuentra cierta gente en difundir tan bajas versiones. Vivo con ellos, por lo tanto, debo casarme con una de las hijas. No se dice nada de estar enamorado, o cosa así. (…) Si alguna vez en mi vida he puesto a un lado toda idea de matrimonio es precisamente ahora. (…) Dios no me ha dado el talento que tengo para que lo desperdicie en lamentable inactividad, malgastando mi juventud tras ninguna mujer. Estoy comenzando a vivir; ¿y voy a envenenarme yo mismo la vida que comienza?

Leopold, que no debe haberle creído demasiado y que seguía viendo en los Weber una amenaza para el futuro de su hijo, le recomendó tomar una pieza en casa de la familia Auernhammer, cuya hija era alumna de Wolfgang. Éste fue a visitar la habitación que estaba disponible, y su respuesta a Leopold, con fecha 22 de agosto, no tiene desperdicio:

¡Qué habitación! Mucho más adecuada para ratas y ratones que para seres humanos. A las doce del mediodía es necesario subir las escaleras con un farol. "Mi cuarto" no es más que un recinto cerrado al que sólo puede accederse a través de la cocina. En la puerta hay una ventanita que sería necesario cubrir con una cortina, cosa que me prometieron hacer de inmediato; pero no sin pedirme que la quitara cada día una vez que estuviera vestido, porque de lo contrario verían menos en la cocina que en las otras habitaciones. La propia dueña de casa llama al cuarto "agujero para ratas" (…) exactamente lo adecuado para que yo pudiera recibir a personas de calidad. (…) La hija es la peor *seccatrice* que he conocido en mi vida. (…) Como percibo por su carta que tiene una opinión bastante alta del dueño de casa, me veo obligado a hablarle francamente: es el hombre más amable del mundo; en verdad, demasiado amable, ya que su mujer, la más estúpida y ridícula charlatana del mundo, es la que lleva los pantalones. Cuando ella habla él no se atreve a pronunciar una palabra. En nuestros frecuentes paseos él no cesa de pedirme que no vaya a mencionar delante de su mujer que hemos tomado un fiacre, o nos hemos bebido una cerveza. Como ve, no puedo depositar confianza en un hombre así: es demasiado insignificante, incluso en su propia casa. (…) No intentaré describir a la madre: baste decir que debo realizar ingentes esfuerzos para no reírme de ella en su propia mesa. (…) Y la hija es igual: si un pintor quisiera pintar al mismo diablo, sin duda tomaría su cara como modelo. Es gorda como una campesina, suda de tal manera que lo pone a uno enfermo y se viste de una forma tan escandalosa que uno puede leer, tan claro como si estuviese impreso, lo que está pensando: "¡Por favor, mírame aquí!". Y en verdad, cualquiera que mire mucho corre el peligro de quedarse ciego; ya es suficiente castigo por un día el que uno sea tan desafortunado como para dar vuelta los ojos y encontrarse con ella: ácido tartárico sería el único remedio. Tan asquerosa, sucia y horrible es. ¡Pah, el diablo mismo! (…) Y hay más todavía: está *serieusement* enamorada de mí. Cuando me di cuenta de ello por las libertades que se tomaba (…) me vi obligado, para no hacerle jugar el papel de tonta, a decirle la verdad, aunque de la manera más civilizada. Sin embargo, todo resultó inútil; se enamoró todavía más. Intenté entonces la política de tratarla siempre con gran cortesía, salvo cuando comenzaba con sus bobadas; entonces, me enojaba. Pero en ese caso, tomaba mi mano y me decía: "Querido Mozart, le ruego que no se enoje así. Puede decir lo que le venga en gana, que yo lo amaré igual".

Nunca habíamos conocido a un Mozart tan cáustico. Muchas cosas están cambiando en el inocente y pacífico muchacho que llegara pocos meses antes a Viena como criado de un gran señor. En cada una de sus actitudes muestra una sólida confianza en sí mismo y un deseo de imponer su voluntad. Y una nobleza nunca desmentida: esta muchacha a la que ha descripto en tan tremebundos términos acabará por ser una buena amiga, a la que dedicará sus sonatas para piano y para la que compondrá su Sonata para dos pianos en noviembre.

Mozart dejó por fin la casa de los Weber, pero tomó una habitación en el tercer piso de un edificio contiguo. Leopold consideró, con bastante fundamento, que su hijo le había tomado el pelo, y su indignación es deducible de la respuesta de Wolfgang:

Por la forma en que ha tomado mi última carta, lamento apreciar que —como si yo fuera un archicanalla, un pillo o ambas cosas a la vez— pone usted su crédito más en las habladurías y chismes de otros que en mí. En realidad, a mí no me otorga la menor confianza. Le aseguro que todo esto me importa un comino. Pueden escribir hasta que los ojos se les salgan de la cabeza si quieren, que yo no cambiaré ni el grosor de un cabello.

Constanze Weber era descripta por Wolfgang en los siguientes términos:

no es fea, pero nadie diría que es hermosa; toda su belleza consiste en dos pequeños ojos negros y una figura graciosa. No es inteligente, pero tiene suficiente sentido común como para cumplir adecuadamente sus deberes de esposa y de madre.

Sin duda, Mozart conservó esta imagen durante toda su vida, y vio siempre a la que sería su esposa como una especie de niña grande, necesitada de ternura y protección; y él supo ser el más tierno y protector de los maridos. La había subestimado, sin duda: Constanze era mucho más despierta y tenía una personalidad mucho más fuerte de lo que Mozart jamás imaginó; pero eso sólo se revelaría cuando debió batirse sola contra el mundo, joven viuda de veintinueve años.

No puede precisarse en qué momento la amistad entre ambos jóvenes se transformó en una relación sentimental; pero hay indicios de que cuando Wolfgang dejó su habitación en El Ojo de Dios ya su actitud hacia Constanze había preocupado a Maria Cecilia Stamm, que llegó incluso a pedirle a Wolfgang que se fuera para acallar los rumores. Las jóvenes Weber, huérfanas de padre, tenían un tutor en la persona de Johann Thorwart[7]; sin duda alertado sobre la indiscreta conducta de los jóvenes, Thorwart tomó cartas en el asunto, se entrevistó con Wolfgang y le dio un ultimátum: o se casaba con Constanze o no debía pisar más su casa. Maria Cecilia tomó una actitud distante, pero favorable al joven compositor, en quien veía sin duda un partido razonable para la tercera y menos dotada de sus hijas. De hecho, en la correspondencia de Mozart no se aprecia la labor de bruja que muchos le han atribuido; por el contrario, en su carta del 22 de diciembre de 1781 Wolfgang decía a Leopold que cuando el tutor exigió casamiento inmediato o prohibición de entrar en la casa, la señora Weber expresó: "La única relación que tiene con nosotras es que frecuenta mi casa como un buen amigo; tengo obligaciones con él, y no estoy dispuesta a prohibirle que venga".

Puede suponerse, sin embargo, que Maria Cecilia haya presionado a Thorwart para que éste lograra una definición por parte del dubitativo cortejador de su hija; es lo que cualquier madre hubiese hecho en su situación. Lo concreto es que, por fin, Wolfgang se vio ante la alternativa de dejar de ver a las Weber o firmar un compromiso de matrimonio por el cual se obligaba a casarse con Constanze en el plazo máximo de tres años, y si no lo hacía, quedaba obligado a pasarle la cantidad de trescientos florines al año durante toda la vida.

Mozart firmó; la gran mayoría de sus biógrafos afirma que se vio constreñido a aceptar esas onerosas condiciones porque se le montó una trampa y se abusó de su bondad y de la fragilidad de su carácter. Todos los hechos desmienten esta versión: ¿Por debilidad de carácter habrá aceptado un compromiso de matrimonio el hombre que acababa de abandonar a Colloredo arriesgando la miseria y la cárcel, el que había roto totalmente la relación de dependencia con su padre, el que había rechazado con firmeza casi brutal el asedio de la señorita Auerhammer? Mucho más sencillo y adecuado al desarrollo posterior de los hechos es pensar que Mozart, aunque no estuviera loco de pasión, se había enamorado de Constanze y estaba dispuesto a casarse con ella; y como muy probablemente no tenía la conciencia tranquila respecto de su comportamiento ("si fuera a casarme con todas las chicas con las que me he divertido en mi vida, estaría casado doscientas veces", escribía a Leopold el 25 de julio) decidió aceptar el compromiso. No era necesaria ninguna trampa, y es una vez más el propio Wolfgang quien nos lo confirma:

> Sabía que nunca tendría lugar el pago de esos trescientos florines, ya que no abandonaría jamás a la joven, y sabía que si alguna vez llegaba a ser tan desafortunado como para cambiar de idea, estaría contento de salir del paso sólo pagando trescientos florines.

Entonces Constanze dio una clara señal de que no era la niña tonta que todos, incluido Wolfgang, pensaban: ni bien Thorwart se hubo marchado, la joven tomó sorpresivamente el documento que acababa de firmarse y lo rompió en mil pedazos, diciendo: "Querido Mozart, no tengo necesidad de ningún contrato escrito; me basta con su palabra". Puede apostarse a que si Wolfgang no estaba enamorado de Constanze hasta entonces, lo estuvo a partir de ese gesto teatral e inteligente.

Una vez que el matrimonio estuvo convenido, Wolfgang, con las mayores precauciones, dio la noticia a Leopold: estaba dispuesto a "envenenarse la vida que comienza" casándose a la brevedad posible. La aprobación del padre, cuando el contrayente se aproximaba a los veintiséis años, no era obligatoria, pero las convenciones de la época la hacían muy importante; de modo que Wolfgang echó mano a todo su poder de seducción y apeló a todos los recursos, incluyendo un lenguaje de cruda sinceridad:

> La voz de la naturaleza habla en mí con tanta fuerza como en cualquier otro, quizá con más fuerza que en muchos mozos más robustos que yo. No me considero capaz de vivir como lo hacen tantos jóvenes hoy en día. Primero, soy demasiado religioso; segundo, tengo demasiado amor al prójimo y demasiado sentido del honor como para seducir a una muchacha inocente. Y, en tercer lugar, tengo demasiado horror y prevención, demasiado miedo y aversión hacia las enfermedades, y demasiado aprecio a mi salud como para andar con putas. (…) Pero si alguna vez lo hiciese no sería capaz de detenerme en ese solo error (Wolfgang a Leopold, 15 de diciembre de 1781).

No obtuvo el consentimiento deseado, por supuesto: Leopold, fuera de sí, escribió a su hijo una carta terrible, en la que acusaba a la señora Weber y al tutor de Constanze de todos los vicios de este mundo y proponía condenarlos a barrer las calles cargados de cadenas y con un cartel al cuello que dijera "Corruptores de jóvenes". Ni siquiera una tabaquera y dos cordones para reloj que le regalara Wolfgang con la aclaración de que "son obra de mi querida Constanze, que le ofrece sus respetos y le besa las manos", alcanzaron para cambiar su actitud. Leopold sólo autorizará y bendecirá el matrimonio de su hijo al otro día de que éste se hubiera celebrado.

Los novios pasaron en abril por una pequeña crisis, pues Constanze, en una fiesta, permitió que alguien le midiera las pantorrillas, lo que enfureció a Wolfgang. Una carta de éste a su prometida revela por qué Mozart, pequeño y nada atractivo, lograba seducir tan fácilmente a las mujeres:

Mi muy querida y excelente amiga; ¿me permitirá que aún la llame así? Seguramente no me odiará tanto como para considerar que ya no soy su amigo ni usted mi amiga. Y aunque así lo quisiera, no podría prohibirme pensar siempre en usted como mi amiga, porque esto se ha transformado en un hábito para mí. Piense cuidadosamente en lo que me ha dicho hoy; a pesar de todas mis súplicas me ha rechazado por tres veces, y me ha dicho en la cara que no quería saber nada más de mí. Y yo, que soy menos indiferente que usted ante la pérdida de lo que amo, no soy tan superficial como para aceptar mi despedida de forma tan poco razonable e irreflexiva. La amo demasiado como para eso. (…) Pienso y reflexiono en este momento; y siento. Haga usted otro tanto y ríndase a sus sentimientos. Estoy seguro de que, incluso hoy, podré decir que Constanze sigue siendo la virtuosa, la respetuosa de sí misma, la prudente y leal prometida de su leal y devoto enamorado Mozart (29 de abril de 1782).

Es inexplicable, conociendo esta carta, que aún se sostenga que Mozart se casó con Constanze presionado y porque le tendieron una trampa; es que es muy difícil, aun para los estudiosos más eruditos, liberarse de las ideas preconcebidas.

El incidente pasó como tormenta de verano; pero las presiones de Maria Cecilia, que quería ver a su hija casada de una vez, no sólo no pasaron, sino que se hicieron cada vez más apremiantes. "Se encoleriza a cada rato y su hija, tanto como yo, es cruelmente martirizada", escribía Wolfgang a Leopold en julio. Por fin, la madre tomó la temida decisión: los jóvenes no podrían verse más. Ya no confiaba en las buenas intenciones de Mozart.

Sucedió entonces el incidente más romántico de toda la vida del compositor, una aventura que parece extraída de una novela de sir Walter Scott y que los amigos de Mozart llamarían, en el futuro, "el rapto en el Ojo de Dios". Sin duda de acuerdo con su prometido, Constanze se fugó de su casa por la noche, refugiándose en lo de la baronesa Waldstätten[8]. La joven ya conocía a esta dama liberal, pues en ocasión de una enfermedad, la había atendido como enfermera.

El escándalo era terrible: "El rapto en el Ojo de Dios" corrió por toda Viena y fue la comidilla de las grandes familias, que tan bien conocían a Mozart. Maria Cecilia montó en cólera (presumiblemente *pour la galérie*, pues las cosas estaban saliendo exactamente como ella hubiera querido) y amenazó con denunciar el caso a la policía y devolver a su hija por la fuerza al hogar. Pero no fue necesario, pues los acontecimientos tomaron un ritmo vertiginoso: Mozart escribió a la baronesa pidiendo asistencia para casarse inmediatamente y a Leopold exigiendo, más que solicitando, su aprobación: "no puede ya pretextar nada en contra". Por fin, la boda se fijó para el 4 de agosto de 1782; el 2 los novios se confesaron y comulgaron en la iglesia de los Teatinos; el 3 se firmó el contrato matrimonial en términos tradicionales y el domingo 4 de agosto Wolfgang G. Mozart y Constanze Weber contrajeron matrimonio religioso en una ceremonia íntima celebrada en la iglesia de St. Stephan. Thorwart fue uno de los testigos, representando a ambos novios; otro fue el doctor Franz Xaver Wenzel Gilowsky (1757-1816), nativo de Salzburgo y amigo de Wolfgang. Asistieron Maria Cecilia y Sophie, la hija menor; no lo hicieron Aloysia, que estaba ausente, ni Josepha, por razones que se desconocen.

La romántica peripecia, con final feliz, culminó en una cena en casa de la baronesa Waldstätten, luego de la cual los flamantes esposos se retiraron al apartamento que habían alquilado en la Hohe Brucke 387, donde Mozart había vivido unos días siendo niño en ocasión de la visita de 1767. La mañana siguiente a la noche de bodas llegó la carta de Leopold con su tardío y superfluo consentimiento.

EL RAPTO EN EL SERRALLO

La idea de componer un *singspiel* estaba en función de las corrientes que en ese momento predominaban en Viena. El emperador Joseph II amaba la música alemana y, en el marco de sus grandes reformas, había creado una sección llamada *"Singspiel* nacional" que funcionaría en el antiguo Burgtheater de Viena. Se inauguró en 1778 con *Die Bergknappen* (*Los mineros*), con libreto de Joseph Weidmann[9] y música de Ignaz Umlauf[10]. El empeño duró muy poco y sólo conoció un éxito indiscutible: *El rapto en el serrallo*.

Ya sabemos en qué circunstancias surgió la idea y cómo Mozart recibió el libreto de manos de Gottlieb Stephanie. Como la obra debía estar pronta para estrenarse en septiembre (en ocasión de la visita del gran duque Pablo Petrovich [1754-1801], luego zar de de Rusia como Pablo I), el compositor se dedicó con todas sus fuerzas a la tarea. Comenzó a trabajar el 30 de julio y el 22 de agosto declaró completo el primer acto. En ese momento se anunció que el gran duque no llegaría hasta noviembre.

Los meses siguientes fueron agitados, y Mozart dedicó sus mejores esfuerzos a dar clases. Sus alumnas, que por entonces llegaron a ser cuatro (la condesa Rumbeck[11], la señora von Trattner[12], la señorita Auernhammer y la condesa Pälffy) le robaban bastante tiempo, pero constituían su único ingreso fijo. En aquellos intensos días realizó también nuevos esfuerzos por conseguir un puesto rentado estable; se entrevistó con el archiduque Max Franz[13], hermano menor de Joseph II, y recibió la vaga promesa de ser nombrado profesor de música de la princesa Elisabeth de Würtenberg, pero el puesto fue finalmente confiado a Antonio Salieri[14].

El 14 de diciembre Mozart, invitado especialmente por el emperador, participó en una velada navideña en el Palacio Real; allí se encontró con otro prestigioso pianista y compositor, Muzio Clementi[15], y ambos músicos protagonizaron una especie de competencia, como se estilaba entonces. Recordándola, muchos años después, Clementi decía que "nunca había escuchado tocar a alguien con tanta gracia e inspiración", y se declaró abiertamente vencido. El juicio de Wolfgang sobre su ocasional competidor fue mucho más severo: "Es un buen pianista, y está todo dicho. Gran agilidad en la mano derecha y notables pasajes en terceras, pero ni un kreutzer de sentimiento o gusto musical; simple mecánica". Ignoramos si Clementi conoció esta dura opinión, pero en sus memorias da la razón a Mozart al confesar que, en esa época, se preocupaba primordialmente por la brillantez y la espectacularidad, y que sólo después (¿después de oír a Mozart?) buscó la profundidad expresiva.

Por esos días Wolfgang estrechó relaciones con el barón van Swieten, que le participó de su admiración por algunos grandes compositores alemanes del pasado: Händel, Johann Sebastian Bach[16] y sus hijos Karl Phillip Emmanuel y Wilhelm Friedemann[17]. El contacto de Mozart con el viejo Bach, cuya obra conocía sólo muy parcialmente de sus días de Londres, fue un chispazo fundamental, una encrucijada de caminos en su carrera de compositor. Inmediatamente se puso a estudiar al viejo maestro, y comenzó a coleccionar algunas de sus fugas. Según parece Constanze también quedó encandilada con las fugas de Bach, y para ella compuso Mozart un Preludio y fuga (K. 394) al estilo antiguo.

Los domingos de tarde van Swieten organizaba sesiones musicales en su casa, y Wolfgang era asiduo concurrente; de una de ellas queda un impresionante testimonio de Joseph Weigl[18]:

> Swieten, Starzer y yo cantábamos y Mozart acompañaba. Aprendí entonces cómo deben interpretarse esas partituras. Quien no ha escuchado a Mozart tocar una partitura de Händel a dieciséis voces, incluso cantando él mismo, y corrigiendo al tiempo a los que nos equivocábamos, no conoció jamás a Mozart, más admirable aún en esto que en sus composiciones.

Hacia marzo de 1782, después de dar una exitosa academia en el Burgtheater que, según sus palabras, "produjo una gran conmoción", Wolfgang regresó a su ópera, sobre la que no había compuesto una nota desde el año anterior. A principios de mayo había terminado el segundo acto y a finales del mismo mes el tercero. En los primeros días de junio comenzaron los ensayos. El 19 de mayo Wolfgang participó en una velada de los "Conciertos para diletantes", organización creada por el compositor y empresario Philipp Jakob Martin, que trabajaba con orquestas de aficionados (y respecto de cuya personalidad hay escasa información) y daba conciertos públicos en las plazas durante el verano; estaban presentes sus amigos la condesa Thün y van Swieten y el archiduque Max Franz; según parece, Mozart obtuvo un éxito clamoroso.

No se conservan cartas entre el 29 de mayo y el 20 de julio, por lo que se desconocen las circunstancias que rodearon a los ensayos y el estreno de *El rapto en el serrallo*. El *singspiel* de Mozart se estrenó el 16 de julio de 1782 en el Burgtheater con un éxito descomunal, que no lo abandonaría durante mucho tiempo. Por carta de Wolfgang a Leopold del 20 de julio sabemos que hubo una "confabulación" para impedir su éxito y que todo el transcurso del primer acto fue abucheado por un grupo de espectadores, aunque los abucheos fueron ahogados por los clamorosos "bravo". Hubo partes en las que, por falta de ensayo, los cantantes se perdieron, lo que determinó que Mozart exigiera, entre la primera y la segunda representación, un ensayo de solistas. El teatro estaba lleno, y así siguió durante todas las funciones, que sólo en 1782 llegaron a dieciséis. Fue el mayor éxito que el compositor había obtenido hasta ese momento y uno de los más grandes de toda su carrera. Catarina Cavalieri[19] (Constanze), Johann V. Adamberger[20] (Belmonte), Johann Ignaz Fischer[21] (Osmín), Therese Teyber[22] (Blonde) y Johann E. Dauer[23] (Pedrillo) cantaron los papeles centrales en las representaciones vienesas; el papel hablado del Pachá Selim lo interpretó Dominik Jautz (1731-1806). El propio Mozart dirigió la función.

Una de las anécdotas más difundidas de toda la vida de Mozart es la que protagonizó después del estreno con Joseph II, cuya sensibilidad musical no queda aquí bien parada. Según parece, el emperador se acercó al músico para felicitarlo, y le dijo: "Demasiado bello para nuestros oídos, y demasiadas notas, mi querido Mozart". Wolfgang le contestó: "muchas, Majestad, pero ni una más, ni una menos que las necesarias".

La crítica en Viena fue despareja; mientras en la revista musical que editaba Carl Friedrich Cramer se la calificaba de "obra que rebosa belleza" y se decía que la interpretación había sido "magistral", el conde Zizendorf, que tanto se había emocionado al escuchar, en la misma Viena, al niño Mozart, escribió en su diario que "la música es un revoltijo de ideas sueltas". Pero el público no tuvo dudas, y celebró la obra agotando constantemente las localidades y aplaudiendo a rabiar. En los meses siguientes se representó en varias ciudades de Alemania y en Praga, siempre con espléndida recepción. El 17 de noviembre de 1794 tuvo lugar la representación en Salzburgo de la que ya hemos hablado. Wolfgang Goethe, que la escuchó en 1785 en Weimar y que estaba componiendo libretos de *singspiel* para músicos locales, comentó que "es inútil continuar con nuestro esfuerzo; *El rapto en el serrallo* nos barrería a todos".

El círculo de amigos de Mozart estaba encantado: el compositor había obtenido no sólo su máximo triunfo en Viena hasta ese momento, sino el mayor que ningún músico conociera en la capital imperial en mucho tiempo. Sólo Leopold no parece haberse puesto demasiado feliz, a tenor de la carta que su hijo le enviara el 31 de julio: "He recibido su carta del 26; ¡tan indiferente, tan fría! En verdad no esperaba nada parecido después de las noticias que le había dado sobre el éxito de mi ópera".

El rapto en el serrallo no sólo es un paso más en la progresión mozartiana hacia el dominio absoluto del lenguaje dramático-musical que exhibiría en sus grandes óperas posteriores; es, además, el primer intento serio de crear una ópera alemana más allá de buenas intenciones. Aunque formalmente es un *singspiel*, la música tiene una jerarquía y una extensión (esas "demasiadas notas" que sorprendieron a Joseph II) que le confieren carácter de ópera. Wagner opinaba que la primera ópera alemana había sido *La flauta mágica*, pero el germen de ésta, y ya muy desarrollado, está en el *Rapto*.

El libreto, de tipo "turco", como decía el propio Mozart, ha sido menospreciado por los mozartianos; para Nicholas Till es "uno de los más débiles que musicalizó Mozart", y lo considera "corto en trama y acción y demasiado largo en elementos cómicos". Alfred Einstein, en cambio, lo juzga "bastante bueno", y afirma que, junto a pasajes muy pobres, ofrece otros "extremadamente conmovedores". Jean y Brigitte Massin sostienen que Mozart participó directamente en la confección de éste y consideran (junto a teorías discutibles, como que el personaje de Osmín está inspirado en Colloredo, o que el Pachá es un personaje hablado porque el Mozart libre no podía concebir a un autócrata cantando) que sobre la base de él se logró "la primera obra maestra del *singspiel* germánico, la primera obra maestra del dramaturgo Mozart". Neal Zaslaw y William Cowdery consideran que el trabajo de Stephanie "no es ninguna obra maestra", y dan la razón a Joseph II en su observación de exceso de notas.

> Pero aunque Mozart haya fallado —finalizan— en su disparatado intento de mezclar los estilos musicales de la ópera francesa, alemana e italiana de manera convincente, logró dar a la ópera alemana una nueva estatura, un potencial de asumir grandes y profundas emociones que el *singspiel* no había conocido hasta ese momento.

De esta época es una célebre reflexión de Mozart: "las palabras deben ser servidoras obedientes de la música". Sin embargo el *Rapto* es la obra más cargada de iluminismo de todas las que Mozart había compuesto hasta ese momento; el tema "turco", el exotismo en general, era propio de la nueva concepción del mundo, que apuntaba a la universalidad de la condición humana. Pero en esta obra se da un paso adelante al pintar, en Pachá Selim, a un gobernante autoritario, pero en esencia justo y magnánimo; se rompe así la vieja tradición occidental de ver en las civilizaciones de Oriente un conjunto de seres crueles y primitivos, sólo refinados para la tortura. En ese sentido, el sentido ecuménico de Rousseau se halla presente en el *Rapto*.

Por otra parte, cuando Selim perdona a Belmonte pese a saber que es el hijo de su peor enemigo, se coloca en la óptica individualista propia del Iluminismo y del Romanticismo naciente, enfrentando de manera directa la clásica tesis de la responsabilidad familiar o clánica. E incluso es posible encontrar referencias masónicas directas, como cuando Pedrillo presenta a Belmonte, delante del Pachá, como "arquitecto", una labor decisiva en toda la simbología masónica. Nicholas Till, además, afirma haber encontrado un drama inglés titulado *The Generous Freemason* (*El masón generoso*), escrito en 1731, que reproduce casi exactamente el argumento del *Rapto*, y en el cual el personaje equivalente a Belmonte, Sebastián, es un masón.

Pero tal vez el vínculo más directo de este drama con el Iluminismo resida, además de en la exaltación del espíritu justiciero de un "déspota ilustrado" (evidente homenaje a Joseph II), en la idea de perdón, tan cara al pensamiento humanista del siglo XVIII como al propio Mozart. En este monarca lleno de pasiones, que es capaz de amenazar a Constanze con la tortura y de guardar hondos rencores, está latente la capacidad de perdonar, la nobleza del olvido como vía de reconciliación. Esta idea, hermosa y esencial en todo pensamiento humanista, cierra esta ópera admirable y abre, a la vez, el clima que llevará al más hermoso perdón de toda la historia de la cultura occidental: el del final de *Las bodas de Fígaro*.

TIEMPOS FELICES

En los meses inmediatos a su matrimonio Mozart continuó componiendo, dando clases, organizando academias y conciertos privados, realizando gestiones ante los dignatarios y funcionarios de la corte imperial, proyectando marcharse a París o a Londres y preparando un viaje a Salzburgo. Además, dejó embarazada a Constanze.

De esos meses son la suite para piano en Do mayor, K. 399, una Fantasía para piano, K. 397, la Serenata en Do menor, K. 388 y una obra mayor: la Sinfonía N° 35, K. 385, *Haffner,* solicitada por Leopold para ser ejecutada en Salzburgo en la fiesta de ennoblecimiento de Sigmund Haffner (1756-1787).

Pese a todos sus problemas Mozart estaba resplandeciente; había alcanzado todas sus metas básicas: era un músico independiente en Viena, se había casado con la mujer que amaba, esperaba un hijo y tenía buenos amigos. Por esa misma época escribió a la baronesa Waldstätten unas líneas que son toda una intención de vida y que expresan lo que era Mozart con más exactitud que cien bibliotecas dedicadas a él:

Quisiera que todo lo que poseyese fuera hermoso, exquisito y superior. Me pregunto por qué los que no tienen los medios para conseguir estas cosas gastarían todo lo que pudieran reunir en ellas, mientras los que tienen esos medios no las aprecian.

Al comenzar la temporada de invierno Mozart participó en la organización de una academia de la señorita Auernhammer en casa de la baronesa Waldstätten, retomó el trabajo con sus alumnas y volvió a componer a ritmo febril: los conciertos para piano K. 413, 414 y 415 y el primero de los memorables cuartetos que dedicará a Joseph Haydn (K. 387), que están entre sus obras más personales. Sobre las obras para piano ha quedado un texto de Wolfgang que resulta sumamente ilustrativo sobre su visión del arte:

Estos conciertos están en un término medio entre lo excesivamente fácil y lo excesivamente difícil. Son brillantes y gratos, pero no caen, lógicamente, en la banalidad. Están concebidos para que los que entienden los disfruten y los que no entienden también, aunque no sepan bien por qué. (…) La gente no tiene noción de lo que es la justa medida de las cosas, ni saben apreciarla. Para tener éxito hay que escribir cosas que estén al alcance de todos, que todos sean capaces de cantar de inmediato, o bien tan incomprensibles que la gente las acepte precisamente porque no las comprende, y entonces le parecen importantes. (…) Me gustaría escribir un libro, un pequeño ensayo musical con ejemplos.

Sobre finales de año los Mozart se mudaron a unas habitaciones alquiladas al barón Raimund Wetzlar von Plankenstern (1752-1810), en la Hoebücke 437, y se atrevieron a organizar, sobre el 20 de enero de 1783, un baile de disfraces que, como dice Wolfgang, comenzó a las seis de la tarde y terminó a las siete de la mañana. El 12 de marzo Mozart y algunos de sus amigos participaron en otra fiesta en la que interpretaron escenas de la *Commedia dell'Arte*, con Wolfgang de Arlequín, Aloysia Lange de Colombina y el propio Lange de Pierrot; tema y música eran de Mozart.

Fueron meses de felicidad y de vida disipada y alegre, lo que afectó seriamente las finanzas del joven matrimonio. En febrero Wolfgang debió pedir prestada una suma de dinero a la baronesa Waldstätten para poder pagarle al impresor de sus conciertos de piano; ni Wolfgang ni Constanze fueron nunca buenos administradores de sus ingresos.

En ese mismo mes de marzo de 1783 Mozart participó en una academia organizada a beneficio de Aloysia Lange, donde tocó uno de sus conciertos para piano y se interpretaron la Sinfonía N° 31 *París* y el aria *Non so d'onde viene*, cantada por Aloysia. Gluck, que estaba presente, alabó esas obras e invitó al matrimonio a comer el domingo siguiente. Luego, el 23 de ese mismo mes, tuvo lugar la academia del propio Wolfgang, que se había lanzado con dificultades pero que resultó otra victoria resonante. Fue en el Burgtheater y asistió el emperador, que contribuyó con veinticinco ducados. El teatro estaba lleno y la gente aplaudió con entusiasmo la Sinfonía N° 35 *Haffner*, K. 385, dos conciertos para piano, dos movimientos de la *Serenata del Postillón*, diversas arias y una fuga y variaciones ejecutadas por el propio Mozart. Intervinieron el tenor Adamberger, la soprano Therese Teyber y Aloysia Lange, que, amainadas las viejas tormentas, inició con Wolfgang una estrecha colaboración. Éste recaudó mil seiscientos florines, una cantidad insólitamente alta. La situación se repitió al mes siguiente, cuando Wolfgang participó como invitado en una academia organizada por Therese Teyber. En ella tocó uno de sus conciertos para piano (K. 415) y luego improvisó en medio del delirio del público.

Los hechos estaban dando la razón a su acto de rebeldía; Mozart se estaba convirtiendo en el músico de moda en Viena; ganaba mucho dinero, era apreciado y respetado y tenía un hogar estable. El 17 de junio nació, con los mejores auspicios, su primer hijo, Raimund Leopold, un niño saludable, "guapo y robusto, redondo como una bola", según lo describía su padre. El porvenir no podía ser más halagüeño.

A finales de 1782 y principios del 83 Mozart compuso tres sonatas para violín y piano (K. 402, 403 y 404), un quinteto para trompa y cuerdas, K. 407, dedicado, como todas sus obras para este instrumento, a su amigo el trompista Ignaz Leutgeb[24], la Misa solemne en Do menor, K. 427 (para ser ejecutada en Salzburgo durante su visita con Constanze), el trío para soprano, tenor y bajo *Das Bandel* (K. 441, originado en una cinta, "bandel", que hubo que buscar apresuradamente para Constanze), seis variaciones para piano sobre un aria de Paisiello (K. 398), el Concierto para trompa N° 2 (K. 417), el segundo de los cuartetos que dedicaría a Haydn (K. 421) y varias arias y canciones. La capacidad creativa de Mozart, sólo afectada en contados y graves momentos de su vida por circunstancias personales, es constante fuente de asombro.

Wolfgang tenía un sentido del humor bastante maligno, y a veces podía llegar a la crueldad. A su amigo Ignaz Leutgeb, excelente ejecutante de trompa, para el que escribió sus obras dedicadas a este instrumento, lo hacía objeto de bromas tales que uno se pregunta qué clase de afecto uniría a estos dos hombres para que se las tolerase. Las partituras están llenas de anotaciones en italiano en las que el pobre Leutgeb es llamado "signore Asino" y los movimientos e indicaciones dicen cosas como *"ah, che stonatura"*, *"seccatura di coglioni"*, *"respira un po"*, *"Oh, porco infame!"*, *"Oh, maledetto!"*, *"Finisce? Grazie al cel!"*, *"¡Basta, basta!"*, y cosas por el estilo. Nada de esto impidió que Leutgeb fuera siempre un buen amigo; tal vez adivinó que aquel muchacho travieso de veintisiete años lo hacía padecer, pero también le estaba dando un lugar en la historia (además de no cobrarle nada, casi ciertamente, por las obras que componía para él). Los conciertos para trompa y el Quinteto forman parte de lo que suele considerarse el aspecto menos hondo y más "galante" de la producción mozartiana, pero poseen una riqueza de invención melódica y un vuelo poético admirables, en especial en sus movimientos lentos (curiosamente en el N° 1, K. 412, ese movimiento falta). Han sido y seguirán siendo fuente de placer inagotable para los melómanos sensibles.

En esos días previos al viaje a Salzburgo los Mozart cambiaron por tercera vez de domicilio, pues el barón Wetzlar les pidió las habitaciones que ocupaban: después de pasar unos días en una casita, alquilaron un lujoso piso en la Judenplatz N° 244. Según Robbins Landon, había pertenecido a Maria Cecilia Weber hasta 1780; el musicólogo norteamericano no dice de dónde salió ese dato ni cómo se explica que la suegra de Mozart fuera propietaria de un amplio y hermoso piso en Viena cuando aún no vivía en esa ciudad y la familia distaba de tener una posición económicamente desahogada.

Por fin, Mozart y Constanze decidieron emprender el postergado viaje a Salzburgo. Viajaron solos, y dejaron al recién nacido Raimund bajo el cuidado de una nodriza. ¿Se negó Constanze a cargar con su hijo durante el viaje? ¿Tuvo más miedo a los caminos que a la lejanía? Sea como fuere, cuando dejaron a Raimund Leopold en brazos de la nodriza, una mujer que vivía en las afueras de la ciudad, lo estaban viendo por última vez.

El matrimonio tomó el coche hacia el 26 de julio; Constanze recordaba, muchos años después, que casi como un mal agüero, un acreedor siguió a Wolfgang hasta el transporte exigiéndole el pago de treinta florines que éste no podía darle en ese momento. Aparentemente llegaron a Salzburgo el 28, y el 29 realizaron una serie de visitas a los amigos más cercanos (Haguenauer, el doctor Barisani[25], Schachtner, Ceccarelli y Michael Haydn, que estaba enfermo). Los días inmediatos fueron dedicados a mostrar a Constanze los hermosos alrededores de la ciudad, y el 31 de julio celebraron en la intimidad el cumpleaños número treinta y dos de Nannerl, con helados (o lo que en aquel tiempo se tenía por tal) y ponche.

Constanze no recordaba con agrado aquellos días. Leopold y Nannerl no parecen haber disimulado en demasía cuán poco les simpatizaba la nueva integrante de la familia, y el clima de convivencia (la estada duró tres meses) no fue el más grato. Mozart se dedicó inmediatamente a trabajar; terminó su Misa en Do menor y compuso dos sonatas para violín y viola en beneficio de Michael Haydn (K. 423 y 424). Éste, como se ha dicho, se hallaba enfermo (según algunos su verdadera enfermedad era la bebida), y no podía terminar a tiempo seis sonatas para estos instrumentos que había prometido a Colloredo; Mozart acudió en ayuda de su amigo y compuso estas dos obras, en las que imita perfectamente su estilo.

El 19 de agosto falleció Raimund Leopold en Viena, y quien esto escribe encuentra versiones contradictorias respecto de cuándo sus padres se enteraron del deceso. Mientras Jean y Brigitte Massin afirman que lo supieron mientras estaban en Salzburgo, e incluso imaginan "el silencio hosco de Nannerl y las sentencias moralizantes de consuelo de Leopold", H. C. Robbins Landon dice que sólo lo supieron a su regreso a Viena. Peter Clive, en su diccionario *Mozart y su círculo*, coincide con esta teoría pero en condicional: "pudieron no haberse enterado de la muerte hasta su regreso". Yves y Ada Rémy (*Mozart*, Hachette, 1970) hablan de que lo supieron en Salzburgo "de manera brutal, un mes después de su llegada"; Arthur Hutchings afirma que al matrimonio Mozart "los esperaba una noticia terrible a su llegada a Viena: su hijo había muerto hacía ya tres meses". Según parece Raimund Leopold falleció como consecuencia de una disentería, aunque hay que recordar que la terrible mortalidad infantil de la época se originaba en una notoria omisión a las mínimas normas de higiene.

Sea como fuere, la estancia salzburguesa fue todo menos feliz; Nannerl y Constanze no parecen haber simpatizado en absoluto, y ese sentimiento duró toda la vida de ambas. Wolfgang, que tampoco parece haber hallado la sintonía esperada ni con su padre ni con su hermana, dedicó su tiempo a las tareas señaladas y a comenzar la elaboración de una nueva ópera sobre texto de Varesco: *L'Oca del Cairo* (K. 422), que no llegaría a completar jamás.

Probablemente la noche anterior a la partida hacia Linz la familia se reunió y comenzaron a cantar el cuarteto *Andró ramingo*, de *Idomeneo*. De pronto Wolfgang, transido de emoción, rompió a llorar y se marchó apresuradamente a su cuarto. Constanze lo siguió de inmediato y lo encontró anegado en lágrimas; consolarlo le llevó un buen rato; recordemos que en ese impresionante fragmento Idamante se había abocado al exilio. Las lágrimas de Wolfgang expresaron un hondo adiós a su Salzburgo natal, a los sitios donde echó los dientes y besó a su lejana madre extinta, donde comprendió que la música era su razón de existir y donde por primera vez se dio cuenta de que una joven le atraía. Por debajo de su congoja palpitaba la sombría conciencia de la infancia perdida para siempre. La emocionante historia, además, hace suponer a quien esto escribe que, a esas alturas, Wolfgang sabía ya que su pequeño hijo había muerto.

El 26 de octubre se cantó la misa de Mozart (que siempre quedó inconclusa, sin el *Agnus Dei* y con el *Credo* compuesto a medias) en la abadía benedictina de St. Peter, con Constanze como solista; la noche de ese día la familia se reunió por vez postrera, y el 27 de octubre, a las nueve y media de la mañana, Wolfgang y su esposa partieron hacia Linz. El compositor jamás volvió a la ciudad y se despidió de su hermana por última vez.

No llegarían a Viena hasta finales de noviembre, sin embargo; hicieron un alto en la abadía de Lambach, donde Mozart había embrujado a todos, siendo niño, con una interpretación en el órgano, y donde el abate prior Amandus Schickmayr lo recibió con emoción y afecto; luego pararon en Linz, donde se encontraron con el conde de Thün, que, sabiendo que los esposos pasarían por allí, se quedó a esperarlos y les ofreció hospitalidad. Mozart aceptó quedarse unos días y dar una academia en el teatro de la ciudad, el día 4 de noviembre. Para esa ocasión compuso una de sus obras más celebradas y bellas, la Sinfonía Nº 36, K. 425, llamada *Linz*. Esta obra maestra, que se abre con un adagio de impresionante belleza y que, por vez primera, incluye trompetas y timbales en el Andante, fue compuesta en sólo cinco escasos días.

La academia se realizó con el éxito previsible, y el matrimonio permaneció aún varios días en casa del conde Thün, que los atendió de manera exquisita. Desde allí agradeció fríamente a su familia su hospitalidad ("mi mujer y yo [...] les pedimos perdón por las molestias causadas y les agradecemos mucho todas las bondades que hemos recibido. Ojalá sigan bien") y se dedicó a dibujar un "EcceHomo" que dedicó a su esposa y que, en la actualidad, está perdido; algunas afortunados que llegaron a verlo recuerdan la profunda tristeza que emanaba de éste.

Sobre finales de noviembre los esposos, con muchos más pesares que cuatro meses atrás, estaban de regreso en su casa de Viena. La tristeza era el sentimiento predominante, y todavía el 10 de diciembre Wolfgang escribía a su padre: "Respecto del pobre y querido gordito, sólo puedo decirle que tenemos un profundo dolor".

Capítulo 10
Los rayos del sol

Para salir de su estado anímico depresivo Mozart se puso a trabajar: compuso algo más de *L'Oca del Cairo* antes de abandonarla definitivamente ("mi música reposa y duerme en paz"), comenzó a preparar una nueva academia por suscripción e hizo gestiones para estrenar *Idomeneo* en Viena. En diciembre del 83 participó en el concierto de navidad de la Tonkünstler Societät, donde se interpretaron obras de Joseph Haydn[1] y donde Adamberger cantó el recitativo *Misero, o sogno o son desto* y el aria *Aura que in torno*, K. 431, pieza de honda emotividad que Mozart acababa de componer. En ocasión de esta velada Mozart y Joseph Haydn tuvieron ocasión de intimar y conversar largamente, dando inicio a una de las amistades más famosas y fecundas de la historia de la música.

En febrero de 1784 Constanze quedó embarazada por segunda vez. Por esa misma época Wolfgang inició un esfuerzo de metodización, y comenzó a llevar un detallado índice de las obras que iba componiendo, el cual llegaría a tener un valor histórico inapreciable. También intentará llevar un registro ordenado de ingresos y gastos, pero con mucho menos éxito.

En esa época lanzó tres suscripciones, y obtuvo una repercusión extraordinaria, a pesar de que el precio de seis florines no era barato. Entre los suscriptores, además de sus amigos de siempre, figura el nombre de una personalidad destinada a tener una influencia decisiva en la evolución humana del compositor: Ignaz von Born[2]. Además de todo esto Wolfgang daba constantemente conciertos en casas nobiliarias; en un mes tuvo veintiuna presentaciones públicas, y aunque de sus tres academias previstas sólo se celebraron dos, los resultados fueron excelentes.

En la que dio en el Burgtheater el 29 de abril, y a la que asistió el emperador, actuó una violinista de Mantua llamada Regina Strinasacchi[3], para la que Mozart compuso una sonata para violín y piano (K. 454) con tantas prisas que la parte del piano, interpretada por él mismo, fue ejecutada casi de memoria, apenas sobre unos apuntes casi "taquigráficos"; el curioso manuscrito se encontró hace poco en una colección privada sueca.

Por supuesto, toda esta actividad lo forzó a una labor compositiva muy intensa; entre diciembre de 1783 y abril de 1784 produjo la Fuga para dos pianos, K. 426, otro de los conciertos para trompa (N° 3, K. 447, tal vez el más hermoso de los cuatro y el que exige mayor virtuosismo al solista. Su último movimiento muestra brillantemente al Mozart más festivo y vital), el tercero de los cuartetos que dedicaría a Haydn (K. 428), cuatro nuevos Conciertos de piano (K. 449, K. 450, K. 451 y K. 453), el justamente famoso Quinteto para piano, oboe, clarinete, fagot y trompa, K. 452 (que el autor consideraba lo mejor que había compuesto hasta ese momento) y la Sonata para violín y piano, K. 454. Una producción impresionante para poco más de cuatro meses.

Las academias por suscripción de Mozart fueron un éxito, y el compositor se sintió bastante fuerte como para rechazar una oferta de veinticuatro ducados para publicar uno de sus conciertos para piano (la publicación de una obra significaba dinero, pero también perder todo derecho posterior sobre ésta). Su actividad de ese invierno y esa primavera de 1784 señaló uno de los mejores momentos de Mozart en Viena. Tomó otra alumna, Maria Anna Barbara Ployer, apodada Babette[4], para la que compuso dos de sus conciertos para piano ya mencionados, y sus ingresos fueron mucho más altos de lo que sus cálculos más optimistas pudieron suponer. Si Mozart murió en la pobreza, siete años más tarde, no fue porque no hubiera ganado cantidades suficientes como para garantizarse un futuro tranquilo.

Al llegar el verano se tomó un breve descanso; atendió a su mujer embarazada, realizó breves desplazamientos a Baden, Doebling y sitios cercanos y se compró una mesa de billar, juego por el que sentía pasión. Tomó como hábito cabalgar todos los días en el Augarten, a primera hora de la mañana. Los Mozart llevaban un tren de vida que no envidiaba en nada (salvo por las horas de duro trabajo creativo) el de las familias más ricas de la capital.

En agosto se casó en Salzburgo su hermana Nannerl, de la que se sentía muy distanciado; Wolfgang no concurrió a la boda, y se limitó a enviarle una de sus tiernas y maliciosas cartas:

El matrimonio aporta alegrías y también disgustos; si tu marido se pone de mal humor sin que tú creas haber hecho nada para ello, piensa: "no tiene importancia; que se haga su voluntad. Pero de día; de noche, se hará la mía".

Casi por cortesía el compositor invitó a su padre a venir a vivir con él a Viena, pero Leopold, que se quedó solo en su casa de Salzburgo, no aceptó, y su hijo se abstuvo de insistir.

En aquellos meses Mozart trabó relaciones con tres destacadas personalidades: Lorenzo Da Ponte[5], Joseph Haydn y Giovanni Paisiello[6]. El gran compositor napolitano pasó por Viena proveniente de San Petersburgo y fue a visitar a Mozart a su casa. Wolfgang lo invitó a una academia en la plaza de Döbling celebrada el 10 de junio, donde su nueva alumna Babette Ployer tocó uno de sus conciertos para piano (K. 453), y lo pasó a buscar en su coche. La academia, por otra parte, fue excelente tanto desde el punto de vista artístico como financiero.

Con Lorenzo Da Ponte comenzó a trabajar en una ópera, *Lo sposo deluso*, que pronto dejaría inconclusa y que Da Ponte, en sus memorias, no menciona. Es superfluo señalar la importancia que tuvo, sin embargo, este primer contacto profesional de Mozart con el hombre que escribiría los libretos de *Las bodas de Fígaro, Don Giovanni* y *Così fan tutte*.

La amistad de Mozart con el gran Joseph Haydn se profundizaría en los años siguientes; pero es en este tiempo que hay que situar los primeros contactos personales y el mutuo deslumbramiento que los dos músicos más grandes de ese momento experimentaron. Por aquellos días Mozart acostumbraba a reunir un grupo de amigos en su casa para charlar y hacer un poco de música; Haydn era fiel asistente a esas reuniones, y tocaba el violín en cuartetos con Wolfgang y otros miembros del círculo de ambos.

El 21 de septiembre de 1784, con la llegada del otoño, Constanze dio a luz otro varón al que pusieron por nombre Karl Thomas. Inmediatamente se mudaron otra vez, en esta ocasión a un departamento casi de lujo situado en la Schulerstrasse 846, en un edificio llamado Camesina. Era un sitio muy caro (cuatrocientos sesenta florines anuales) y deslumbró a Leopold cuando realizó su postrera visita a su hijo en Viena.

El padrino de Karl Thomas fue Johann Thomas von Trattner[7], editor en cuya casa vivían los padres del niño cuando éste nació. Trattner era el esposo de Theresia, la alumna de Mozart, y hubo rumores de que entre el compositor y ella, que habían intimado notoriamente, había algo más que una simple amistad. Todo quedaría en el plano de las maledicencias —porque no hubo ninguna crisis matrimonial notoria— de no ser por un hecho significativo: la correspondencia de Mozart enviada entre agosto de 1874 y principios de 1875 ha desaparecido, sin duda por obra de Constanze. El compositor dedicó a su alumna dos obras de ese período, la Sonata para piano en Do menor, K. 457 y la Fantasía en Do menor, K. 475. Junto a estas composiciones (la primera de las cuales está llena de honda melancolía) Mozart envió a su alumna algunas cartas sobre la forma en que debían ser ejecutadas; después de la muerte del compositor Constanze pidió a Therese que se las entregara, pero ésta se negó a hacerlo.

No fueron éstos (su hijo y su alumna) los únicos afectos nuevos que entraron, en el verano y principios del otoño de 1784, en la vida de Mozart; un grupo de artistas británicos que por entonces actuaba en Viena, y que el compositor había mirado al principio con desconfianza (debido a la rivalidad entre Aloysia Lange y Nancy Storace) logró romper el cerco de prejuicios y entrar con fuerza en su vida más íntima. Eran el cantante y actor Michael O'Kelly[8], el estudiante de composición Stephen Storace[9] y su hermana Ana Selina[10], destacada cantante a la que todos conocían como Nancy, y el joven Thomas Attwood[11], de diecinueve años. Pronto se estableció entre el grupo y él una fuerte relación afectiva. O'Kelly era aficionado al billar, como Mozart, y pasaba largas horas en casa de éste dedicado a esos menesteres; como él mismo reconocería más tarde, Mozart le ganaba siempre. Atwood y Stephen Storace, de veintidós años, se convirtieron poco después en sus alumnos.

Las relaciones de Mozart con Nancy Storace fueron —aunque bastante después del período que nos ocupa— muy estrechas. Se convirtieron en amantes y protagonizaron una bella y oscura historia de amor, cuyo verdadero alcance sólo puede ser intuido.

El 14 de diciembre de 1784 Mozart ingresó como aprendiz en la logia masónica "Die Wohltätigkeit"("La Beneficencia"). El 5 de ese mes el secretario de ésta, Schwanckhardt, había redactado el siguiente documento de circulación interna:

Propuesta *Kapellmeister* Mozart: nuestro ex secretario y hermano Hoffman olvidó registrar a este miembro, propuesto en la muy honorable hermana **. Ya había sido propuesto cuatro semanas atrás en el honorable distrito, y nos gustaría, en el curso de la semana próxima, dar los pasos necesarios para su admisión, si la muy honorable hermana ** no tiene objeciones que hacer.

Con ello Mozart daba dos pasos de gigante, pero de signo contradictorio: uno hacia una comprensión del mundo y del hombre mucho más honda y avanzada, que se traduciría milagrosamente en sus grandes obras por nacer. La otra, hacia la enajenación de la simpatía que la aristocracia vienesa le había manifestado hasta entonces, y, por ende, hacia la estrechez y la miseria.

El viernes 10 de febrero de 1785 Leopold Mozart, en uso de una autorización especial, viajó a Viena a visitar a su hijo. Llegó acompañado de uno de sus alumnos, el violinista Heinrich Marchand[12], que entonces tenía quince años. Los visitantes se alojaron en la muy confortable residencia de Wolfgang y Constanze, donde permanecerían hasta el 25 de abril. Las cartas a Nannerl revelan la sorpresa y el orgullo del viejo Mozart ante el nivel de vida de Wolfgang, y su satisfacción por las relaciones que éste tenía con lo más selecto de la sociedad vienesa.

La noche siguiente a su llegada, el 11 de febrero, asistió a una academia de Wolfgang en el casino del Mercado Nuevo. La suscripción costaba tres ducados, y daba derecho a asistir a seis conciertos. El local estaba lleno "de gente de categoría", según Leopold, y "la orquesta era excelente". Después de calificar la velada de "magnífica", el visitante resumió a su hija (carta del 14 de febrero) sus opiniones:

Además de las sinfonías, una cantante del Teatro Italiano interpretó dos arias; después hubo un excelente concierto para piano de Wolfgang sobre el que todavía trabajaba el copista cuando llegamos; tu hermano no pudo ejecutar el rondó porque la copia no estaba lista. (...) Cuando tu hermano abandonó el escenario el emperador, con el sombrero en la mano, lo saludó e, inclinándose, le gritó: "¡Bravo, Mozart!".

Parece soso el juicio del viejo Leopold si se tiene en cuenta que el "excelente concierto" era nada menos que el N° 20 en Re menor, K. 466, una de las obras más bellas y cargadas de significado de la música universal. Su comienzo, borroso y huracanado, continúa asombrando y subyugando a los públicos, y hay algún amante de las ucronías que ha visto en él la irrupción abrupta del Romanticismo. Todo el primer movimiento, agitado y sombrío, señala una profunda indagatoria interior, y deriva en un andante noble, conmovedor, de altísimo vuelo lírico, que suscita la idea de nostalgia ante los momentos felices que nunca han de volver. La parte solista emprende un soliloquio cargado de melancolía, una suerte de monólogo del hombre con sus memorias, sus esperanzas fallidas y sus desdichas, que desemboca en un fragmento desgarrado que suena como un sublevarse ante la dureza del destino, como un acceso de rabia e impotencia ante la pequeñez del espíritu medido a sus aspiraciones. Para regresar en una coda que repite los temas iniciales pero que, milagrosamente, suena como algo diferente, como la resignada derrota de quien se ve impotente ante las fuerzas que escapan a su control. El tercer y último movimiento se abre con un *allegro* muy poco digno del término, porque está inundado de urgida inquietud, como quien busca una salida capaz de reconciliar al compositor consigo mismo, con el mundo y con la propia existencia. Y casi insensiblemente, la música va derivando hacia la luz, hacia un final radiante que señala la victoria final de la vida. La obra termina entre sonrisas, juguetonamente, y la conclusión se impone: a pesar de todos los pesares, vivir es algo que vale la pena, pero que sólo puede disfrutarse cabalmente si se ha sufrido. Aunque, como toda opinión, resulta controvertible, mucha gente coincidirá con el autor de estas líneas en que este concierto señala el punto más elevado de la obra pianística de Mozart y, probablemente, de la música para piano y orquesta de todos los tiempos.

El sábado por la tarde Joseph Haydn y los dos barones Tindi vinieron a nuestra casa; se tocaron los nuevos Cuartetos, pero tan sólo los tres recientes que Wolfgang ha añadido a los que ya tenemos. Son un poco fáciles, pero están muy bien compuestos. El señor Haydn me dijo: "Os lo digo delante de Dios y como hombre de honor; vuestro hijo es el compositor más grande que he conocido, personalmente o de nombre. Tiene un gusto exquisito y domina totalmente la ciencia de la composición".

Que Leopold considerase "un poco fáciles" los tres últimos cuartetos de la serie que Wolfgang dedicara a Haydn (K. 458, 464 y 465) indica que la vejez estaba deteriorando velozmente las aptitudes de quien había sido, sin duda, un excelente músico. Beethoven, siempre tan reacio a aceptar influencias, copió el final del Cuarteto Nº 18, K. 464 en La mayor y comentó: "¡Esto es lo que se llama una obra! Con ella Mozart le está diciendo al mundo: ved lo que puedo hacer cuando me lo propongo". Por su parte, el musicólogo Erich Klokow llegó a sostener que esta obra equivalía, en la música, a lo que la *Crítica de la Razón pura* de Kant significaba en el campo del pensamiento. En cuanto al último, el célebre *Cuarteto de las disonancias*, puede resultar extraño, incluso chocante, pero nunca "ligero".

Durante los dos meses y pico que Leopold pasó en Viena, Wolfgang no interrumpió ni por un momento su trabajo, que estaba en una etapa de gran intensidad. Dio academias en el casino del Mercado Nuevo los días 11, 13 y 25 de febrero y 4, 11 y 18 de marzo, con éxito invariable, y el 2 de marzo protagonizó un concierto en el Burgtheater en el que se interpretó un concierto para violín del joven Heinrich Marchand. Leopold asistió a todos estos espectáculos y a varias actuaciones de Wolfgang en casa de personalidades de la nobleza. El 17 de febrero almorzaron en lo de Maria Cecilia Weber ("estábamos nosotros cuatro, la suegra de tu hermano y su hija Sophie [...] La comida no fue ni escasa ni demasiado abundante, pero sí muy bien cocinada, con un faisán muy gordo como plato principal, preparado de forma excelente") y el 18 en lo de Stephanie el Joven. El tiempo restante lo pasó Leopold haciendo algunas visitas sociales a sus amigos y a los de su hijo, y encerrado en su casa, pues el tiempo fue, por lo general, muy malo.

El 28 de marzo Leopold solicitó el ingreso a la masonería en la logia "Zum wahren Eintracht" ("La verdadera concordia"), y fue aceptado e iniciado el día 6 de abril; en atención a su edad y a su prestigio, ascendió rápidamente de aprendiz a compañero y a maestre, dignidad que adquirió el 22 de abril. El 11 de febrero Haydn había ingresado como miembro de la misma logia y Mozart asistió a dicha ceremonia; pero Joseph no volvió a participar de ninguna reunión.

Leopold testimonia que, por aquellos días, Mozart y Constanze tenían ahorrados más de dos mil florines, y que los gastos de la casa eran en extremo frugales; parece que el matrimonio había decidido hacer buena letra ante el severo paterfamilias. Cuando por fin se marchó de regreso a Salzburgo, el 25 de abril, tenía razones para estar satisfecho: su hijo estaba triunfando, y de alguna manera, ésa era también su gran victoria.

Así salió el viejo Leopold, al menos en persona, de la vida de su hijo, de su obra maestra, de la razón de su existencia. La relación entre Wolfgang y él parecía restablecida en lo esencial, pero no era así, y no por casualidad; de alguna forma, el éxito de Wolfgang, ocurrido contra sus consejos y su voluntad, lo dejaba en inferioridad respecto de aquel hijo al que siempre había considerado inmaduro y necesitado de su protección. Cuando supo, dos años más tarde, que todos los oropeles que había visto eran fugaces y que la miseria lo amenazaba, tal como él había previsto, se sintió justificado ante sí mismo, y ello lo volvió duro y mezquino.

Wolfgang lo acompañó hasta las afueras de Viena y le dijo adiós; aunque no podía saber que jamás volvería a verlo, lo embargaba una fuerte emoción; allí se marchaba, en el temblequeante carruaje, el último rastro de su perdida y mágica niñez.

MOZART Y HAYDN

> A mi querido amigo Haydn: Un padre que había decidido enviar a sus hijos a la vastedad del mundo, estimó conveniente encomendarlo a la protección y disciplina de un hombre muy célebre, quien, para mayor fortuna, era su mejor amigo. He aquí entonces, de la misma forma, hombre célebre y amigo mío querido, estos seis hijos míos. (...) Recíbelos por lo tanto con benignidad y sé su padre, su guía y su amigo. Desde este momento te cedo todos mis derechos sobre ellos, y te suplico que mires con indulgencia lo que el ojo parcial de padre puede haberme hecho inadvertir, y que, a pesar de ellos, sigas brindando tu generosa amistad a quien tanto la aprecia. Mientras tanto soy, de todo corazón, tu sincerísimo amigo W. A. Mozart.

Esta bella carta de Wolfgang a Joseph Haydn, entregándole los cuartetos que había compuesto a lo largo de dos años en su honor, marca el punto culminante de la amistad entre ambos grandes músicos, que diferencias surgidas al final de la vida de Mozart no lograron empañar. Ya hemos señalado la importancia de estas obras; obsérvese que, aunque los cuartetos estaban ya compuestos en febrero, sólo en septiembre Mozart se decidió a entregárselos a aquel que los había inspirado.

Mozart y Haydn tuvieron un altísimo concepto uno del otro. En ocasión de un concierto en el que se tocaba música de Haydn, Leopold Kozeluch[13] comenzó a criticar la obra que se acababa de ejecutar delante de otros músicos, entre ellos Mozart.

"Yo no habría escrito ese pasaje así" —dijo en cierto momento—. "Yo tampoco —interrumpió Mozart, con cierta violencia—. ¿Y sabéis por qué? Porque ni vos, ni yo, ni ninguno de los que estamos aquí seríamos nunca capaces de componer algo así".

Después del estreno de *Don Giovanni*, en Viena, un grupo de músicos, entre los que se hallaba Haydn, estaban encontrando defectos en la ópera de Mozart; para algunos carecía de inspiración melódica, para otros era abrumadoramente pesada, para otros era irregular. Todos habían hablado menos Haydn, a quien alguno de los presentes pidió entonces opinión. "No quiero entrar en esta polémica —dijo Haydn—, pero sólo puedo decir una cosa: Mozart es el mayor compositor que tiene hoy el mundo". Habló con gran energía, casi airadamente, y los demás optaron por callarse.

Este clima idílico parece haberse roto hacia el final de la vida de Mozart, mientras Haydn estaba en Inglaterra. En una carta que enviara a Maria Anna von Genzinger el 13 de octubre de 1791, Haydn escribió: "Mi esposa me cuenta, aunque no le creo, que Mozart habla muy mal de mí. Pero yo lo perdono. (...) Si se trata de mi remuneración, Mozart puede solicitar información al conde Fries, a quien he confiado quinientas libras esterlinas, así como a mi Príncipe, que tiene mil florines, lo que da un total de seis mil florines". No se sabe nada más de este incidente, que pudo no haber pasado de un simple chisme. Y, por supuesto, no empaña siquiera mínimamente la más bella amistad de la historia de la música, la de dos grandes hombres que antepusieron su admiración recíproca a cualquier vanidad y conflicto de intereses.

Karoline Pichler[14] dejó a la posteridad esta visión de ambos músicos:

> Mozart y Haydn, a quienes conocí muy bien, fueron personas que, en sus relaciones con los demás, no mostraban absolutamente ninguna capacidad extraordinaria, casi ningún tipo de preparación intelectual, o de educación científica o superior. Bromas tontas y un tren de vida irresponsable (en el caso de Mozart) era todo cuanto exhibían ante sus conocidos. Sin embargo, ¡cuánta profundidad, que mundos de fantasía, de armonía, de melodía y de sensibilidad se ocultaban detrás de estas fachadas nada brillantes! ¿Cuál fue la revelación interior que permitió que semejante entendimiento llegase a estas personas? ¿Cómo pudieron apoderarse de ella hasta llegar a producir efectos tan poderosos y expresarlos en sonidos, sensaciones, pensamientos y pasiones que hacen experimentar a los oyentes las mayores honduras del espíritu, y desde las cuales se sienten interpelados?

AH, LOS CRÍTICOS

La publicación de los seis cuartetos dedicados a Haydn por Artaria dio lugar a críticas que hoy, cuando Mozart es considerado el modelo perfecto de lo clásico, lo armonioso y lo regular, resultan aleccionadoras: El *Wiener Zeitung* de enero de 1787 comentaba:

> Es una lástima que la inspiración de Herr Mozart, tan auténticamente creadora de belleza, se extravíe por el afán de innovar a cualquier costo. Su obra y las emociones que es capaz de provocar no ganan nada de esta forma. Sus nuevos cuartetos resultan pasados de condimento. ¿Qué paladar es capaz de soportarlos a la larga?

La revista musical de Carl Friedrich Cramer afirmaba que "Mozart siente una gran inclinación por todo lo que es extraño e inhabitual", y el crítico y músico de la corte de Würtenberg, Johann Baptist Schaul, reflexionaba:

¡Cuánta diferencia entre Mozart y Boccherini! El primero nos conduce, entre rocas escarpadas, a un espeso bosque lleno de maleza en el que no abundan las flores; por el contrario, el segundo nos lleva a comarcas placenteras, cubiertas de prados en flor, de claros y susurrantes arroyos y de bosques umbríos.

El compositor Giuseppe Sarti[15] se ganó un lugar *a contrario sensu* en la inmortalidad; después de afirmar que Mozart es un hombre "al que no conozco ni deseo conocer", comienza su comentario sobre los cuartetos con una frase que exime de más transcripciones: "Hay bárbaros que, desprovistos totalmente de oído, se empeñan en hacer música".

En cierta ocasión Haydn ejecutó el último de estos cuartetos en el palacio de Schönbrunn delante del príncipe Grassalowicz; apenas comenzada la pieza éste interrumpió airadamente: "¿Qué hacéis? ¡Estáis desafinando!". Haydn, entonces, le mostró la partitura y el príncipe, indignado, la rompió en mil pedazos. La casa editora Artaria tuvo que ver cómo clientes le devolvían las partituras, impecablemente editadas, afirmando que aquello estaba mal impreso y que esa música no podía ser así.

Por supuesto, no todos tuvieron reacciones semejantes; Dittersdorf dice que "no he encontrado hasta ahora ningún compositor que posea una riqueza tan asombrosa de ideas nuevas", y el defecto que encontró en los cuartetos fue, precisamente, su excesiva riqueza:

No deja respirar al auditorio, pues apenas queremos aprehender una bella idea, otra más noble aún nos hace olvidar la precedente, de forma que al final no podemos conservar en la cabeza ninguna de ellas.

Reacciones similares pueden hallarse a lo largo de toda la historia de la música, de Monteverdi a Anton Webern; recordar que gente culta y especializada pudo opinar así nada menos que sobre Mozart es una lección inapreciable de modestia para todos aquellos que rechazan lo nuevo, lo revolucionario, sin tratar de penetrar en el universo que se propone. Es un peligro tan grande como el del "snob" que se embelesa ante cualquier obra renovadora o rupturista y la da por buena por el mero hecho de serlo.

El 23 de febrero de 1775 Beaumarchais estrenó en París su drama *El barbero de Sevilla*, concebida inicialmente como guión de ópera y transformada luego en una pieza dramática (aunque en el estreno parisino mantuvo algunas partes cantadas, con música de Nicholas Dezède, 1740-1792). Aunque hoy en día parece poco más que una comedia picante y su significado político se escapa casi por completo, en tiempos de su estreno provocó un escándalo; la historia del plebeyo que resulta más inteligente que su señor pareció a los contemporáneos cargada de sentido revolucionario.

Pero aquello no fue nada ante el revuelo que el mismo dramaturgo generó años después con *Las bodas de Fígaro* (*Le marriage de Figaro*). Los personajes eran los mismos de la obra anterior, pero ahora el Conde no aparece ya simplemente como un muchacho enamorado que tiene un amigo plebeyo al que le otorga una confianza excesiva para los cánones sociales de la época. Es un hombre casado que desea intensamente ser infiel a su esposa, un individuo que no vacila en engañar y mentir para obtener sus objetivos y —sin duda lo peor— es mucho menos listo que Fígaro, servidor que descubre sus intenciones, lo desafía y lo vence. El autor no pudo estrenar su obra, escrita en 1778, hasta el 27 de abril de 1784, pues se echó toda la censura encima. El propio rey Louis XVI, de natural tolerante, consideró escandalosa la propuesta, y dijo, en frase que se haría célebre: "para ser coherentes, si se autoriza el estreno de esta obra habría también que derruir la Bastilla".

Mozart conocía sin duda la obra de Beaumarchais; ya en París había escrito unas variaciones sobre *Je suis Lindoro*, con un texto tomado de *El barbero de Sevilla*, y había escuchado la ópera homónima de Paisiello. En 1785 *Las bodas de Fígaro* se tradujo al alemán y se difundió profusamente entre los círculos intelectuales; pero cuando se intentó representarla el emperador Joseph II lo prohibió. Fue precisamente en esa época que Mozart propuso a Lorenzo Da Ponte (según las memorias de éste) componer una ópera sobre esta piedra de escándalo.

Es absurdo suponer, como se ha hecho repetidamente, que el compositor era indiferente al significado político de *Bodas*; la historia del plebeyo que engaña y derrota al aristócrata, haciéndolo bailar al compás de la música que él mismo ejecuta, debe haberle encantado desde el principio, y por eso tomó la iniciativa de componer una ópera sobre dicho asunto. Pero llevar a cabo el proyecto supuso una conspiración en toda regla: Joseph II había prohibido la pieza dramática; ¿qué podía llevarlo a autorizar una adaptación musical de ésta?

Al tiempo que preparaban cuidadosamente una entrevista con el emperador y que gestionaban el apoyo de algunos nobles liberales, Mozart y Da Ponte se pusieron a trabajar de manera febril. Según cuenta el libretista en sus memorias, a medida que él escribía los versos Wolfgang componía la música, y toda la obra quedó terminada en seis semanas, probablemente de agosto y septiembre de 1785. Sólo puede especularse respecto de la participación directa del compositor en el libreto, pero no cabe duda de que Mozart lo tomó como propio hasta el punto de convertir toda la obra en una de sus creaciones más personales.

Da Ponte cuenta, con lujo de detalles, cómo planteó a Joseph II la idea de componer una ópera sobre el drama de Beaumarchais, y los argumentos con los que logró vencer sus previsibles objeciones. Tal vez lo más interesante del diálogo entre el poeta y el emperador sea una frase que Da Ponte pone en boca de éste: "¿Mozart? Por cierto es excelente en música instrumental, pero en el terreno de la música vocal ha compuesto una sola obra, y no especialmente notable". Extraña opinión, sin duda, en un hombre que debería haber estado al tanto de obras como *Ascanio in Alba*, *La finta giardiniera* o *Idomeneo*; en todo caso, sirve para confirmar algo que ya sabíamos: el *Rapto* no había sido de su agrado.

Pero una vez que Da Ponte hubo dado enfáticas seguridades de que la obra había sido expurgada de cualquier intención política, el emperador dio autorización para continuar con el proyecto. Más tarde llamó al propio Mozart a su presencia y le hizo tocar algunos fragmentos de la partitura, lo que, al parecer, terminó de vencer sus vacilaciones.

La ópera se concluyó entre octubre y noviembre de 1785, y cuando por fin comenzaron los ensayos se hizo evidente que las dificultades de *Fígaro* no habían hecho sino comenzar. Un verdadero complot, orquestado por el conde Orsini-Rosenberg, director de teatros de Viena, colocó todas las piedras posibles en el camino de la nueva ópera. El poeta Giambattista Casti (1724-1803) y el influyente Salieri colaboraron estrechamente con Rosenberg en esta tarea; Salieri tenía sus motivos personales, pues pretendía que una ópera suya fuera estrenada antes que *Bodas;* pero la conjunción de voluntades, algunas de ellas —como la de Rosenberg— tan favorables a Mozart en otros tiempos, contra esta iniciativa no puede explicarse sólo por los celos, las envidias o las apetencias; sería absurdo ignorar la dimensión política de la controversia. Al proponer, impulsar, componer y estrenar una ópera sobre el drama de Beaumarchais, Mozart dejaba, de forma automática, de ser el niño mimado de la aristocracia vienesa y pasaba a ser un peligroso "librepensador", dispuesto a morder, a la menor ocasión, la mano que le daba de comer.

Esta incidencia de los aspectos políticos es tan evidente, no sólo en las dificultades de *Las bodas de Fígaro* sino en la rápida caída en desgracia de Mozart, que resulta muy difícil explicarse por qué algunos autores de prestigio se empeñan en ignorarla y sostienen que la adscripción masónica de Mozart no debe tomarse demasiado en serio. El propio Einstein dice que "Mozart no se interesaba en política"; sin embargo, en todas sus obras, de *Bodas* a *Flauta mágica,* el compromiso de Mozart con las nuevas ideas se hará cada vez más profundo, y la hostilidad de la nobleza imperial, que tanto lo había ensalzado hasta ese momento, se hará cada vez mayor.

Es conocida la anécdota de la prohibición del ballet por parte de Orsini-Rosenberg, y la estratagema de Mozart y Da Ponte para lograr revertir la absurda medida: invitaron al emperador a asistir al ensayo general, e hicieron representar toda la pantomima danzada sin música, lo que provocó la ira del ilustre espectador y la inmediata orden de que se tocara la música tal cual había sido concebida. Mozart pagaría muy caro estas victorias coyunturales, que lo dejaban enfrentado a toda la camarilla que controlaba la música en Viena.

En los meses que fueron desde el verano de 1785 al estreno de *Las bodas de Fígaro* Mozart dedicó lo mejor de sus esfuerzos a la ópera; pero de ninguna manera fue ésta su única actividad creativa. En marzo está fechado el concierto para piano N° 21 en Do mayor, K. 467, obra compuesta casi al mismo tiempo que el N° 20 y que, aunque no alcanza la hondura dramática de éste, es otra obra mayor. Ese mismo mes estrenó *David penitente,* K. 469, un oratorio compuesto para la Sociedad de los Conciertos de Viena; dos obras masónicas —el lied *Gesellenreise,* K. 468, y la cantata *Die Maurerfreude* (*"La alegría masónica"*), K. 471; tres *lieder* sobre poemas de Christian Felix Weisse (K. 472, 473 y 474), la Fantasía para piano en Do menor, K. 475 (dedicada a Thérése von Trattner), *Das Veilchen* (*La violeta*), K. 476, su *lied* más célebre, sobre texto de Goethe, la *Maurerische Trauermusik* (*Música fúnebre masónica*), K. 477, el Cuarteto para piano y cuerdas Nº 1, K. 478, dos fragmentos escritos para una ópera de Francesco Bianchi (1752-1810) titulada *La Vilanella rapita* (el cuarteto vocal *Dite al meno* y el trío *Mandina amabile*, K. 479 y 480, respectivamente), la Sonata para violín y piano Nº 42, K. 481 (una obra que Einstein califica sin ambages de "beethoveniana"), el Concierto para piano Nº 22, K. 482 (fechado en diciembre), dos obras masónicas para solo y coro masculino (K. 483 y 484), el Adagio para dos clarinetes, dos cornos y un clarinete bajo, K. 411, el Adagio para dos cornos y fagot, K. 410 (estas dos últimas obras también de carácter masónico), el Concierto para piano Nº 23, K. 488, el Nº 24, K. 491 (otra obra de impresionante profundidad), y una pieza dramática breve con texto de Stephanie el Joven: *Die Schauspieldirektor*, o *El director de teatro*, representada en Schönbrunn el 7 de febrero de 1786 con Aloysia Lange, Caterina Cavalieri, Adamberger y Joseph Lange en los papeles centrales. Pese a su insignificancia, la obra tiene gracia y atractivo musical, y ha sido repuesta en los últimos años con éxito.

A toda esta actividad creativa e interpretativa, Mozart agregó una representación privada de *Idomeneo*; no es de extrañar que haya caído enfermo de agotamiento, y que su físico haya comenzado a dar señas de deterioro: Thomas Attwood recordaba que en tiempos de la composición de *Bodas* Wolfgang

parecía de muy buen humor, pero su salud no era buena. De tanto trabajar se le hizo imposible estar siempre inclinado sobre la mesa, y debió construirse un tablero vertical sobre el que componía de pie.

No tenía opciones, de todas formas: en noviembre Constanze había quedado embarazada otra vez, y el dinero urgía.

Pese a todo, supo, como siempre, sacar fuerzas de flaqueza y dirigió personalmente los ensayos de su ópera.

Todos los cantantes —recuerda el británico O'Kelly— tuvieron el increíble privilegio de estudiar sus respectivas partes con el compositor, que sabía transmitir a las almas de cada uno de ellos sus intenciones.

No podré olvidar jamás su rostro iluminado por los ardientes esplendores del genio; es algo tan imposible de describir como pretender pintar los rayos del sol.

El músico inglés, que cantó los papeles de don Basilio y don Curzio en el estreno, evoca con elocuencia el efecto que el chispeante *Non piu andrai* causó sobre el público que asistía al ensayo general:

> Mozart estaba en el escenario, con su abrigo color carmesí y su sombrero ladeado con ribetes áureos, marcando los tiempos de la música para la orquesta (...). Cuando Benucci llegó al hermoso pasaje "Cherubino alla vittoria, alla gloria militar", que cantó con mucha fuerza, el efecto fue electrizante: todos los intérpretes en el escenario y todos los integrantes de la orquesta, como agitados por una misma emoción, gritaban: "¡Bravo! ¡Bravo, maestro! ¡Viva, viva el gran Mozart!". Creí que los músicos no dejarían jamás de aplaudir, golpeando los pupitres con sus arcos.

EL ESTRENO

Un elenco de lujo se reunió para la primera representación de *Las bodas de Fígaro*, que se realizó por fin en el Burgtheater el 1° de mayo de 1786: Francesco Benucci[16] (Fígaro), Stefano Mandini[17] (Almaviva), Francesco Bussani[18] (don Bartolo), Luisa Laschi[19] (Condesa), Nancy Storace (Susana), Dorotea Sardi-Bussani[20] (Cherubino), Maria Mandini[21] (Marcellina), Maria Anna Gottlieb[22] (Barbarina) y Michael O'Kelly (don Basilio y don Curzio). Por entonces el idilio entre Wolfgang y Nancy Storace, la que acababa de superar una grave crisis de salud, estaba iniciando su etapa más ardiente, y ello debe vincularse a la sobrehumana belleza del "aria de los Castaños" (*Deh, vieni, non tardar*), henchida de poesía y sugestión nocturna.

Hay curiosos desencuentros respecto de la recepción que tuvo la obra y del nivel de la representación; mientras O'Kelly parecía recordar sólo ovaciones y bravos, y dice que hubo que bisar todos los números (lo que determinó una duración extenuante del espectáculo, y motivó que para la segunda representación el emperador prohibiese los bises), Nissen, en su biografía dice que algunos cantantes se sumaron al boicot y rindieron muy mal a propósito, lo que habría motivado una gestión de Mozart ante el propio emperador. Parece indiscutible que el público disfrutó mucho y aplaudió con generosidad, pero la opinión de críticos y melómanos fue contradictoria: el conde Zizendorf se declaró aburrido y definió a la música como "manos sin cabeza". Una reseña aparecida en el *Wiener Realzeitung* culminaba de esta forma:

> La música de Herr Mozart es una obra maestra del arte; contiene tantas bellezas y tal riqueza de ideas que sólo pueden proceder de un genio innato. Algunos periodistas dicen que la ópera de Mozart no fue un éxito; se puede imaginar qué clase de periodistas son los que hacen circular estas mentiras.

No estaban tan descaminados, lamentablemente; *Las bodas de Fígaro* sólo conoció nueve representaciones en Viena. Las alabanzas fueron parcas y reticentes, se criticó la excesiva longitud de la pieza y se habló en términos negativos del libreto, bien por su complejidad, bien por su contenido político. No es exagerado afirmar que con *Las bodas de Fígaro* comenzó la decadencia de Mozart como compositor celebrado en Viena.

Sin embargo, es una obra fundamental, que señala un paso decisivo en el avance del melodrama lírico. Se podría hablar durante horas de la extraordinaria estructura de la obra, del evidente sentido revolucionario que sobrevivió a los cambios hechos por Da Ponte (recordar el *Se vuol ballare*, de Fígaro, o la despreciativa y amarga reflexión del Conde: *Vedrò, mentre io sospiro, felice un servo mío?*), del parentesco de Cherubino con don Giovanni, etcétera; pero todo sería vano si no se señalase el milagro de frescura e inspiración melódica que brotó del genio de Mozart y cuajó en una de las partituras de más homogénea belleza del melodrama universal, culminada en ese prodigio de poesía nocturna que es el *Deh, vieni, non tardar* de Susana y ese perdón final solicitado por el Conde que restablece el orden y la armonía última de la Creación.

Nadie lo expresó mejor que Johannes Brahms, con esa radicalidad que ponía en sus opiniones y que, en este caso, al menos, quien esto escribe acompaña con toda convicción:

> Cada uno de los números de *Fígaro* es, para mí, una maravilla. Simplemente no soy capaz de comprender cómo alguien pudo crear algo tan perfecto. Nunca se ha logrado algo así, ni siquiera por Beethoven.

Capítulo 11

Don Giovanni

En noviembre de 1785 Mozart pidió a su amigo Franz Anton Hoff-meister[1], un adelanto de honorarios sobre unos cuartetos para piano y cuerdas que éste le había encargado; era un mal presagio.

Esta vez pudo recuperarse rápidamente, pues mantenía el apoyo del público vienés; en el mes de diciembre organizó tres academias por sus-cripción con éxito, pues tuvo ciento veinte suscriptores. El dinero re-caudado, más los cuatrocientos florines que cobró por las *Bodas* le per-mitieron vivir una apariencia de prosperidad.

A estos ingresos se unieron cien ducados que cobró por la venta de la partitura de la ópera a la compañía Bondini de Praga, y lo que perci-bía por sus clases, que no era despreciable; en ese momento tenía co-mo alumnos a Thomas Attwood, a Franciska von Jacquin[2] y al peque-ño Johann Nepomuk Hummel[3], de ocho años, a quien había tomado como pensionista.

Hay quien ha identificado a Hummel como el niño de doce o trece años que mantuvo, según una fuente, el siguiente diálogo con Mozart:

—Señor *Kapellmeister*, me gustaría componer algo; dígame cómo de-bo hacerlo.

—No puedes; debes esperar aún.

—Pero usted ha compuesto obras siendo aún más joven que yo.

—Sí, pero yo no he tenido que preguntar a nadie cómo debía hacerlo.

Personalmente tiendo a pensar que toda la anécdota es falsa; esta agresividad con un pequeño no es propia de Mozart; pero en todo ca-so, seguramente no tuvo lugar con Hummel, a quien el compositor y su esposa amaban entrañablemente.

De todas formas, Mozart parece haber sido un profesor muy especial; a veces se concentraba extraordinariamente en las clases, pero otras veces ponía a sus alumnos a trabajar mientras él jugaba a los bolos o al billar, y según Thomas Attwood, había incluso ocasiones en que los invitaba a jugar con él mientras hablaba de las dificultades de un pasaje o las características de una forma musical. Pese a ello, todos los alumnos que tuvo guardaban un recuerdo extraordinario del maestro, y decían haber aprendido de él todo lo que sabían.

Algo en el ambiente le decía al compositor que su ciclo de éxito vienés estaba llegando a su fin. Sólo así se explica que, inmediatamente del estreno de su ópera, haya comenzado a hacer contactos en procura de una oportunidad de marcharse de la capital. En agosto escribió a aquel Sebastian Winter que había sido su cochero en los días iniciales del Gran Viaje y que, en ese verano de 1786, trabajaba como músico en la corte del príncipe Alois I de Liechtenstein (1759-1805); Mozart le proponía un acuerdo por el cual recibiría un salario fijo por la composición de un cierto número de obras. Aunque Winter le compró algunas partituras en nombre de su patrón, el proyectado acuerdo nunca llegó a concretarse.

Pero los planes más serios se relacionaron con el grupo de amigos británicos que entonces lo rodeaba: O'Kelly, Attwood, Stephen Storace y su hermana Nancy. Más allá de la relación afectiva que unió a Mozart con ésta, los jóvenes músicos ingleses se convirtieron en sus admiradores más fieles, e hicieron todo lo posible para llevárselo a Londres con ellos. Manejaban incluso la posibilidad de realizar una gira por Europa, con Mozart y Nancy como figuras estelares, que finalizaría en la capital inglesa. La idea no era en absoluto descabellada, y Wolfgang se entusiasmó con ella.

Pero en octubre de 1786 nació su hijo Johann Thomas, y no era posible largarse a los caminos con un niño de dos años y otro recién nacido. Por otra parte, Constanze no podía permanecer sola en Viena, pues carecía de medios de subsistencia. Fue entonces que Wolfgang escribió a su padre pidiéndole que alojara sus hijos, a cambio de una pensión, para posibilitar su viaje a Londres. Es de señalar que, en esa época, Leopold tenía consigo al hijo mayor de Nannerl, que se llamaba como él.

El viejo Mozart se negó en redondo, con lo cual terminó de ganarse el desprecio y la hostilidad de todos los mozartianos que en el mundo han sido. Si bien no se conservan ni la carta de Wolfgang ni la respuesta de Leopold, sí se tiene una carta de éste a Nannel en la que hace la más desagradable de las referencias al incidente:

> He tenido que responder hoy a una carta de tu hermano que me ha producido mucho malestar. (…) Me proponía nada menos que tener a sus dos hijos como pensionistas en mi casa mientras, hacia mediados de Carnaval, él emprendería un viaje a Inglaterra pasando por Alemania. He rehusado esa posibilidad de forma enérgica, y le he prometido explicaciones en una próxima carta. (…) Se ha enterado de que Leopold está en mi casa; entonces, él o su mujer han concebido esta excelente idea. Por supuesto que les hubiese solucionado las cosas; está muy claro. Podrían irse tranquilos, podrían radicarse en Inglaterra, podrían incluso morirse, y yo no tendría otra opción que andar corriendo detrás de ellos, con los niños de la mano y reclamándoles dinero. (…) ¡Basta! Mis razones son firmes: él debe solucionar sus propios problemas.

Este incidente señala el quiebre definitivo de la relación afectiva entre Wolfgang y Leopold; a partir de este momento la correspondencia languidecerá hasta prácticamente desaparecer, salvo cuando Leopold se enfermó para morir. Con esta última y miserable actitud, el viejo Mozart contrajo, sin saberlo, la terrible responsabilidad de impedir que Wolfgang escapara de los años de decadencia y miseria que advenían.

El 15 de noviembre de 1786 Johann Thomas falleció como consecuencia de un "catarro asfixiante", según la terminología de la época. El distanciamiento afectivo entre padre e hijo se evidencia en el silencio que guardó Wolfgang sobre la muerte de su tercer hijo, y en la indiferencia con que aquél tomó la noticia cuando se enteró de ella; en una carta a Nannerl escrita tres meses después comenta, entre otras cosas y casi como si se tratase de algo intrascendente: "su hijo pequeño ha muerto".

Pero la vida continuaba; había que superar las penas y volver a la actividad. Las representaciones de *Las bodas de Fígaro* cesaron abruptamente ante el impresionante éxito de *Una cosa rara*, estrenada en el Burgtheater el 18 de noviembre, con texto de Lorenzo Da Ponte y música del valenciano Martín i Soler[4]. Mozart alabó la partitura, pero afirmó, proféticamente: "dentro de diez años nadie se acordará de ella".

Sin embargo, la andadura de *Bodas* aun no había finalizado; su estreno en Praga había sido un éxito fenomenal, hasta el punto de que el empresario Bondini[5] invitó a Mozart a asistir a una representación. Acompañados por Franz de Paula Hofer[6] el matrimonio inició el viaje a Praga el 9 de enero; llegaron el 11, y permanecieron en la capital bohemia casi un mes. Un mes de victorias, halagos y esperanzas.

Los Mozart se alojaron, con las mayores comodidades, en el palacio del conde de Thün, donde disponían de privacidad, servidumbre y un pianoforte para hacer música. Después de encontrarse con sus amigos Franz y Josepha Duschek[7] y de realizar algunas presentaciones en casas de miembros de la nobleza, Mozart asistió, el 17 de enero de 1787, a una representación de su ópera, según todas las opiniones de excelente nivel. El propio compositor dirigió la función del día 20, y fue aplaudido y vivado hasta el paroxismo. La tarde anterior había dado un gran concierto en el que estrenó su Sinfonía N° 38, K. 504, llamada precisamente *Praga*, y en el que realizó una larga improvisación sobre el piano que parece haber señalado la culminación absoluta de su arte de concertista. Todos los adjetivos fueron agotados por los melómanos bohemios, y Mozart debió tocar durante varias horas en medio de un público delirante; sus variaciones sobre el *Non piu andrai*, de *Las bodas de Fígaro,* provocaron, según testimonios de la época, "ovaciones delirantes". Un anónimo comentarista que asistió a ese concierto histórico, escribía así, muchos años después:

> Los maestros más consumados no podían dejar de admirar el intrépido vuelo de su inspiración, subiendo hasta las regiones más trascendentes para descender luego a las profundidades del abismo. Hoy todavía, viejo como soy, oigo resonar en mí estas inagotables armonías celestes, y me llevaré a la tumba la absoluta convicción de que Mozart fue único.

Franz Xaver Niemtschek[8], que estaba entonces en Praga y tenía veintiún años, recuerda que las melodías de *Fígaro* resonaban en todas partes, en calles y jardines públicos, y hasta el acordeonista del cafetín estaba obligado a tocar el *Non piu andrai* si quería sacar algo de su auditorio.

Y culmina su evocación con un deseo:

Si pudiera pedir a Dios que me concediera una última gracia en esta vida, pediría poder escuchar aún una vez a Mozart improvisar sobre el piano. Quien no lo haya oído no puede hacerse una remota idea de lo que era capaz de hacer.

Estos días triunfales de Praga tuvieron un balance extraordinariamente positivo, para Mozart y para la cultura universal. Bondini, director de la compañía que representó *Las bodas de Fígaro,* había estado a punto de entrar en bancarrota, y el éxito de la ópera de Mozart le había salvado el pellejo. Como consecuencia, propuso al compositor firmar un contrato para una nueva ópera, que se estrenaría directamente en Praga. Quedaba a criterio del músico escoger tema y libreto; recibiría cien ducados por la partitura y el sufragio de todos los gastos que supusiera su traslado a Praga para el estreno. Así comenzó a gestarse *Don Giovanni.*

El 10 de febrero de 1787 los Mozart estaban otra vez en Viena; Wolfgang regresaba con los bolsillos llenos (sólo el concierto del 19 de enero, el más triunfal de su vida, le había supuesto mil florines de ganancia), con el encargo de una ópera y con su prestigio grandemente acrecido. Los tiempos que se avecinaban, sin embargo, serían los más difciles de su existencia.

ADIOSES

Al disgusto que le causó la noticia de la muerte de su amigo el conde de Hatzfeld[9], Wolfgang debió unir el de la próxima partida de sus amigos ingleses, que volvían definitivamente a su tierra y con los cuales soñó él mismo marchar en algún momento. No sólo se rompía así su más estrecho y cálido círculo de relación humana, no sólo perdía un alumno —Thomas Attwood— al que había llegado a apreciar como a un hijo, sino que debía decir adiós a Nancy Storace, con quien lo unía un vínculo que iba mucho más allá de la amistad. Antes del viaje a Praga, y ya consciente de la próxima separación, Wolfgang había escrito para ella la escena dramática *Ch'io mi scordi di te?*, K. 505, en cuya intensidad expresiva (y en su dedicatoria: "Para Mme. Storace y para mí") puede hallarse la clave del profundo sentimiento que unió a los dos artistas. La inspiradora de la sublime "aria de los Castaños" se llevó consigo toda una sombría historia de amor cuyo alcance sólo podemos intuir.

Fui a despedirme del inmortal Mozart —recuerda Michael O'Kelly en sus memorias—, de su encantadora esposa y de su familia; me entregó una carta para su padre Leopoldo, que estaba en Salzburgo. Yo apenas podía contener las lágrimas, y cuando por fin nos separamos, ambos llorábamos.

Con los ingleses se marchaban las veladas de billar con O'Kelly, las clases dadas a Attwood y a Stephen entre partidas de billar y el afecto de Nancy; Viena sería, a partir de ese momento, más extraña y más triste. A la hora del adiós planeaban aún próximos reencuentros y hacían proyectos para el futuro viaje de Mozart a Londres; pero es probable que, en lo profundo de todos ellos, latiera la certeza de que aquella despedida era definitiva.

Los músicos ingleses pasaron por Salzburgo en marzo y, a pesar de que habían perdido la carta de Wolfgang, estuvieron con Leopold, que aparentemente se hallaba bien. Sin embargo, en los primeros días de abril llegó a Viena la noticia de que Mozart padre se hallaba seriamente enfermo. Con fecha 4 Wolfgang le escribió una misiva consoladora y elocuente, que revela a la vez una profundización de su catolicismo y su sentido trascendente de la vida, y una asunción cada vez mayor y más sincera de los principios humanistas del Iluminismo. En un párrafo de la misma decía:

Como la muerte es el verdadero sentido de nuestra vida, me siento tan familiarizado con ella desde hace algunos años, que el rostro de esta verdadera amiga del Hombre no tiene nada de terrible para mí. Por el contrario, me resulta sosegado y consolador. Y doy gracias a Dios por haberme dado la dicha de aprender a conocerla como la llave de nuestra auténtica felicidad (usted me comprende). No me acues-

212

to nunca por la noche sin pensar que al otro día, y a pesar de mi juventud, tal vez ya no esté aquí; y sin embargo, nadie que me conozca puede decir que soy malhumorado o triste. Doy gracias a Dios, mi Creador, por esta felicidad, y la deseo ardientemente a cada uno de mis semejantes.

En esta misma época Constanze quedó embarazada nuevamente y, de acuerdo con la evolución de las cosas, el matrimonio buscó un alojamiento más barato. Adiós entonces al lujoso piso de cuatrocientos sesenta florines al año; el nuevo apartamento quedaba en la Landstrasse, cerca de la casa de la familia von Jacquin, con la cual habían establecido una estrecha amistad. En su nueva morada, el 28 de mayo, recibió Wolfgang la noticia de la muerte de su padre, acaecida ese mismo día. Se declaró —y sin duda lo estaba— muy apenado; pero no fue a Salzburgo a las exequias. Demasiada amargura había corrido entre ambos en los últimos años como para pretextar un último adiós, incluso al cuerpo inerte del padre. Muchas cosas se fueron para siempre con Leopold: el último vestigio de su niñez, el sueño de una reconciliación final que tal vez latía en su alma, el solo vínculo que lo unía con su familia original, Salzburgo y todo lo que significaba. Después de la desaparición del padre la relación entre Wolfgang y Nannerl se interrumpió totalmente, y sólo intercambiaron algunas sórdidas cartas disputando aspectos de la magra herencia que aquél dejara. Al compositor le tocaron mil florines y algunas partituras y libros.

El último adiós de este período signado por las pérdidas se lo dio Wolfgang a su estornino, que murió en los primeros días de junio y a cuya memoria escribió un poema:

En sus mejores años
debió conocer
el sabor amargo de la muerte.
Mi corazón sangra
cuando lo recuerdo.
¡Oh, lector! déjale
tú también una lágrima.

En el mes de abril tuvo lugar la famosa entrevista entre Mozart y Beethoven[10], que tenía entonces dieciséis años. El adolescente llegó a casa de Mozart con cartas de recomendación del elector Max Franz y del conde Ferdinand Ernst Gabriel von Waldstein (1762-1823), y Wolfgang aceptó recibirlo y escucharlo. Según Karl Holz (1798-1858), amigo y durante un tiempo secretario de Beethoven, éste improvisó delante del maestro, quien le dio una fría aprobación: "Es muy hermoso, pero parece estudiado". Beethoven le pidió entonces un tema y, cuando Mozart se lo dio, comenzó a improvisar con tal maestría que aquél se dirigió a algunos alumnos y amigos que estaban en su casa y les dijo: "Poned atención a este muchacho; el mundo hablará de él".

Pese a este juicio, que tanto se ha difundido y magnificado, Mozart no aceptó dar clases a Beethoven, y aunque el notable compositor, pianista y violinista Ferdinand Ries (1784-1838), discípulo de éste, afirma que "recibió algunas lecciones de Mozart", no hay prueba alguna de que haya sido así. Según el propio Ries, Beethoven se quejaba de que Mozart nunca había aceptado tocar delante de él; pero otras versiones atribuyen al genio de Bonn el haber afirmado que conocía perfectamente la forma de tocar de Mozart y que le parecía "staccato", en el sentido de poco ligada, cortante. Lo cierto es que Beethoven se marchó poco después de Viena, al recibir la noticia de que su madre estaba moribunda, y que Mozart nunca más se acordó de él. Diferencias sustanciales de carácter y circunstancias adversas impidieron que los dos mayores genios musicales de su tiempo pudieran colaborar.

Don Giovanni

Cuando Mozart tomó contacto con Da Ponte para trabajar juntos en la ópera que debía componer para Praga, el poeta italiano le propuso utilizar como tema el Don Juan español, el viejo Burlador de Sevilla, que ya había sido protagonista de una pieza de Molière. El compositor quedó encantado con la idea, e instó a Da Ponte a ponerse a trabajar de manera inmediata; sin embargo, éste tenía problemas, pues había aceptado ya escribir un libreto para Martín i Soler (*L' Arbore di Diana*) y otro para Salieri (*Tarare*); agregar un tercero parecía una desmesura. El ex clérigo era, sin embargo, un hombre desmesurado en todos los aspectos, y es así como, después de haber contado al escéptico emperador su proyecto, se puso a trabajar al mismo tiempo en los tres textos. Es el mismo Da Ponte el que cuenta, con delicioso sentido del humor, las circunstancias de esta etapa de su vida, en sus Memorias redactadas en Nueva York más de cuarenta años más tarde:

Volví a casa y me puse a trabajar, sin abandonar mi mesa durante 12 horas al día, con una botella de vino de tokay a mi derecha, una bolsa de tabaco de Sevilla a mi izquierda y delante de mí el tintero. En aquel tiempo vivía en mi casa una encantadora muchacha de dieciséis años, hija de una señora que se ocupaba de la limpieza de la casa. Venía inmediatamente a mi habitación cuando yo la llamaba haciendo sonar una campanilla. Me hubiera gustado amarla sólo como a una hija, pero ¡ay!, reconozco que la campanilla sonaba con demasiada frecuencia, sobre todo cuando hacía frío. Ella me traía entonces algo apropiado para entrar en calor: una taza de chocolate o unos bizcochos. Su rostro, siempre alegre, parecía hecho expresamente para hacer la felicidad de los espíritus adormecidos y para estimular la alegría en el trabajo. En ciertos momentos se quedaba inmóvil, en silencio, con los ojos fijos en mis papeles, respirando dulcemente y sonriendo con gracia. A veces, el desarrollo de los temas provocaba lágrimas en sus ojos. (…) El primer día que pasé entre el tokay, el tabaco, el chocolate, la campanilla y mi joven musa, escribí las dos primeras escenas de *Don Giovanni*, dos para el *Árbol de Diana* y la mitad del primer acto del *Tarare*. En dos meses *Don Giovanni* y el *Árbol de Diana* estaban concluidos, y el *Tarare* había llegado a los dos tercios de su desarrollo.

Mientras el poeta multiplicaba de esta forma sus esfuerzos, en los planos literarios y no literarios, Mozart continuaba creando maravillas: el Concierto para piano N° 25, K. 503 (compuesto probablemente antes del viaje a Praga), las arias *Non so d'onde viene*, para bajo, K. 512, y *Mentre ti lascio, o figlia*, K. 513, sobre un texto de Metastasio que ya había musicalizado para Aloysia Weber en 1778 y ahora volvió a componer para Gottfried von Jacquin; un Rondó para trompa y orquesta, K. 514; dos bellísimos Quintetos de cuerda (N° 4, K. 515 y N° 5, K. 516), cuatro *lieder*, K. 517, 518, 519 y 520; una Sonata para piano a cuatro manos K. 521, el Divertimento, K. 522, conocido como *Una broma musical*, el Cuarteto para flauta y cuerdas, K. 298 (la fecha de cuya composición se discute), dos *lieder* más (K. 523 y K. 524) y la celebérrima serenata *Eine kleine Nachtmusik* (*Una pequeña música nocturna*), K. 525, una de las obras más resplandecientes y deliciosas que salieron del ingenio mozartiano (su movimiento lento es, para Robbins Landon, "la pieza más bella de música ocasional escrita nunca"). Ese mismo mes de agosto compuso la Sonata para violín y piano N° 42, K. 526.

Pero a partir de entonces el esfuerzo de Mozart se concentró en la musicalización del *Don Giovanni*; su estado de exaltación, siempre presente cuando componía una ópera, sólo se vio transitoriamente interrumpido por la triste noticia de la muerte del doctor Sigmund Barisani, que le había salvado la vida en más de una ocasión.

El libreto escrito por Da Ponte se basó vagamente en el *Dom Juan, ou Le festin de Pierre,* de Molière[11] y más directamente en la ópera *Il convidato di pietra*, con texto de Giovanni Bertati (1735-1815) y música de Giuseppe Gazzaniga[12], que se había estrenado en Venecia en febrero de ese mismo año 1787. La acción es muy similar y los personajes son prácticamente los mismos, con mínimos cambios. Sin embargo, la conmixtión del talento del poeta con el genio del músico se plasmó, en este caso, en una auténtica revolución, que en algunos aspectos aún no ha logrado superarse y, hasta cierto punto, comprenderse en su totalidad.

Según los esquemas de la ópera italiana "buffa" que por entonces predominaban, hay personajes cómicos y "serios": el Comendador, doña Anna, don Ottavio y hasta cierto punto doña Elvira pertenecen al segundo grupo, mientras Leporello, Zerlina y Masetto corresponden al primero. Por sobre ellos se mueve y circula don Giovanni, el viejo Burlador de Tirso de Molina[13], que mantiene algunas de las características originales del personaje (el ánimo de seductor, el valor físico, la convicción en lo que cree) pero que navega de lo serio a lo cómico, de lo patético a lo trágico, con una fluidez y un poder de resultar siempre convincente que obliga, una vez más, a hablar de milagro.

Constanze estaba embarazada de seis meses cuando, en septiembre de 1787, llegó junto a Wolfgang y Da Ponte a la ciudad de Praga, a preparar el estreno de la ópera. Sobre este viaje escribió el poeta y novelista alemán Eduard Mörike (1804-1875), en 1855, su novela corta *Mo-*

zart camino de Praga, célebre no por su precisión histórica ni por la pintura psicológica de Mozart, sino por su bellísima factura literaria.

La partitura no estaba terminada aún, e incluso el libreto sufrió modificaciones, a instancias de Wolfgang y de un imprevisto "convidado de piedra" que ambos artistas hallaron en la capital bohemia: Giacomo Casanova[14], que se hallaba trabajando como bibliotecario de la familia Wäldstein. Algunas versiones han atribuido a Casanova una influencia decisiva en la confección del guión operístico, pero esto sí parece un exceso; en todo caso, la presencia del seductor veneciano en la gestación de esta obra sobre otro seductor legendario es una de esas casualidades que no parecen tales.

La intención inicial de los empresarios era estrenar *Don Giovanni* el 14 de octubre, cuando la archiduquesa Maria Theresa de Toscana (1767-1827), hija del futuro emperador Leopold II, pasaría por Praga en su viaje de bodas con el príncipe Anton de Sajonia (1755-1836). Alfred Einstein sostiene que, para esta ocasión, Da Ponte y Mozart habían preparado un libreto expurgado, sin la escena final del acto I (con el intento de don Giovanni de violar a Zerlina) y sin la narración que doña Anna hace a don Ottavio sobre la agresión de que había sido objeto. En todo caso, *Don Giovanni* no estaba terminada en la fecha prevista, y la ilustre pareja fue recibida con una representación de *Las bodas de Fígaro*.

El estreno de la nueva ópera se fijó entonces para el 24 de octubre, pero finalmente se postergó para el 29. Mozart se quejaba, en correspondencia con Jacquin, de la falta de colaboración, de idoneidad profesional y de sentido de la previsión de los artistas de Praga, pero estas protestas deben atribuirse fundamentalmente a su estado de nerviosismo y al atraso de su propio trabajo. Es legendaria la anécdota de la composición de la obertura, que a dos días del estreno no estaba escrita, y mucho menos instrumentada e impresa, y que Mozart compuso en una noche, mientras Constanze lo mantenía despierto haciéndole bromas y dándole a beber ponche.

Un famoso texto de Friedrich Rochlitz[15] transcribe una conversación en el curso de la cual Mozart le explicó su forma de componer:

Cuando me hallo en buena forma física, ya en un coche durante un viaje, ya dando un paseo después de cenar, o si no consigo dormirme, las ideas me llegan a raudales. No sé de dónde vienen ni cómo llegan, pero ahí están. Guardo entonces las que me gustan, las canto en voz baja —o al menos eso dicen— y poco a poco las voy convirtiendo, en mi cabeza, en algo coherente. La cosa avanza, yo voy desarrollando mentalmente esas ideas, veo todo cada vez con mayor claridad hasta que, en un momento, la obra queda terminada dentro de mi cabeza. Puedo abarcarla de una sola mirada, como si se tratase de un cuadro o una estatua. No veo la obra en su discurrir, como cuando se representa o ejecuta, sino como si fuese un bloque. Y esto es un regalo de Dios. La invención, la elaboración, todo ello es para mí un sueño magnífico: pero cuando llego a percibir la totalidad de la obra en su conjunto el momento es indescriptible.

De aquellos días es también una anécdota que cuenta Niemstchek y que hace referencia a un diálogo de Mozart con el *Kapellmeister* Johann Baptist Kucharz (1751-1829). Ambos paseaban por las calles de Praga, y Mozart reflexionaba en voz alta sobre su presunta facilidad para componer:

Se equivocan totalmente los que hablan de lo fácil que me resulta componer; os aseguro, querido amigo, que no debe haber en el mundo nadie que se haya esforzado tanto como yo para poder dominar el arte de la composición. No sería fácil encontrar un compositor al que yo no haya estudiado con toda aplicación, en muchas ocasiones y de principio a fin.

Puede apostarse a que Leopold se hubiese sentido muy satisfecho con este comentario.

LA ÓPERA DE LAS ÓPERAS

Pocos días antes del estreno Mozart y Constanze se mudaron al hogar del matrimonio Duschek, que quedaba en las afueras: el compositor necesitaba tranquilidad y tiempo libre en la última y febril etapa de su trabajo. Da Ponte, por su parte, había regresado a Viena, llamado urgentemente por el emperador para el estreno de la ópera de Salieri.

Por fin, el 29 de octubre se representó por vez primera *Don Giovanni, ossia il dissoluto punito*, en el Teatro Nacional de Praga, con un reparto de prestigiosos cantantes: Luigi Bassi[16] (Don Giovanni), Giuseppe Lolli[17] (Comendador y Masetto), Teresa Saporiti[18], (Doña Anna), Antonio Baglioni[19] (Don Ottavio), Caterina Micelli[20] (Doña Elvira), Felice Ponziani[21] (Leporello) y Caterina Bondini (Zerlina). Mozart, que dirigió desde el clave, fue aclamado cuando entró y la función fue un gran éxito, que se repitió en las dos siguientes. La cuarta, no menos exitosa, se realizó en beneficio exclusivo del compositor, que recibió inmediatas ofertas de permanecer en Praga y componer otra ópera; los mozartianos se han preguntado una y otra vez, sin respuesta clara, qué llevó al compositor a rechazar esta ocasión para regresar a una Viena que ya no lo quería.

El entusiasmo de los melómanos bohemios no se vio, sin embargo, acompañado por la opinión unánime de los entendidos. El *Oberpostzeitung*, periódico de Praga, daba cuenta del gran éxito del estreno, pero el cronista opinaba que *"Don Giovanni* es, por lo demás, una obra extraordinariamente difícil".* Después del estreno en Viena, que incluyó algunos cambios (entre ellos la adición de la memorable aria de don Ottavio *Dalla sua pace*), Da Ponte tuvo que llegar a la conclusión de que *"Don Giovanni* no gustó"; el conde Orsini-Rosenberg dijo que "la música de Mozart es muy difícil para ser cantada".

A medida que *Don Giovanni* se fue representando en otros lugares de Alemania, las críticas adversas se multiplicaron: "Otra ópera escrita para aturdir al público" —decía el crítico, dramaturgo y poeta Alois Schreiber (algunos de cuyos poemas fueron musicalizados nada menos que por Schubert), en el *Dramaturgische Blätter*, de Frankfurt—. "Mucho ruido y fasto para *épater* a las masas, y nada más que vacío para los espíritus cultivados." Y en el *Musikalisches Wochenblatt* de Berlín el muy serio crítico Schneider comentaba, en 1790:

El capricho, la fantasía y el orgullo han presidido el nacimiento de *Don Giovanni*, pero no el corazón. Nadie puede discutir a Mozart los dones que hacen de él un compositor hábil, ingenioso y agradable, pero todavía no he encontrado a nadie que lo tenga por un artista serio.

Aparte de Haydn y alguna otra excepción, fue Goethe el primero en comprender la grandeza de la obra de Mozart: en carta a Schiller de 1797, seis años después de la muerte del compositor, el poeta escribía, desde Weimar:

Habéis podido apreciar en estos últimos días que las esperanzas que ponéis en la ópera se han visto realizadas de forma brillante en *Don Giovanni*, pero esta obra es única en su género, y la muerte de Mozart no nos permite esperar nada parecido.

En verdad, no ha habido nada parecido. Para muchos *Don Giovanni* sigue siendo no sólo la más bella ópera italiana de todos los tiempos (*la* ópera, por antonomasia), sino una concepción única, irrepetible, casi misteriosa en su profunda coherencia entre elementos farsescos y trágicos. Mientras el sentido expreso de la obra parece respetar los códigos estéticos y morales de la época (Don Giovanni representa el exceso pantagruélico y la disolución moral, doña Anna el honor aristocrático que reclama venganza, don Ottavio la nobleza y el amor puro, Zerlina y Masetto la bondad esencial del pueblo llano), la música está desconociendo de manera flagrante estos mismos valores hasta erigirse en un manifiesto iconoclasta; no sólo en el texto, con un Masetto que enfrenta al noble abusivo con más furia y más orgullo que el propio Fígaro en el *Se vuol ballare* (*O capito, signor sí*) y que llega a organizar una rebelión de plebeyos para castigarlo, o un Leporello que se atreve a tratar a su amo de bribón, sino particularmente en la música, que, por un lado, remarca la frigidez y el absurdo orgullo de doña Anna, el retórico y vacío ánimo vengativo de don Ottavio (cuya vindicación consiste, finalmente, en llamar a la policía) y la dudosa virtud de Zerlina, dispuesta a caer en brazos de su seductor a las primeras de cambio (*La ci darem la mano*), y por el otro exalta, con las melodías más gozosas y vibrantes, los placeres del amor, del vino y del sexo, como en el *Fin ch'an dal vino* o en el dúo final de doña Elvira con don Giovanni (*Vivan le femmine, viva il buon vino, sostegno e gloria d'humanitá!*), una de las más luminosas exaltaciones de los goces terrenales que se hayan reflejado jamás en la música. A poco que se escuche esta obra admirable sin prejuicios, es fácil ver de qué lado se inclinaban las simpatías del compositor. Mozart y Da Ponte no se atrevieron a enviar a don Giovanni al cielo, como haría más tarde José Zorrilla[22]; la óptica netamente romántica aún no era de recibo. Pero los elementos de su "salvación" ya están presentes.

Al margen de interpretaciones filosóficas, siempre a la orden del día cuando se habla de don Juan, queda en pie, indiscutible y eterna, la belleza de la música de Mozart, que alcanza por momentos cotas que ni él mismo sería capaz de superar. Las escenas concertantes, a partir de ese inicio culminado en la muerte del Comendador (un terceto en el que la tensión dramática y la potencia expresiva surgen de una melodía muy curiosa, que en cierto momento aparece sostenida no por los dos protagonistas —Donna Anna y Don Giovanni— sino por Leporello), los dúos y concertantes (el que señala el final del primer acto es sencillamente mozartiano) y la más esplendorosa colección de arias que puedan escucharse juntas en una obra, bastan, por su sola elocuencia, para hacer de esta obra el punto más alto del arte dramático musicalizado. El perfecto equilibrio de las voces y la orquesta, que con tanto esfuerzo perseguirían Wagner y Verdi un siglo más tarde, está aquí soberanamente logrado (recordar el aria de Zerlina *Batti, batti o bel Masetto*, en la que la trenza entre la voz solista y la instrumentación preanuncia a Wagner), y una poderosa fuerza interior hace que, como ya se ha señalado, lo cómico y lo terrible logren unirse en una simbiosis incomparable.

Don Giovanni es, sin duda, una de las obras mayores de todo el arte occidental; así está hoy reconocido en todo el mundo. Goethe, hablando sobre una posible musicalización de *Fausto*, decía: "Debería ser una música como la de *Don Giovanni*; sólo Mozart hubiera podido componer *Fausto*". Uno de los que se atrevería a intentarlo, Charles Gounod (1818-1893), escribía en sus memorias:

> Debo preguntarme si hay alguna pluma en el mundo que sea capaz de dar una vaga idea de lo que pasó por mi interior durante esas inigualables horas cuyo encanto ha dominado mi vida como una luminosa aparición, como una visión reveladora. Desde el inicio de la obertura me sentí transportado a un mundo absolutamente nuevo, en el que permanecí hasta la solemne y mayestática escena final del Comendador. Me vi presa de un terror que me heló los huesos con esas escalas ascendentes y descendentes, despiadadas e implacables como una sentencia de muerte. Enterré mi rostro en el pecho de mi madre y suspiré: "¡Oh, mamá, qué música! ¡Ésta es la única música verdadera".

Wenzel Johann Tomaschek (1774-1850), compositor bohemio que escuchó la ópera en Praga en 1790, a sus dieciséis años, recordaba:

Empieza la obertura; sus magníficas ideas y su rápido desarrollo, con su rica orquestación y, en suma, la noble vitalidad de esta obra de arte me emocionaron hasta tal punto que me pareció estar soñando, casi sin respirar. Y en medio de aquel gozo celestial, vi salir un sol, sentí, como algo oscuramente imaginado, toda mi alma confortada por una fuerza mágica. Mi interés fue en aumento, y durante la escena en la que aparece el fantasma del Comendador se me erizó el cabello de espanto. (...) Esta velada ha sido, sin duda alguna, la que más decisivamente ha influido en mi carrera musical.

Piotr Ilich Tchaikovsky (1840-1893) dijo, sencillamente: "Es gracias a Mozart y a *Don Giovanni* que dediqué mi vida a la música". Flaubert (1821-1880) afirmaba que "hay sólo tres cosas en la vida que amo por sobre las demás: el mar, *Hamlet* y *Don Giovanni*".

Pero tal vez el juicio más acertado sea el de Leos Janacek (1854-1928): "*Don Giovanni* es la ópera de las óperas".

COMPOSITOR DE CÁMARA

Mozart permaneció en Praga hasta mediados de noviembre, disfrutando de su triunfo. En casa de los Duschek se realizaban constantemente reuniones musicales en las que el matrimonio tenía ocasión de recibir el afecto y la admiración de sus amigos bohemios. Josepha Duschek, que mantenía una cálida amistad con el compositor, le pidió que le compusiera un aria para ella, y se dice que lo encerró para que lo hiciera. Wolfgang escribió así *Bella mia fiamma, addio*, K. 528, una dificilísima pieza vocal con la que, según parece, se vengó de su amiga.

En carta a Jacquin escrita desde Praga después del estreno, Mozart afirma:

Aquí están empeñados en que me quede algunos meses y escriba otra ópera, pero no puedo aceptar esta oferta, por más que me halague.

Uno tiene derecho a preguntarse por qué rehusó esta nueva oportunidad de cambiar de aires y permanecer en Praga, donde era tan admirado. Pero lo cierto es que Mozart y Constanze regresaron a la capital austríaca cuando promediaba el mes de noviembre. Precisamente el día 15 de ese mes falleció Christoph Willibald Gluck, que fuera uno de los modelos de Mozart y un amable colega (también uno de los compositores de ópera más importantes de todos los tiempos). Dejaba vacante el cargo de Compositor de Cámara Imperial y Real, y el 7 de diciembre el emperador Joseph II nombró a Mozart para proveerlo. Por fin Wolfgang había conseguido su objetivo de un puesto estable. Pero la generosidad que mostró el emperador con este nombramiento no se mantuvo en el tema de la remuneración: Gluck cobraba un sueldo de dos mil florines anuales, y a Mozart se le asignó uno de ochocientos. Era una buena cantidad, pero establecía un agravio comparativo que no escapó al siempre sensible orgullo del compositor. "Es demasiado para lo que hago y demasiado poco para lo que podría hacer", escribió una vez al dorso de un recibo de sueldo.

Los Mozart abandonaron, en el mes de diciembre, el apartamento de la Landstrasse y se mudaron provisoriamente a uno mucho más modesto, situado en la barriada del Graben. El 27 de diciembre de 1787, en un clima de esperanza por la nueva situación, Constanze tuvo su cuarto hijo, una niña llamada Theresia Constanze Adelheid Friederike Maria Anna; lamentablemente, sólo vivió seis meses, pese a que era una niña aparentemente saludable; fallecería el 29 de junio de 1788, víctima de una infección intestinal. Constanze parece haber tenido un mal parto, ya que su salud se deterioró gravemente y exigió constantes gastos médicos que fueron sin duda una de las causas de la extremada crisis financiera del matrimonio, que se prolongaría durante los tres siguientes años.

Mozart comenzó el año 1788, que sería uno de los más negros de su vida, con entusiasmo y en pleno poderío creativo. El 10 de febrero tocó en la residencia del embajador de Venecia, Daniele Andrea, conde de Dolfin; el 26 de ese mismo mes, en casa del príncipe Esterházy (puede suponerse la intervención de Haydn en este acontecimiento), hubo un gran concierto en el cual van Swieten dirigió un arreglo de Mozart sobre la cantata *Die Aufertehung und Himmelfahrt Christi*, de Karl Phillip Emmanuel Bach, intepretada por una gran orquesta de ochenta y seis músicos; el autor de dicho arreglo estuvo presente y "daba los tiempos", según una crónica de la época. Se supone que en esta ocasión, o unos días más tarde (el 4 de marzo, cuando se repitió el concierto en la misma residencia) Wolfgang estrenó su Concierto de piano N° 26,

K. 537, llamado *Coronación*, que acababa de componer. Los días 2, 5 y 9 de abril publicó en el *Journal des Luxus und der Moden* un anuncio destinado a vender por suscripción tres quintetos para dos violines, dos violas y violonchelo, pero en junio debió anunciar que la impresión de éstos se había postergado hasta enero de 1789; Mozart comenzaba a no interesar.

El 9 de febrero de 1788 el imperio austríaco y el imperio turco otomano entraron en guerra, y Mozart compuso una *Canción de guerra alemana* (K. 539), como parte del clima de exaltación patriótica que se vivía. El emperador Joseph II se dispuso a marchar al frente, pero antes manifestó a Da Ponte su voluntad de que se estrenase en Viena ese *Don Giovanni* que tanto éxito había tenido en Praga. La ópera se representó finalmente el 7 de mayo en el Burgtheater (el Kärnterthortheater había sido cerrado el 6 de febrero), con un reparto de nombres conocidos y prestigiosos: Albertarelli[23] como Don Giovanni, Benucci como Leporello, Bussani como Masetto y el Comendador, Aloysia Lange como Donna Anna, Caterina Cavalieri como Donna Elvira, Baglioni como Don Ottavio y Luisa Laschi como Zerlina. Ya hemos señalado el escaso interés que la obra despertó, las críticas frías, cuando no hostiles, que recibió y la reacción de Haydn ante un grupo de músicos que la atacaba. Da Ponte cuenta una anécdota referente al emperador; éste habría asistido a una función de *Don Giovanni* y le habría comentado al autor del texto: "La ópera es bellísima, incluso más bella que *Fígaro*, pero no es plato para el paladar de mis vieneses". Enterado del comentario real, Mozart habría respondido: "Démosle tiempo para masticarla".

Robbins Landon comenta que

> uno siempre está dispuesto a creerse una bonita historia, pero en realidad Joseph II nunca escuchó *Don Giovanni* en un escenario en Viena. Se fue al campo el 25 de marzo y no volvió hasta el 5 de diciembre. (…) El día de la última representación, el 15 de diciembre, el emperador estaba enfermo.

¿Inventó Da Ponte su conversación con el emperador? Es difícil de creer; el propio Robbins Landon parece indicar que Joseph II conocía la ópera de Mozart: cuando el conde Orsini-Rosenberg le escribió diciéndole que la música era extraordinaria, el emperador le respondió, por escrito: "*Votre goût commence á devenir raisonnable*".

Pese a las opiniones escépticas, los hechos demuestran que *Don Giovanni* estuvo lejos de ser un fracaso en Viena; entre el 7 de mayo y el 15 de diciembre de 1788 se representó catorce veces, lo que era, para la época, un número muy respetable.

Capítulo 12

Miserias y esperanzas

Casi inmediatamente después del estreno vienés de *Don Giovanni* Mozart parece haber pasado por el momento de su vida que más lo aproximó a la miseria. Se conservan, de los meses siguientes, varias cartas escritas por él a Michael Puchberg[1], un comerciante que lo admiraba particularmente y actuaba en su misma logia masónica. En esas cartas el compositor pide constantemente dinero a su amigo, en términos ocasionalmente humillantes. Inicialmente cantidades altas, pero más tarde, terriblemente acuciado, se conforma con lo que Puchberg le pueda prestar. Siempre hay promesas de devolución sobre la base de conciertos por suscripción o el producto de la venta de algunas obras impresas, pero aparentemente sólo le devolvió pequeñas cantidades. En un principio Puchberg llegó a enviarle doscientos florines, una buena cantidad, de una vez; luego los préstamos fueron disminuyendo hasta llegar a la casi ridícula suma de diez florines, en agosto de 1790.

Según cálculo de Robbins Landon el comerciante llegó a prestar al compositor, en total, mil cuatrocientos quince florines en dos años. Aunque no fue la única persona a la que Mozart pidió dinero por entonces (en marzo de 1789 solicitó cien florines a Franz Hofdemel)[2], sí fue el más acosado. Cuando otros hubieran roto mucho antes una relación tan incómoda, Puchberg se mantuvo fiel hasta el final (aunque dando comprensibles muestras de hastío) y jamás abandonó totalmente a su amigo.

Robbins Landon recuerda que los ochocientos florines que cobraba Mozart por su cargo eran el sueldo normal de un oficial militar con el grado de capitán. Muchas familias más numerosas que la de Mozart y de su misma condición social vivían desahogadamente con ese salario. Y no debe olvidarse que, pese a que a partir de 1788 los ingresos del compositor por conciertos privados descendieron dramáticamente, tenía otras entradas nada despreciables. En 1787 ganó mil florines por sus actuaciones en Praga y recibió otros mil como consecuencia de la muerte de Leopold; en 1788 ingresó cien ducados (cuatrocientos cincuenta florines) por la entrega de la partitura de *Don Giovanni* y doscientos cincuenta por la representación vienesa, más lo que puede haber ganado por conciertos particulares, tanto en Praga como en Viena. A esto habría que sumar lo que percibía por sus clases; aunque a principios de 1788 prácticamente no tenía alumnos —el pequeño Hummel se había marchado en 1787—, los había tenido a buen precio hasta pocos meses antes. Por otra parte, tampoco el nivel de vida que llevaban los Mozart parece justificar su grave y prolongada crisis financiera; en junio de 1788, días antes de la muerte de su hija pequeña, se mudaron a un apartamento modesto situado en los aledaños de la capital, en el barrio conocido como el Graben.

¿Qué hacían los Mozart con el dinero que ganaba Wolfgang? Los sucesivos partos y los problemas de salud de Constanze, las enfermedades de los niños y los gastos funerarios explican en parte el panorama. Aun así, queda en pie un signo de interrogación que sólo puede entenderse como consecuencia de una administración muy poco sensata.

LAS ÚLTIMAS SINFONÍAS

Sin embargo, pese a todos los problemas y a la muerte de sus dos últimos hijos (factor éste que explicaría muchos aspectos de la evolución del carácter de Mozart en los tres últimos años de su vida, y que suele ser inexplicablemente subestimado por los estudiosos), Wolfgang se mostraba, en ese verano de 1788, en uno de los momentos más esplendorosos de su creatividad. Además de algunas arias (entre ellas las que escribió para el estreno vienés de *Don Giovanni*), canciones y danzas alemanas, a partir de junio brotan de su genio, como cauce fresco y sonoro en el desierto, un puñado de incomparables piezas maestras: el trío en Mi mayor, K. 542; la Sonata para piano N° 15, K. 545; el Preludio y fuga para cuarteto de cuerdas, K. 546; la Sonata en Fa mayor, K. 547; el trío en Do mayor, K. 548; la *canzonetta Piu non si trovano* para dos sopranos y un bajo, K. 549; un *lied* para soprano, K. 552; el magnífico Divertimento en Mi bemol mayor, K. 563 ("el más grande compuesto en el siglo", según Robbins Landon); el Trío en Sol mayor, K. 564, y las tres últimas Sinfonías que compuso: la Nº 39 en Mi bemol mayor, K. 543; la Nº 40 en Sol menor, K. 550, y la Nº 41 en Do mayor, K. 551, llamada *Júpiter*[3].

Estas tres últimas obras sinfónicas, escritas casi al mismo tiempo (la Nº 39 está fechada el 26 de junio, la Nº 40 el 25 de julio y la Nº 41 el 10 de agosto), marcan a la vez el cenit y el final de este impresionante estallido creativo; hasta el verano siguiente Mozart sólo compondrá pequeñas obras de circunstancias. Marcan también una de las culminaciones más brillantes de toda su producción. La Sinfonía Nº 40, que Robbins Landon define como "animada de frenético y angustiado neuroticismo", exhibe al Mozart más oscuro e introvertido en su celebérrimo primer movimiento, y al más lírico y poético en el trío del tercero, un *minuetto* cuyo aire triunfal no logra ocultar totalmente un estado de ánimo sombrío. La Nº 41, *Júpiter*, se abre con un *allegro molto* vibrante y triunfador, pasa por un andante de hondísima melancolía, presenta el *minuetto* menos cortesano y más dramático de la historia de la música y culmina con un *allegro* fugado de indescriptible maestría, vuelo artístico e impacto emotivo. El último movimiento de la *Júpiter* cierra, por su propia perfección, toda una forma de concebir la sinfonía; la ruptura de Beethoven en la *Heroica* es una consecuencia necesaria de la maestría mozartiana, la expresión de una necesidad más que un simple acto de voluntad innovadora.

No todos han coincidido, sin embargo, con estas valoraciones: el crítico Michael Bourges, según cita de Saint-Foix, dice que en la sinfonía *Júpiter*,

> a pesar de su elegancia y de la enorme facilidad del compositor, encontramos demasiadas fórmulas superadas, demasiados desarrollos sin objeto, demasiados procedimientos técnicos trabajosos, sobre todo en el final.

El notable pianista Glenn Gould[4], por su parte, señalaba que, en su opinión, la Sinfonía Nº 40 tenía "ocho compases notables rodeados de media hora de banalidad".

Más abudantes, lógicamente, han sido las opiniones favorables:

¡Qué obra! —señalaba Leonard Bernstein (1918-1990), hablando de la N° 41—. Es difícil concebir que pueda existir otra pieza en la que la forma y la pasión se hallen tan estrechamente unidas.

Robbins Landon cree que el final de la *Júpiter* "es uno de los mayores logros contrapuntísticos del siglo XVIII". El pintor suizo Paul Klee (1879-1940), por último, afirma con lacónica convicción: "La sinfonía *Júpiter* de Mozart es el más grande logro de la historia del arte"; y sobre el último movimiento dice: "Es la suma de todas las audacias. Este movimiento es decisivo para toda la historia subsecuente de la música".

Una antigua tradición afirma que Mozart nunca llegó a escuchar sus tres últimas sinfonías. Actualmente se tiende a desechar esta posibilidad: mozartianos como Neal Zaslaw, Cliff Eisen y Robbins Landon afirman que resulta altamente improbable que Mozart no haya incluido alguna de estas obras (o las tres) en los conciertos que dio en Leipzig 1789 y en Viena 1791. De todas formas, no hay documentos que prueben fehacientemente la interpretación pública de ninguna de ellas en vida del compositor.

El viaje a Berlín

Durante el otoño la actividad de Mozart se redujo a preparar audiciones de grandes oratorios de Karl Phillip Emmanuel Bach y Händel, bajo el patrocinio de van Swieten. En noviembre logró organizar un concierto a su beneficio, con resultados que se ignoran. Esta actividad le significó algunos ingresos que no parecen haber aliviado en lo sustancial su dramática situación económica. Así llegó al fin del año 1788, en muchos aspectos el más duro de su vida hasta entonces. Después de dos meses sobre los que prácticamente no hay información, Mozart dirigió, el 6 de marzo de 1789 en el palacio Esterhazy, su arreglo del oratorio *El Mesías*, de Händel, que supuso una instrumentación completamente nueva. El 7 de abril se repitió el concierto, y el 8 Mozart partió hacia Alemania, aprovechando una invitación del príncipe Karl von Lichnowsky[5]. La oportunidad de dejar Viena por un tiempo para buscar mejores horizontes en otros sitios de su amada Alemania debió haberle parecido maná del cielo al acosado Wolfgang; una vez más vino

Puchberg en su auxilio, ya que invitó a Constanze y al pequeño Karl a quedarse en su casa. Ello permitió que los Mozart pudieran entregar el apartamento y ahorrarse los alquileres.

Separado por vez primera de su esposa durante un tiempo prolongado, Wolfgang se mantuvo permanentemente en contacto epistolar con ella, y las cartas que se conservan tienen un doble valor: por una parte, permiten reconstruir con todo detalle el viaje; y por la otra, constituyen un impresionante testimonio de la ternura de Wolfgang hacia su esposa y de su espíritu poético. Leyéndolas, uno se siente culpable por no incluirlas en su totalidad, pero algunos fragmentos, escritos a vuelo de pluma en fondas o en el propio carruaje, alcanzan a dar una idea de lo que son.

Desde Budweis, en Bohemia, con fecha 8 de abril:

Querida pequeña esposa mía: mientras el Príncipe se ocupa de los caballos, aprovecho gozosamente la ocasión de escribirte unas breves líneas, pequeña esposa de mi corazón. ¿Cómo te encuentras? ¿Piensas en mí con la misma frecuencia con que yo pienso en ti? A cada instante miro tu retrato y lloro, mitad de pena y mitad de alegría. Cuida de tu preciosa salud, que tanto significa para mí, querida, y adiós. (…) Te beso un millón de veces con toda mi ternura y soy, siempre fiel hasta la muerte, tu Stu-Stu-Mozart.

Desde Dresden, con fecha 13 de abril:

¡Si te dijera todas las cosas que hago frente a tu amado retrato creo que te reirías! Por ejemplo, cuando lo saco de su estuche digo: "buenos días, Stanzer; hola, pequeña bribona, mi gatita, ñatita, mi pequeña inservible, Schluk y Druck". Y luego lo devuelvo a su sitio, introduciéndolo lentamente mientras digo: "nu-nu-nu-nu", con el énfasis acorde a estas trascendentes palabras. Y al final, digo rápidamente; "buenas noches, ratoncito, que tengas felices sueños". Hoy es el sexto día que estoy lejos de ti y me parece que hace un año (…) Quiéreme eternamente, como yo te quiero. Te beso millones de veces, con toda mi ternura y soy, eternamente, tu esposo que te ama.

Desde Dresden, con fecha 16 de abril:

Y entonces llegó el momento más feliz para mí; encontré tu carta, deseada tanto tiempo con ardiente nostalgia. Triunfante, me fui a mi habitación y la besé mil veces antes de leerla; luego no la leí, la devoré. Me quedé mucho tiempo en mi habitación, porque no me cansaba de leerla y de besarla. (...) Querida mujercita, tengo varias cosas que pedirte: 1) Que no estés triste. 2) Que cuides tu salud y no te fíes de los aires agradables de la primavera. 3) Que no salgas sola a pie y, mejor todavía, que no salgas nunca a pie. 4) Que estés totalmente segura de mi amor; todavía no te he escrito ninguna carta sin tener ante mí tu querido retrato. 5) Te pido que en tu conducta no tengas en cuenta tan sólo tu honor y el mío, sino las apariencias. No te enfades porque te pida esto: al contrario, debes quererme más, porque me preocupo del honor (...).Y ahora adiós, querida, amada mía. Recuerda que cada noche, antes de irme a la cama, converso una buena media hora con tu retrato, y que al despertarme hago otro tanto. (...) ¡Oh Stru-Stri! Te beso y te abrazo 1095060637082 de veces (puedes tratar de pronunciar esta cifra, si quieres) y soy eternamente tu fidelísimo esposo y tu amigo.

Desde Berlín, el 23 de mayo:

Prepara adecuadamente tu pequeño y hermoso nido, porque este hombre lo merece. Se ha portado muy bien, y en este momento no hay nada que desee tanto como poseer lo más hermoso que tienes. Trata de imaginarte a este pillo; mientras escribo, se sube a la mesa, me mira y me interroga. Yo le doy entonces un merecido cachetazo, pero el bribón simplemente... ¡Y ahora arde todavía más, y ya no soy capaz de dominarlo!

En Praga, Mozart fue a visitar a los Duschek, pero sólo halló a Franz, pues Josepha se hallaba de viaje; luego se entrevistó con Guardasoni[6], por entonces director del Teatro Nacional de Praga, y éste le encargó otra ópera, pero circunstancias posteriores impidieron la cristalización del acuerdo. En Dresden se encontró con Josepha Duschek en casa del poeta, libretista y político Franz Leopold Neumann (1748-?), donde se celebraron felices veladas musicales. El día 14 Mozart se presentó en la Corte, interpretando su Concierto N° 26, y recibió como pago una lujosa tabaquera (era un conspicuo fumador). El 15 tocó el órgano en la iglesia católica de la ciudad, un instrumento construido por

Silbermann, y se produjo una suerte de competencia con otro organista, Johann Wilhelm Hassler (1747-1822). Esa noche se reunieron todos en la residencia del príncipe ruso Alexander Mijailovich Beloselsky, donde Wolfgang y Hässler volvieron a enfrentarse, esta vez al piano. Mozart no reconoció grandes valores en su renombrado contrincante; "en el órgano no es un intérprete sólido —escribió a Constanze—; está lejos del nivel de un Albrechtsberger[7]. Y sobre el piano, pienso que la Auernhammer no toca peor que él". Aunque no parecen haber simpatizado mutuamente en esa ocasión, en mayo de 1792, después de la muerte de Mozart, Hässler tocó uno de sus conciertos para piano en Londres.

Después de reencontrarse con la cantante Rosa Manservisi (?-1790), que había estrenado *La finta giardiniera*, Mozart se entrevistó con un influyente funcionario de la Corte de Apelaciones, Christian Gottlieb Koerner (1756-1831), masón como él e íntimo amigo del gran poeta Friedrich Schiller (1759-1805), que le dedicó su célebre *Oda a la Alegría*. Koerner lo invitó a su casa y en esa ocasión una cuñada del anfitrión, Dorotea Stock (1760-1832), hizo un excelente retrato a lápiz que muestra a Wolfgang de perfil y que es el último tomado del natural que se conserva[8].

El 18 Lichnowsky y Mozart dejaron Dresden y el 19 llegaron a Leipzig; el compositor dijo al príncipe que debía ver a "un gran amigo" y se encaminó directamente a la Thomasschule, donde Johann Sebastian Bach fuera Kantor durante muchos años. Fue recibido de espléndida forma por Johann Friedrich Doles[9], que lo conocía y lo veneraba, y el 22 Mozart tuvo la emoción de tocar en el órgano del viejo Bach. Inmediatamente Doles hizo interpretar el motete *Singet dem Herrn ein neues Lied*, de Bach. Rochlitz ha dejado una memorable versión del impacto que esta obra causó en Mozart:

Apenas el coro hubo cantado algunos compases Mozart quedó sobrecogido. Luego, un poco más adelante, exclamó: "¿Qué es esto?". Era como si toda su alma se hubiera refugiado en sus oídos. Cuando el canto terminó dijo, entusiasmado: "he aquí algo de lo cual se puede aprender mucho". Luego tuvo ocasión de revisar partituras manuscritas del viejo Bach, con tremendo interés y emoción: fue un placer para los que lo miraban —recuerda Rochlitz— apreciar con qué ardor recorría Mozart estas *particellas* que se desparramaban a su alrededor:

en las manos, en las rodillas, en las sillas, a su lado, olvidándose de todo hasta no haberles echado un vistazo a todas. Más tarde suplicó que le dieran una copia.

Este contacto directo con el ambiente, el lugar, los instrumentos y los manuscritos del Kantor de Lepizig señala uno de esos momentos históricos culminantes; a través del tiempo y del lenguaje impar de la música, dos de los mayores genios musicales de todos los tiempos se encontraban por fin. Se ha atribuido a Mozart un comentario, mientras examinaba las partituras manuscritas de Bach: "lo más viejo es lo más nuevo".

Los viajeros dejaron Leipzig tres días después y continuaron viaje; el 25 estaban en Berlín, por entonces llamada Postdam. En esta etapa la reconstrucción del viaje se hace más difícil, pues se han perdido al menos cuatro cartas de Mozart y cinco de Constanze. Según parece, el compositor fue inmediatamente recibido por el rey Friedrich Wilhelm II (1744-1797), sobrino de Federico el Grande, amante de la música, buen intérprete del violoncelo y admirador de Boccherini, Haydn y el propio Mozart. El monarca, según versión de Rochlitz, ofreció al músico un empleo fijo, y éste rehusó por fidelidad a su emperador; Friedrich Wilhelm, emocionado, le habría dicho: "Piénsalo; yo mantendré mi palabra hasta un año y un día a partir de hoy". Los estudiosos se muestran escépticos ante este posible diálogo, y tienden a pensar que el emperador no hizo a Mozart sino vagas promesas; no parece lógico que, pasando por la situación que pasaba entonces en Viena, haya rechazado una oferta concreta y conveniente.

Friedrich Wilhelm fue muy generoso, ya que por sus actuaciones (Nissen afirma que "improvisó en su presencia casi a diario y con frecuencia interpretó cuartetos en la cámara con miembros de la Kapelle Real") dio a Mozart cien Federicos de oro, que correspondían a setecientos florines. Además, le encargó la composición de unos cuartetos, y su hija le pidió que compusiera para ella algunas piezas para piano.

Lichnowsky dejó Berlín solo y Mozart se reunió poco tiempo después con él en Leipzig. Allí se reencontró con su amiga Josepha Duschek; ésta, junto a otros amigos, organizó una academia musical en beneficio del ilustre visitante, la que tuvo lugar el 12 de mayo en la antigua Gewandhaus. Friedrich Rochlitz estuvo presente en esa velada, cuyo largo programa incluyó una sinfonía, muy probablemente una de las tres últimas.

234

Wolfgang preparó concienzudamente el espectáculo, dirigiendo en los ensayos una orquesta que, al parecer, le dio grandes dolores de cabeza. Como los tiempos que ésta llevaba no eran tan vivos como el compositor quería, marcaba el ritmo con el pie, y terminó por romperse la hebilla de un zapato. Pese a ello, gritó *"Ancora!"*, y siguió marcando el compás. "Los músicos estaban furiosos con este hombre pálido como la muerte, que los presionaba y los forzaba a extremarse", recuerda Rochlitz.

El concierto se desarrolló, empero, sin inconvenientes, y culminó con una larga improvisación de Wolfgang al piano (sobre su vieja aria *Je suis Lindoro*, compuesta en París), que dejó a todos con la boca abierta. Pese a las largas horas que estuvo haciendo música, Wolfgang salió tan exaltado que invitó al violinista Karl Gottlieb Berger a su alojamiento e improvisó para él hasta pasada la medianoche.

Los resultados económicos, sin embargo, no fueron buenos.

No se cubrieron los gastos del concierto —escribía Rochlitz—; la sala estaba casi vacía. ¿Y sabéis por qué? Porque su música era demasiado elevada para que pudieran apreciarla; ni siquiera eran capaces de entenderla.

Puede inferirse de otros testimonios que el crítico alemán exageró bastante; Mozart tuvo algunas ganancias, aunque escasas, y la sala estuvo lejos de verse desierta, entre otras cosas porque el propio Mozart dejó entrar gratuitamente a todos los que pidieron hacerlo.

Inmediatamente se produjo el tan comentado incidente que determinó la separación del príncipe Lichnowsky y Mozart. En realidad, no se sabe lo que pasó exactamente; los esposos Massin hablan de "un violento intercambio de palabras", pero no citan fuente. Lo que Mozart escribe a Constanze sobre el asunto, desde Berlín, da idea de un desacuerdo, pero no de una pelea:

Te diré que Lichnowsky tuvo que dejarme, pues debió partir apresuradamente esta mañana; gracias a ello, estoy obligado a mantenerme a mí mismo en esta ciudad tan cara. Además, tuve que prestarle cien florines, porque su bolsa estaba vacía. No pude evitarlo, ya sabes por qué. (…) Me vi obligado a desandar treinta y dos millas inútilmente. La culpa es de Lichnowsky, que no me dejó en paz hasta que volví a Leipzig. Silencio; ya te contaré más sobre esto.

Según Robbins Landon, el "ya sabes por qué" que forzó a Mozart a prestar dinero al príncipe hace referencia a la hermandad masónica que los unía; pero hay una tesis que parece bastante más fundamentada: Mozart debía a Lichnowsky, con toda probabilidad, una buena suma de dinero. El 9 de noviembre de 1791 la Corte de Justicia de Baja Austria libró un oficio en el que se recordaba al Tesoro que el príncipe Karl Lichnowsky había obtenido de Mozart, con garantía de sus bienes y de la mitad de su salario, una obligación de pago por la cantidad de mil cuatrocientos treinta y cinco florines, más veinticuatro por costas legales. No se sabe cuándo ni en qué circunstancias Mozart contrajo esa deuda con Lichnowsky, y es bastante extraño que no se vuelva a hablar de ella después de la muerte del compositor (tal vez el príncipe la condonó, conmovido por la tragedia). De todas formas, llama la atención que las más prestigiosas biografías de Mozart ignoren este hecho, que explicaría perfectamente la imposibilidad de negar a su acompañante el préstamo de cien florines solicitado (o el pago exigido).

Una vez libre de Lichnowsky, Mozart se quedó unos días más en Leipzig, donde intimó con Doles. En casa de éste pasó algunos momentos inolvidables, discutiendo de religión (Mozart era católico y Doles y su círculo eran protestantes) y, por supuesto, haciendo música. Una noche el Kantor hizo escuchar a su invitado una misa de un amigo suyo, que le gustaba mucho, pero que Wolfgang la encontró sin valor alguno. Se suscitó una discusión al respecto, y Doles, por fin, dio a Mozart la partitura y le pidió que se la llevara y la analizara. Al otro día, según Rochlitz se produjo la siguiente escena:

"Y ahora, ¿qué me decís de la música de X?" "Se puede escuchar —replicó Mozart— pero no en una iglesia. Perdonadme si he modificado algo el texto hasta el Credo, pero queda mejor así. ¡No, que nadie la lea! Vamos a cantarla inmediatamente." Se sentó al piano, distribuyó las partituras para cuatro voces y comenzamos a cantar, mientras él acompañaba. Jamás habíamos escuchado una misa tan divertida. Doles cantaba con su voz de bajo, aunque sacudía la cabeza, escandalizado; Mozart prestaba sus diez dedos a la parte de orquesta, que incluía originalmente trompetas y trombones, y no cesaba de decir: "¿No está mejor así?", mientras seguía el texto maliciosa, admirablemente adaptado. Por ejemplo, sobre el *allegro con brío* del *Kirie Eleyson* había que decir: "¡Que el diablo lo lleve! ¡Va demasiado rápido!", y al terminar la fuga *Cum Sancto Spiritu in Gloria Dei Patri* la letra decía: "Esto es un plagio, señores, no me odien por ello".

Esa noche, en vez de improvisar al piano, Wolfgang se sentó y comenzó a contar anécdotas de su niñez, e hizo especial referencia a sus felices catorce años y a su relación con la emperatriz María Theresa. "Lo que sentí entonces... lo que sentí, no volverá jamás —dijo—. Sólo queda agitarse en el vacío de la vida cotidiana." Después se puso serio, bebió mucho vino y no volvió a pronunciar una palabra.

La última noche que Mozart pasó en Leipzig, también en casa de Doles, dio motivo a otra espléndida imagen del músico y del hombre, siempre según el pincel de Friedrich Rochlitz.

En un momento dado sus anfitriones, que estaban tristes por su marcha, le pidieron que escribiera algo que les permitiera recordar aquella velada. Mozart los llamó llorones y dijo que prefería irse a dormir, pero cuando le entregaron un papel pentagramado lo rompió en dos y se apartó a escribir, durante cinco o seis minutos. Cuando hubo finalizado entregó una hoja a Doles padre y otra a su hijo. Constituían un canon a tres voces que debían cantarse con las palabras "Pierdan cuidado, nos volveremos a ver", y "¿Por qué lloran como las viejas?". Entonces, lo entonaron todos juntos; es difícil imaginarse el efecto cómico y a la vez emotivo que esta melodía produjo en nosotros y, si no me equivoco, en el propio Mozart. Cuando hubimos terminado, de pronto y con aire ligeramente huraño, exclamó: "Adiós a todos", y se marchó.

Éste era el hombre que algunos irreductibles de la estulticia se empeñan en seguir mirando como un eterno niño.

Con fecha 17 de mayo Mozart anotó en su registro la composición de la Giga para piano, K. 547, una de las obras importantes de ese negro período. Robbins Landon se refiere a ella en los siguientes términos:

sus excéntricos modelos tonales se acercan a la música dodecafónica (once de las doce notas en los dos primeros compases) y su efecto general es kafkiano, suavemente siniestro como una araña.

El 19 de mayo Mozart estaba de nuevo en Berlín; asistió a una representación de su *Rapto* en el Teatro Nacional, y aunque no anunció su presencia fue reconocido y creó una gran conmoción; una de las cantantes, Henriette Baranius (1768-1853), se asustó tanto al verlo que se negó a cantar, y fue necesario que el propio compositor la convenciera de deponer su actitud (se dice que también la convenció de otras cosas más privadas). El día 23 asistió a un concierto de su ex alumno Johann Nepomuk Hummel, que entonces tenía doce años y estaba realizando una gira por Europa. Su madre, muchos años después, recordaba que cuando el pequeño intérprete vio a su maestro "apenas pudo contenerse, y en cuanto terminó de tocar se precipitó hacia él a través del público y lo abrazó con la mayor ternura". Fue recibido nuevamente por la familia imperial y tocó ante la emperatriz (26 de mayo), con pobres resultados económicos esta vez. Sus restantes gestiones, si las hizo, no obtuvieron resultados dignos de mencionarse, y el 29 de mayo emprendió la ruta de regreso. El 4 de junio estaba en Viena y, como casi siempre, con más gloria que dinero.

"MI MISERABLE SITUACIÓN"

Casi inmediatamente después de su regreso los Mozart se mudaron nuevamente, en esta ocasión a un lugar en el que ya habían vivido al principio de su matrimonio, situado en la Judenplatz, en el centro de Viena. Constanze volvía a estar embarazada y además cayó seriamente enferma, con una infección en un pie. Luego el cuerpo se le llenó de llagas, y Mozart pensó que su vida corría peligro.

Por supuesto, los gastos médicos que se generaron (Constanze fue atendida por el famoso doctor Closset)[10] consumieron rápidamente las ganancias de la gira alemana, y Wolfgang, en el colmo de la desesperación, volvió a pedir dinero a Puchberg. La carta comenzada el 12 y enviada el 14 de julio de 1789, mientras en París caía la Bastilla, es la más triste y humillante que el altivo compositor debió redactar en toda su vida:

Mi querido y excelente amigo: ¡Dios mío! Heme aquí en una situación que no le desearía ni a mi peor enemigo. (...) La última vez que estuve en su casa no tuve valor para abrirle mi corazón, y todavía no lo tengo. Apenas me atrevo, temblando, a hacerlo por escrito, y ni aun esto osaría si no supiera que me conoce, que sabe todos mis problemas y que está cabalmente convencido de que no es por mi culpa que me encuentro en esta desgraciada y lamentable situación. ¡Oh, Dios! En lugar de agradecimiento recibe nuevas peticiones. En lugar de venir con una liquidación de mi deuda llego con una nueva solicitud. (…) El destino me es ahora tan hostil, especialmente en Viena, que no puedo ganar nada, por más que lo intento. Hace quince días que he hecho circular una lista de suscriptores y sólo tengo un nombre: el de van Swieten. (…) Mi muy querido y gran amigo y hermano: usted conoce el estado actual de mis cosas y mis perspectivas. (…) Dentro de algunos meses, como máximo, mi suerte cambiará (…) y usted, excelente amigo, no correrá ningún peligro. Por ello, me atrevo a pedirle, mi único amigo: ¿Puede y quiere prestarme otros quinientos florines? Le garantizo un pago de diez florines por mes hasta que mis asuntos se hayan solucionado y pueda devolverle la totalidad con los intereses que le parezcan adecuados. Y yo quedaré agradecido con usted durante toda mi vida. (…) ¡Dios sea loado! Ahora ya lo sabe todo: está hecho. No se enoje por la confianza que deposito en usted, y piense que, sin su ayuda, la tranquilidad y tal vez la vida de su amigo y hermano no valdrían nada. Hasta siempre,

vuestro humilde servidor, amigo y hermano.

W. A. Mozart.

14 de julio:

¡Ah, Dios mío! Casi no puedo decidirme a enviar esta carta. Y sin embargo, debo hacerlo. (…) Adiós, y perdóneme, por amor de Dios. Perdóneme. Adiós.

El 17 de julio Puchberg no había acusado recibo de la implorante carta, y Mozart volvió a escribirle pidiéndole que lo ayudara "con la cantidad que le sea posible". El comerciante le envió inmediatamente ciento cincuenta florines; el dinero se cruzó con una breve misiva de Mozart que es un desolado grito de desesperación: "¡Por amor de Dios, le ruego que me envíe de inmediato el socorro que pueda, así como un consejo y un consuelo!".

Mozart cuidó a su esposa enferma y encinta con increíble ternura; andaba en puntas de pie y reprimía con severidad cualquier ruido que pudiera ser molesto a la enferma. Su cuñada Sophie Haibel cuenta que, en una ocasión, una criada entró haciendo más ruido del necesario en la habitación de Constanze, y Wolfgang, que tenía un cortaplumas en la mano, hizo un gesto brusco de silencio y se lo clavó hasta el hueso accidentalmente. Pese a ello, no emitió un sonido ni permitió que su esposa se enterase del insuceso.

Por fin, Constanze se recuperó y el médico le prescribió un tratamiento de baños en la vecina ciudad bávara de Baden, donde había un famoso y caro balneario de aguas termales. En agosto partió para ese lugar y Mozart quedó solo en Viena, dedicándose a componer otra vez; de esos meses durísimos del verano de 1789 son el Cuarteto de cuerdas en Re mayor, K. 575 (uno de los que debía escribir para Friedrich Wilhelm de Prusia); la Sonata para piano Nº 17, K. 576 (para la princesa Friederika de Prusia); las arias *Al desio di chi t'adora*, K. 577 y *Un moto di gioia*, K. 579; el aria *Alma grande e nobil cor* para soprano, K. 578; el aria *Schon lacht der Holde Frühling* para soprano, K. 580, y el maravilloso Quinteto para clarinete y cuarteto de cuerdas en La mayor, K. 581, dedicado a su amigo Anton Stadler[11]. Alfred Einstein dice, a propósito de esta obra:

> Mozart parece haber sido el primero en descubrir la gracia, el mórbido aliento, la profundidad y la conmoción que este instrumento es capaz de provocar. Aquí no hay dualismo entre solista y acompañamiento; hay sólo rivalidad fraterna. El adjetivo "fraterno" es aquí muy apropiado, porque clarinetes y cornos tenían para Mozart un carácter masónico.

Inmediatamente tuvo que ponerse a trabajar en la reforma de algunos aspectos de *Las bodas de Fígaro*, que el emperador Joseph II, ya muy enfermo, deseaba oír una vez más. Mientras Mozart escribía las nuevas arias para Adriana Ferraresi[12], que cantaría el rol de Susana (el *Deh,vieni, non tardar* fue sustituido; era sólo para Nancy Storace), Constanze se recuperaba en Baden, y según parece, muy rápidamente, pese a su avanzado embarazo; tanto que Mozart debió escribirle en términos bastante severos —aunque siempre tiernos y cariñosos— recordándole que no debía ser tan "familiar" con cierto noble que se tomaba demasiadas licencias.

Una parte fundamental de la mala imagen que los mozartianos tienen de Constanze deriva de este período y los siguientes que pasaría en Baden. Mientras el desdichado Wolfgang se quemaba las pestañas trabajando para poder pagar el tratamiento y escribía constantemente a Puchberg con solicitudes de dinero, su esposa parecía muy feliz y proclive a divertirse en el lujoso ambiente del balneario. No cabe duda de que Mozart no encontró en ella la compañera que hubiese necesitado en ese dificilísimo momento, la mujer capaz de tomar en sus manos la administración de la casa y de apoyar a su agobiado esposo. Casi todos los mozartianos están de acuerdo con este juicio, pero la principal excepción es muy fuerte: el propio Wolfgang.

Las bodas de Fígaro se repuso en el National Theater el 19 de agosto, con mucho éxito, y se representó doce veces hasta fin de año. Joseph II, que había regresado en el otoño de las guerras contra los turcos, parece haber disfrutado mucho la ópera mozartiana, y ello determinó que le encargara un nuevo trabajo escénico, imponiendo él mismo el tema. Según una anécdota que entonces se contaba como cierta, en 1788, cuando la guerra contra los otomanos acababa de estallar, dos caballeros llevaron a sus damas a un baile de máscaras, y se ausentaron con el pretexto de que debían marchar al frente. Sin embargo, volvieron disfrazados y cada uno trató, con éxito, de enamorar a la mujer del otro. La moraleja era evidente; no se puede confiar en las mujeres. El emperador disfrutó mucho con esta historia, y "sugirió" a Da Ponte que escribiera un libreto de ópera sobre ésta. Aparentemente era Salieri el compositor escogido para escribir la música, pero a éste el libreto le pareció indigno y renunció. Esto y el renovado éxito de *Las bodas de Fígaro* hicieron que el encargo fuera trasladado a Mozart, con una remuneración notablemente alta: doscientos ducados.

Constanze regresó de Baden sobre la fecha de su parto, y el 16 de noviembre dio a luz una niña llamada Anna Maria, que apenas vivió una hora. Una vez más la esperanza frustrada, el dolor, la muerte y los gastos funerarios. Mozart debió pedirle otra vez dinero a Puchberg (que le envió trescientos florines), pues su esposa quedó muy debilitada y deprimida.

No hay casi datos de los meses de otoño e inicios del invierno, durante los cuales Mozart trabajó en la composición de *Così fan tutte*; el día de Navidad organizó en su casa una audición de la obra con dos únicos invitados: Haydn y Puchberg. De esta forma, entre la miseria y la esperanza, entró el compositor en el año 1790, el último que vería finalizar.

La última ópera de Mozart y Da Ponte se estrenó al fin en el Burgt-heater el 26 de enero de 1790, con Mozart dirigiendo desde el teclado y un elenco de destacados cantantes. El tenor Vincenzo Calvesi[13] can-tó el Ferrando, Francisco Benucci fue Guglielmo, Francesco Bussani don Alfonso, Adriana Ferraresi Fiordiligi, Louise Villeneuve[14] Dorabe-lla y Dorotea Bussani, Despina. La obra pasó casi inadvertida, y no ge-neró las polémicas y los juicios encontrados que habían suscitado *Las bodas de Fígaro* y *Don Giovanni*. El tema era netamente de ópera *buffa*, y eludía los aspectos de crítica social presentes en *Fígaro* y las conno-taciones religiosas y filosóficas que rodean el personaje de Don Juan.

Por otra parte, había sido sugerido en forma directa por el empera-dor, lo que sin duda benignizó opiniones como las del siempre cáusti-co Zizendorf, que opinó que en *Così fan tutte* la música era "encanta-dora" y el libreto "muy divertido".

El título completo de la ópera, *Così fan tutte, ossia la scuola degli amanti*, está tomado directamente de *Las bodas de Fígaro* ("Così fan tut-te le belle", canta don Basilio en el primer acto), y Mozart empleó, en la obertura, la frase melódica que acompaña estas palabras. El tema no era en absoluto original, y ya había sido tratado, con pocas variaciones, en varias óperas *buffas*, entre ellas *La Grotta di Trifonio*, con libreto de Giambattista Casti y música de Salieri (lo que hace inexplicable su ne-gativa, si es que existió, a musicalizar el libreto de Da Ponte). No que-dan críticas del estreno, pero las opiniones de los contemporáneos coin-cidieron en juzgar esta obra por debajo de sus dos ilustres predecesoras. Niemtschek opinaba así: "Uno se maravilla de que aquella mente pri-vilegiada haya podido rebajarse hasta el punto de malgastar sus ce-lestiales melodías en un texto tan despreciable". El actor Friedrich Ludwig Schröder (1744-1816), destacadísimo masón, que asistió al estreno, dejó escrito en su diario, en 1790, que "una cosa tan misera-ble, que ofende a todas las mujeres, no podía agradar a ninguna espec-tadora del sexo femenino, y por consiguiente la obra estaba destinada a no hacer fortuna". Beethoven la despreciaba por lo "escandaloso" de su tema y por su "frivolidad"; Richard Wagner se expresaba así: "Le fue imposible crear efectos mágicos, como compositor, allí donde la poesía es plana e insignificante". Para Proud'homme, es "un himno de cínica ligereza a la Venus vulgívaga". Marcia Davenport opina que "en comparación con las otras obras maestras de Da Ponte siempre será considerada una trivialidad", y Massimo Mila: "es la ruina, alegremente lograda, de los propios ideales, lo que revela una especie de crueldad infantil".

Pero en los últimos años la tendencia ha cambiado radicalmente. Ya Richard Strauss manifestaba, en 1910, su preferencia por la "ironía superior" de *Così fan tutte*; pero quien inició la mutación fue Alfred Einstein, que considera el libreto de esta ópera

el mejor trabajo de Da Ponte, mejor que los que hizo para *Las bodas de Fígaro* y para *Don Giovanni*. (...) Toda la acción se desarrolla alegre y lógicamente, y, al final, experimentamos la satisfacción estética que se da ante la resolución de un problema de ajedrez. (...) Y lo más importante: la música de Mozart para *Così fan tutte* no es, en modo alguno, inferior a la de *Las bodas de Fígaro*; es simplemente diversa.

A partir de esta opinión han surgido otras en la misma línea. Edward G. Dent:

Così fan tutte es el mejor de todos los libretos de Da Ponte y el trabajo más exquisito entre todas las óperas de Mozart. Se trata del libreto más perfecto que un compositor podía desear, y ningún otro que no fuera Mozart podría haberle hecho justicia.

Christopher Porterfield, musicólogo, periodista y productor televisivo londinense:

El libreto de Da Ponte es una maravilla de ingenio, concisión y construcción dramática, una soberana refutación a todos aquellos que creen que los libretos de ópera son obras dramáticas de segunda categoría.

Y H. C. Robbins Landon:

Opino que *Così fan tutte* es el supremo ejemplo del perdón amoroso de Mozart, porque, en la musicalmente más perfecta de sus óperas, es donde hay más que perdonar y, en consecuencia, donde hay una mayor exigencia de verdadero amor.

De esta forma, la menos polémica de las óperas de Mozart se ha convertido, históricamente, en la más apasionadamente controvertida; el músico del perfecto equilibrio siempre ha generado las opiniones más radicales. Sin duda gran parte de la controversia se debe a la adopción de dos puntos de vista inconciliables; mientras los hombres de los siglos XVIII y XIX basaron sus juicios en consideraciones morales, los del siglo XX adoptan criterios estéticos. En medio de tanta opinión autorizada el autor de este trabajo, un simple mozartiano, tiene reparos en dar la suya; pero no puede dejar de señalar que, cuando ha tenido el privilegio de ver en escena *Così fan tutte* ha pasado momentos de inolvidable delicia. Y en tren de coincidir con opiniones autorizadas, no encuentro otra que me parezca más compartible que la del gran sir Thomas Beecham (1789-1961):

> *Così fan tutte* es un largo día de verano pasado en una tierra sin nubes junto a un mar que se abre al sur, y su "motto" podría ser el de Hazlitt: "Cuento solamente las horas serenas".

LA MUERTE DE JOSEPH II

Cuando se estrenó *Così fan tutte* era un secreto a voces que los días del emperador estaban contados. El fallecimiento se produjo por fin el día 20 de febrero de 1790; murió torturado por la idea de que sus intentos por crear una sociedad más justa y mejor habían fracasado de manera rotunda. La gran mayoría de los que fueron sus súbditos, sin embargo, lo lloraron con sincero pesar; había sido un buen hombre y un monarca justo y sanamente reformista, profundamente penetrado por las ideas del Iluminismo[15]. Cuando pasaba en su carruaje por una extensión de tierra donde había campesinos trabajando, solía descender y tomar un arado en sus manos para compartir durante un rato la faena de aquellos deslumbrados súbditos. Se admite, en general, que si Austria se mantuvo relativamente al margen de las convulsiones sociales y políticas que la Revolución Francesa generó en el resto de Europa, fue básicamente por las reformas de Joseph II.

Su actitud respecto de Mozart fue ambivalente; por una parte, le mostró un sincero aprecio personal y lo trató siempre con benevolencia ("es un talento sólido", decía). Sin embargo, lo mantuvo siempre en segundo plano frente a otros compositores, y cuando le ofreció un empleo estable le fijó un sueldo que era menos de la mitad del que cobraba su antecesor. En los últimos meses de su vida esa actitud estaba cambiando: había hecho representar *Don Giovanni* en Viena, había ordenado la reposición de *Las bodas de Fígaro* y le había encargado *Così fan tutte*, trabajo por el cual le pagó unos honorarios considerablemente más altos de lo que se estilaba. Tal vez el buen Joseph no llegó a captar toda la envergadura del genio de Mozart; pero supo apreciar la buena música e intuir la grandeza: "Las obras de Mozart son una tabaquera de oro manufacturada en París —dijo una vez—, mientras las de Haydn son una terminada en Londres".

El sucesor de Joseph fue su hermano Leopold II (1747-1792). Ascendido en momentos de gran convulsión internacional, con la Revolución Francesa en pleno proceso de radicalización y los nobles de ese país emigrando a sus tierras, dejó de lado el liberalismo de sus años mozos y siguió una política prudente y conservadora. Con Joseph II manifestarse como liberal o masón era bien visto y daba lustre intelectual; con Leopold en el trono, eso cambió de forma radical; los liberales comenzaron a ser mirados como peligrosos conspiradores y la masonería fue prácticamente ilegalizada. Este cambio de actitud perjudicó, por supuesto, la suerte de Mozart, que no dio señal alguna —más bien todo lo contrario— de moderar o disimular su clara adscripción a las corrientes revolucionarias de su tiempo.

Sin embargo, no parecen justificarse las opiniones de algunos especialistas que consideran que el nuevo emperador precipitó la ruina de Mozart. Lo confirmó en su puesto (Da Ponte cayó en desgracia y debió abandonar Viena; el conde Orsini-Rosenberg fue destituido y el mismísimo Salieri renunció, aunque como maniobra de reacomodamiento), le encargó la composición de *La clemenza di Tito*, no puso objeciones a la representación de *La flauta mágica* (una obra declarada y explícitamente masónica) y, después de algunos meses de una miseria que ya llevaba dos años rondándole, Wolfgang comenzó a ser solicitado otra vez y a ganar muchísimo dinero. Cierto es que el emperador no lo invitó a la ceremonia de su coronación imperial; pero esta política de dar con una mano y rehusar con la otra no era diferente a la que había seguido Joseph II.

Muy poco le duraron a Wolfgang las satisfacciones de *Così fan tutte*. El duelo por la muerte del emperador obligó a suspender las funciones entre el 20 de febrero y el 12 de abril, y los doscientos ducados que recibiera se agotaron rápidamente. Entre febrero y julio se sucedieron, con mayor frecuencia que nunca, las cartas a Puchberg en demanda de auxilio, el cual llegaba en cantidades cada vez más reducidas.

Desde el estreno de *Così fan tutte* el compositor se quejaba de dolores de cabeza, malestar, cansancio y depresión anímica. Viene al caso transcribir aquí la opinión del doctor Peter J. Davies:

> Existe clara evidencia de una alteración crónica del carácter de Mozart que surgió de manera imperceptible durante los primeros años de su madurez y duró hasta su muerte. Iba asociada con repentinos cambios patológicos de humor en los que se alternaban la hipomanía y la depresión. Parece evidente que corresponde un diagnóstico de desorden ciclotímico, asociado a personalidades maníaco-depresivas. (...) Los artistas con alteraciones ciclotímicas son capaces de desarrollar una increíble actividad durante sus períodos hipomaníacos, en los que su autoestima crece de manera vertiginosa, poseen un exceso de energía, una mente en plena actividad creativa y una necesidad de descanso muy disminuida. Mozart es un ejemplo perfecto de este tipo de artista.

Mientras tanto, Constanze había vuelto a desmejorar y estaba cumpliendo otra temporada en Baden, con el costo consiguiente en el momento más inoportuno. Wolfgang jamás emitió una queja respecto de estos gastos, y no cabe duda de que hizo lo posible por salir del paso: se esforzó por tomar otra vez alumnos, intentó dar conciertos por suscripción y trató de imprimir sus únicas obras de este período, los cuartetos, K. 589 y K. 590, escritos para Friedrich Wilhelm, rey de Prusia; en todos estos empeños cosechó el más rotundo de los fracasos, a excepción de dos alumnos que atendió poco tiempo.

¿Qué había pasado con el niño mimado de la aristocracia vienesa, con el joven compositor y pianista que deslumbraba en salones y teatros? Hay causas que explican esta metamorfosis: la inflación provocada por la guerra, la huida a sus posesiones rurales de la población pudiente, que dejó Viena prácticamente vacía, y, por último, la adscripción masónica de Mozart, que había compuesto una obra tan peligrosa como *Las bodas de Fígaro* fueron las principales. Y no está de más insistir aquí en que ni por un instante pensó en disimular sus ideas o cambiarlas por conveniencia; al contrario, se hizo un masón aún más abierto y militante. Como ya se ha señalado, esta actitud principista y de ribetes heroicos ha sido subestimada e ignorada por los estudiosos durante muchos años; por ello es conveniente señalarla una vez más.

En mayo Constanze se fue otra vez a Baden y Wolfgang quedó solo en Viena, sin dinero, sin perspectivas, con la salud deteriorada (debía ponerse constantemente paños en la cabeza para combatir el dolor) y con un ánimo tan deprimido que era incapaz de componer. Los meses del verano de 1790 vieron languidecer al compositor más genial de la historia, en el último año completo de su vida, sin trabajo, sin ingresos y sin saber qué hacer con su existencia.

CAPÍTULO 13

El año de los años

En los últimos días del verano Mozart abandonó su residencia, para ahorrar alquileres, y se fue a Baden, para estar junto a Constanze. En aquel ambiente frívolo y caro su miseria y su inacción se le hacían aún más insoportables. La dirección desde el teclado de algunas de las escasas funciones de *Così fan tutte* (no fueron más de diez en todo el año) fue su única actividad en ese terrible estío. Por fin, en septiembre los Mozart regresaron a una Viena vacía y hostil, en la que ya no tenían siquiera dónde vivir. Constanze se alojó en la casa de Hofer, el marido de su hermana Josepha.

LA GRAN REBELIÓN

¿Y Mozart? No sabemos a ciencia cierta dónde paró los primeros días de septiembre, antes de emprender el viaje a Frankfurt; pero sí sabemos que tomó una decisión gravísima, profunda, admirable: aquel período negro tenía que terminar. Basta de lamentos, de cartas mendicantes, de sequía creativa, de la eterna espera de respuestas y ofertas que nunca llegaban. Si la suerte no venía a él, sería él quien iría a buscar a la suerte.

Sin duda nunca fue tan grande Mozart, en su dimensión humana, como cuando decidió, en aquel desolado septiembre de 1790, empeñar los pocos objetos de plata y vender las escasas cosas de valor que tenía para iniciar su viaje a Frankfurt, a las fiestas de coronación del Emperador, para las cuales, increíblemente, no había sido invitado. El que todavía en 1983 era definido por Yves y Ada Rémy como "el más genial, alegre e indefenso de los músicos" dejó perfectamente claro, para quien quiere ver, que no tenía nada de indefenso; en los meses siguientes recuperó su poder creativo y lo llevó a unas alturas jamás igualadas por artista alguno; comenzó a ganar mucho dinero y dejó atrás el período terrible que amenazó con terminar con su carrera y con su vida. El hombrecito que tantos consideraban insignificante se quitó la adversidad de encima a empujones, recuperó el control de su destino y levantó un vuelo de alas sonoras desplegadas, que sólo la muerte —nunca tan estúpida e inoportuna— fue capaz de cortar.

En aquel septiembre de 1790 dos de los hijos del emperador, los archiduques Franz y Ferdinand, celebraron su compromiso matrimonial con dos de las hijas de los reyes de Nápoles, y ello motivó una serie de ceremonias oficiales en Viena. Hubo música, por supuesto, pero la Corte encargó los trabajos a Haydn, Salieri y Weigl; Mozart fue simplemente ignorado.

A principios de octubre debía celebrarse en Frankfurt la ceremonia de coronación de Leopold II, y todos los músicos importantes de Viena fueron invitados o comisionados a participar. Todos menos uno: Mozart. Eran dos cachetazos seguidos en medio del orgullo y las expectativas de Wolfgang. Ni siquiera era considerado como un artista de segunda fila; no contaba, no existía. Está claro que esta ofensiva actitud de Leopold estaba fundamentada en la mala imagen que se había hecho del músico; no sólo era un notorio masón, un liberal políticamente peligroso, sino un irresponsable y un pródigo, que había acumulado deudas en cantidades que jamás podría pagar.

Fue entonces que Mozart, como Mahoma, fue en busca de la montaña que no quería venir a él. Alquiló un apartamento en la Rahuensteingasse, modesto pero digno, cuya renta era de trescientos treinta florines anuales; a él se mudó Constanze junto a Thomas mientras su esposo viajaba hacia Frankfurt. Empeñó, como hemos dicho, sus objetos de plata y vendió las pocas cosas de valor que conservaba; pidió un préstamo a un usurero llamado Heinrich Lackenbacher, del que recibió ochocientos florines contra el pago de un documento que lo obligaba a devolver mil en dos años; y comenzó a tramitar un préstamo de dos mil florines, la mitad en efectivo y la otra mitad en documentos, con la garantía de Hoffmeister.

Por supuesto, estas transacciones eran ruinosas; pero lo que importa es el grito de rebeldía que testimonian. Una vez recibidos los ochocientos florines de Lackenbacher, Mozart puso en práctica la primera etapa de su proyecto; iría a Frankfurt por sus propios medios y a sus expensas. Alquiló un carruaje particular —el medio de transporte más caro— y el 23 de septiembre de 1790 partió junto a Franz Hofer, su concuñado. Cinco días después, desde Maguncia, escribió a su esposa en términos que recuerdan el estado de ánimo de sus mejores días:

El viaje está resultando muy agradable, y hemos tenido buen tiempo menos un solo día, y ese día no nos causó mayores problemas gracias a mi coche, que es maravilloso y al que me gustaría darle un beso. En Ratisbona almorzamos de manera espléndida, (…) tan bien como los ingleses, y bebimos un magnífico vino de Mosela. Desayunamos en Nuremberg —una ciudad fea— y engrosamos nuestras ya respetables barrigas tomando café en Würzburg, una ciudad magnífica. Nuestros gastos hasta el momento han sido razonables, aunque en Aschaffenburg el mesonero tuvo la simpática ocurrencia de robarnos en los precios de forma descarada.

El día 28 llegaron a la ciudad que era sede de las fiestas imperiales. En ese mismo momento moría, en Viena, el príncipe Nikolaus Esterhazy, hecho que tendría significación fundamental en el futuro del mejor amigo que Mozart tenía en la capital: Joseph Haydn. Inmediatamente, Wolfgang escribió dos cartas a su esposa, en las que se traduce su nuevo estado de ánimo junto a algún resabio de la etapa dramática que estaba comenzando a superar:

Estoy firmemente resuelto a probar suerte aquí, y luego seré inmensamente feliz al volver a estar contigo. Quiero trabajar, trabajar y trabajar. ¡Nunca, nunca más permitiré que las circunstancias nos lleven a la fatal situación que vivimos! (28 de septiembre).
Si la gente pudiera leer en mi corazón, me ruborizaría. Todo está frío en mí, frío como el hielo. ¡Ah, si estuvieras conmigo encontraría más satisfacción en la amabilidad y el cariño con que me trata aquí la gente! Pero así, solitario, todo me parece tan vacío… (30 de septiembre).

Esta alternancia de euforia y depresión se mantendrá durante el brevísimo resto de su vida; pero no le impedirá entrar en su más importante y rico período creativo. Su poderosa voluntad, tal vez la cualidad más destacada de su carácter, durante tantos años menospreciada por los estudiosos de su vida y su obra, se muestra victoriosa ante las dudas y las incertidumbres de una situación económica dramática y un progresivo pero imparable deterioro de su salud. Mozart mira el horizonte donde la aurora aún no ha asomado, y confía en ver pronto el rosicler; tiene genio y tiene fuerzas para provocar su advenimiento.

Hospedado inicialmente en una posada de Sachesenhausen, en los aledaños de la ciudad, y luego en la casa de Johannes Böhm, aquel empresario teatral que había conocido en Salzburgo, Mozart pasó la mayor parte de su tiempo escribiendo en su habitación; componía una fantasía para órgano mecánico (K. 594), un encargo del conde Joseph Deym[1]. Era una de las comisiones más míseras que había recibido jamás, y le disgustaba notablemente trabajar en ella; pero no abandonó la tarea. Hacía casi un año que no componía nada, y esta dura readaptación a la fertilidad creativa era necesaria. Entre *Così fan tutte* y el luminoso Quinteto de cuerdas N° 6 en Re mayor, K. 593, que iniciará en diciembre la monumental explosión creativa de su último año, había compuesto solamente dos cuartetos de cuerda destinados a cumplir el encargo de Friedrich Wilhelm de Prusia (K. 599 y 590), un *allegro* para piano (K. 312) y un dúo para soprano y bajo (K. 625). El esfuerzo por componer una bagatela que en tiempos normales le hubiese llevado una tarde señalan el tiempo fermental que precede a la recuperación de sus fuerzas.

El 3 de octubre, día del inicio oficial de las fiestas, Mozart volvió a escribir a Constanze anunciándole que el período de descanso y retiro "ha terminado, y comienza una etapa de agitación". Se había reencontrado con una antigua protectora suya, la condesa Maria Anna Hortensia von Hatzfeld (1750-1813), brillante pianista y cantante, y ésta le presentó a un rico banquero de apellido Schweitzer, que lo conocía y lo admiraba. Schweitzer empleó sus influencias para lograr una representación de *Don Giovanni* en el marco de las festividades y la realización de un concierto de Mozart a su propio beneficio. La primera idea fracasó, pero la última pudo llevarse a cabo. En lugar de la inmortal ópera de Mozart los responsables de la programación escogieron *El amor entre locos*, de Ditters von Dittersdorf. En la gala de la coronación se representó la pieza teatral *Federico de Austria*, de August Wilhelm Iffland[2]. Empero, ni aun en aquel clima de estúpida frivolidad fue posible ignorar a Mozart; el 10 subió a escena *Las bodas de Fígaro*, y es prácticamente seguro que el día de la ceremonia se interpretó la Misa en Do mayor, K. 317, llamada precisamente, a partir de ese día, *Misa de la Coronación*. Esto aconteció ante la indiferencia del compositor, que no hizo referencia alguna a estas versiones.

El 15 de octubre tuvo lugar el concierto de Mozart, en la gran sala de la Comedia Nacional de Frankfurt. El programa era tan largo y ambicioso que no pudo completarse; incluyó una Sinfonía (no fue una de las tres últimas, pues el conde Ludwig von Bentheim-Steinfurt, que asistió al concierto, afirma que ya la conocía), dos arias (una de ellas a cargo de su viejo conocido el *castrato* Ceccarelli), dos conciertos de piano con el compositor como solista y una larga improvisación al piano. El diario del conde Ludwig von Bentheim-Steinfurt (1756-1817) describe a Mozart ("un hombre pequeño, de figura agradable, vestido con un traje de satén azul marino ricamente bordado"), habla de su actuación ("tocó una fantasía improvisada realmente encantadora, en la cual estuvo infinitamente brillante") y protesta por la escasa asistencia.

Mozart confirmó este relativo fracaso:

Hoy, a las once —escribió a Constanze— ha tenido lugar mi academia, que ha resultado maravillosa en cuanto al honor se refiere, pero que me ha reportado poco dinero. (…) A despecho de todo, he estado tan inspirado, he obtenido un éxito tan formidable, que me han convencido para dar otra el próximo domingo. De modo que partiré de regreso el lunes.

Este proyecto, sin embargo, naufragó inmediatamente, pues Mozart y su acompañante iniciaron el viaje de regreso al otro día. En Offenbach Wolfgang se entrevistó con el editor Johann André[3], que lo recibió muy bien pero no tuvo interés en editar ninguna de sus obras. Según parece, André sugirió a Mozart que no escribiera música tan difícil y que se aproximara más a los gustos de la gente. El 17, desde Maguncia, Wolfgang escribió a Constanze uno de sus párrafos más bellos y delicados:

Mientras escribía esta página cayeron muchas lágrimas sobre la hoja. Pero en estos momentos, ¿qué sucede? ¡Oh, qué alegría! A mi alrededor veo volar una cantidad de pequeños besos. ¡Ah, ah! He atrapado tres; serán famosos.

Este brevísimo y poético texto es lo único que se conserva de la carta, destruida por Nissen y Constanze; de forma que ignoramos la causa de las lágrimas de Wolfgang[4].

En Maguncia se presentó ante el arzobispo Karl Friedrich von Erthal y dio un concierto, por el que recibió una modesta remuneración. Luego siguieron viaje hasta Mannheim, donde Wolfgang asistió a una representación de *Las bodas de Fígaro*, colaborando incluso en el ensayo general. Su modestia motivó una anécdota narrada por Bachaus, uno de los cantantes: "vi un hombre al que tomé por un pequeño aprendiz de sastre; me pidió permiso para escuchar, pero yo le dije que no, y que se fuera. '¿Es que no va usted a permitir que el *Kapellmeister* Mozart escuche su obra?' —me inquirió—. Pueden imaginarse mi vergüenza".

El 1º de noviembre llegaron a Munich, donde su viejo conocido Karl Theodor invitó a Wolfgang a participar en una academia en honor a los reyes de Nápoles, Ferdinand IV (1751-1825) y su esposa, la archiduquesa Marie Carolina de Habsburgo (1752-1814) que venían de Viena del casamiento de sus hijas. Mozart, que no había sido invitado a la ceremonia, comentó entonces, con justificada causticidad: "Un gran honor para la corte de Viena; el rey de Nápoles tiene que escucharme en un país extranjero". El concierto tuvo lugar el 4 de noviembre, y no hay mayores datos sobre su desarrollo. En la capital bávara visitó a sus amigos Cannabich y Ramm y escribió a Constanze la última carta de este viaje, en la que se traduce un nuevo optimismo:

> Tengo muchas cosas que hablar contigo. A finales del próximo verano tengo el proyecto de volver a hacer este viaje, pero en tu compañía, amor mío, para que intentes una nueva cura. El cambio de aires, las conversaciones que he sostenido con mis amigos y el movimiento me han sentado maravillosamente[4].

Los viajeros partieron hacia Viena por la ruta del norte, evitando pasar por Salzburgo; los lazos entre Wolfgang y Nannerl estaban irremediablemente rotos. Por fin, hacia mediados de noviembre estaban de regreso, y Mozart visitó así por vez primera su nuevo domicilio, que sería el último.

El nuevo apartamento, en el primer piso de un inmueble llamado Kaiser Haus, sobre la Rahuensteingasse, estaba bien situado y tenía cuatro habitaciones, cocina y vestíbulo, que ocupaban unos ciento cuarenta y cinco metros cuadrados. Era algo oscuro, pero significaba una mejora respecto de los sitios en los que la familia había vivido desde que dejara el lujoso piso de la Domgasse; la decisión de alquilarlo es una demostración más de que el compositor estaba decidido a dejar atrás los malos tiempos.

La quimera inglesa

Pocos días después de su llegada, recibió una carta enviada desde Inglaterra por Mac O'Reilly, director de la Compañía de Opera Italiana de Londres, y dirigida "al señor Mozart, célebre compositor de Viena". En ella se le proponía de manera formal instalarse en aquel país por seis meses con un salario total de trescientas libras esterlinas (unos tres mil florines). El contrato tendría vigencia entre diciembre de 1790 y julio de 1791, y en ese lapso Mozart estaba obligado a componer al menos dos óperas para el teatro contratante. Se le reconocía al compositor la libertad de trabajar en otros empeños profesionales, con la única prescripción de no escribir obras para otros teatros. La propuesta era excelente por todos los conceptos; los amigos ingleses de Mozart no lo habían olvidado.

El viaje a Londres nunca se realizó, sin embargo, y no sabemos bien por qué. ¿Tal vez el orgulloso Mozart no quiso abandonar Viena vencido y olvidado, y postergó el proyecto hasta el año siguiente —que no llegaría jamás para él— para demostrar que las circunstancias adversas no habían podido quebrarlo?

Por esa misma época llegó a la capital imperial un destacado violinista y empresario alemán llamado Johann Peter Salomon (1745-1815), que vivía en Londres desde 1781. El objetivo de su viaje era contratar a Haydn y a Mozart para las temporadas musicales londinenses, y se reunió con ambos en más de una oportunidad.

La muerte del príncipe Nikolaus Esterhazy había dejado a Haydn en libertad, ya que el príncipe Paul Anton Esterhazy, su sucesor en las prerrogativas del título, prescindió de sus servicios, aunque manteniéndole el salario. Se cuenta que Salomon, que era un hombre decidido, golpeó una noche la puerta de la casa de Haydn y le dijo, a boca de jarro: "quiero contratarlo para que venga a Londres. Aunque ahora me diga que no, seguramente mañana llegaremos a un acuerdo". El músico de cincuenta y ocho años se mostró al principio renuente a emprender la tardía aventura, pero Salomon le hizo una oferta y un adelanto en efectivo que fueron demasiado tentadores, y terminó por aceptar.

Salomon se reunió varias veces con Haydn y con Mozart, y los tres convinieron que el primero iría ese año y el segundo al siguiente. Haydn y Salomon partieron el 15 de diciembre hacia Londres; hay que situar en la noche del 14 la emocionante despedida de los dos grandes músicos. Según parece cenaron los tres juntos animadamente, y Mozart habría objetado a su amigo la pertinencia del emprendimiento; "Papá, tú hablas tan pocos idiomas", habría dicho Mozart. "Pero el que yo hablo se entiende en todo el mundo", fue la inolvidable respuesta.

Luego, en la noche vienesa, Mozart y Haydn quedaron solos y se despidieron protagonizando una de las escenas más célebres de la historia de la música. Sigismund Ritter von Neukomm (1778-1858), alumno de Haydn, decía haber recibido de boca de su ilustre maestro la memoria del siguiente diálogo:

—Me temo, Papá Haydn, que ésta es la última vez que nos vemos.
—¿Por qué? Aún estoy fuerte, y tengo buena salud.

Haydn creyó que su amigo, veintitrés años menor que él, hacía referencia a la posible muerte del mayor de ambos, lo que probablemente era cierto; pero doce meses después el que estaría muerto sería el más joven. "Mozart tuvo una especie de premonición de su muerte", dice von Neukomm.

Cuando el coche que llevaba al gran compositor de los Esterhazy partió rumbo a Londres, en la mañana invernal, Mozart, con el brazo en alto en signo de adiós, se quedó en Viena más solo que nunca. La quimera londinense nunca dejaría de ser tal.

ADIÓS A LA MISERIA

Pero la quimera vienesa se mostró más factible. En los primeros meses de ese año de 1791 que no vería finalizar Mozart entró en un período de fiebre creativa que sólo finalizaría con su muerte, y ello no sólo tuvo consecuencias históricas que cambiarían la música occidental, sino que significó una reversión espectacular de sus condiciones económicas; el hombre marginado y humillado por los círculos influyentes de la capital comenzó a ganar mucho dinero.

En esos días finales de 1790 y en los iniciales del nuevo año anotó en su catálogo dos obras fundamentales: el Quinteto de cuerdas N° 6 en Re mayor, K. 593, y el Concierto para piano N° 26, K.537, llamado *Coronación* (compuesto bastante antes). La otra obra anotada esos días es la Fantasía N° 1, K. 594 para reloj musical, que tanto y tan desagradable trabajo le había dado en sus primeros días de Frankfurt. Pero inmediatamente sigue una retahíla de obras circunstanciales: *lieder*, *minuettos* para orquesta, danzas alemanas, contradanzas, etcétera. A éstas se unieron el aria *Per questa bella mano*, K. 612 para bajo y ocho variaciones para piano sobre un tema de Schak, K. 613.

La guerra había terminado, y la aristocracia vienesa estaba regresando de sus seguras posesiones rurales; la capital recuperaba su ritmo de gran urbe y en febrero llegaban las fiestas de carnaval. Es para éstas que Wolfgang compuso la inmensa mayoría de las obras que acabamos de reseñar; predominan en ellas las danzas, contradanzas y *minuettos*, el género adecuado para los elegantes bailes carnavalescos de la buena sociedad, a los que solía asistirse con antifaz. La calidad musical de estas piezas, absolutamente inédita, hace que Robbins Landon considere que con ellas Mozart abrió un nuevo género de música bailable de alta factura, que se prolongaría en composiciones de Haydn, obras juveniles de Beethoven, los valses de Joseph Lanner (1801-1843) y la dinastía de los Strauss (podría haber agregado la *Invitación al baile*, de Karl Maria von Weber).

Mozart demostró en esta etapa no sólo sus cualidades de compositor excelso, no sólo su increíble capacidad de trabajo, sino un instinto comercial insospechado. Redujo para piano la mayoría de estas piezas bailables orquestales y se las vendió a las editoras de música Artaria, Lausch y Traeg. De esta forma, sus ingresos comenzaron a acrecentarse de manera notable; Robbins Landon estima en setecientos treinta y nueve florines el dinero que Mozart ganó por la edición y publicación de estas obras; prácticamente lo mismo que su salario anual como *Konzertmeister*. Y ello sin contar lo que recibió como pago directo por la composición de éstas. Estos excelentes resultados no impiden que el musicólogo británico, con toda razón, proteste ante la posteridad por la falta, en estos meses de frenesí creativo, de obras más importantes, como sinfonías, misas u óperas.

> ¿Es posible que la Corte no pidiera a su compositor de cámara más que minués y danzas alemanas, por magníficos que fueran? (…) Fue un desperdicio escandaloso, criminal incluso, del mayor genio musical de todos los tiempos.

Según el cálculo de Robbins Landon, Mozart ingresó, a lo largo del año 1791, la cantidad de cinco mil setecientos sesenta y tres florines, contando el préstamo de Lackenbacher y los honorarios recibidos por la composición de *La flauta mágica* (lo que es aproximativo, porque no hay documentos que establezcan cuánto cobró el compositor por su ópera masónica), *La clemenza di Tito* y el *Réquiem*. Era una cantidad extraordinariamente alta para cualquier músico de su tiempo; Haydn, en su brillante aventura inglesa, ingresó ese mismo año cinco mil ochocientos ochenta y tres florines, prácticamente lo mismo que Mozart. Pero debe recordarse que éste tenía grandes deudas, y que gran parte de éstas habían sido pagadas cuando se produjo su deceso; Lackenbacher, que era cualquier cosa menos amigo de Mozart y hombre de perdonar deudas, no se presentó como acreedor después del óbito, por lo que debe inferirse que los tres mil florines que Mozart le debía (o al menos dos mil de ellos, los que desembolsó en efectivo) ya le habían sido compensados. Mozart aparece también, en el inventario póstumo que se realizó de sus bienes, como acreedor de su amigo Antonio Stadler por la cantidad de quinientos florines, prestados ese mismo año. Por lo demás, tuvo ingentes gastos, debido a otra cura de Constanze en Baden, al nacimiento de su último hijo y a la enfermedad que terminó con su vida. En ese año definitivo los Mozart elevaron considerablemente su nivel de vida; arreglaron su apartamento (Wolfgang dejó deudas con un tapicero), renovaron su indumentaria (quedaron cuentas con sastres y zapateros, y el vestuario dejado por Mozart al morir era extraordinariamente rico y variado) y tenían tres servidores; dos empleadas llamadas Leonore y Sabinde (la primera fue despedida en el verano) y un tal Joseph, a quien Wolfgang llamaba "Primus", que les traía la comida diariamente desde la posada.

El 4 de marzo se realizó en el Janscher Saal, muy cerca de la casa de Mozart, un concierto organizado por la Tonkünstler-Societat. En él participó Mozart, y con toda seguridad tocó su Concierto para piano Nº 26, K. 595, que acababa de terminar o reformar el 5 de enero. Ésta fue la última vez que el compositor se presentó ante el público vienés como intérprete. Pero en los Conciertos de Cuaresma celebrados los días 16 y 17 de abril el programa comenzaba con "Una nueva gran sinfonía del señor Mozart". Estos conciertos fueron dirigidos por Antonio Salieri, y es opinión predominante que esa "nueva gran sinfonía" fue una de las tres últimas.

Las otras actuaciones que realizó fueron en salones privados; el 14 de abril hizo interpretar su último Quinteto de cuerdas, K. 614, en casa de Johann Tost, rico comerciante en telas, violinista de la orquesta Esterhazy (Haydn compuso para él unos célebres cuartetos que llevan su nombre) y masón, que lo había encargado (y que probablemente se quedó con la partitura, ya que entregó música autógrafa de Mozart a Constanze, despues de la muerte del compositor). Por esos mismos días se presentó tocando el violín como parte de un cuarteto en casa de Franz Sales von Greiner (1730-1798), padre de Karoline Pichler.

UNA IDEA AUDAZ

Contra lo que se ha dicho muchas veces, Emmanuel Schikaneder no pertenecía a la misma logia que Mozart, aunque también era masón. En el curso de una vida errante, como era la de los artistas teatrales de su época, Schikaneder se había instalado en Viena, donde en 1788 había fundado un teatro situado en el barrio del Wieden, en las afueras de la ciudad, llamado Freihaus Theater. Mozart tenía bastantes contactos con elementos de la compañía, para la cual llegó a escribir varias obras de circunstancias.

Una serie de coincidencias llevaron a que Schikaneder y Mozart decidieran componer en colaboración una ópera (más bien un *singspiel*) de características muy especiales. Wolfgang estaba en plena fiebre creativa, amaba por sobre todas las cosas componer para la escena y la marcha de Lorenzo Da Ponte lo había dejado sin libretista con quien discutir ideas y trabajar. Schikaneder estaba pasando por una excelente coyuntura económica y profesional, ya que su teatro tenía mucho éxito, especialmente con obras en alemán; la ópera *Der dumme Gärtner aus dem Gebirge oder Die zween Anton* (*El jardinero necio de las montañas, o los dos Antones*), con texto del propio empresario y música de Benedikt Schak[5] y Franz Xaver Gerl[6] había tenido una notable asistencia de público.

Era *vox populi* que el emperador pensaba cerrar las tres logias que actuaban en la capital. La represión contra las actividades de la sociedad secreta era cada vez más estricta; las logias debían presentar una lista de sus afiliados y comunicar todas sus actividades a la policía, con lo cual el carácter secreto de éstas quedaba desvirtuado. Muchas personas dejaron de asistir a las reuniones y ceremonias, y aún sin un decreto oficial de disolución, las organizaciones masónicas estaban desapareciendo por consunción.

En esas circunstancias, dos eximios intelectuales masones (Mozart y Schikaneder) decidieron jugar una comprometida carta: componer y representar una ópera masónica. Una obra en la cual no sólo se proclamaran los ideales y la cosmovisión de los masones, sino que se registrara gran parte de su ceremonial y sus cábalas. En qué momento decidieron emprender esta tarea no se sabe; pero en mayo Mozart se hallaba ya trabajando en ella, y a partir de junio esta actividad ocupaba el centro de su atención y sus esfuerzos. La obra debía ser, por una parte, explícita en la exaltación de los principios de fraternidad universal de los masones, y por otro lado, críptica, de forma que se eludieran en lo posible los problemas con la censura. Así surgió la idea de crear una pieza para niños, un cuento de hadas que recubriera el verdadero objetivo.

La empresa era arriesgada en aquel momento, y prueba una vez más, por si hiciera falta todavía, que la adhesión de Wolfgang a las ideas del Iluminismo y su condición de masón eran entonces un elemento fundamental de su existencia, hasta el punto de llevarlo a arriesgar su carrera y su seguridad. No cabe duda de que *La flauta mágica* fue la obra más personal de Mozart, al menos en el campo de la música dramática; aquella que compuso sin encargos y con toda libertad, porque quería escribirla. No es de extrañar entonces que el producto de este esfuerzo haya sido no sólo la mayor ópera alemana de todos los tiempos (la opinión, entre otros, es nada menos que de Wagner) sino una obra básica, vertebral, de la cultura de occidente.

En ese mismo mes de mayo Mozart había escrito al Ayuntamiento de Viena, pidiendo ser nombrado adjunto honorario del *Kapellmeister* de la Iglesia de St. Stephan, Leopold Hoffman (1730-1792), que por entonces tenía sesenta y un años y estaba muy enfermo. Era prácticamente seguro que el adjunto heredaría el cargo del titular en caso de fallecimiento. La municipalidad vienesa resolvió favorablemente la solicitud, pero las cosas no fueron como Mozart había planeado: él murió el 5 de diciembre de ese año, y Hoffman en marzo de 1792.

En junio una Constanze embarazada de siete meses marchó otra vez a Baden. Wolfgang volvió a quedarse solo en Viena, trabajando con extraordinaria intensidad. Esta vez su esposa se llevó consigo a su hijo Karl, a su sirvienta Sabinde y a Franz Xaver Süssmayr (1766-1803), que tenía entonces veinticinco años y recibía clases de Wolfgang desde inicios de ese año. Una semejante comitiva alojada en el balneario hubiera sido inconcebible en los años de las estrecheces.

Süssmayr tenía talento y simpatía, y fue una de las personas más cercanas al maestro durante los meses de vida que a éste le quedaban; las malas lenguas de la época (y posteriores) afirmaron que esa vinculación afectiva fue aún más fuerte con Constanze, a quien ni el embarazo ni las dificultades quitaban las ganas de vivir y divertirse. Algunos han sugerido que el verdadero padre del hijo menor de Mozart, Franz Xaver Wolfgang, fue Süssmayr, pero la especie raya en lo canallesco (implicaría que Mozart habría aceptado la situación e incluso la habría "oficializado" poniendo a su presunto hijo los nombres de pila del amante de su mujer; Mozart no era von Bülow). Además, hay una prueba irrefutable de que Franz Xaver Wolfgang era hijo de quien era: es relativamente conocido que Mozart tenía una malformación en la oreja izquierda, a la que le faltaba el dibujo natural, conocido como "concha"; a este tipo de oreja plana se lo conoce, en terminología médica moderna, con el nombre de "oreja de Mozart". Pues bien, el hijo menor del compositor heredó idéntica malformación, y con ello, sin proponérselo en absoluto, dio un mentís rotundo a la calumniosa versión.

Aunque sus principales desvelos se volcaban en *La flauta mágica*, Wolfgang seguía produciendo obras maestras en otros campos; en abril había compuesto el Quinteto de cuerdas Nº 10, K. 614, encargo de Johann Tost, una de sus obras de cámara de hermosura más radiante, y en mayo compuso su Adagio y Rondó para armónica de cristal, flauta, oboe, viola y chelo, K. 617. La armónica de cristal es un curioso instrumento formado por copas de cristal que, al rozarlas con los dedos en el borde, emiten un sonido musical perfectamente identificable. Una joven ciega llamada Marianne Kirchgasser (1769-1808) era una excelente intérprete de este instrumento, y para ella escribió Mozart estos dos movimientos, llenos de serena diafanidad y con un timbre extraño y subyugante.

También de junio es una de las más bellas obras religiosas de Mozart, que volvió así al género después de un largo silencio de ocho años; el *Ave, verum corpus*, un motete en Re mayor para cuatro voces, K. 618 en el cual el compositor muestra una religiosidad austera pero hondamente emotiva, con una expresión directa y simple. De julio es la *Pequeña cantata alemana para piano y soprano*, K. 619, que tiene la belleza inefable de todo lo que Wolfgang creó en esta etapa de su breve existencia.

Mozart alcanzó, en este tiempo, una altura compositiva que jamás, ni antes ni después, volvería a repetirse en el mundo[7]. Al tiempo que escribía una ópera larga y de altísima elaboración musical, al tiempo que atendía los aspectos prácticos de su vida y la de su familia, fue capaz de crear un puñado de piezas maestras de inmarcesible vuelo, que otros compositores de primera línea hubiesen cambiado con gusto por la obra de toda su vida. Si siempre tuvo una enorme facilidad para escribir, si sus manuscritos rara vez tienen tachaduras o correcciones, ésta parece haber sido la época de la total superación de toda dificultad técnica.

Aquella última y radiante fiebre creativa se traducía en una permanente tensión, en una cierta electricidad que lo llevaba a ponerse a escribir o a tocar en las circunstancias más imprevistas. Un peluquero que lo atendió en aquellos meses recordaba, mucho después, que

una mañana le estaba arreglando el cabello a Mozart, y precisamente cuando estaba terminando de hacerle la coleta se levantó de manera imprevista y se fue hasta la habitación vecina, donde había un piano. Yo lo seguía desconcertado, con su coleta en las manos, pues él no usaba peluca; se sentó al piano y comenzó a tocar de una forma tan maravillosa —era la primera vez que yo escuchaba un piano como aquél— que solté la coleta, me olvidé de mi trabajo y quedé embelesado, escuchando. Sólo cuando hubo terminado y se levantó terminé de peinarlo. Otro día, yo iba caminando por la calle y al doblar desde la Kärntnerstrasse hacia la Himmelpfortgasse vi a Mozart, que venía a caballo. Al verme se detuvo, pero cuando yo le hablé, para preguntarle si podía recibirme aquel día, sacó del bolsillo una especie de tabla pequeña y se puso a escribir música, totalmente abstraído. Al cabo de un rato le repetí la pregunta y entonces, como volviendo de un sueño, me contestó que sí.

LE FINESTRE SON QUESTE

Al tiempo que desarrollaba esta impresionante dinámica creadora, Mozart escribía a su esposa, que estaba en Baden, con un buen humor y una vitalidad que no podían hacer sospechar un fin tan próximo. La llama "Stanzi Marini", le da noticias siempre alentadoras, le aconseja una y mil veces que cuide su salud, envía recomendaciones para Karl, que en septiembre cumplirá los siete años, y se despide con su emocionante capacidad de ser tierno y delicado: "Adiós, querida, único amor; toma aire y ponte bien. Vuelan hacia ti 2.999 besos y medio, que esperan ser atrapados" (carta del 6 de junio).

Pese a ello, algunos indicios muestran que no confiaba demasiado en la conducta de Constanze; fue a visitarla algunos fines de semana, y en una ocasión llegó de noche y trató de entrar en la habitación de su esposa por la ventana y con el mayor secreto. Un alférez que reposaba de heridas de guerra vio a aquel hombre que trepaba furtivamente por la pared para introducirse por la ventana de su vecina y, pese a su cojera, salió rápidamente a la calle y le dio la voz de alto: "¡Deténgase! ¿A dónde va, señor? Ésta no es precisamente la puerta". "¿Pero se me estará permitido, supongo, entrar en la habitación de mi mujer?", respondió el intruso.

Mientras Constanze descansaba, como una gran señora, y seguramente se divertía, su esposo trabajaba en Viena con un ritmo capaz de minar el organismo más saludable. "Con mucho esfuerzo he compuesto hoy un aria de mi ópera —escribía a Baden el 11 de junio—. Estoy levantado desde las cuatro y media de la mañana." Y el 12: "A las cinco de la mañana estaba de nuevo en pie". Las únicas quejas de Wolfgang, aparte de lamentar la lejanía de su mujer, se refieren al silencio de ésta, que le escribía con mucho menos frecuencia que la que él mismo empleaba.

Preocupado por la relativa lentitud con la que Mozart iba completando la partitura de *La flauta mágica*, y por la soledad en que se encontraba, Schikaneder se lo llevó a una cabaña de madera que se alzaba en las proximidades del Freyhaus Theater. Allí encontró el compositor un ambiente más agradable, rodeado de gente joven y alegre, y alternó sus horas de trabajo con la diversión; se dice que mantuvo un romance con la cantante Maria Anna Gottlieb, a la que todos conocían como "Nanette"[8]. En aquel 1791, en la esplendidez de sus diecisiete años, Maria Anna parece haber sido una agradable compañía para el sobresaturado y ya exhausto compositor.

El 8 de julio Constanze se sintió mal y Wolfgang dejó todo y marchó a Baden. Allí pudo escuchar una de sus misas de juventud, interpretada por Anton Stoll[9] y cantada por una sobrina de éste de diez años de edad, llamada Antonia Huber. Muy contento con el desempeño de la niña Wolfgang le regaló un ducado y le pidió que creciera rápido, para poder llevarla a Viena. Los Mozart regresaron el 11 de julio, y el 24 Wolfgang tuvo el gran disgusto de enterarse de la muerte de su amigo y maestro Ignaz von Born. El 26 Constanze dio a luz, esta vez con toda felicidad, un hijo varón a quien pusieron por nombre Franz Xaver Wolfgang.

Unos días después el compositor recibió la visita de Lorenzo Da Ponte, que se marchaba a Inglaterra; invitó a Mozart a ir con él, pero en ese momento era del todo imposible. Quedaba así disuelta para siempre la colaboración más trascendente de la historia de la ópera, más breve pero mucho más fructífera que las que unieron a Gluck y Calzabigi, a Bellini y Romani o a Verdi y Arrigo Boito.

LA MISA DE RÉQUIEM

La historia de la composición de la *Misa de Réquiem* de Mozart debe ser la más difundida en toda la existencia del compositor. Su romántico carácter premonitorio ha fascinado a todos los interesados en la música, mozartianos o no, durante más de doscientos años. Y la primera víctima de esa fascinación fue el propio Mozart.

Según la ya clásica narración de Niemtschek, en una fecha indeterminada pero anterior a la coronación del emperador Leopold como rey de Bohemia (que tuvo lugar en Praga el 6 de septiembre, de modo que hay que situar la anécdota hacia el mes de julio) Mozart recibió la visita de un desconocido que le traía una carta anónima. En ella, en medio de grandes halagos, se le proponía componer una misa de Réquiem, y se le pedían condiciones. El compositor consultó a Constanze, que le aconsejó que aceptara la oferta. Mozart pidió entonces una cantidad, al parecer moderada, pero no se comprometió a plazo de entrega alguno. Poco tiempo después el desconocido regresó con el dinero y la promesa de otra paga similar en el momento de la entrega del trabajo; al mismo tiempo, le recomendó que no hiciera esfuerzos por averiguar quién formulaba el encargo, porque sería inútil.

La narración de Niemtschek, que recoge Nissen casi textualmente, es mucho menos romántica que la que se ha difundido tan ampliamente; fue Rochlitz, siempre muy imaginativo, quien modificó el carácter del encuentro; definió al mensajero como "un hombre de mediana edad, serio, imponente, con expresión solemne", y puso en boca de éste la razón del pedido:

alguien muy querido y cercano a esta persona (al autor del encargo) ha muerto y él desea recordar el día de su muerte, con recogimiento y dignidad; solicita que usted componga un Réquiem con ese fin.

Afirma que Mozart pidió cien ducados, que le fueron pagados en el acto, y habló de cuatro semanas para finalizar el trabajo; el compositor habría quedado "muy conmovido por la conversación, por el misterio que envolvía todo aquel asunto y por el tono solemne de aquel hombre".

Las diversas narraciones del episodio realizadas por contemporáneos del compositor (Niemtschek, Nissen, Rochlitz, el anónimo autor de un artículo publicado en el periódico *Salzburger Intelligenzblatt* el 7 de enero de 1792) difieren entre sí en detalles; por ejemplo, el visitante estaba vestido de negro o con una capa gris, según distintos autores; algunos dicen que el pago de los honorarios fue inmediato, otros que se hizo efectivo en la segunda visita; ésta, para algunos, se produjo al otro día de la primera, y para otros varios días después; Niemstchek la fija en el momento en que Wolfgang iba a subir al carruaje que lo llevaría a Praga para el estreno de *La clemenza di Tito*, hacia el 25 de agosto de 1791.

En 1954 se encontró un retrato al óleo de Franz Anton Leitgeb (1749-1812), hijo del Intendente de Viena, que fue, según todos los indicios, el misterioso enviado. Era un aficionado a la música que tocaba varios instrumentos y que tenía una estrecha amistad con Franz Walsegg, conde von Stuppach (1763-1827), que fue quien encargó el Réquiem. Se presume que Leitgeb recibió la comisión de conseguir la obra para el conde, y que consultó al respecto a Puchberg, quien le recomendó a Mozart. Según Arthur Hutchings, el retrato de Leitgeb justifica la impresión que causó al compositor: "en verdad, presenta —afirma el musicólogo inglés— un aspecto poco agradable, si juzgamos por el lienzo. ¿Qué efecto podía causar un personaje hirsuto, envuelto en una capa y tocado con un tricornio?"[10].

En 1964 se encontró, en los archivos municipales de Wiener Neustadt, cerca de la capital, un largo informe que firma Anton Herzog, director de coros, miembro del Colegio Principal y director del Centro de Información de la Región, testigo de primera mano de todo el asunto (era profesor de un colegio que el conde Walsseg financiaba en Klam). Dicho informe ha eliminado casi todas las dudas que durante ciento setenta y dos años habían torturado a los estudiosos. Se hace referencia a Herr Franz, conde von Walsseg zu Stuppach (1763-1827), un señor feudal culto y misántropo, que vivía en su castillo al estilo antiguo. Este curioso personaje estaba casado con Anna von Flammberg (1771-1791), de la cual estaba profundamente enamorado. El conde tocaba el violoncelo y dos veces por semana organizaba conciertos y representaciones teatrales, en los que tomaban parte todos sus servidores y amigos, algunos de los cuales eran destacados músicos. Entre ellos estaba el propio Herzog, que solía tocar el segundo violín.

Las obras que se interpretaban en dichas veladas eran, en su mayoría, encargadas secretamente por el conde a destacados compositores y luego presentadas como propias; Hoffmeister, por ejemplo, le entregó varios cuartetos para flauta. Von Walsseg hacía copiar las partituras a mano, con primoroso cuidado, a partir de un original que presentaba de su puño y letra. La obra se interpretaba, y luego el conde preguntaba quién se atrevía a descubrir al autor; todos decían que no podía ser otro que él mismo. Von Walsseg zu Stuppach sonreía enigmáticamente, como asintiendo con pudor. "A nosotros nos divertía que nos considerara tan inocentes", comenta Herzog.

El 14 de febrero de 1791 la bella Anna von Flammberg, que tenía apenas veinte años, falleció de forma inesperada, sumiendo a su esposo en amargo dolor. El conde le hizo levantar un mausoleo que costó tres mil florines y encargó la composición de una misa de Réquiem, que haría pasar como propia y se tocaría en cada aniversario de la fecha fatídica. El encargo fue hecho a Mozart, que murió sin completarlo, pero el conde recibió la obra terminada por Süssmayr. Walsseg se consideró parcialmente estafado y pensó en demandar a la viuda de Mozart, pero finalmente se quedó con la obra y la hizo estrenar en Wiener Neustadt el 14 de diciembre de 1793. El 14 de febrero de 1794, en el tercer aniversario de la muerte de su esposa, el *Réquiem* se interpretó en la iglesia de la casa del conde, por última vez, ya que von Walsseg no quiso que se volviera a tocar. Después de la muerte de éste y de su secretario Hagg (1838), se encontró en el archivo musical del castillo el manuscrito original, en el que Süssmayr había imitado la letra de Mozart.

Herzog recuerda que von Walsseg "quería intrigarnos con el *Réquiem*, al igual que había hecho con los cuartetos. En nuestra presencia siempre dijo que aquella composición era suya, pero al decirlo sonreía"; y finaliza su impresionante testimonio con un doble homenaje: "En paz descansen las cenizas del gran maestro, así como las de su venerado protector, a cuya generosidad debemos tan valiosa obra de arte".

En definitiva, toda la misteriosa y fúnebre historia se debía al amor lacerado de un esposo por su amada muerta y a sus veleidades de compositor frustrado, que lo llevaban a trampear a sus amigos presentando como propias obras que había encargado a otros. Los mozartianos han tratado con dureza a este Herr Franz von Walsseg zu Stuppach, acusándolo de ladrón intelectual y de paranoico; al autor de estas líneas el estrafalario y sensible conde le produce una irresistible simpatía. La sonrisa supuestamente enigmática con la que contestaba a quienes, por simple adulación, lo felicitaban por la autoría de una obra que él sabía de otro es un detalle encantador, que demuestra que Herr Franz no se tomaba ni a su propia vanidad ni a sí mismo demasiado en serio, lo que es privilegio exclusivo de los espíritus superiores. Y en definitiva, tiene razón Anton Herzog; fue gracias a él, a su amor perdido y a su generosidad, que tenemos la *Misa de Réquiem* de Mozart; y esta aportación debe librarlo para siempre de las diatribas y del olvido.

¿Qué parte del *Réquiem* terminó el propio Mozart y cuánto escribió o completó Süssmayr después de su muerte? Según parece, lo que el compositor dejó finalizado y orquestado fue el Introito (*Réquiem aeternam*), y esbozó los temas desde el Kyrie hasta el final del Hostias (Dies irae, Tuba mirum, Rex tremendae, Recordare y Confutatis); el Lachrymosa quedó apenas apuntado (ocho compases). Süssmayr habría terminado el Lachrymosa y habría compuesto totalmente el Sanctus, el Benedictus y el Agnus Dei. Pero el tema sigue bajo intensa polémica.

En primer lugar, la propia aportación de Süssmayr está en duda, ya que Constanze, ofendida con el alumno de Mozart "por razones que ya no recuerdo", según ella misma declaró, le encargó el trabajo de finalizar la obra a Joseph Leopold von Eybler[11]. Pero éste rehusó, por lo que Constanze no tuvo más remedio que encargárselo a Süssmayr. La viuda, en carta al abate Maximilian Stadler[12] de mayo de 1827, minimiza totalmente la aportación del alumno de Mozart: "Yo pensé que aquello podía hacerlo cualquiera —dice— porque todas las partes principales estaban escritas". En esa misma carta Constanze narra que, en los últimos días de su vida, Wolfgang trabajó varias veces en el *Réquiem*, con Eybler y Süssmayr, y que ella misma participó en la tarea de ensayar varias partes cantadas. "Me parece estar oyendo a Mozart cuando le decía a Süssmayr: 'Eh, estás ahí como un pato en mitad de una tormenta. Nunca podrás entender esto'". Constanze llega a sugerir que Süssmayr robó algunos apuntes que Mozart tenía en su habitación, aprovechando las circunstancias.

Por consiguiente, es absolutamente imposible saber con certidumbre cuánto del *Réquiem*, tal cual ha llegado hasta nosotros, fue creado por Mozart. Lo que escribió Süssmayr pudo perfectamente haber sido esbozado en sus aspectos principales por el compositor, y la tarea de su alumno puede no haber pasado de la instrumentación. Incluso no está claro lo que pudo poner de su cosecha Eybler, que tuvo el manuscrito en su poder algunos días antes de declinar la responsabilidad de terminarlo.

Süssmayr se atribuyó luego prácticamente la autoría total de la obra, pero ya en la época se pronunciaron vehementemente en su contra los allegados a Mozart, desde Constanze hasta el abate Stadler. Robbins Landon ha probado que, luego de la muerte de Wolfgang, su alumno se aproximó al grupo de Salieri, y supone que ya en esa época jugaba de "quinta columna". Nos parece que este último factor tiene poco que ver con el tema; la actitud posterior de Süssmayr, que quería hacer carrera, no viene demasiado al caso.

Ahora bien, aunque los mozartianos que defienden a ultranza la vocación masónica de Mozart sigan sosteniendo que trabajó en el *Réquiem* a desgano y "en ratos perdidos" (como si la militancia en la masonería necesariamente tuviera que limitar el sentimiento religioso), todos los documentos de la época dicen lo contrario; Mozart se sintió muy impresionado por aquel extraño encargo, trabajó en la obra con pasión y si no la terminó fue por la urgencia de otros emprendimientos y no por desinterés. Y el resultado es impresionante; el *Réquiem* posee una potencia expresiva tal, una fuerza conmovedora tan pronunciada (y por momentos terrible) que sólo puede ser obra de un músico excepcional. En contra de las pretensiones de Süssmayr no se alzan documentos contundentes, pero sí la propia envergadura del *Réquiem*. En la belleza y poderío de la música está el mejor documento de que esta Misa tuvo un autor esencial, y ése fue Mozart.

LA CLEMENZA DI TITO

A principios de agosto, cuando estaba dando los últimos toques a *La flauta mágica* y trabajaba en el *Réquiem*, el compositor recibió de Guardasoni, director del Teatro Nacional de Praga, el encargo de componer una ópera para las fiestas de coronación del emperador Leopold II como rey de Bohemia. Dicha ceremonia estaba prevista para el 6 de septiembre en Praga, de modo que el tiempo era escasísimo y era necesario abandonar todos los otros trabajos en curso si se decidía a aceptar la proposición. Los honorarios eran excelentes (doscientos ducados más cincuenta para gastos; en total, unos mil ciento cincuenta florines) y el libreto estaba escogido sin posibilidades de opción: *La clemenza di Tito*, de Metastasio, que ya había sido musicalizado por varios compositores anteriormente (Caldara, Hasse, Gluck, Jomelli, Holzbauer y Guglielmi, entre otros). El propio Mozart había asistido, en enero de 1770, en Cremona, a una representación de la obra de Hasse. El entonces poeta oficial de la corte de Viena, Caterino Mazzola, quedaría encargado de realizar al texto las modificaciones que se considerasen necesarias.

No había sido Mozart el escogido inicialmente para componer la ópera. Leopold quería contratar a Domenico Cimarosa[13], pero no fue posible, porque el gran compositor estaba en Rusia. El encargo, dada esta imposibilidad, fue hecho entonces a Antonio Salieri (a quien el emperador no apreciaba demasiado como persona), y sólo después que éste hubo rehusado se pensó en Mozart. Claro que Guardasoni y los hombres de Praga, que en tan alta estima tenían al compositor de *Don Giovanni*, deben haber influido en la elección, pero si el encargo recayó en éste fue por razones fortuitas[14]. Tal vez Guardasoni recordó la oferta que hiciera a Wolfgang en 1789 de componer una ópera exactamente por el mismo precio (doscientos cincuenta ducados), que no pudo llevarse a cabo en ese momento; hay quien ha sostenido, sin pruebas firmes, que en esa ocasión ya se había hablado de *La clemenza di Tito*, y que Mozart tenía ya algunas partes compuestas antes de recibir el encargo de 1791.

La oportunidad era de extraordinario interés para Wolfgang, no sólo por los aspectos económicos, sino porque significaba su regreso al círculo de compositores que importaban en la corte imperial. Por lo tanto, aceptó inmediatamente y se puso a trabajar con extraordinaria intensidad; incluso para Mozart era tarea sobrehumana componer una larga ópera en tres semanas. La tradición sostiene que *La clemenza di Tito* se compuso en dieciocho días. No parece ninguna casualidad que después de este tremendo sacrificio se hayan agravado los quebrantos de salud del compositor.

Después de más de veinte días de trabajo intensísimo, en el que colaboró Süssmayr (que escribió todos los recitativos, según él mismo decía), Mozart se dispuso a viajar a su amada Praga, que vería en esa ocasión por última vez. Constanze dejó a sus dos hijos —el segundo recién nacido— tal vez a cargo de una de sus hermanas y lo acompañó. Con el matrimonio viajó Anton Stadler.

Llegaron a Praga el 30 de agosto; Mozart ni siquiera había disfrutado mínimamente el hermoso viaje, ya que no levantó un momento los ojos de las partituras. Su arribo pasó inadvertido, al contrario de lo que sucedió con Salieri; éste había llegado el 26 con cinco carruajes y veinte músicos.

El matrimonio Mozart se alojó en casa de los Duschek y el compositor fue inmediatamente objeto de una recepción formal y un homenaje de la logia masónica bohemia "La Verdad y la Unión", en el curso de la cual se interpretó su cantata masónica *Die Mauerfreude*. Inmediatamente se puso en contacto con el teatro; tenía que arreglar los cambios al libreto con Mazzola y conocer a algunos de los cantantes. Pero su labor en *Tito* no fue la única que debió desarrollar; las fiestas comenzaron el 2 de septiembre con una representación de *Don Giovanni* (decididamente Mozart estaba volviendo al favor real). Un texto del escritor Franz Alexander von Kleist (1777-1811) sobre dicha función tiene fragmentos que merecen ser reproducidos:

> Nunca mi asistencia a una ópera se ha visto tan recompensada como hoy (…) En el teatro estaban llenos todos los palcos y la platea, y cuando por fin llegó el emperador lo recibieron con aplausos y vivas. (…) Pero olvidémonos de estas personas; se me ocurren ideas mejores al ver a un hombre bajito, vestido con un abrigo verde, cuyos ojos revelan aquello que su modesta condición oculta. Es Mozart, cuya ópera *Don Giovanni* se ofrece hoy y que tiene el placer de apreciar el deleite que sus hermosas armonías provocan en el corazón del público. ¿Quién puede estar más orgulloso y feliz que él? ¿Quién puede estar más satisfecho de sí mismo? En vano derrocharían los monarcas sus fortunas y quienes se jactan de nobles linajes sus riquezas; no podrán comprar ni una diminuta chispa del sentimiento con que el Arte recompensa a sus elegidos. Todos debemos temer la muerte; sólo el artista no la teme. Su inmortalidad es su esperanza y su certeza (…). En aquel momento yo hubiera preferido ser Mozart antes que Leopold.

Por otra parte, los que gustan de enfatizar el odio de Salieri hacia Mozart deberían tomar en consideración que aquél interpretó, durante estas festividades, tres misas de Mozart y un fragmento de *Thamos, rey de Egipto*; se conserva una de las partituras de la misa K. 337 con cuidadosas recomendaciones sobre la forma de interpretarlas escritas de puño y letra por el propio Salieri.

El tremendo despliegue de energías realizado en ese período hubiera sido demasiado aún para naturalezas mucho más robustas que la de Wolfgang; por eso no puede extrañar que haya caído enfermo; se lo veía pálido en extremo y con ánimo depresivo. En los escasísimos momentos libres que le quedaban iba con algunos amigos a un café donde jugaba al billar; cuenta Nissen que en una de esas ocasiones, mientras practicaba su juego favorito, Wolfgang tarareaba en voz baja un tema melódico; esa misma tarde, en casa de los Duschek, se sentó al piano y tocó, para sorpresa de todos, un quinteto de *La flauta mágica* (el *Wie, wie, wie?* que cantan Pamino, Papageno y las tres damas), compuesto en ese momento sobre el tema que había tarareado en el café.

Pese a su afectada salud Mozart mantuvo su infernal ritmo de actividad, y el 6 de septiembre *La clemenza di Tito* estaba terminada. Se estrenó en el Teatro Nacional con un reparto prestigioso: Antonio Baglioni como Tito, Maria Marchetti-Fantozzi[15] como Vitelia, la Signora Antonini como Servilia, el *castrato* Domenico Bedini (1752-1794) como Sexto, Carolina Perini como Anneo y Gaetano Campi[16] como Publio. La entrada era gratis aquella noche, y a cada espectador se le entregó un librillo con el guión impreso.

La recepción fue calurosa en la velada del estreno, que tuvo más connotaciones sociales que puramente artísticas; pero en las ocasiones siguientes en que se representó *La clemenza di Tito* despertó escaso interés. Ello determinó que Guardasoni pidiera una compensación a la corte por sus pérdidas, achacando la frustración a "una fuerte aversión preconcebida a la composición de Mozart". Sin embargo, Stadler escribió al autor, desde Praga, el 30 de septiembre, diciéndole que la última representación había sido un éxito.

En general, *La clemenza di Tito* ha sido considerada la oveja negra entre las grandes óperas mozartianas y, en particular, entre las obras de su glorioso año final. El libreto de Metastasio se hallaba totalmente al margen de los rumbos que el propio Mozart había dado a la ópera moderna; una historia "seria" propia de la estética y la moral de principios del siglo XVIII. Sin embargo, el mismo compositor había trabajado en un libreto de esas características en *Idomeneo*, y había logrado crear una obra maestra. La opinión mayoritaria, tanto de los contemporáneos como de la posteridad, ha sido que *Tito* no lo era, más allá de algunos momentos brillantes. La emperatriz Maria Luisa de España (1745-1792) la definió como "una porcheria tedesca", y el conde Zizendorf dijo que "nos dieron una ópera de lo más aburrida".

Einstein afirma que "con el artificioso libreto metastasiano Mozart no pudo hacer una obra maestra" y define a los personajes como "fantoches" y "marionetas". Casi idéntica terminología emplean los esposos Massin, que insisten en que el masón Mozart no podía interesarse seriamente en semejante tema y semejantes caracteres. Y Eric Blom:

"No tenía interés alguno en esta comisión, ni en la historia de Roma. El frígido libreto de Metastasio no podía decirle nada profundo". Nicholas Till (*Mozart and the Enlightment*) incluso objeta directamente la música:

> Es blanda y abstracta; la primera aria de la antiheroína Vitelia, por ejemplo, (...) está llena de frases melódicas que parecen extraídas directamente del contemporáneo concierto para clarinete, y podemos hallar similitudes de este género a lo largo de toda la ópera.

Sin embargo, *La clemenza di Tito* tuvo defensores desde los primeros tiempos; uno de ellos fue el propio Mozart, que se mostró conforme con su obra. Franz von Kleist, que asistió al estreno, dijo que era "tan bella como para hacer que los ángeles bajen a la tierra". Niemtschek la puso a la altura de *Don Giovanni*, y fue el primero en usar una imagen que luego fue repetida hasta el cansancio: "tiene una cierta sencillez griega". "En resumen —dice— la dignidad de Gluck se une al arte original de Mozart, a su corriente emotiva y a sus magníficas armonías."

En los últimos tiempos *La clemenza di Tito* ha sido fuertemente revalorada, y hoy se tiende a concederle ese carácter de obra maestra que durante tanto tiempo se le negó. Stanley Sadie (1930-2005), en el *Grove*, dice que

> Si la comparamos con las óperas anteriores, no desmerece en lo que concierne a refinamiento de oficio; y además, nos muestra a un Mozart que responde a un nuevo tipo de estímulo, con una música llena de contención, belleza y ardor.

Hoy se pone de manifiesto la sutil reforma que Mozart introdujo aquí en algunas convenciones de la ópera seria, eliminando adornos inútiles y "ganando en concisión de formas, en abreviación de arias y en una transparencia de instrumentación que recuerda las grandes obras sinfónicas del autor" (Rudolf Angermüller, *The complete Mozart*). A la imponente belleza, tantas veces señalada, de la escena final del primer acto, de las arias de Sesto y Vitelia, del terceto entre Sesto, Publio y Vitelia, del final y de la gloriosa obertura, se suma en la actualidad una valoración renovada de toda la obra, que gana adeptos constantemente.

A más de doscientos años de su estreno *La clemenza di Tito* no tiene ya razones para avergonzarse de su ilustre origen.

ADIOSES

Al igual que hiciera en sus visitas anteriores, Mozart permaneció en Praga unos pocos días después del estreno de su ópera, seguramente en casa de sus amigos los Duschek. Los que compartieron con él ese período fueron unánimes en recordar que el compositor estaba melancólico e hipersensible, se quejaba de dolores y disfunciones fisiológicas y tomaba medicamentos constantemente.

Cuánto de esta idea estuvo afectada a posteriori por la inesperada muerte de éste es algo que no puede saberse a ciencia cierta; como veremos, las cartas que envió a Constanze desde Viena a Baden no trasuntan en absoluto un estado semejante. Pero la coincidencia de todos en evocar esos días finales de Praga como tristes y difíciles para Mozart no puede echarse por la ventana así como así. Las cosas estaban lejos de irle mal, sin embargo; es verdad que aún afrontaba graves problemas financieros, como consecuencia de los tres terribles años anteriores; pero sus perspectivas eran espléndidas. En Praga, y en revancha de la coronación de Frankfurt, fue el músico-estrella, y se interpretaron en las festividades dos óperas, tres misas, un motete, un ofertorio y un número indeterminado de piezas bailables de su autoría.

La despedida de sus amigos bohemios fue para Wolfgang un momento de gran tristeza.

> Estaba tan emocionado —recordaba Niemtschek— que lloró abundantemente. Tenía un presentimiento de su próximo fin que lo había sumergido en la melancolía; dentro de sí portaba ya el germen de la enfermedad que lo llevaría a la tumba.

Hacia el 15 de septiembre Mozart y Constanze estaban ya en su casa de Viena; esta vez todo había ido bien, los niños estaban perfectamente y se podía reanudar la vida cotidiana. El compositor daba muestras de gran fatiga: "estaba más pálido que nunca, su mirada se veía apagada y triste, aunque conservaba el buen humor y hacía bromas constantemente", recuerda Nissen. Pero el descanso era una quimera;

había que terminar el *Réquiem* (una de las versiones habla de una nueva visita del misterioso mensajero por esos días) y dar los últimos toques a *La flauta mágica,* que aunque figuraba en su índice como obra completa desde el mes de julio, requería aún bastante trabajo. Por si esto fuera poco, en octubre compuso el memorable Concierto para clarinete en La mayor, K. 622, creado para su amigo Anton Stadler, que permanecía en Praga. La obra, escrita en realidad para *corno di basetto* (un antecedente del moderno clarinete), es una de las mayores bellezas que Mozart creara en toda su fecunda existencia. Su segundo movimiento, construido en torno de una melodía tocada por las manos de todos los dioses, tiene una desolación resignada y una melancolía altamente conmovedoras; hacia el final contiene una larga frase lírica del clarinete que suena como un desolado lamento, un contenido grito de pesar por la vida que lo abandona.

Afrontar toda esta monumental labor en las condiciones en que se encontraba era sobrehumano; y sin embargo, quien se dio un descanso y se fue a tomar las aguas a Baden no fue él sino Constanze, esta curiosa y egoísta mujercita que tanto amaba, que sin duda lo amaba a él hasta donde era capaz de tener un sentimiento profundo, pero que anteponía siempre su propio bienestar a la salud de su esposo e incluso a la seguridad de sus hijos. Y los resultados fueron elocuentes: Mozart murió poco más de dos meses después, y Constanze vivió hasta 1842, o sea, cincuenta y un años más.

De esa misma época es una carta de Mozart a Lorenzo Da Ponte, que lleva fecha 7 de septiembre (por lo tanto debió haber sido escrita desde Praga) y cuya autenticidad ha sido fuertemente cuestionada en los últimos años. Su texto fundamental es el siguiente:

Querría seguir vuestro consejo, pero ¿cómo lograrlo? Tengo la cabeza trastornada, continúo a la fuerza y no puedo apartar de mis ojos la imagen de este desconocido. Lo veo continuamente; él me ruega, me urge y me pide impacientemente el trabajo. Continúo sólo porque trabajar me cansa menos que el reposo. Por otra parte, sé que no debo tomarme nada demasiado seriamente. Siento, en todo lo que hago, que mi hora está llegando; estoy a punto de desaparecer. He terminado antes incluso de haber podido disfrutar mi talento. ¡Era tan bella la vida, sin embargo, la carrera se abría bajo auspicios tan afortunados! Pero no se puede cambiar el propio destino. Nadie mide los propios días y hay que resignarse. Será lo que la Providencia disponga. Termino; éste (el *Réquiem*) es mi canto fúnebre, y no debo dejarlo inacabado.

El texto es conmovedor, y muestra a un Mozart acuciado por la idea de su propia muerte, impresionado por el desconocido que le pidió la *Misa de Réquiem*, que cree estar componiendo para sí mismo ("éste es mi canto fúnebre y no debo dejarlo incompleto") y lleno de resignada tristeza ante el presentimiento de su inminente desaparición. La opinión predominante es que se trata de una falsificación; pero debe señalarse que en esta presunta carta Mozart no dice nada que no se corresponda con otros testimonios de autenticidad indiscutible; la impresión ante el desconocido visitante y el encargo del *Réquiem* fue comentada por todos los contemporáneos del compositor; la idea de la muerte inminente y su resignado pesar está testimoniada con igual certeza. Puede que esta carta sea falsa, pero no cabe duda de que Mozart hubiera podido escribirla.

LA FLAUTA MÁGICA

El ensayo general de *Die Zauberflüte* (*La flauta mágica*) se realizó el 29 de septiembre en el teatro de Schikaneder, y el día 30 tuvo lugar el estreno. Mozart se hallaba considerablemente nervioso, y parece ser que al terminar el primer acto pensó seriamente en marcharse, temiendo un fracaso.

El público que asistía a aquella histórica *première* no era en absoluto el que solía ir a las óperas de Mozart; se trataba de gente del barrio del Wieden, buenos vecinos que esperaban ver un espectáculo divertido. Muchos de ellos, sin duda, no sabían ni quién era Mozart. Para estos espectadores el compositor presentaba una de sus obras musicalmente más elaboradas, de difícil asimilación aun para los gustos más exigentes, llena de ocultas claves masónicas, trascendente y ambiciosa. Era natural sentirse nervioso ante el posible resultado; no podía descartarse una catástrofe. Por otra parte, tampoco estaba nada claro qué actitud tomaría el gobierno imperial, y en concreto la policía, ante una pieza que significaba una abierta glorificación de la masonería y de las ideas del Iluminismo, que hacía ya más de dos años que habían dejado de ser bien vistas entre los círculos del poder; en 1791 la Revolución Francesa se radicalizaba y amenazaba a todas las testas coronadas y a todos los privilegiados de la vieja Europa, y los vientos que soplaban no eran precisamente de tolerancia; Mozart y Schikaneder tenían buenas razones para pensar que podían terminar la noche en una prisión.

La orquesta, de unos cuarenta músicos, era dirigida por el propio Mozart desde el clavicémbalo, con Süssmayr dando vuelta las páginas. Un libreto cuidadosamente impreso y lleno de símbolos masónicos había sido vendido a treinta kreutzer entre el público (lo que podía, sin duda, ser considerado propaganda subversiva). Schikaneder interpretaba el rol de Papageno; el tenor Benedikt Schak era Tamino, el bajo Franz Xaver Gerl cantó el Sarastro, Josepha Hofer, la hermana mayor de Constanze, interpretó a la Reina de la Noche (¡qué magnífica soprano dramática *di coloratura* debió ser!) y "Nanette" Gottlieb fue "die Erste Pamina", como diría muchos años después en memorable ocasión. El actor y cantante aficionado Johann Joseph Nouseul[17] cantó Monóstatos, y el Sprecher fue un tal Winter, del que no hay más datos. Curiosamente, no figuraban en el programa los nombres de los tres niños, cuyas intervenciones tienen altas exigencias musicales. La obra, en rigor un *singspiel,* se anunciaba como "una gran ópera en dos actos de Emmanuel Schikaneder", y sólo después del reparto, en letra pequeña, decía que la música "es de Herr Wolfgang Amadé Mozart, *Kapellmeister* y actual compositor de la Cámara Imperial y Real".

El público, que abarrotaba la sala, mantuvo inicialmente una actitud circunspecta. En el intervalo, un aterrorizado Mozart quería irse, ante lo que presentía como un fracaso; pero la obra continuó y, en el segundo acto, el público fue "entrando" en el clima de la ópera, comenzó a aplaudir con entusiasmo y todo terminó en un clima de apoteosis. Pese a ello, el compositor, con los ojos llenos de lágrimas, se escondió, pues no quería salir a saludar; fueron Süssmayr y Schikaneder los que lo sacaron, tomándolo cada uno de un brazo, y lo llevaron al escenario, donde recibió la última ovación de su vida.

Es fácil comprender las razones por las que Mozart se mostró esa noche tan impresionado e hipersensible, él que tan poca importancia había dado a la relativa frialdad con que fue recibida *Don Giovanni* en Viena; *La flauta mágica* era su obra más personal, la más entrañablemente querida, su gran proclama filosófico-musical. Allí había puesto su corazón y su cerebro, la experiencia de toda su vida de músico-héroe, que había dejado por el camino, bien que a un precio altísimo, la librea de criado. Un fracaso hubiera significado, incluso ante ese público de barriada (y tal vez más que nada por eso mismo), algo muy similar al fracaso de toda su vida, de todas sus ideas, de todo su genio.

Pero no había peligro; *La flauta mágica* era, y sigue siendo, demasiado bella, demasiado divertida, demasiado perfecta, demasiado genial como para correr el riesgo de un fracaso ante ningún público del mundo de ninguna época. Con esta obra impar Mozart alcanzó su cima, y hay muchos que piensan que *La flauta mágica* es la obra más importante de todo el arte occidental. Quedan muy pocas críticas de la época, dado el teatro marginal en la que se estrenó y en la que vivió su primer período de popularidad; pero sabemos que sólo durante el mes de octubre se representó veinticuatro veces a teatro lleno, y que cuando Mozart murió, el 5 de diciembre, el éxito continuaba y la obra seguía en cartel. Los resultados económicos también fueron brillantes; al 1º de noviembre se habían recaudado ocho mil cuatrocientos cuarenta y tres florines. No sabemos a ciencia cierta cuánto de este dinero le tocó al compositor; Robbins Landon calcula que debieron ser por lo menos doscientos ducados (novecientos florines).

La flauta mágica repite, de alguna manera, el milagro de *Don Giovanni*; si en ésta el compositor logró una perfecta conmixtión entre los elementos farsescos y el significado trágico de la historia, en aquélla consiguió que el mensaje masónico y revolucionario, enmascarado en un clima feérico, en una historia fantástica que podía ser gustada —y lo fue, y lo es— por todos los públicos, incluidos los niños, surgiera en todo su esplendor. No hacía falta percatarse de las complejas claves masónicas para asumir el canto a la fraternidad universal que la recorre de arriba abajo: los números clave de la masonería eran el 3 y sus distintas combinaciones: 6, 18, 33, etcétera. *La flauta mágica* tiene como tono básico el Mi bemol mayor, que tiene tres bemoles en la armadura de clave; la obertura comienza con tres grandes acordes masónicos; está compuesta por 33 escenas; hay tres damas, hay tres genios, hay tres templos (de la Sabiduría, de la Razón y de la Naturaleza); hay 18 sacerdotes; el maravilloso coral *O Isis und Osiris*, que cantan estos sacerdotes, tiene 18 compases; Sarastro aparece por vez primera en la escena 18; Papagena, aún disfrazada de anciana, responde a la pregunta de Papageno diciendo que tiene 18 años (la persistencia en el número 18 indica que el ritual iniciático que supone toda la obra está inspirado en la orden Rosacruz, grado 18 en la escala masónica). En la escena 30 la Reina de la Noche y sus secuaces caen derrotados, y el grado 30 era el de la Venganza.

Podrían seguirse encontrando claves hasta el infinito; hay quien ha visto en el hecho de que Sarastro tuviera esclavos y mandara azotar a Monóstatos una señal de crítica a algunos defectos de Ignaz von Born, modelo del personaje, y otros han querido que la piel negra de Monóstatos sea una referencia crítica al hábito negro de los jesuitas; todo esto parece un poco excesivo. Pero el mensaje de fraternidad universal, de confianza racional en el triunfo de la Luz sobre la Oscuridad (el gran símbolo masónico; se dice que Goethe murió pidiendo "luz, más luz"), es mucho más explícito que todas estas esotéricas claves; está distribuido a lo largo de todo el libreto, y no da posibilidades de dobles interpretaciones. Los tres genios o adolescentes se dirigen a Tamino diciéndole; "éste es el camino que te llevará a tu destino. Pero debes esforzarte con virilidad y seguir este consejo: se constante, paciente y discreto. Sé un Hombre". Al final del acto primero, el coro de sacerdotes y pueblo canta: "Cuando la Virtud y la Justicia cubran con su gloria el gran sendero de la vida, la tierra será un paraiso y los mortales igualarán a los dioses". Al principio del segundo acto, cuando Sarastro explicita a los sacerdotes las virtudes de Tamino, próximo iniciado, uno de ellos le dice, en tono de alabanza: "además, es un príncipe", y Sarastro responde: "Es mucho más que eso; es un Hombre". En su entrada buscando a Pamina, los tres Adolescentes cantan, en la luz del alba: "Pronto resplandecerá el sol anunciando la mañana en su brillante carrera; pronto desaparecerá la superstición y vencerá el hombre dotado de sabiduría. ¡Oh, noble paz, desciende sobre nosotros y llena el corazón de los hombres! Así la Tierra será un reino celestial en el cual los hombres serán grandes como dioses". En la maravillosa escena final, de increíble solemnidad, Sarastro proclama: "Los rayos del Sol ahuyentan a la Noche, y el poder de los hipócritas queda destruido". Y el coro general: "¡Salve a los Iniciados, que vencieron a la Noche! (...) El valor triunfó finalmente y obtuvo, como recompensa, toda la Belleza y toda la Sabiduría con su eterna diadema".

Igualdad esencial entre los hombres, que no admite otros privilegios que los derivados de las virtudes; fraternidad y amistad como esencia de la vida feliz; valor, raciocinio y discreción ante las adversidades; anhelo de paz y justicia; triunfo de la Luz sobre las Tinieblas; éstas son las grandes ideas que atraviesan *La flauta mágica*, que, como se ha dicho, es un oratorio masónico en todo su esplendor. Estas virtudes proclamadas, que tenían en la época un fuerte mensaje revolucionario, están milagrosamente destacadas por la música más noble, inspirada, solemne y bella que pueda concebirse. Para tejer este canto a la fraternidad universal, Schikaneder y Mozart (más allá de las pretensiones de Gieseke[18], que decía haber ideado el libreto) se valieron de un cuento de hadas, al estilo del *Thamos, rey de Egipto*, y el resultado es inextricablemente ambas cosas, oratorio solemne y cuento de hadas, merced al genio incomparable del músico.

Éste es el auténtico valor de *La flauta mágica*, y lo que la convierte en la más bella, trascendente y subversiva pieza de todo el arte musical de occidente, a la altura del último movimiento de la Novena Sinfonía de Beethoven. Ponerse a buscar incoherencias y debilidades en la trama, como algunos se han preocupado en hacer, nos parece una tarea absurda; que Sarastro tenga esclavos, que el texto proclame un antifeminismo radical, que los Adolescentes terminen siendo buenos cuando eran servidores de la Reina de la Noche, nos parece tan importante como hallar contradicciones lógicas en La Cenicienta.

La obra causó, en tiempos de su estreno, una considerable conmoción, pero las primeras críticas, las de Viena, fueron bastante negativas. La crónica del *Musicalische Wochenblatt* del 30 de septiembre de 1791 dice que "*La flauta mágica*, con música de nuestro *Kapellmeister* Mozart, se representó con grandes gastos y lujos de escenografía y vestuario, pero no obtuvo la aclamación que se esperaba debido a su pésimo libreto". Un comentario del *Berliner Musikalische Zeitung* de 1793, sobre la versión del Freyhaus Theater auf der Wieden, afirma que era muy mala, y que "la admirable música de Mozart fue destrozada" (nada de esto dijo Wolfgang, siempre tan exigente y cáustico). El conde Karl Zizendorf comentó, displicentemente: "La música y los decorados son bonitos, pero el resto es una tontería increíble. Descomunal asistencia".

Cuando la obra salió de Viena las opiniones comenzaron a cambiar radicalmente: La madre de Goethe, que la vio ese mismo año en Frankfurt, comentaba que

...todos los obreros y jardineros acuden a verla, y hasta la intrépida gente del barrio de Sachsenhausen, cuyos hijos hacen los papeles de leones y monos, asiste en masa; nadie soportaría reconocer que no la ha visto.

Y el propio Wolfgang Goethe:

Hace falta más sabiduría para reconocer el valor de este libreto que para negarlo (...) Es suficiente con que la gente vulgar se complazca con lo divertido del espectáculo; a los iniciados no se les escapará el alto significado de la obra.

La posteridad no ha sido menos generosa:

Hay algo similar a la gloria del amanecer en los tonos de la ópera de Mozart; llega a nosotros como la brisa de la mañana que despeja las sombras e invoca el Sol (Friedrich von Schiller).

Esta *Flauta mágica* excede de forma tan incomensurable todas las exigencias (...) que por ello ha permanecido, solitaria, como una obra universal, no adscribible a época particular alguna. Lo eterno y lo temporal se encuentran aquí para todas las edades y las gentes (Richard Wagner).

El implacable fatalismo de *Don Giovanni* y la serenidad de *La flauta mágica* representan, tal vez, lo único genuino que el arte moderno ha aportado después del arte griego. La sublime pureza de algunos pasajes de esta última obra hace que aflore un ámbito de ardiente misticismo. Todo es luz. Sólo luz (Romain Rolland).

"¿Pamina vive todavía?" La música convierte la simple pregunta del texto en la más grandiosa de todas las preguntas: "¿el Amor vive todavía?". La respuesta llega, estremecedora pero henchida de esperanza: "Pa-mi-na aún vive". El Amor existe. El Amor es real en el mundo de los hombres" (Ingmar Bergman).

Y el gran Igor Stravinsky:

El gran logro de esta ópera reside precisamente en la unidad de sentimientos que atraviesa toda la música, desde los solemnes coros hasta el dúo proto-Broadway —excepto en la calidad de la música— que habla de la futura prole de Papageno y Papagena. (...) La escena de Pamina y Sarastro es absolutamente wagneriana, excepto en el hecho de que Mozart se detiene en el momento en que Wagner hubiera comenzado a excederse. Las similitudes son aún más remarcables en el Terceto y en el aria final de Papageno, que plagia, mejorándolas, escenas de *La Bella Durmiente*; en los fragmentos corales y la línea instrumental de "Bald, bald, Jüngling", tomadas de *Rigoletto*; y en la introducción a "Drei Knäbchen jung, schön", que podría haber sido adaptada de una obra de clima lluvioso de Ravel.

Fue su último legado a los hombres, su llamado supremo a los ideales del humanismo. La última obra de Mozart no fue *La clemenza di Tito* ni el *Réquiem*, sino *La flauta mágica* (Alfred Einstein).

La flauta mágica es, por supuesto, una creación orfeica; una parábola sobre el mágico poder del arte, y en particular de la música, para redimir a la Humanidad de su sujección a la naturaleza terrestre y, finalmente, reunirla con el Cosmos y restaurar la armonía y el equilibrio universales (Nicholas Till).

La música de Mozart reflorece en un ímpetu increíble de última juventud, como una luminosa, descarnada aparición trascendente, depurada de toda vibración demasiado humana, en un poder milagroso de abstracción de las miserias de la Tierra (Massimo Mila).

Es opinable, por supuesto; pero somos legión los que pensamos que *La flauta mágica* es la obra de arte más sublime que ha sabido crear el espíritu del Hombre en esta parte del mundo.

CAPÍTULO 14

Muerte y transfiguración

Una contradicción muy curiosa aparece después del estreno de *La flauta mágica*; mientras los recuerdos de sus amigos evocan un período de depresión y paulatino deterioro del ánimo y la salud de Mozart, que desembocaría en su muerte, las cartas que el compositor enviaba a Baden trasuntan un estado de ánimo plácido y animado, lleno de optimismo y buen humor. El 7 de octubre, por ejemplo, escribía a Constanze en estos términos:

Acabo de volver de la ópera; el teatro estaba lleno, como de costumbre. Han repetido el dúo "Mann und Weib" y el *Glockenspiel* del primer acto, como de costumbre, y también el trío de los Adolescentes del segundo acto. Pero mucho más que esto me complace el aplauso silencioso; es evidente que esta ópera crece en estimación día a día. Y paso a contarte lo que he hecho; jugué dos partidas de billar con Herr von Mozart (el hombre que escribió la ópera que se representa en el teatro de Schikaneder), y luego vendí mi viejo rocín por catorce ducados. Después fui a buscar a Joseph Primus para pedirle que me hiciera una taza de café negro, fumé una espléndida pipa y orquesté casi todo el rondó de Stadler [se refiere al concierto para clarinete] (…). A las 5:30 salí a dar mi paseo favorito por la Stubenthor y fui por el Glacis hasta el teatro. Pero ¿qué veo? ¿qué huelo? ¡He aquí a don Primus con las chuletas! *Che gusto!* Y en este momento estoy comiendo a tu salud. Están dando las once de la noche; ¿tal vez estás ya durmiendo? ¡Sh, sh! No quiero despertarte.

La carta continúa al otro día, sábado, narrando otros hechos de la vida cotidiana, y en un párrafo dice:

Si no hubiera tenido nada que hacer me habría pasado la semana contigo, pero allí no hay sitio adecuado para trabajar, y yo estoy decidido a evitar cualquier situación que pueda ponernos otra vez en dificultades financieras. No hay nada más deseable que poder vivir con tranquilidad de espíritu, y para ello es necesario trabajar con diligencia, que es precisamente lo que estoy haciendo.

No es el tono ni el ánimo propio de un moribundo, o de una persona que vive una fuerte depresión. Y no es una carta aislada; todas las de este período, que son las últimas que escribió, tienen el mismo carácter. Ese mismo sábado 8 de octubre volvía a tomar la pluma:

Ahora mismo acabo de comer una suculenta porción de liebre que mi fiel criado don Primus me ha servido; pero como tengo mucha hambre, lo he enviado a buscar alguna otra cosa. Durante ese lapso es que me he puesto a escribirte. He trabajado tan a gusto esta mañana que seguí sin parar hasta la 1:30; he salido corriendo hasta lo de los Hofer, para no tener que comer solo (…). Hoy los Leitgeb (Leutgeb) tienen un palco; a la señora le han gustado todos los fragmentos, pero él, este enemigo de todo lo hermoso, se ha comportado como un patán. Me he tenido que ir, para no tener que decirle que es un burro. (…) Se burlaba de todo; al principio, pacientemente, traté de llamar su atención sobre algunas frases del texto, pero él nada, se seguía riendo. Aquello era demasiado; le dije "Papageno" y me marché; pero no creo que el imbécil haya comprendido ni siquiera esto. (…) Llegué al teatro en el momento del aria de Papageno con el *Glockenspiel*, porque tenía ganas de tocarlo yo mismo. (…) En el instante en que Papageno hace una pausa, toqué un arpegio; él se sobresaltó, miró y me vio, y entonces se detuvo, sin continuar; yo adiviné su pensamiento y di otro acorde; él entonces golpeó el carrillón que llevaba colgando y dijo: "¡Cállate!", lo que hizo que el público estallara en carcajadas. Creo que muchas personas se dieron cuenta en ese momento de que no es él quien toca el instrumento.

La última carta que conservamos de Mozart, y muy probablemente la última que escribió, tiene el mismo tono alegre y despreocupado, y narra un episodio que se ha hecho célebre: Con fecha 14 de octubre decía:

Ayer, jueves, Hofer y yo fuimos a recoger a Karl; comimos allí y después nos trajeron a casa. A las seis fui a buscar, con el coche, a Salieri y a la Cavalieri, y los llevé al palco. Inmediatamente fui a buscar a Karl y a mamá (se refiere a su suegra), que me esperaban en casa de Hofer. No puedes imaginar lo amables que han estado los dos, cómo les ha gustado, no sólo mi música, sino también el libreto y todo el conjunto. Ambos han opinado que es un "operone", una obra digna de ser representada en las grandes solemnidades ante los principales monarcas, y que volverían a verla muchas veces, pues no habían visto nunca un espectáculo tan agradable y hermoso. Él ha escuchado y observado todo con la máxima atención, y desde la obertura hasta el coro final no ha habido un fragmento que no le haya arrancado un *bravo* o un *bello*. No acababan de agradecerme la invitación y el placer que les había proporcionado. (…) Después del teatro he hecho que los llevaran a su casa, y he cenado en lo de Hofer con Karl. Luego he vuelto con él a casa y los dos hemos dormido perfectamente. ¡Qué alegría ha tenido Karl por ir a la ópera! Tiene un excelente aspecto (…) No está peor, ni tampoco mejor, de lo que ha sido siempre; tiene los mismos malos modos de siempre, parlotea continuamente y estudia, si ello es posible, con menos voluntad que antes. Por las mañanas se pasa dando vueltas por el jardín y por la tarde, después de comer, hace exactamente lo mismo, como él me lo ha reconocido.

Salieri podría tenerle a Mozart toda la envidia que se quiera, pero no dejaba de ser un gran músico, uno de los más notables de su tiempo, el maestro de tres generaciones. No se le podía escapar la grandeza de *La flauta mágica*, y por cierto no se le escapó. Como se comprueba una y otra vez, el conflicto entre ambos músicos ha sido brutalmente exagerado por una historia interesada en convertirlos en arquetipo de algo que ninguno de los dos fue jamás: el trabajador sin genio y el genio absurdo metido en el cuerpo de un hombre sin relieve. No se puede estudiar la vida de Mozart sin que surjan atisbos de la dimensión de Antonio Maria Salieri, uno de los grandes calumniados de la historia de la música.

El Mozart que regresó de Praga pálido como la muerte, con evidentes signos de estar exhausto y con una hipersensibilidad que le hacía asomar las lágrimas a cada instante, tiene poco que ver con el hombre satisfecho y voraz que dibujan las últimas cartas. ¿Tal vez ocultaba su verdadero estado a Constanze para no alarmarla? En favor de esta teoría hay un hecho terrible: Mozart moriría un mes y veinte días después de la última carta que acabamos de transcribir.

LOS ÚLTIMOS DÍAS

Según parece, cuando Constanze se reencontró con su esposo en Baden, el 15 de octubre, se quedó impresionada por su aspecto; se lo veía al límite de sus fuerzas, delgado y enfermizo. El 16 regresaron juntos a Viena, y de ahí en adelante las fuentes coinciden: la salud de Wolfgang fue de mal en peor.

Ya de regreso en Viena se puso a trabajar en su misa de difuntos, pero su ánimo decaía ni bien se sentaba ante la partitura, de modo que ésta progresaba muy lentamente. Tratando de distraerlo, Constanze llamaba a casa a diversos amigos, que le daban charla y procuraban apartarlo de su trabajo, pero éste los atendía con la cortesía imprescindible y continuaba trabajando.

Ese mes de octubre fue terrible en lo que al tiempo se refiere, con varias tormentas de nieve, frío y lluvia permanente. Hay que fijar en el día 20, o tal vez 21, el paseo de Constanze y Wolfgang al Prater, donde éste le confesó por vez primera que creía estar muriéndose y que, seguramente, lo habían envenenado. Esos dos días fueron los únicos bonancibles del mes, y la temperatura llegó a los dieciocho grados. Según Nissen, ambos esposos estaban sentados a solas en un banco, y Mozart, de súbito, comenzó a hablar de su próxima muerte:

afirmó que estaba escribiendo el *Réquiem* para sí mismo. Al decir esto se le llenaron los ojos de lágrimas, y cuando ella intentó aventar esos lúgubres pensamientos, él contestó: "no, no, lo siento con demasiada intensidad. No voy a vivir mucho más. Estoy seguro de que me han envenenado. No puedo librarme de estos pensamientos".

Constanze pensó que la composición del *Réquiem* afectaba negativamente el ánimo de su esposo y, previa consulta con un médico, le escondió la partitura. Pero a principios de noviembre Wolfgang recibió de su logia masónica el encargo de escribir una cantata para celebrar la apertura de una nueva sede. Se puso a trabajar con entusiasmo y terminó en una semana aproximadamente la que sería su última obra, más allá de algunos apuntes en el *Réquiem*: *Eine kleine Freymaurer-Kantate* (*Una pequeña cantata masónica*), K. 623, también conocida como *Da Lob der Freundschaft* (*Elogio a la amistad*).

El 16 de noviembre Mozart asistió a la reunión inaugural de la nueva sede de su logia, donde se interpretó su cantata. La recepción fue todo lo calurosa que podía esperarse, y el compositor regresó a su hogar sintiéndose con el ánimo mucho mejor predispuesto. Pidió a su esposa que le devolviera la partitura del *Réquiem*: "Ya veo que estaba enfermo cuando se me ocurrió la absurda idea de que me habían envenenado —le dijo—. Devuélveme el *Réquiem*; debo terminarlo". Pero ese optimismo duró muy poco tiempo: "Mozart volvió a caer en su melancolía —recuerda Niemtschek— cada vez más débil y falto de vitalidad".

Las noticias recibidas en esos días, sin embargo, eran todas excelentes; ofertas de Hungría, donde un grupo de nobles le ofrecía una buena remuneración para que compusiera lo que le diera la gana; de Amsterdam, para que enviara, contra un salario estable, composiciones a esa ciudad; y de Inglaterra, donde a las ofertas ya recibidas se unían ahora gestiones auspiciosas de Haydn y de Da Ponte. Por fin, le llegó la confirmación de su nombramiento como *Kapellmeister* de San Esteban, según dice Nissen, "con todos los emolumentos asociados al cargo desde tiempos inmemoriales". Sabemos que esto último no pudo haber sido así, pues el *Kapellmeister* de San Esteban, Leopold Hoffman, no tenía intención alguna de morir por el momento; seguramente Nissen se refiere a la aceptación oficial de su nombramiento, lo que le abría perspectivas casi ciertas de suceder al titular cuando éste muriese o se viese impedido de atender sus funciones.

Ni siquiera estas noticias, que confirmaban y ampliaban el magnífico porvenir que se había abierto ante sí después de su grito de rebeldía y del viaje a Frankfurt, fueron capaces, sin embargo, de quitarlo de la creciente depresión. "Sé que tengo que morir" —repetía, según versión de los esposos británicos Novello, que visitaron a Constanze en 1829—. "Alguien me ha dado *acqua toffana*[1] y ha calculado el momento preciso de mi muerte, para la que me han encargado un *Réquiem*. Lo estoy escribiendo para mí mismo".

¿Fue el estado de ánimo de Wolfgang, su predisposición psicológica a morir, lo que trajo la enfermedad fatal, o ésta fue la causa de aquél? Eso no se sabrá jamás. Mozart fue un ciclotímico, que pasaba con frecuencia de la exaltación a los estados depresivos; pero esta vez el fondo del pozo resultó ser la tumba; el hombre que había sembrado a su derredor felicidad e incomparable belleza estaba a punto de protagonizar su último drama, y éste fue, como recuerda Robbins Landon, la mayor tragedia de la historia de la música.

"He aprendido a digerirlo todo"

Durante toda la primera mitad del mes de noviembre sopló reciamente el Föhn, un viento cálido del norte que hizo que el clima se volviese húmedo y pesado, a pesar de que llovió casi constantemente. En Alemania y países vecinos se piensa que el Föhn es portador de calamidades, entre ellas dolencias y epidemias. El 19 de noviembre, sin embargo, el tiempo era "frío y desagradable", según recordaban algunos protagonistas de los hechos que comenzaron a desencadenarse ese día fatídico.

Por la noche, Mozart concurrió solo a "La Serpiente de Plata", una cervecería de la que era habitual y cuyo propietario, Joseph Deiner[2], era su amigo. Éste vio al compositor muy mal; más pálido que de costumbre, con los rubios cabellos despeinados y la coleta atada con descuido. Se había sentado en una sala pequeña que tenía el local, donde había sólo tres mesas, evitando juntarse con el público que llenaba la sala principal, y literalmente se desplomó en el asiento, dejando caer la cabeza sobre el brazo plegado. Permaneció así un largo rato, y luego pidió al mozo un vaso de vino, contrariando su costumbre de beber cerveza. El propietario se acercó a hablarle y le hizo algunas bromas sobre la cerveza bohemia, sosteniendo que le haría daño al estómago: "tenéis muy mala cara, señor maestro de música". Wolfgang respondió, con un hilo de voz: "mi estómago está mejor de lo que imaginas; hace mucho tiempo que aprendí a digerirlo todo". Y después de un suspiro, ante una broma de Deiner sobre la música, musitó: "siento que pronto habrá acabado la música para mí. Tengo en los huesos un frío que no puedo explicar". Inmediatamente, sin beber su vino, se levantó y se fue, no sin antes entregar al propietario una cantidad de dinero y encargarle de que al otro día no dejase de llevar leña a su casa. El cervecero se quedó pensando en su amigo, considerablemente preocupado; "un hombre tan joven pensando en la muerte" —se dijo—. "Ya tendrá tiempo."

Al otro día, a las 7 de la mañana, Deiner fue a casa de los Mozart, y lo atendió Sabinde, la sirvienta; en voz baja, le dijo que la noche anterior había tenido que ir a buscar al médico, porque el *Kapellmeister* se encontraba enfermo. El cervecero pasó a la habitación, donde Mozart estaba en cama, cubierto con una frazada blanca, en compañía de Constanze. Dormitaba, pero cuando escuchó hablar al visitante abrió los ojos y dijo, con una sonrisa: "Joseph, no hay caso; tendremos que dedicarnos a 'boticarios y doctores'[3]".

Era el 20 de noviembre, y Mozart no volvería ya a levantarse. Comenzaron a hinchársele las extremidades a un grado tal que en pocos días no podía prácticamente echar los brazos hacia atrás, por lo que su cuñada Sophie le hizo una bata que podía ponerse por delante. Su estado lo angustiaba mucho, y la idea de su muerte inevitable no se apartaba de él ni un instante:

¡Tener que morir ahora —se lamentaba— cuando podría vivir con toda tranquilidad! ¡Abandonar ahora mi arte, precisamente cuando he podido dejar de ser esclavo de moda, cuando me he librado de los especuladores, cuando podría seguir los libres impulsos de mi inspiración, escribir lo que me saliera del corazón! ¡Dejar a mi familia, a mis pobres hijos, en el momento en que mejor podría velar por su felicidad! ¡*Ach*, cuando me siento capaz de hacer algo digno de la fama que he logrado, me encuentro con que voy a morir!

Mozart estuvo muy bien atendido desde el punto de vista médico, lo que avienta otra vieja leyenda. Cuando el doctor Closset vio al enfermo por vez primera en esa ocasión, se presentaba un cuadro de vómitos abruptos, que se unía a la hinchazón de los miembros; el médico apreció que se trataba de un cuadro grave, y diagnosticó "fiebre miliar aguda", agregando su temor de que deviniera en una meningitis. Ordenó un tratamiento a base de eméticos y sangrías que no mejoraron en nada al enfermo.

Viendo que el cuadro se agravaba, Closset pidió una consulta con el doctor Mathias Elder von Sallaba[4], el cual, pese a su juventud, tenía prestigio de eminencia. Von Sallaba fue aún más pesimista que Closset, y desde el principio dijo que la enfermedad era incurable y que el paciente estaba destinado a morir. Su diagnóstico fue algo diverso del de su colega: fiebre reumática infecciosa, o fiebre poliartrítica. No hubo cambios en el tratamiento, y Mozart fue sangrado siete veces, lo que significó que le extrajeran más de dos litros de sangre. Como veremos, la opinión predominante hoy en día es que este tratamiento no sólo no era adecuado, sino que resultó ampliamente perjudicial, y contribuyó sin duda a acelerar el desenlace. Se sabe también que fue consultado un tercer médico, el doctor Edward Vincent Guldener von Lobes[5], funcionario de la Corte.

En los quince días que duró la enfermedad, Mozart conservó absolutamente la conciencia, y trató incluso de trabajar en el *Réquiem*; pero se cansaba de inmediato y tenía que dejar. Por momentos, como sucede con todos los enfermos graves, decía sentirse mejor y hablaba de una rápida curación y de reemprender sus actividades; pero estos accesos de optimismo duraban muy poco rato, y derivaban en nuevos y hondos estados depresivos. Nissen afirmaba que "en su grave enfermedad jamás se mostró impaciente, y su fino oído y su sensibilidad sólo eran perturbados por el canto de un canario que él adoraba y que fue necesario retirar de la habitación vecina porque cantaba muy fuerte". Volvía con frecuencia su pensamiento hacia *La flauta mágica*, que deseaba ver una vez más, y seguía, con su reloj, paso a paso la representación que en ese momento se llevaba a cabo en el teatro: "Ahora ha terminado el primer acto; ahora están cantando el pasaje *Dir, grosse König in der Nacht*".

Aunque los médicos habían sido muy claros en establecer la gravedad extrema del caso, da la impresión de que Constanze y su familia no creyeron en un fallecimiento inminente hasta el día anterior a que se produjese. Sophie, la menor de las cuñadas del compositor, los acompañó durante todo el proceso, y con éste ya bastante avanzado, comenzó a coser, junto a su madre, una bata acolchada que hubiera sido útil para una larga convalecencia. "No podíamos imaginar cuán grave era su estado", confesaba Sophie muchos años después.

"TODAVÍA LO ESTOY OYENDO"

Una crónica del tenor Benedikt Schak afirma que el día 3 de diciembre el compositor agonizante reunió en torno de su cama a Franz Xaver Gerl, Franz de Paula Hofer y el propio Schak y les hizo interpretar partes del *Réquiem*; Mozart cantaba la parte de contralto. "Cuando llegaron al primer versículo del 'Lacrymosa', Mozart tuvo de pronto la certeza de que nunca acabaría su obra; se echó a llorar en sollozos, y puso a un lado la partitura". En realidad es difícil que Mozart hubiera podido seguir cantando, por bien que se sintiera, porque sólo llegó a componer un versículo del "Lacrymosa"; pero este detalle no quita veracidad ni fuerza a la patética escena.

Constanze fija en ese mismo día, o al siguiente ("la víspera de su muerte", dice: Mozart murió en la madrugada del 5), una anécdota especialmente emotiva: "Me gustaría mucho escuchar una vez más mi *Flauta Mágica*" —dijo el compositor—. Y con voz casi inaudible se puso a cantar el aria inicial de Papageno: *Der Vogelfänger bin ich ja*. El compositor Johann Georg Roser (1740-1797), que estaba de visita, se sentó en el piano que había en la habitación y cantó toda la parte, con emocionada alegría del moribundo.

Hacia el 3 de diciembre el enfermo pareció recuperarse algo ("la mejoría de la muerte") y recibió la visita de Sophie con alegría y optimismo, diciéndole que pronto iría a visitar a su suegra. El resto del desenlace lo cuenta, con impresionante impacto, la propia Sophie, en una carta escrita a Nissen desde Diakovar, el 7 de abril de 1825:

> Ahora debo hablarle de los últimos días de Mozart. Pues bien, Mozart fue tomando cada vez más cariño a nuestra querida y difunta madre, y ella a él. Es más, él solía venir corriendo con grandes prisas al Wieden, donde vivíamos ella y yo, en el Goldener Pflug, trayendo bajo el brazo una bolsita llena de café o azúcar, y se la daba a nuestra querida madre diciéndole: "Tome, querida madre, para que pueda beber un buen *Jause*" (café de merienda). Y ella se ponía tan feliz como una niña pequeña. (…) Yo iba a la ciudad todos los días, a verlo; un sábado, estando yo con él, me dijo: "querida Sophie, no dejes de decirle a Mamá que estoy mejor y que podré ir a verla y felicitarla en la octava de su santo" (…) Así que me fui rápidamente a casa para tranquilizar a mi madre, ya que él parecía realmente animado y contento. El día siguiente era domingo; yo era joven entonces, y algo presumida, debo confesarlo; me gustaba ponerme elegante, pero no me era grato ir a pie desde nuestro barrio hasta el centro de la ciudad con ropa de vestir, y no tenía dinero para un coche. Así que le dije a mi buena madre: "Mamá, hoy no voy a ir a ver a Mozart. Estaba tan bien ayer que segura-

mente estará mejor esta mañana, y un día más o menos no hará ninguna diferencia". Entonces mi madre dijo: "Prepárame una taza de café; luego te diré lo que debes hacer". (…) Fui a la cocina; el fuego se había apagado y tuve que encender la lámpara y el fogón. Pero no podía dejar de pensar en Mozart. Cuando terminé de preparar el café la lámpara quedó encendida, y me di cuenta de que estaba derrochando aceite; ardía con fuerza. Mirando fijamente la llama, pensé: "¿Cómo estará Mozart? Me gustaría saberlo". Y en ese momento, la llama se apagó, de forma tan absoluta como si no hubiera estado encendida jamás. No quedó ni una chispa en la mecha, y eso que no había la mínima corriente de aire; esto puedo jurarlo.

Sentí una cosa horrible, y fui corriendo a contarle a mi madre lo que había pasado. Ella me dijo: "vístete, vete a la ciudad y tráeme inmediatamente noticias de él. No te retrases". Fui tan rápidamente como pude. ¡Ay, cómo me asusté cuando mi hermana salió a recibirme! Estaba al borde de la desesperación, pero intentaba mantener la calma. "¡Gracias a Dios que has venido, querida Sophie!" —me dijo—. "Anoche se puso tan grave que pensé que moriría antes del amanecer. Quédate conmigo hoy, porque si tiene una recaída morirá esta misma noche. Entra a verlo un rato y mira cómo está". Yo procuré dominarme, y me acerqué a la cama. Él me vio inmediatamente, y me dijo: "¡Ah, querida Sophie, cuánto me alegro de que hayas venido! Tienes que quedarte aquí esta noche, para verme morir". Yo hice un gran esfuerzo para ser valiente, y traté de convencerlo de que no iba a ser así; pero él decía: "Ya me noto el sabor a muerte en la lengua. Si tú no te quedas ¿quién sostendrá a mi querida Constanze cuando yo me haya ido?". "Sí, sí, querido Mozart —le aseguré— pero primero tengo que ir a avisarle a mi madre que ustedes quieren que me quede hoy aquí. De lo contrario pensará que me ha pasado algo". "Sí, vé —dijo Mozart— pero procura volver pronto". ¡Dios santo, qué dolor sentí! Mi pobre hermana me siguió hasta la puerta y me rogó, por amor de Dios, que fuera a hablar con los curas de San Pedro y les suplicara que uno de ellos viniera a ver a Mozart, fingiendo que se trataba de una visita casual. Yo fui inmediatamente, pero los curas se negaban a venir, y en esa actitud persistieron durante mucho tiempo. Me costó mucho convencer a una de aquellas bestias del clero de que fuera a verlo. Después me fui corriendo a casa de mi madre, que me esperaba ansiosamente; ya había anochecido. Pobrecilla, qué susto se llevó. La convencí de que se fuera a pasar la noche a casa de su hija mayor, Josepha Hofer, que en paz descanse. Y luego regresé, lo más rápidamente que pude, junto a mi hermana, a la que hallé desquiciada. Süssmayr estaba junto a la cabecera de Mozart; el famoso *Réquiem* estaba encima de la colcha, y Mozart le explicaba cómo debería terminarlo una vez que él hubiera muerto. Incluso dijo: "¿No os había dicho que estaba escribiendo este *Réquiem* para mí mismo?". Luego pidió que su muerte fuese mantenida en secreto hasta no haber avisado a Albrechtsberger, que era el encargado de todos los servicios en la catedral de San Esteban. Organizamos la búsqueda del doctor Closset, y por fin lo hallamos en el teatro; hubo que esperar al final de la función para que viniese. Cuando hubo llegado nos mandó poner cataplasmas frías sobre la cabeza ardiente de Mozart, lo que lo afectó en grado tal que quedó inconsciente, y así permaneció hasta su muerte. Su último movimiento fue un intento de expresar con la boca los pasajes de timbal del *Réquiem*; todavía lo estoy oyendo.

"Relato de pesadilla", dice Robbins Landon. Relato admirable, atravesado de principio a fin por ese "olor inconfundible de la verdad humana" de que hablaba Antonio Machado. Su mera transcripción resulta mucho más conmovedora y elocuente que todo lo que cualquiera podría escribir al respecto. Puede el lector ser escéptico frente al hecho premonitorio de la llama que se apaga (y sin embargo, qué fuerza literaria tiene), o preguntarse cómo supo Sophie que lo que Mozart musitaba en el último instante de su vida pretendía reproducir el sonido de los timbales del *Réquiem*; nada de esto es capaz de opacar el brutal choque emotivo de la narración.

Del relato de Sophie Weber surgen interesantes comprobaciones; los curas se negaban a asistir a Mozart en su muerte, y a pesar de que la narradora parece indicar que por fin logró convencer a una de esas "bestias del clero" de que fuera a la casa del músico, no hay testimonios que indiquen que efectivamente Mozart haya recibido los últimos sacramentos. Esto sólo puede atribuirse a su condición de notorio masón, y a la mala imagen que de él se tenía por entonces en los medios "bienpensantes" de la capital imperial. Por otra parte, también es de notar la reticencia del doctor Closset a acudir a la cabecera de un paciente que se le moría; "iré una vez que haya terminado la ópera" —respondió. Es legítimo preguntarse si se habría tomado las cosas con igual filosofía en caso de que el moribundo hubiese sido el príncipe Wenzel Anton Kaunitz-Rietberg, que también era su paciente.

Hay otros relatos de los últimos momentos y de la muerte de Mozart, que amplían o completan detalles del de Sophie: Deiner (que, por lo que sabemos, no estaba presente) dice que "a medianoche Mozart se irguió en su lecho con los ojos fijos; luego apoyó la cabeza contra la pared y pareció quedarse dormido". Nissen, en una nota que no utilizó para su biografía, afirma que "de repente empezó a vomitar —le salía como a chorros— una cosa marrón, y quedó muerto". Y Karl Thomas recordaba, muchos años después, que "había un hedor que significaba una descomposición interna, hasta el punto de que, tras la muerte, no fue posible hacer una autopsia".

Eran las 0:55 del 5 de diciembre de 1791. En la habitación que daba a la calle, en el primer piso de la Rahuensteingasse número 970, yacía muerto el más grande genio musical de la historia. A su lado, sólo tres personas: el doctor Closset, Sophie Haibel y una desesperada Constanze, de rodillas, clamando al cielo. Aunque no tuviera ni la mínima conciencia de ello, lo hacía en nombre de toda la Humanidad.

LA FOSA COMÚN

Ludwig Gall, un adolescente que Mozart estimaba mucho, recordaba, años más tarde, que había llegado a Viena por la Landstrasse para ir a la tienda de música de Lausch: "Al llegar, me dijo: '¡Imagínese qué desgracia! Mozart ha muerto esta mañana'. Atónito, corrí inmediatamente a la casa, sin acabar de creerme la desastrosa noticia, pero desgraciadamente tuve que convencerme de que era cierta. La propia señora Mozart me abrió la puerta del apartamento y me llevó a una salita que había sobre la izquierda. Allí ví a mi maestro muerto, dentro de un ataúd, vestido con un traje negro y con una capucha sobre la frente que le cubría los rubios cabellos. Tenía las manos cruzadas sobre el pecho".

Nissen, por su parte, recordaba que "su muerte atrajo de inmediato la atención del público. La gente se detenía en la calle, frente a las ventanas del apartamento, y agitaba sus pañuelos". Y Sophie Haibel: "al día siguiente de aquella noche espantosa, multitud de personas desfilaban ante el cadáver, llorando y gimiendo".

El barón van Swieten tuvo un mal día; una orden imperial lo había destituido de su cargo de presidente de la Comisión de la Corte para la

Educación. Pese a ello, ni bien supo la noticia se presentó en la casa de Mozart y se hizo cargo de la situación, como la persona de mayor autoridad que había en ese momento. Lo primero que hizo fue apartar a Constanze, que, totalmente histérica, se había acostado junto al cadáver para contagiarse del mal que había matado a su esposo. Luego contrató el servicio fúnebre, el más barato posible: costó en total unos doce florines. Inmediatamente ordenó inscribir la defunción en el registro correspondiente, la que quedó redactada así:

> Mozart, noble, H. Wolfgang Amadeus, *Kapellmeister* y *Compositeur* de Cámara Imperial y Real. Nacido en Salzburgo, residente en la Pequeña Kaiserhaus N° 970 de la Rahuensteingasse, de fiebre miliar aguda, examinado, 36 años de edad (rectificación: 35).

"Examinado" significaba que se habían cumplido los trámites que descartaban cualquier muerte provocada; sin embargo, y pese a lo que recordaba años después Karl Thomas, no hay indicios de que a nadie se le haya ocurrido hacer una autopsia. Pero existe una segunda inscripción mortuoria que parece indicar que el cadáver fue inspeccionado por un médico especialista en enfermedades infecciosas; esto explicaría por qué el entierro se llevó a cabo el día 7 de diciembre, según todos los indicios, y no el 6, como se creía.

En cierto momento llegó al velorio el conde Joseph Deym ("Herr Müller"), y sacó una impresión del rostro de Mozart en cera. Como se ha dicho, mucha gente desfiló ante el cadáver; pero ninguno de los "amigos" influyentes del compositor, excepto van Swieten, estuvo entre ellos. Por lo que sabemos, la Corte no envió a ningún representante a las exequias de su *Konzertmeister*, y tampoco se hicieron presentes sus colegas más prestigiosos (con la excepción notable de Salieri, que acudió al entierro). No parece haber habido representación alguna de la logia masónica en la que Mozart actuaba y que tanto le debía, pero es imposible saberlo a ciencia cierta, por el secreto que rodeaba algunas de sus actividades. Y su "único amigo" Puchberg, ¿habrá concurrido? No hay noticias de su presencia. Tampoco hay constancia de que haya acudido Schikaneder, aunque éste se mostraba muy afectado y daba paseos por su teatro, los días posteriores, gritando "¡No puedo librarme de él! ¡Su fantasma me sigue por todas partes!".

El entierro tuvo lugar el día 6 o 7 de diciembre (más probablemente esta segunda fecha) a las 2:30 de la tarde. No llovía ni hacía mal tiempo, como ha repetido una vieja tradición que llega hasta estudios contemporáneos muy serios; por el contrario, según el diario del conde Zizendorf (que, por supuesto, no registra la muerte de Mozart), el día 5 fue templado y agradable, aunque con bancos de niebla. Y los días inmediatos tuvieron las mismas características: un clima suave y sin viento.

El ataúd fue colocado en el coche fúnebre y trasladado a la catedral de St. Stephan. En una pequeña capilla exterior, conocida como "Capilla del Crucifijo", el ataúd fue colocado sobre un catafalco y recibió la primera bendición. Luego el cortejo penetró en la catedral y se celebró la ceremonia mortuoria, con todas las solemnidades. Finalizada ésta, el cuerpo fue devuelto al coche fúnebre, que lo llevó al cementerio de St. Marx, situado en las afueras de la ciudad, a más de una hora de trayecto. Nadie quiso acompañar el cadáver hasta su última morada; fue echado en una fosa común[6] sin que ninguno de sus allegados alcanzase a saber dónde se encontraba realmente.

No se sabe cuántas personas integraron el cortejo fúnebre, ni quiénes eran. Joseph Deiner, en sus recuerdos, menciona algunos nombres: Süssmayr, van Swieten, Roser, el violoncelista Joseph Orsler, Hofer, Salieri, probablemente Lange y "tres mujeres", que no nombra; se sabe que ninguna de ellas era Constanze, que no se sentía con fuerzas para concurrir. ¿Tal vez las tres hermanas de la viuda? Es casi seguro que una de ellas era Sophie. Deiner fue testigo directo de estos hechos, y no puede dudarse de su buena fe; pero sí de su memoria, ya que menciona una terrible tormenta de nieve que determinó que nadie aceptara acompañar el cuerpo hasta el cementerio ("durante su entierro empezó a llover con violencia. Llovía y nevaba a la vez, como si la Naturaleza se hubiese puesto a rugir"). Se sabe con certeza que dicha tormenta sólo existió en su imaginación. ¿Tal vez se trató de un acto fallido de la memoria para cubrir tanta inconsecuencia? Según Deiner, los asistentes al cortejo regresaron, cuando la carroza partió para el cementerio, y se fueron a su Serpiente de Plata, a aventar los malos tragos con tragos de otra suerte.

Si continúa ignorándose el sitio en que reposa el mayor genio de la historia de la música, ello no es consecuencia exclusiva de que haya sido enterrado en una fosa común, sino de la indolencia y el desinterés de sus amigos y, particularmente, de su esposa, Constanze; esta extraña mujer que se acostó junto al cadáver de Mozart para contagiarse de su enfermedad y morir con él, estuvo diecisiete años sin concurrir al cementerio a visitar la tumba de su amado esposo, y no tuvo la precaución de colocar una mínima señal que indicara la ubicación de ésta. Cuando por fin, en 1808 y por presión de algunos admiradores del compositor, fue a interesarse por el paradero del cuerpo de Mozart, transformado ya en celebridad mundial, se encontró con que el sepulturero había fallecido años atrás y que los restos de los muertos de 1791 habían sido reducidos o cambiados de sitio.

"LE SEMBRO UN ASSASINO?"

¿De qué murió Mozart? ¿Qué factores fortuitos o provocados determinaron que un hombre en la flor de la edad y de extirpe longeva (Leopold murió a los sesenta y ocho años, Nannerl a los setenta y ocho, incluso Anne Maria, su madre, llegó a los cincuenta y ocho) tuviese que morir abruptamente después de quince días de enfermedad? La polémica al respecto, que contiene aspectos detectivescos, aún no ha concluido.

En los días inmediatos al fallecimiento la teoría del asesinato por envenenamiento, basada en las sospechas del propio músico, tuvieron mucha fuerza. El caso, por entonces bastante reciente, del Papa Clemente XIV y las impresionantes características del deceso de Mozart dieron alas a la teoría de que una mano asesina le había administrado un veneno de acción lenta.

Una revista musical, el *Berliner Musikalische Wochenblatt*, daba así la noticia, en su edición del 12 de diciembre de 1791:

Mozart ha muerto. Había regresado enfermo de Praga, y nunca llegó a mejorar. Se pensó que padecía de hidropesía, y por fin murió en Viena la pasada semana. Como su cuerpo se hinchó después de su muerte se pensó que podía haber sido envenenado. Una de sus últimas obras fue la *Misa de Difuntos* que se intepretó en sus funerales. Ahora que ha muerto, los vieneses van a comprender lo que han perdido. Durante toda su vida tuvo que enfrentar enérgicamente diversas conjuras; sin duda su forma de ser *sans souci* ponía en su contra a muchos. Ni su *Fígaro* ni su *Don Giovanni* tuvieron suerte en Viena, aunque sí en Praga. Que la paz sea con sus cenizas.

La breve crónica tiene alto interés. Es evidente que el periodista conocía la noticia de oídas y sobre la base de rumores; no hubo tal funeral con la ejecución del *Réquiem*. Por otra parte, se lo ve muy bien informado sobre el personaje y su circunstancia, y particularmente convencido de la grandeza de éste y de la forma injusta en que fue tratado en Viena. Pero lo más interesante es que ya se señala la teoría del posible envenenamiento.

Pero ¿quién podía haber envenenado a Mozart? Rápidamente surgieron dos grandes sospechosos; Salieri, cuya envidiosa rivalidad con el compositor fallecido era *vox populi*, y los masones, que se suponía eran gente bellaca y sibilina, y que tenían motivos para odiar a Mozart pues éste había revelado muchos de sus secretos en *La flauta mágica*. Incluso se urdió una trama de "sexo y muerte", al estilo que hubiera hecho las delicias de Agatha Christie. Hacia el 6 de diciembre de 1791 Franz Hofdemel, el amigo y "hermano" de Mozart, acuchilló a su mujer y se suicidó porque sospechaba que ésta llevaba en las entrañas un hijo del compositor. Y corrió como reguero de pólvora la tesis de que había sido Höfdemel —que era masón— quien había envenenado al músico, con una doble motivación: la traición a los secretos de la logia y la relación con su mujer.

Aunque ninguno de los más allegados a Mozart parece haber dado crédito a estas teorías, varios años después la idea del presunto envenenamiento estaba mucho más difundida que al principio, y sabemos, por los "cuadernos de conversación", que Beethoven creía firmemente en esa posibilidad. Todo venía de una confesión —pero precisamente *a contrario sensu*— de un moribundo Antonio Maria Salieri. El músico tuvo un fin lamentable, sumido en la miseria e internado en una casa de salud, donde intentó suicidarse. En 1822 pasó a visitarlo el gran Gioacchino Rossini (1792-1868), el cual, de forma directa y con ese tono medio en broma, medio en serio que solía emplear, le preguntó a boca de jarro: "Dígame la verdad, maestro, entre nosotros: ¿es cierto que usted envenenó a Mozart?". Salieri lo contempló un momento en silencio, y luego le dijo: *"Mi guardi attentamente: le sembro un assasino?"*. El compositor y director Ferdinand Hiller (1811-1885), testigo de la entrevista, no cuenta cuál fue la respuesta de Rossini.

En 1823 el compositor Ignaz Moscheles (1794-1870), que había sido alumno de Salieri, fue a visitarlo y lo encontró en pésimo estado, envejecido y depresivo. Hablaba constantemente de su próxima muerte, y en un momento dado, sin que al parecer nadie lo hubiera interrogado al respecto, dijo, con tono de desesperación:

> ¡Le aseguro bajo mi palabra de honor que no hay nada de cierto en ese estúpido rumor de que yo envenené a Mozart! Ya sabe usted que dicen que yo lo hice, pero es pura malevolencia. ¡Cuéntele al mundo, querido Moscheles, lo que el viejo Salieri, que pronto ha de morir, acaba de decirle!

Moscheles publicó este relato, y su efecto no pudo ser más contraproducente; se aplicó en forma estricta el viejo dicho "Dime de lo que presumes y te diré de lo que careces". Un periodista vienés llamado Johann Schik afirmó: "Apuesto cien contra uno a que la afirmación de Salieri es cierta. La forma en que murió Mozart lo confirma". La "afirmación de Salieri" decía exactamente lo contrario de lo que el periodista infería, pero ello no parecía tener la menor importancia. Anton Schindler, biógrafo y amigo de Beethoven, en un diálogo por escrito con el Gran Sordo, decía: "Salieri está muy mal; tiene fantasías de ser el responsable de la muerte de Mozart y de haberlo envenenado. Debe ser verdad, y por eso quiere confesarlo".

La cosa estaba clarísima; Salieri juraba que no había envenenado a Mozart. ¿Qué mayor prueba de que sí lo había hecho?

La absurda especie tuvo inesperada fortuna; tanto como para llegar, a través de Pushkin y su obra teatral *Mozart y Salieri*, del *Amadeus* de Peter Schaffer y del engendro cinematográfico del mismo nombre creado por Milos Forman, hasta nuestros días. Todavía en 1953 el musicólogo ruso Igor Belza (1904-1994) anunció una noticia sensacional; existía un testimonio escrito de un cura que confesó a Salieri en los últimos momentos de su vida, y al cual éste habría reconocido la culpabilidad del crimen de que se le acusaba. Belza decía haber recibido la información de Boris Assafief (muerto en 1949), que a su vez la habría recibido del músico italiano Guido Adler (1855-1941). Lo concreto es que nadie supo nunca dónde estaba el documento citado, y por fin Otto Erich Deutsch (1883-1967), uno de los más grandes biógrafos de Mozart, pudo demostrar que todo era un invento del ruso para obtener publicidad.

La idea de que Mozart haya sido envenenado por la masonería por haber revelado sus secretos es sencillamente ridícula, y hubiera podido descartarse por lógica elemental: si los masones hubieran ordenado matar a Mozart, ¿por qué no hicieron lo mismo con Schikaneder, que era el autor del texto y que vivió veintiún años más y murió plácidamente?

Pese a todo esto, es tan fuerte el peso de la tradición y tan voraz el interés de los hombres por las tramas novelescas, que dos médicos alemanes modernos, los doctores Dieter Kerner y Gunther Duda (el primero desde Mainz, el segundo desde Dachau) han sostenido firmemente la tesis de que Mozart murió por envenenamiento crónico en base a mercurio. El prestigioso patólogo austríaco Hans Banki considera que esta teoría es tan absurda como las anteriores; en su opinión, el envenenamiento con mercurio ataca inmediatamente el sistema nervioso y provoca un temblor en los dedos que se hubiera hecho evidente en la última escritura mozartiana, lo que simplemente no es el caso. Por otra parte, precisamente el doctor Closset escribió un tratado sobre los efectos de suministrar mercurio en exceso a los enfermos de sífilis, por lo que no se le hubiera escapado la posibilidad de que Mozart padeciera una intoxicación de este género.

Una vez descartada la romántica tesis del envenenamiento, subsiste en pie la gran pregunta: ¿De qué murió Mozart? El doctor Aloys Greither (1914-1986), dermatólogo de Heidelberg, sostuvo que sufría una infección crónica a los riñones, al menos desde 1770, y que su muerte fue consecuencia de un fallo renal, de un envenamiento natural del tracto urinario. Según Greither Mozart daba muestras de estar seriamente enfermo desde al menos cuatro o cinco meses antes de su muerte, que no tuvo fiebre sino en sus últimas horas y que no sólo le sudaban pies y manos, sino todo el cuerpo; afirmó que la palidez del rostro de Wolfgang y los rasgos que se reflejan en sus retratos presentan la "típica apariencia de un nefrítico crónico". El doctor Banki refuta enérgicamente esta teoría, que considera producto de "una interpretación obstinada y dogmática de los auténticos reportes". Después de descartar el argumento basado en los retratos de Mozart ("no tienen el más mínimo valor; [...] la gran nariz de Mozart ha sido empequeñecida, su oreja defectuosa cubierta por la peluca, las marcas de la viruela borradas. [...] Realmente no sabemos cómo era Mozart; seguramente no como aparece representado en los billetes de cinco mil schillings"), afirma que los casos de envenenamiento del tracto urinario siguen un curso totalmente distinto: este tipo de enfermos se ven imposibilitados de trabajar desde varias semanas antes de su muerte, y varios días antes de ésta caen en una definitiva inconsciencia, lo que de ninguna manera fue el caso.

El doctor Hans Banki afirma, sorprendentemente, que el diagnóstico de los doctores Closset y von Sallaba, apoyados en el doctor Guldener von Lobes, fue esencialmente correcto. En su opinión, el abundante sudor en las extremidades y la parálisis indican muy claramente una infección articular, y el sudor y los vómitos tendrían también un origen infeccioso. El diagnóstico inicial del doctor Closset, "fiebre miliar aguda", no tiene demasiado rigor técnico, pero era la forma generalizada en la época de definir el síntoma de fiebre con erupción cutánea; en cambio, el de von Sallaba, "fiebre reumática infecciosa" o "fiebre poliartrítica" fue riguroso y correcto, según el doctor Banki. Actualmente la enfermedad se conoce como "poliartritis reumática", se produce en ataques recurrentes y es consecuencia de una infección estreptocócica. Sus síntomas principales son: fiebre aguda, sudores de las extremidades, parálisis de las articulaciones, erupción cutánea y vómitos; un cuadro en todo similar al que mostraba Mozart en sus últimos días. El doctor Banki se remonta a algunas de las enfermedades anteriores de Wolfgang y sostiene que fueron ataques recurrentes de la misma dolencia: en particular la infección de 1762/63 en Viena y la gravísima crisis de 1766 en La Haya.

Pero si este prestigioso especialista en enfermedades infecciosas defiende, con doscientos años de perspectiva, el diagnóstico de sus colegas, es muy crítico respecto del tratamiento indicado:

Mozart no tuvo la mínima posibilidad, ya que por entonces se conocía un solo método de tratamiento para esta dolencia: sangrías y eméticos, lo que resultaba en este caso exactamente lo opuesto a lo que habría que haber hecho. (...) A Mozart le extrajeron casi dos litros de sangre, una pérdida enorme para un organismo enfermo, especialmente si se tiene en cuenta que en los casos de fiebre reumática el corazón, como órgano central del sistema circulatorio, es casi siempre afectado por la infección. El otro antídoto, emético tartárico, tampoco era ni particularmente saludable, ni agradable para el enfermo. Cuando uno vuelve a plantearse, hoy en día, la crucial pregunta —cómo fue posible que el Mozart de treinta y cinco años haya muerto, después de una enfermedad que duró quince días, como consecuencia de un ataque regresivo de fiebre reumática— no debe dejarse de lado la posibilidad de que el brutal atentado terapéutico haya tenido consecuencias mortales.

El doctor Karl Bär, médico suizo que escribió un libro entero sobre la enfermedad final de Mozart, sostiene que lo que llevó al músico a la tumba fue el llamado "reuma inflamatorio", dolencia no infecciosa que se caracteriza por inflamación dolorosa de las articulaciones, que suele aparecer como consecuencia de problemas coronarios. En el 2001 el doctor Jan Hirschmann, profesor de la facultad de Medicina de la Universidad de Washington, en Seattle, sostuvo que la causa de la enfermedad mortal fue la ingestión de costillas de cerdo infectadas por la larva de un parásito conocido como *Trichinella Spiralis*, que produce una enfermedad llamada triquinosis, por entonces mortal. Según este facultativo, dicha dolencia suele tener una incubación de cuarenta o cincuenta días, aproximadamente los mismos que corrieron desde la carta de Mozart a Constanze del 7 de octubre ("Pero ¿qué veo? ¿qué huelo? ¡He aquí a don Primus con las chuletas! *Che gusto!* Y en este momento estoy comiendo a tu salud") hasta el día de su muerte. Y señala que los principales síntomas son la hinchazón de las extremidades y prurito, ambos padecidos por el compositor. Pero los estudios, bastante recientes, del doctor Peter J. Davies (*Mozart's Illnesses and Death*, 1984; revisado y corregido en 1989) han conmovido a los interesados en este tema, por su audacia y su originalidad.

El doctor Davies sostiene que Mozart contrajo, en 1784, una infección estreptocócica que se complicó con el llamado síndrome de Schönlein-Henoch, y el cuadro se tradujo en dolorosos cólicos y vómitos.

Durante esta enfermedad —continúa— se depositaron en sus riñones complejos inmunitarios que provocaron una glomerulonefritis crónica, que fue la enfermedad que le causó la muerte. En 1787 tuvo una recaída, consecuencia de una nueva infección estreptocócica que provocó una segunda aparición del síndrome de Schönlein-Henoch, y todo esto provocó una degradación paulatina de la función renal, asintomática en sus primeras fases.

Los riñones quedaron sumamente dañados, y a comienzos de 1791 Mozart sufría ya una glomerulonefritis crónica, que suele traer aparejada una subida de la presión y hemorragias en la retina ocular.

Los rasgos paranoicos de su carácter, unidos a celos posesivos y labilidad emocional que mostró durante todo ese año, fueron consecuencia de su insuficiencia renal crónica, o uremia.

Pero lo más revolucionario de la tesis del doctor Peter J. Davies es que se atreve a señalar la fecha exacta en la que Mozart contrajo su última enfermedad. Hacia el 16 (17, 18) de noviembre de 1791 el compositor asistió a una reunión inaugural de la nueva sede de su logia masónica, donde se interpretó su última cantata; en esa oportunidad fue contagiado de una infección estreptocócica de la que había epidemia en Viena (un informe del doctor Guldener von Lobes afirma que "un buen número de los habitantes de Viena sufrían en aquel momento la misma enfermedad, y el número de casos mortales, como el de Mozart, fue considerable"). Esta infección, unida a la glomerulonefritis crónica, derivó rápidamente en

una nueva exacerbación del síndrome de Schönlein-Henoch, y un agravamiento de la insuficiencia renal, que se manifestó con fiebre, vómitos, poliartritis, hinchazón de las extremidades, malestar general y púrpura. La ulterior hinchazón de todo el cuerpo se debió probablemente a una retención adicional de líquido y sales causada por la insuficiencia renal. Se le practicaron una o más flebotomías (sangrías) que probablemente agravaron esta insuficiencia y contribuyeron a su muerte. El síndrome de Schönlein-Henoch causó un agravamiento de la hipertensión, que contribuyó a los vómitos nocturnos y le provocó un derrame cerebral. La parálisis parcial era una hemiplejia debida a esta hemorragia cerebral. Unas dos horas antes de morir tuvo convulsiones y entró en estado comatoso. Una hora más tarde, intentó sentarse, abrió mucho los ojos y cayó hacia atrás, con la cabeza vuelta hacia la pared; tenía las mejillas hinchadas. Estos síntomas sugieren una parálisis conjugada ocular y del nervio facial, con hemorragia cerebral masiva. En la noche anterior Mozart había sufrido fiebre y sudores intensos; en los pacientes con uremia es frecuente que la muerte sobrevenga como consecuencia directa de una bronconeumonía, que se presenta cuando el paciente ya está moribundo.

En consecuencia, Mozart habría muerto de infección estreptocóci-ca, síndrome de Schönlein-Henoch, insuficiencia renal, flebotomía, he-morragia cerebral y bronconeumonía terminal.

Magister dixit...

LA "MAGRA" HERENCIA

En un álbum de citas que llevaba Mozart, y al pie de las palabras que él mismo había escrito cuando la muerte del doctor Barisani, Cons-tanze escribió, con fecha 5 de diciembre, la siguiente despedida:

> Lo que escribiste aquí a tu amigo te lo escribo yo ahora a ti, con el má-ximo respeto. ¡Querido y amado esposo Mozart, inolvidable para mí y para toda Europa! ¡Ahora estás en la felicidad, en la eterna felicidad! Una hora después de la medianoche, entre el 4 y el 5 de diciembre de este año, su año 36, se marchó ¡ay! repentinamente de este mundo bueno pero ingrato. ¡Oh, Dios! Durante ocho años estuvimos unidos por el lazo más tierno y firme de este mundo. ¡Oh! ¡Ojalá pudiera unir-me a ti muy pronto y para siempre!
> Su muy desconsolada esposa
> Constanze Mozart, nacida Weber.
> Viena, 5 de diciembre de 1791.

Algunos estudiosos suponen que Constanze escribió esta suerte de necrológica muchos años después, cuando por fin se convenció de que había estado casada con uno de los artistas más importantes de la his-toria; pero no aportan prueba alguna al respecto. Lo cierto es que la re-ciente viuda dio señales de estar hondamente conmovida por la muer-te de su esposo en esas primeras horas, y parece muy plausible que, en un momento de relativa calma, ese día o dos o tres más tarde, haya re-dactado el texto.

Al otro día del entierro llegaron a su casa los funcionarios que de-bían realizar un inventario de los bienes del difunto, por razones suce-sorias y porque había acreedores que reivindicaban derechos. En pre-sencia de Constanze se elaboró un documento que tiene altísimo interés, que ha sido mal interpretado con demasiada frecuencia y que sirve para aventar ciertos mitos. Según esta relación Mozart dejó, al morir, 60 florines en efectivo, 133 en salarios atrasados, 300 de los que era acreedor de Franz Gilowsky[7], 500 que le debía Anton Stadler y una serie de bienes que fueron tasados probablemente a la baja, para ayudar a la viuda a afrontar los impuestos sucesorios: objetos de plata por valor de 7 florines, vestuario por valor de 55, ropa de cama y mesa por 17, mobiliario por 296 y "algunos libros y partituras musicales" que fueron valorados en 23 florines.

Entre las deudas registrables se encontraron facturas impagas por valor de 918 florines y 16 kreutzer, pero sabemos, por la propia Constanze, que Mozart debía por lo menos tres veces esa cantidad. Entre las cuentas indexadas se hallan una factura de un sastre por 282 florines y 7 kreutzer, la de un tapicero por 280 florines y 3 kreutzer, las de dos boticarios (una por 139 florines y 30 kreutzer y otra por 40 florines y 53 kreutzer) y otras menores. No están computados 1.000 florines que Puchberg reclamó a Constanze mucho más tarde (cuando ya la situación de la viuda era floreciente) y, probablemente, otros mil que aún se debían al prestamista Lackenbacher (el cual, como ya se ha señalado, no se presentó como acreedor). Hay indicios de que también se debía algún dinero a Joseph Odilio Goldhann, prestamista notorio, que fue uno de los testigos que firmó el inventario. Con este balance se llega, aproximadamente, a los 3.000 florines que Constanze calculaba que debían a la muerte del compositor.

"La predicción de Leopold se ha cumplido, aunque no haya motivo para felicitarse por ello; Mozart ha muerto en la miseria", afirman los esposos Massin. No; Mozart ha muerto pobre, pero no en la miseria, ni siquiera en sus inmediaciones. Vivía con su esposa en un apartamento muy digno, amplio, confortable y bien situado; tenía muebles que aun en la valoración mezquina del inventario se tasaron a un precio alto (entre ellos se contaban un buen piano y una mesa de billar, de la que el compositor no se desprendió ni aun en sus momentos más difíciles). Las deudas con el tapicero indican que, recientemente, habían restaurado o renovado el mobiliario, y la deuda con el sastre, que gastaban mucho en vestidos. El vestuario de Mozart, cuidadosamente relacionado, no ofrece señal alguna de indigencia: 4 casacas de paño de diversos colores, una de satén marrón bordada en seda, un traje completo de paño negro, dos gabanes, dos casacas con piel, 4 chalecos,

9 calzones, 2 sombreros, 3 pares de botas, 3 pares de zapatos, 9 pares de medias finas de seda, 9 camisas, 4 pañuelos blancos de cuello, 18 pañuelos de bolsillo, 8 calzoncillos, 5 pares de medias normales, 1 gorro y 2 camisas de dormir. "Un vestuario semejante es el que podía tener un comerciante acomodado" —afirma Robbins Landon. Por otra parte, el inventario relaciona 5 manteles, 16 servilletas, 16 toallas y diez sábanas, a lo que habría que sumar vajilla y cubiertos de plata que seguramente valían mucho más que los 7 florines tasados. El compositor tenía un caballo, que vendió pocos días antes de morir, y se movía en coche privado, presumiblemente de alquiler (no figura ninguno de su propiedad entre los bienes que dejó).

Nada de esto justifica la opinión de que Mozart murió en la miseria, y es muy significativo del peso de ciertas tradiciones el hecho de que los autores franceses, tan legítimamente preocupados en su excelente obra por combatir la tesis del "niño grande", pasen por alto que en los diez años que residió en Viena como músico independiente Mozart había gozado de un nivel de vida muy superior al que le hubiera correspondido por su origen y ubicación social. La gran revolución estaba cumplida; Mozart había demostrado que era posible, para un músico, abandonar la condición servil y establecerse dignamente como artista independiente.

Lo más interesante del inventario es lo que tiene que ver con el rubro "libros y partituras musicales". Los que afirmaban —y siguen afirmando— que Mozart era ignorante, que apenas tenía cultura al margen de lo musical y que no leía, deberían poner atención a los libros que guardaba en su casa cuando le llegó la muerte: obras traducidas de Molière, Beaumarchais (*Las bodas de Fígaro*, en traducción alemana de Johann Rautenstrauch), Christoph Martin Wieland (*Oberon* y *Papeles póstumos de Diógenes de Sinope*), Platón (el *Fedón* traducido al alemán por el filósofo Moshe Mendelssohn), una edición en italiano de *Las Mil y Una Noches* (que el compositor disfrutaba enormemente), Fenelón (*Telémaco*), Ovidio (*Tristia*, edición bilingüe en latín y alemán), Christian Félix Weisse, Christian Gellert (ambos poetas líricos), Salomon Gessner, Friedrich Christoph Oetinger (*La metafísica y su conexión con la química*), Sonnenfels (*Obras completas*, en cuatro lujosos volúmenes), Johann Pezzl (*Faustín, o el siglo filosófico ilustrado*, una novela en la cual, significativamente, el protagonista huye de Nápoles para evitar ser envenenado con *acqua toffana*), Johann Gottfried Dyk (*Obras de teatro completas*, en seis volúmenes), Hannah Moore (su revulsiva tragedia *Percy,* en versión original inglesa, con el prólogo de David Garrick), Torcuato Tasso (*Aminta*) y una colección de libretos de Metastasio, entre otras obras. Poseía además diccionarios, libros de historia, guías de viajes y una serie de panfletos de origen masónico, o, por lo menos, "ilustrado": contra la castración de los jóvenes, contra "la dominación católica", contra "el espíritu reaccionario", etcétera.

Es tan indeleble la máscara de Mozart como un provinciano sin instrucción que, al hablar de su biblioteca, el musicólogo John Stone se siente en la obligación de aclarar que "no podemos estar seguros de que todos los libros de ésta hubieran atraído su atención" (*The Mozart Compendium*). Obvio; lo mismo podría decirse de cualquier biblioteca de cualquier persona. Pero se tienen datos precisos de que Mozart leía mucho y asistía al teatro con muchísima frecuencia, y no sólo a partir de los últimos años de su vida y de su contacto con Ignaz von Born y los masones, como se ha dicho. Durante sus años de Salzburgo, después de su regreso de París, vio representar *Hamlet* y *Macbeth*, y en sus cartas hay varias referencias, incluso críticas, a la tragedia del príncipe de Dinamarca, que demuestran que conocía la obra a la perfección. Alfred Einstein dice que, en los últimos años, había pensado en componer una ópera sobre *La tempestad*, aunque no aporta la fuente del dato, y John Stone indica que probablemente conocía *La comedia de las equivocaciones*, sobre la cual Da Ponte había escrito un libreto. El mismo Einstein recuerda que Mozart llegó a escribir una parodia sobre la oda *Edone*, del poeta Klopstock, afirma que conocía a la perfección el *Abderiten*, de Wieland, y realiza una afirmación de increíble audacia:

> Mozart estaba de parte de Voltaire, a pesar de las crueles palabras que escribió cuando la muerte del sabio de Ferney. También Voltaire pertenecía al siglo XVIII y a la eternidad y, al igual que Mozart, poseía un sentido de la observación agudo y cruel, una ironía cortante, una tendencia a la sátira y un profundo fatalismo. Entre *Cándido* y la Sinfonía en Sol menor hay una verdadera afinidad.

Mozart no fue un intelectual a la manera de Wagner o Nietzsche; pero estaba muy lejos de ser un ignorante, se interesaba por los temas más diversos y trataba de cultivarse, lo que logró ampliamente en la medida de sus posibilidades. Su segura participación en los libretos de sus principales óperas, las profundas reflexiones que realizó sobre los aspectos dramáticos de obras propias y de otros (con referencias literarias) y la delicada belleza de algunas de sus cartas deberían ser elementos suficientes para dejar de lado definitivamente la absurda máscara del palurdo genial.

En cuanto a las partituras manuscritas, absolutamente desestimadas por los tasadores, su valor era sencillamente incalculable; tal vez ningún otro hombre en toda la historia haya dejado una herencia tan extraordinaria. Desde el punto de vista financiero eran una mina de oro, como la sorprendida Constanze tuvo inmediata ocasión de comprobar cuando comenzaron a lloverle ofertas por éstas; en poco tiempo la viuda, que demostró no tener nada de tonta, había superado cualquier riesgo de caer en la miseria. Desde el punto de vista artístico e histórico, aquellos papeles pentagramados contenían la mayor colección de tesoros artísticos que el mundo haya visto reunida. La "magra" herencia de Mozart ha hecho más nobles y más felices a los hombres a lo largo de doscientos años.

FINAL DEL DRAMA

A lo largo de esta obra hemos tratado de ofrecer la imagen más objetiva y desapasionada de Constanze, situándonos —por convicción y no por tendencia al eclecticismo— a medio camino entre quienes la han considerado una pésima esposa, tonta y egoísta, despilfarradora y probablemente infiel, y quienes se adscriben a la actual tendencia a pasarse al otro extremo y ver en ella al modelo de mujer inteligente, culta y abnegada, al estilo Anne-Magdalen Bach. La contradictoria y frívola Constanze ha logrado, históricamente, triunfar de sus detractores gracias a un apoyo incomparable: el que le brindó, en vida y para siempre, su esposo Mozart, que la amó con conmovedora fidelidad (hablamos, por supuesto, en términos afectivos) y ternura. Robbins Landon, que dedica todo un capítulo de su obra *El último año de Mozart* a reivindicarla, recomienda en términos litúrgicos: "Lo que Dios ha unido no lo separe el Hombre". Lo cierto es que, al margen de su conducta durante el matrimonio, respecto de la cual el lector ha tenido oportunidad de forjarse su propia opinión, cuando debió enfrentarse por primera vez a la responsabilidad de salir adelante por sus propios medios, tuvo un cambio notable y demostró fuerza interior, sensatez y claridad de objetivos.

Sus primeros movimientos se orientaron a lograr una pensión de viudedad de la Corte, que había sido empleadora del compositor. Como se recordará, los músicos vieneses estaban agremiados en la Tonkünstler-Societät, que debía velar por ellos mismos o sus deudos en casos de muerte o incapacidad; pero Mozart, que tantas veces había tocado gratuitamente en sus conciertos benéficos, nunca se había asociado, pues no tenía la partida de nacimiento que se le exigía (y que él, por imprevisión, no se preocupó en conseguir). Se dirigió entonces directamente al Emperador, y consiguió que se le concediera una audiencia.

Leopold II nunca había querido mucho a Mozart, y después de muerto lo quería aún menos. Circulaban todo tipo de rumores sobre su conducta, su calidad moral y su ligereza, que se sumaban a la mala imagen de un masón militante y radical. El escándalo Hofdemel, al cual ya nos hemos referido, y las difundidas versiones sobre deudas siderales (se hablaba de treinta mil florines) no contribuían en absoluto a predisponer al monarca en favor del músico fallecido. Hay que anotar en su favor, sin embargo, la sensibilidad de recibir a la viuda y de escucharla con atención.

Si lo que Constanze recordaba de aquella entrevista, acaecida probablemente el 11 de diciembre de 1791, fue básicamente cierto (y no hay mayores motivos para dudarlo, dadas las positivas consecuencias obtenidas), la viuda tuvo su momento más brillante. Sin mostrarse en absoluto intimidada por la jerarquía de su interlocutor, se dirigió a él en estos términos:

Majestad, todos tenemos enemigos; pero a nadie se lo ha calumniado y vilipendiado con tanta saña y persistencia como a mi esposo, y sólo porque tenía un talento extraordinario. Incluso ha habido quienes se han atrevido a contar a Su Majestad horribles mentiras; las deudas que ha dejado se han multiplicado por diez. Os juro por mi vida que tres mil florines liquidarían todas nuestras deudas. Y no las hemos contraído por frivolidad; nunca tuvimos ingresos fijos suficientes. Además, yo he tenido muchos partos y he padecido una enfermedad grave y de tratamiento costoso durante más de un año y medio. Ante estas circunstancias confío en la bondad que llena el corazón de Su Majestad.

Es evidente que Leopold quedó impresionado ante el valor y la directa sinceridad de aquella mujer:

Si es cierto lo que dices —respondió— aún estamos a tiempo de arreglar un poco las cosas. Organiza un concierto a tu beneficio con las obras que ha dejado, y ese concierto contará con todo mi apoyo.

Era bastante, pero no lo que Constanze pretendía: una pensión fija. El emperador pidió informes a su burocracia sobre esta posibilidad, y la respuesta fue negativa: Mozart había servido sólo tres años como *Konzertmeister*, y la ley exigía una antigüedad de diez para generar una pensión. Sin embargo, el nuevo responsable musical de la Corte, conde Johann Wenzel de Ugarte (1748-1796), consideró que, dadas las circunstancias, cabía una excepción, y recomendó conceder a la viuda una pensión de doscientos florines anuales más cincuenta a cada uno de los dos hijos. Pese a la modesta cantidad, hubo muchas resistencias, y Constanze entró en las redes de la burocracia, que comenzaron a complicar la gestión pidiéndole certificados y constancias que retardaron los trámites.

El 1º de marzo de 1792 el emperador Leopold II falleció sorpresivamente[8]. Su sucesor, Franz II (1768-1835), se mostró más favorable a la petición de la viuda de Mozart; ya el 5 de marzo el ministro de finanzas, conde Johann Rudolf von Chotek (1749-1824), aconsejaba, "para este caso particular y sin sentar precedente", dar a la peticionante una pensión de doscientos sesenta y seis florines con cuarenta kreutzer con retroactividad al 1º de enero de ese año; el 12 el nuevo emperador firmó la autorización y el 13 se hizo efectivo el primer pago.

Pero para ese entonces, tres meses después de la muerte de Mozart, Constanze estaba descubriendo un filón mucho más suculento que la magra pensión obtenida. El 23 de diciembre había organizado, en el Burgtheater de Viena, el concierto aconsejado por Leopold, que dejó unas utilidades de mil quinientos florines; enterado de la muerte del compositor, el archiduque Maximilian Franz, hermano del emperador y elector de Köln, envió de regalo a Constanze ciento ocho florines; y en febrero la viuda recibió la visita del barón von Jacobi, embajador del rey Friedrich Wilhelm de Prusia, que le compró varias partituras (entre ellas la del *Réquiem*, que en realidad la viuda no estaba autorizada para vender) por valor de ochocientos florines. Después de todas las penurias, estaba resultando buen negocio haber estado casada con aquel hombrecillo.

En los años siguientes Constanze se dedicó a recorrer Austria y Alemania haciendo representar obras de Mozart, con excelentes resultados económicos. El prestigio de su difunto esposo había trascendido a toda Europa, y las personas ilustradas se mostraban ansiosas de escuchar su música y comprar o editar sus partituras. Especialmente emotivo (y seguramente redituable) fue el concierto celebrado en el Kärtnerthotheater de Viena en 1795, en el cual se interpretó *La clemenza di Tito* (con Aloysia como Sexto) y, en el entreacto, un joven pianista llamado Ludwig van Beethoven tocó el Concierto N° 20 en Re menor, K. 466.

En todo este período Constanze dio no sólo muestras evidentes de ser buena administradora y empresaria de agudo olfato, sino también de tener un gusto musical mucho más refinado que lo que se pensaba. Así, se preocupó por dar a conocer algunas de las obras menos conocidas y estimadas de Mozart, como *La clemenza di Tito*, con la cual hizo una amplia gira por Alemania, *Idomeneo* (cuya partitura intentó, sin éxito, publicar por suscripción) y *Thamos, rey de Egipto*. Más allá de los brillantes resultados económicos que obtuvo, Constanze realizó una tarea fundamental para la difusión de la música de Mozart y la conservación de su legado.

En 1797 vivía en un apartamento modesto (los años la habían hecho ahorrativa), en la Kürgenstrasse N° 1046. Como tenía disponibilidad, alquilaba habitaciones a huéspedes, y uno de ellos fue un danés, funcionario oficial de su gobierno, llamado Georg Nikolaus Nissen (1761-1826), un hombre culto y amante de la música, que se convirtió en su amante. Convivieron durante doce años, inicialmente en Viena (en un piso de la Jüdengasschen) y más tarde en Bratislava, hasta que finalmente decidieron casarse y lo hicieron el 26 de junio de 1809. A partir de 1810 vivieron en Copenhague hasta 1820, año en el que Nissen se retiró y, ya ocupado vitalmente en la redacción de su biografía de Mozart, se fue a vivir con su esposa a Salzburgo.

La influencia mutua de Nissen y Constanze fue útil para ambos; el severo funcionario diplomático contribuyó decisivamente a los brillantes negocios de su esposa (entre ellos, la venta al empresario Johann Anton André de un gran número de manuscritos de Mozart por tres mil ciento cincuenta florines, en noviembre de 1799). Y ella, por su parte, supo insuflarle una admiración tan grande por su primer esposo y su obra, que Nissen dedicó los últimos años de su vida a escribir la que sin duda sigue siendo la más importante biografía de Mozart, más allá de errores e interpretaciones discutibles. Contó para ella con los recuerdos de su esposa (fuente principal) y la colaboración de tres personas musicalmente más versadas que él: el abate Maximilian Stadler, el salzburgués Anton Jähndl (1783-1861) y el organista Maximilian Keller (1770-1855). Trabajó con inusitada pasión desde 1823, y cuando falleció, en 1826, la obra estaba inconclusa. Constanze encargó entonces al doctor Johann Heinrich Feuerstein (1787-1850), un médico de Dresden, que la terminara; la obra fue publicada por Breitköpf & Härtel en 1828, firmada por Georg Nikolaus von Nissen, sin que nadie pueda explicarse por qué la doble viuda colocó esta partícula nobiliaria que su segundo esposo nunca había empleado.

Constanze se quedó a vivir en Salzburgo, donde también residía Nannerl, viuda también entonces; no hay datos de que ambas mujeres hayan tenido el mínimo contacto. En 1829 fue visitada por los esposos Vincent Novello (1781-1861) y Mary Sabilla Hehl (1789-1854), que estuvieron entre los primeros peregrinos a Salzburgo; los mozartianos ingleses la describen, en esa época —a sus sesenta y siete años— como una mujer agradable y culta, que hablaba tres idiomas (francés, italiano y alemán; probablemente también debía hablar el danés, después de diez años de residencia en Copenhague) y vivía en una hermosa casita con jardín en la calle de la Monja, "con la vista más hermosa del mundo. De joven debió tener ojos muy brillantes, que aún conservan belleza. Su rostro no se parece al retrato que contiene la biografía". (Se refieren, obviamente, a la de Nissen.)

Tiene la cara delgada y se ven en ella las marcas de las angustias y las ansiedades vividas, pero cuando sonríe y sus facciones se relajan, la expresión resulta muy agradable. Tiene una estatura más bien pequeña, es esbelta y parece mucho más joven de lo que era de esperar. Su voz es tersa y grave y sus modales son finos y distinguidos, como es natural en una persona que ha vivido mucho en contacto con la mejor sociedad y ha recorrido gran parte del mundo. El modo en que habla de su ilustre primer marido, aunque no tan entusiasta como era de esperar de alguien tan querido y cercano para ella, era tierno y cariño-

312

so, y pude percibir un ligero temblor en su voz mientras contemplaba su retrato y en dos o tres ocasiones en que aludió a los últimos años de su vida.

Los visitantes destacaron que Constanze conocía prácticamente de memoria todas las óperas de Mozart:

me dijo que el *Non so piu cosa son*, de *Fígaro*, le gustaba particularmente a Mozart, así como el sexteto *Riconosci in questo amplesso*, de la misma ópera. De *Così fan tutte* comentó que en el *Di scrivermi* (que yo pensaba estaría entre los fragmentos preferidos del autor) parece como si se escucharan los sollozos y las lágrimas de los actores; señaló la extraordinaria diferencia de las melodías que asignaba a los diversos personajes y lo maravillosamente adecuadas que resultan; dijo que los pasajes de la parte de la Estatua de *Don Giovanni* le ponían los pelos de punta. La trama de *Così fan tutte* no le gusta, pero convino conmigo en que con una música así, cualquier cosa se vuelve admirable (Vincent Novello).

Digna vejez, serena, confortable y reposada, la de la pequeña y tierna Stanzi Marini. En los últimos años de su vida tuvo en su casa a Aloysia[9] y a Sophie, y, gran paradoja, cuando murió en 1842 fue enterrada a los pies de Leopold Mozart.

Los dos hijos de Wolfgang murieron solteros y sin descendencia. Karl Thomas (1784-1858), el niño indolente que paseaba todo el día por el jardín, vivió un tiempo con Niemtschek en Praga estudiando música, pero luego se empleó como aprendiz en una firma comercial de Livorno, y vivió definitivamente en Italia. En 1805 se trasladó a Milán y pensó seriamente en dedicarse a la música, entusiasmado por su maestro el *Kapellmeister* Bonifazio Asioli (1769-1832); pero una carta de su madre lo llevó a reconsiderar su decisión: "Dejo todo librado a tu buen criterio, y por cierto no pienso decir una sola palabra contra tu resolución" —le escribía Constanze el 5 de marzo de 1806—. "Pero guarda siempre en la mente esta advertencia, que te envío con todo mi cariño: todo hijo de Mozart que no sea más que mediocre traerá sobre su cabeza más vergüenza que honor".

Karl tomó en cuenta el consejo de su madre y abandonó la música completamente (como posible profesión; siguió siendo un melómano que gustaba de hacer reuniones musicales en su casa). En 1810 se empleó como oficial al servicio del Virrey de Nápoles en Milán y permaneció en esa función, respetado y oscuro, hasta su muerte. Su único momento de destaque público acaeció en 1842, cuando le tocó descubrir la estatua de su padre, en Salzburgo. Estuvo también presente en la ceremonia de conmemoración del centenario (1856). Cuando murió se le hizo un homenaje en la ciudad natal de su padre en el curso de la cual su amigo Alois Taux (1817-1861) dirigió el *Réquiem*.

EL OTRO MOZART

Franz Xaver Wolfgang (1791-1844) fue, en cambio, un buen músico, y la gloria inmarcesible de su padre ha opacado injustamente su carrera. Constanze trató de repetir con él la historia del "niño prodigio" y lo hizo presentarse en un concierto en Praga, el 15 de noviembre de 1797, donde cantó la primer aria de Papageno. Luego tuvo una sólida formación musical, como alumno de Albrechtsberger, Hummel, Salieri (es evidente que ningún Mozart creyó nunca seriamente en la teoría del envenenamiento), Streicher y Vogler. En 1802 publicó su primera obra, un cuarteto con piano, y en 1805 dio su primer concierto como pianista en Viena. Salieri parece haberlo apoyado de manera muy entusiasta, ya que en marzo de 1807 declaró que "el joven señor Wolfango Amadio Mozart posee un infrecuente talento para la música, y predigo para él un futuro tan brillante como el de su padre".

En 1813 se trasladó a Sarki, cerca de Lemberg, como profesor de música de los hijos del chambelán imperial conde Janiszewsky. Pocos años más tarde tomó como alumna particular a Julie Baroni von Cavalcabó (1813-1887), una joven de gran talento que llegó a ser una buena compositora y pianista y a la que Schumann dedicaría su *Humoreske*; Julie era hija de la condesa Josephine Castiglioni (1788-1860), sólo tres años mayor que Xaver Wolfgang, esposa del noble Ludwig Kajetan Baroni von Cavalcabó. Perdidamente enamorado de la madre de su alumna, Franz Xaver fue su amante fiel y desesperanzado toda su vida, y al morir la dejó como heredera única de todos sus bienes.

El hijo menor de Mozart tuvo mucho éxito como concertista, y realizó amplias giras que lo llevaron a través de Rusia, Polonia, Dinamarca, Suiza y los países nórdicos, además de presentarse frecuentemente en Austria, Alemania y norte de Italia. En 1821, en Salzburgo, vio por vez primera a su tía Nannerl, lo que es bien significativo respecto de la relación entre ésta y la familia de su hermano. Vivió casi siempre en Lemberg, cuando no estaba viajando, y en 1834 logró el nombramiento de *Kapellmeister* en esa ciudad, donde siempre lo aguardaba el amor. En 1842 participó junto a su hermano en las fiestas del descubrimiento de la estatua de Mozart en Salzburgo, y tocó uno de los conciertos de su padre, probablemente el N° 20, K. 466. En la primavera de 1844 se sintió enfermo y se retiró a Dresden, donde falleció el 29 de julio; estaba con su alumno predilecto, Ernst Pauer (1826-1905). La condesa Castiglioni asistió a sus funerales, generando escándalo en su tiempo y admiración a la posteridad; el amor exige ser valiente.

Franz Xaver Wolfgang fue un excelente concertista de piano, uno de los mejores de su tiempo; como compositor no parece haber estado a la misma altura (quien esto escribe habla por referencias, pues jamás ha tenido oportunidad de escuchar una obra del hijo menor de Mozart). Los mozartianos no le han perdonado aún que firmara algunas de sus obras como "Wolfgang A. Mozart", lo que ha dado lugar a lamentables confusiones.

Así finalizó la familia directa del músico más genial de todos los tiempos. Mozart es irrepetible por todos los conceptos; pero es seguro que no se hubiera avergonzado de sus dos únicos hijos supervivientes.

UNA HISTORIA ROCAMBOLESCA

Mozart fue enterrado en una fosa común, como se ha dicho, y su cadáver desapareció debido a la inexplicable desidia de su esposa y sus amigos más cercanos. La impresión facial que sacó "Herr Müller" la tarde del velatorio fue vaciada en yeso y cedida a Constanze; una tarde, en el curso de unas tareas domésticas, la viuda tiró inadvertidamente al suelo la reliquia, que se rompió. Ella, tranquilamente, tiró los trozos a la basura, incluso con un comentario del tipo "menos mal que se rompió de una vez esa cosa tan fea".

Y sin embargo, existen hoy un cráneo y una mascarilla mortuoria de Mozart. O al menos, eso creen algunos. Es una historia que tiene ribetes rocambolescos, y que resulta interesante narrar, entre otras cosas, porque es poco conocida.

Joseph Rothmayer era sepulturero en el cementerio de St. Marx, y además, un aficionado a la música y un admirador de Mozart desde que había visto *La flauta mágica* en el Freyhaus Theater auf der Wieden. Siempre había lamentado la sepultura del músico en una fosa común, sin identificación posible. Aunque él no había actuado en ese entierro concreto, tenía una vaga idea de dónde se hallaba el cadáver de Mozart.

Hacia 1801 fue necesario remover unos cuerpos, lo que se hizo con toda la cuota macabra que la tarea implica. De pronto, Rothmayer vio un esqueleto que le llamó la atención, tal vez por los restos de ropa. ¿No podría ser aquél el cadáver de su admirado Mozart? En esas inmediaciones —él lo sabía muy bien— había sido sepultado diez años antes. Pensando que podía haber hecho un descubrimiento sensacional, Rothmayer separó el cráneo de aquellos huesos y se lo llevó a su casa.

La calavera sobrevivió durante décadas, pasando de mano en mano, como un objeto curioso; de todas formas, era imposible confirmar, con los medios de la época, su autenticidad. Hacia 1880 se hallaba en poder de una familia vienesa de apellido Hyrtl, uno de cuyos jóvenes miembros, Jacob (1799-1868), era un buen violoncelista y un mozartiano radical. Se cuenta que Jakob comenzaba todas sus sesiones de trabajo tocando la melodía de un aria de *La flauta mágica* delante de un curioso paquete, cuidadosamente envuelto, que contenía el presunto cráneo del maestro.

Joseph Hyrtl (1810-1894), hermano de Jakob, logró celebridad como anatomista. De acuerdo con la mentalidad científica del siglo XIX, quería averiguar dónde radicaba el genio en un cuerpo humano; tal vez la particular conformación de las cavidades craneanas indicara la razón última de que determinadas personas estuviesen superdotadas para ciertas actividades.

Con esa preocupación, pidió a su hermano el supuesto cráneo de Mozart, y éste se lo cedió de buen grado. Un artículo científico aparecido en la revista *Wiener Fremdenblatt* en 1885 transcribía unas opiniones del entonces ya famoso Joseph Hyrtl, en el que éste aseguraba estar convencido de que aquel cráneo era el de Mozart, entre otras razones porque "encajaba perfectamente con su mascarilla mortuoria".

¿Cómo? ¿No era que la mascarilla había sido rota por Constanze y se había perdido definitivamente? Aquellos años eran los menos propicios para la memoria del músico, considerado entonces poco más que un importante antecesor de Beethoven, cuya figura dominaba el panorama musical de finales de siglo. Inexplicablemente, nadie se preocupó por preguntarle al doctor Hyrtl dónde estaba o quién poseía esa mascarilla mortuoria a la que había hecho referencia.

En 1894 el doctor Hyrtl consideró finalizados sus estudios sobre el presunto cráneo del compositor, y lo donó a la Fundación Mozart de Salzburgo; sus directivos tomaron la reliquia con mucho escepticismo y la colocaron en la biblioteca, con valor de mera curiosidad. Allí permaneció durante décadas, y periódicamente era analizada por científicos que empleaban técnicas de vanguardia, sin que nunca haya llegado a probarse de manera fehaciente ni su autenticidad, ni su falsedad.

En el verano de 1947 un aficionado a la música y a los objetos antiguos llamado Jakob Jelinek vio, en una tienda de antigüedades de Viena, una mascarilla mortuoria vaciada en bronce; el objeto le llamó poderosamente la atención y lo compró por cinco schillings. La mascarilla era la de un hombre muerto en plena juventud y con signos de padecer una hinchazón general de sus facciones; se vendía junto a un retrato de Mozart. Jelinek pensó vagamente que podría, por qué no, tratarse de una reproducción de la mascarilla mortuoria del compositor y se la llevó a quien él consideraba un especialista en el tema, Willy Kauer.

Éste era un personaje singular, que se definía como escultor y tenía un estudio en la Schulenstrasse. Él y su señora se dedicaban básicamente a realizar mascarillas y elementos faciales (narices, bocas, ojos) que se empleaban en obras de teatro y películas, para lo cual usaban un procedimiento de su invención. El actor vienés Hans Holt (1909-2001), que debió interpretar a Mozart en el film de 1942 *Wen die Gotter lieben* (*El amado de los dioses*), se había hecho hacer una nariz artificial similar a la del compositor, según los retratos, por el afamado artesano. Willy Kauer ponía ojos saltones o rasgados, envejecía rostros jóvenes o convertía en cojos o paralíticos a hombres sanos, según las exigencias de los libretos cinematográficos. Sin embargo, había hecho, durante la guerra, cosas más importantes; fabricaba prótesis de narices, orejas, bocas, ojos o manos para mutilados de guerra, y este negocio lo hizo rico. Se dice, además, que construía rasgos artificiales con gran maestría para quienes, en aquellos años terribles, querían disimular su identidad. Entre sus especialidades se hallaba también la de realizar mascarillas mortuorias, y tomó las impresiones faciales de algunos de los más prominentes personajes de la época, como el compositor Franz Lehar (1870-1948) o el alcalde de Viena, Karl Seitz.

Era la persona menos indicada para que Jelinek le prestara, regalara o vendiera (cosa que nunca estuvo clara) la presunta mascarilla mortuoria de Mozart. Aunque evidentemente era un entendido, la mentalidad de Willy Kauer se situaba claramente en el ámbito de lo comercial, y además, era el sospechoso perfecto de una posible falsificación. En abril de 1948 Kauer salió a la prensa con su sensacional descubrimiento: "Tengo ante mí la mascarilla mortuoria de Wolfgang Amadé Mozart, que todo el mundo ha estado buscando durante ciento cincuenta y siete años". Inmediatamente Jelinek, considerándose estafado, exigió se le devolviera el objeto, a lo que Kauer se negó; hubo una denuncia de apropiación indebida y la mascarilla fue confiscada por la policía. El escultor fue detenido y se creó un considerable escándalo, que llenó las columnas de prensa durante varios días y llegó incluso al Parlamento.

La mascarilla se convirtió en el objeto más discutido y polémico de Austria, y del universo de la música, durante varios meses. Devuelta a Kauer, éste la puso a disposición de una comisión de científicos que debía pronunciarse sobre su autenticidad, pero en el ínterin pasó por muchas manos y dio lugar a las opiniones más peregrinas, algunas de ellas llenas de lirismo soñador:

Cuando tienes esta pieza de bronce en tus manos —afirmaba el actor y director austríaco Willi Forst (Viena, 1903-1980)— puedes ver trazas de los poros de Mozart, de los surcos de su piel, de sus pestañas y de sus cabellos. Entonces debes permanecer en silencio y escuchar la música que vive en ella, y que te llama con una potencia mucho mayor a la de cualquier documento o informe. Sí, él podría haber sido, él debe de haber sido así.

La comisión de científicos, integrada entre otros por el investigador y biógrafo de Mozart Erich Schenk (que publicó en 1955 un monumental trabajo de setecientas cincuenta páginas sobre el compositor), se tomó la cosa muy en serio, y sus primeras conclusiones tendían a confirmar la autenticidad de la pieza. Fue el propio Schenk, el más escéptico (y el más autorizado), el que puso las objeciones más firmes; para él no había elementos científicos suficientes como para confirmar la validez de la mascarilla, y le provocaba especial sospecha que estuviese en poder de Kauer. El escultor fue llamado a la comisión y Schenk lo atacó con dureza: "Díganos de una vez, ¿de dónde sacó esta mascarilla? ¿En qué se basa para afirmar que es la de Mozart? Hasta que no nos aclare estos puntos yo seguiré afirmando que, desde un punto de vista musicológico, esto es una mixtificación". Kauer, ofendido por el tono del interrogatorio, se levantó y se marchó airado, llevándose su objeto, y el estudio quedó truneo, sin conclusiones.

El escándalo continuó durante largos meses. Acusado abiertamente de haber fabricado él mismo la mascarilla, Kauer fue amenazado e incluso atacado por fanáticos mozartianos, que llegaron a invadir su atelier, cubrirlo de excrementos y devastarlo. El escultor se mantuvo firme en su convicción, no trató de comercializar la mascarilla y sostuvo que había una conspiración masónica destinada a impedir la certificación de la autenticidad de la reliquia. En 1957 dijo haber descifrado una inscripción que el objeto tenía grabada y casi borrada: ella decía, según Kauer, "Th.R"; las iniciales podían ser las de Thaddaus Rivola, que hacia 1790 tenía un taller de vaciado de objetos en bronces que quedaba enfrente del estudio de "Herr Müller". Trató incluso de ponerse en contacto con el comerciante que se la había vendido a Jelinek, pero éste se había suicidado poco después de realizada la transacción. Arthur Conan Doyle no hubiera podido imaginar un caso mejor para Sherlock Holmes.

Hacia finales de la década de los 50 la Fundación Internacional Mozart inició un nuevo estudio del cráneo y la mascarilla. No había certeza de la autenticidad de ninguno de los dos objetos, pero era evidente que si se podía probar que habían pertenecido a la misma persona (como había afirmado Joseph Hyrtl en el siglo XIX) la identidad tendría un valor probatorio casi absoluto. La conclusión de los científicos que analizaron las reliquias tampoco resultó concluyente: determinaron que la mascarilla se correspondía con los retratos conocidos del compositor y que presentaba trazas de una enfermedad mortal que bien podía haber sido la de Mozart; pero sostuvieron que estaba hecha en el siglo XX y descartaron que pudiera haber pertenecido a la misma persona cuyo cráneo se conservaba. Las dudas persistían; el hecho de que no hubiesen pertenecido al mismo individuo no probaba la validez ni la falsedad de ninguno de ambos objetos en sí mismos, y el haber sido la mascarilla hecha más de un siglo después de la muerte de Mozart tampoco demostraba nada, pues bien podía haberse vaciado en bronce a partir de la impresión auténtica.

A la muerte de Kauer, acaecida en 1976, la mascarilla, por voluntad del escultor, fue legada al doctor Gunther Duda, de Dachau, un destacado mozartiano que ha elaborado una de las tantas teorías sobre la enfermedad final del compositor. El doctor Duda, que era su propietario al menos hasta 1997, estaba absolutamente convencido de su autenticidad, la tenía en su casa y, según propia confesión, solía meditar frente a ella. Durante el Año del Bicentenario de la muerte del músico (1991) la Fundación Mozart pidió al doctor Duda la mascarilla para exhibirla públicamente, pero él se negó a entregarla: "La historia de esta reliquia, desde 1947 —manifestó— es una historia de intervenciones policiales, confiscaciones, procedimientos judiciales y calumnias. La mascarilla tiene para mí demasiado valor como para permitir que se aparte de mis manos".

La polémica no ha terminado. Hay evidencias ciertas de que Joseph Deym von Strzitez, "Herr Müller", se quedó con una copia de la mascarilla mortuoria de Mozart, y que la que rompió Constanze no era la única existente. En su museo de cera exhibía no sólo una reproducción de ésta, sino una estatua en cera de Mozart de cuerpo entero y vestido con ropa auténtica. Todavía en 1885, como hemos visto, el doctor Joseph Hyrtl hablaba de la mascarilla mortuoria de Mozart como un objeto existente y accesible. La que compró Jelinek se exhibía en el comercio vienés junto a un cuadro del siglo XIX que representaba a Mozart, lo que ha llevado a pensar que ambos objetos podrían haber pertenecido a una logia masónica. Lo cierto es que no habría mucho de qué asombrarse si la mascarilla, algún día, se probase auténtica.

El cráneo también ha obtenido en los últimos años opiniones autorizadas en favor. Un geólogo y paleontólogo salzburgués llamado Gottfried Tichy afirmó que, de acuerdo con pautas anatómicas, la cabeza dibujada en el famoso retrato inconcluso de Joseph Lange y la reliquia se identificaban perfectamente. Poco después el antropólogo francés Michel Puech analizó el cráneo y dijo haber descubierto dos elementos que probarían de forma fehaciente su autenticidad: uno es un tercer molar (una muela "del juicio") de la que Mozart se quejaba amargamente como causa de insoportables dolores; el segundo es la comprobación de que la persona cuyo cráneo se examina padecía una enfermedad muy infrecuente llamada craneostenosis, cuyas consecuencias, según este antropólogo, pueden rastrearse en la biografía de Mozart: un abombamiento de la frente que se evidencia en los retratos, una hipertensión intracraneana que suele traducirse en fuertes dolores de cabeza y en un estado de ánimo proclive a las depresiones, y un cierto estrabismo que puede (siempre según el profesor Puech) adivinarse en algunos retratos. Ninguno de estos factores tiene valor probatorio: casi todo el mundo tiene "muela del juicio" y alguna vez se queja de que le duele; las jaquecas (de las que Mozart se quejó muy pocas veces) y el temperamento ciclotímico pueden deberse a multitud de factores y el estrabismo existió probablemente sólo en la mente del investigador; se sabe que los retratos de Mozart son sólo muy relativamente fiables, y no hay documento alguno que diga o sugiera que el compositor sufría irregularidades oculares.

En 1989 un destacado antropólogo analizó el cráneo en Salzburgo y declaró, sobre la base del estudio de ciertas cavidades, que aquellos eran efectivamente los restos de Mozart; pero su veredicto se vio rápidamente desprestigiado por la actitud abiertamente comercial que el científico adoptó, concediendo entrevistas a los medios de prensa y televisión y haciéndose pagar altos cachets por éstas. Herbert Ullrich, patologista forense, ha declarado que, según estudios realizados sobre la reliquia en 1999, tiene la absoluta convicción de que es falsa: "todas las características sugieren que perteneció a una mujer". La calavera fue estudiada luego por el doctor Johann Szilvassy, un académico que prometió emplear, en su tarea, la tecnología digital más moderna para probar su real valor; pero, aparentemente, no pudo tampoco arribar a una conclusión definitiva.

La que debería ser última etapa de esta larga historia de tintes macabros se abrió en el 2004, cuando un equipo de arqueólogos dirigido por Gerhard Reichter logró autorización para exhumar los cuerpos de los familiares del compositor sepultados en el cementerio de St. Sebastián, en Salzburgo con el objetivo de realizar un análisis de ADN y comprobar de manera científica si la calavera perteneció realmente a Mozart. Allí se encuentra enterrado Leopold junto a otros parientes, pero el análisis sólo resulta preciso si se realiza sobre restos femeninos. Al abrirse la tumba los científicos se enfrentaron con nuevos problemas; sólo seis personas figuran como inhumadas en esa tumba, pero se hallaron nueve esqueletos. ¿Quiénes fueron, en vida, esas personas? ¿Cómo determinar, después de dos siglos, la identidad de cada uno de los restos? Al parecer uno de los cuerpos es el de una adolescente de quince o dieciséis años; sólo puede tratarse de Jeannette, una hija de Nannerl fallecida precisamente cuando tenía dieciséis años. La prueba de ADN debe pasar, entonces, por varias y engorrosas etapas, y la labor de los arqueólogos se ha visto entorpecida por las protestas de un sector de la comunidad salzburguesa, que considera un sacrilegio, o al menos una irrespetuosidad, andar manipulando restos de personas fallecidas y sepultadas cristianamente. De todas formas, la tarea, en el momento de escribir estas líneas, se encuentra en desarrollo, y sus responsables han prometido dar a conocer sus conclusiones durante el 2006, año del 250 aniversario del compositor. La comprobación, obvio es decirlo, tiene también importancia para la eventual validez de la mascarilla.

¿Tenía Mozart en su féretro el aspecto que tiene su presunta mascarilla mortuoria? Es imposible, hoy por hoy, saberlo con certeza. "No quiero emocionarme —ha dicho el compositor, poeta y director cinematográfico vienés André Heller— frente a la cara de alguien que pudo ser Hawlitschek el panadero". Pero ¿y si en vez de Hawlitschek el panadero hubiese sido el músico más genial y llorado de todos los tiempos? La sola posibilidad alcanza para que uno se estremezca.

Colofón

Detrás de la máscara

La prematura muerte de Mozart fue apreciada, ya en su tiempo, como una verdadera catástrofe. Desde Londres Haydn no podía, no quería al principio aceptarlo: "Han llegado hasta aquí noticias de que Mozart habría muerto; simplemente, me resisto a creerlo". Cuando, pocos días después, una carta le confirmó la terrible nueva, el gran compositor no cabía en sí de pesar.

He estado mucho tiempo fuera de mí por la muerte de Mozart —escribía a Puchberg en enero—. No podía creer que la Providencia hubiese llamado tan pronto a un hombre tan irremplazable. (…) Os ruego, querido Puchberg, que me hagáis llegar una lista de las obras de Mozart que aquí aún son desconocidas; pondré todo mi esfuerzo en difundirlas a beneficio de la viuda. Hace tres semanas escribí a la pobre mujer, y le dije que cuando su hijo sea un poco mayor dedicaré todo mi esfuerzo para enseñarle el arte de la composición, a fin de que pueda reemplazar, al menos parcialmente, a su padre

(probablemente Haydn no sabía del nacimiento del hijo menor de Wolfgang y Constanze, y por eso habla en singular de "su hijo").

Un poco antes, en carta a una amiga suya, la señora von Genzinger, el músico afirmaba: "La posteridad no volverá a ver un talento semejante en cien años". Y agrega Robbins Landon: "La posteridad no lo ha visto en doscientos".

Los "hermanos" masones se lamentaron públicamente del deceso realizando una reunión de homenaje en la que se pronunció un elogio que, más allá de los temas, contiene una descripción valiosa del músico fallecido:

> Ha querido el Arquitecto eterno del Universo arrancar de nuestra cadena fraternal a uno de nuestros miembros más meritorios y amados. (…) Era un activo partidario de nuestra orden; el amor por sus hermanos, el buen humor, la entrega en el trabajo común por la buena causa, la generosidad y un sentimiento sincero y profundo de placer cuando tenía ocasión de socorrer por medio de su talento a alguno de sus hermanos, eran los principales rasgos de su carácter. Era buen esposo, buen padre, buen amigo de sus amigos y buen hermano de sus hermanos.

El 14 de diciembre de 1791 se realizó en Praga un gran homenaje, en el cual se interpretó el *Réquiem* de Franz Anton Roesler, conocido como Rosetti (1750-1792), y se echaron a vuelo todas las campanas de la ciudad.

> La Wälscher Platz apenas podía contener a todos los carruajes, y la gran Iglesia de St. Stephan, con capacidad para cerca de cuatro mil personas, no podía dar cabida a todos los admiradores del transfigurado compositor,

decía el *Pressburger Zeitung*. Ya se ha hablado del concierto en Viena y del dolor general que se alzó en toda Alemania; fueron muchos los que comprendieron desde el principio que el inesperado fin de Mozart era una tragedia irreparable.

Por supuesto, hubo también indiferentes, e incluso satisfechos; Niemtschek cuenta que un renombrado compositor, al que no identifica, manifestó:

> realmente es una lástima que un genio de ese calibre haya muerto; pero para nosotros fue una bendición, porque si hubiera vivido más tiempo nadie habría dado un mendrugo por nuestras composiciones.

Brutal sinceridad, pero inmenso homenaje. Se ha atribuido con frecuencia a Salieri esta reflexión tremenda, pero no se ha aportado la sombra de una prueba.

El músico

Durante veinte o treinta años la celebridad y la gloria póstuma de Mozart no hicieron sino crecer, y cada vez era mayor el número de músicos y *dilettantes* que lo consideraban el mejor compositor de todos los tiempos. Estudiosos de toda Europa viajaban (como los esposos Novello) a Salzburgo o a Viena, con idea de encontrar partituras, de saber más cosas sobre el músico que adoraban o simplemente de pisar los lugares donde él había vivido, amado y cantado. Rossini, el más directamente influido por Mozart entre todos los compositores europeos, decía: "Estudio a Beethoven dos veces por semana, a Haydn cuatro, y a Mozart todos los días". Da Ponte, en sus memorias, afirmaba que

tenía un talento acaso superior al de todos los compositores del mundo, pasados, presentes y futuros; pero nunca logró que este divino genio fuera reconocido en Viena, debido a las intrigas de sus rivales. Vivió allí, desconocido y oscuro, como una joya enterrada en las entrañas de la tierra.

Goethe, de cuya admiración ya hemos dado en esta obra amplio testimonio, decía:

El talento musical puede mostrarse antes que ningún otro, porque la música es algo innato, interior, que no necesita alimentarse con elementos exteriores ni requiere experiencia de la vida. Pese a ello, una aparición como la de Mozart sigue siendo un milagro inexplicable.

Sin embargo, la estrella de Mozart comenzó a decaer hacia los años treinta del siglo XIX, atenuado su brillo por la resplandeciente figura de Beethoven. Los románticos tendieron a ver en Mozart un simple precursor del Gran Sordo, y aunque siempre le manifestaron inmenso respeto, sólo apreciaban en su música gracia, equilibrio y fría belleza. Es significativo que todo un Robert Schumann considerara la Sinfonía Nº 40 como llena de "gracia helénica", sin advertir el torrente pasional que late en ella. Por otra parte, el conocimiento que el público tenía de las grandes obras de Mozart durante el período romántico era muy escaso; se representaban con cierta frecuencia *Don Giovanni* y *Las bodas de Fígaro*, se ejecutaban algunos de sus últimos conciertos de piano y algunas sinfonías de madurez. Para los parámetros estéticos del Romanticismo, las sinfonías de Mozart palidecían ante la fuerza arrolladora de los grandes logros de Beethoven y Brahms en este campo.

Mozart quedó allí, como punto de referencia, como testigo sonoro de un tiempo armónico y feliz: "Mozart acuñó en sonoridades áureas la época de Louis XIV y el arte de Racine y Claude de Lorrain" —decía Nietzsche, situando estéticamente al compositor por lo menos un siglo antes de su tiempo. Por supuesto, la profundidad y la suprema belleza de su música conservaron siempre apasionados partidarios, pero eran una minoría selecta, con conciencia de superioridad por haber logrado desentrañar un tesoro que, para el resto de los mortales, permanecía semioculto. Que el interés, incluso la pasión, por Mozart nunca decayó totalmente se evidencia, entre otras muchas cosas, en que se siguió investigando y escribiendo sobre él: en 1841 se fundó el Mozarteum de Salzburgo, al que siguieron otras instituciones dedicadas a la difusión de la obra del compositor en diversas ciudades de Europa. En 1856, año del Centenario, Otto Jähn escribió una monumental biografía, que aún sigue siendo punto de referencia, y en 1862 el profesor Ludwig Alois Ferdinand Köchel (1800-1877) publicó su célebre índice de todas las obras de Mozart, el cual ha sido revisado y modificado hasta seis veces. Pero ni aun Wagner, que consideraba *La flauta mágica* como la primera y a la vez la más perfecta ópera alemana de todos los tiempos, dejó de señalar su preferencia por los románticos, y sólo el Brahms de la vejez se atrevió a afirmar que las últimas sinfonías de Mozart eran mejores que las de Beethoven.

El musicólogo italiano Massimo Mila fija en la terminación de la Segunda Guerra Mundial el comienzo de un proceso de revaloración de la figura del genio de Salzburgo; pero en realidad habría que remontarse a la Escuela de Viena, y en particular a Arnold Schönberg, para encontrar las primeras estimaciones modernas de su obra; en su ensayo *Música Nacional*, publicado con carácter póstumo, el creador del dodecafonismo dice:

> Los analistas de mi música tendrán que exponer cuánto debo personalmente a Mozart. Aquellos que me miraron con incredulidad y pensaron que se trataba de una broma comprenderán por fin por qué yo

mismo me llamé alumno de Mozart. Esto no será tal vez útil para apreciar mi música, pero sí para comprender a Mozart.

Los impresionistas franceses, con Debussy a la cabeza, y figuras como Igor Stravinsky proclamaron la importancia vital de Mozart *per se*, y no sólo como precursor del Romanticismo, y la óptica comenzó a cambiar. No es en absoluto casual que de aquellos años iniciales del siglo provengan algunos de los más completos estudios biográficos sobre el compositor: el de Wyzewa y Saint-Foix en 1912, el gran trabajo de Edward Dent (1876-1957) sobre las óperas de Mozart en 1913, la publicación de la correspondencia por Ludwig Schiedermair (1876-1957) y la edición de los Anuarios Mozartianos a partir de 1920.

Pero Mila tiene razón en un aspecto que nos parece fundamental; los terribles veinte años que van desde 1925 a 1945, con su secuela de dictaduras, resurgimiento del racismo y guerras (guerra de Libia, Guerra Civil Española, Segunda Guerra Mundial) dieron un golpe de muerte a una cierta idea del progreso, concebido hasta entonces como una línea ininterrumpida de peor a mejor, hasta el infinito. Según esta concepción de fuerte optimismo histórico, lo que sigue es, en principio, un perfeccionamiento de lo que lo antecede, de modo tal que, en una visión radical, nadie significa nada en sí mismo, sino en función de la huella que deja en sus sucesores. La tragedia de la guerra terminó en buena hora con esta visión idealizada de la vida y de la historia, y eso fue decisivo para que, en el terreno que nos ocupa, Mozart haya comenzado a ser valorado en sí mismo. Casi simbólicamente, en 1945 el musicólogo Alfred Einstein publicó su hoy célebre estudio *W. A. Mozart, su carácter y su obra*, que cambió de manera decisiva la visión sobre el músico, como hombre y como artista.

Massimo Mila sostiene, en páginas brillantes (*Wolfgang Amadeus Mozart*, Edizioni Studio Tesi, 1980), que

con la complicidad de tiempos calamitosos, estamos pasando de una edad beethoveniana a una edad mozartiana. No se trata, naturalmente, de revisiones doctrinarias sobre el valor de estos dos artistas, ya totalmente guarecidos de cualquier rispidez crítica. Se trata de la feligresía que el arte de ambos, adscripto a tan diversas características humanas, puede generar en el mundo contemporáneo. (…) Mozart y Beethoven constituyen una de esas parejas —como Aristóteles y Platón, Ariosto y Tasso, Racine y Corneille, etcétera— que la historia se complace de crear en el mundo del arte en el curso de las experiencias humanas, dejando a los ingenuos infinitos afanes de inútiles comparaciones y valoraciones paralelas. Estos pares signan los extremos de ciertos movimientos pendulares del espíritu, y la humanidad se inclina, ora hacia uno, ora hacia otro, según los vientos históricos que los empujen y los humores que éstos determinan. (…) Era necesario un candor excepcional, o bien un extraordinario cansancio de todas las experiencias, para gustar, en el resplandeciente apogeo de la edad romántica, el arte de Mozart. (…) Pero hoy algo está cambiando en la disposición del mundo (…) En los ánimos fatigados de la lucha cotidiana se genera tal vez un principio de cansancio ante la música eternamente pugnaz de Beethoven. Concebida largo tiempo como algo gratuito y abstracto, la serenidad mozartiana comienza a aparecer como un bálsamo frente a la amargura de los tiempos, un benéfico regalo divino. (…) En la quietud de una vida ordinaria y feliz no se advierte la "necesidad", el sentido de creaciones equilibradas y armoniosas como el *Quinteto para clarinete*: pero cuando el espíritu está ayuno de belleza, cuando el gusto se ve ofendido por el férreo imperio de la violencia, que llena el mundo de disarmonía; cuando las propias calles de la ciudad ofrecen imágenes siniestras de regreso al caos, entonces estos poemas sonoros se yerguen delante de nuestro espíritu en toda su adorable euritmia, como pura expresión de la Forma, principio supremo de la inteligencia ordenadora del mundo.

Mila recomienda incluso la formación, en cada ciudad, de "Círculos Mozartianos", que imagina con ciertas características:

Serán lugares de encuentro y reposo, y no asociaciones musicales dedicadas a la investigación. (…) El local deberá ser acogedor y discreto, pero arreglado de forma particular. Se aceptarán las aportaciones de la moderna decoración, pero se evitarán los excesos del novecentismo rectilíneo. De algún viejo palacio o casa antigua, construida con irracional desprecio del espacio, se escogerá un ambiente compuesto de un gran salón rodeado de múltiples pequeñas salas, con abundancia de poltronas de cuero y terciopelo comodísimas, pavimentos silenciosos y tapices. Naturalmente, una de las actividades principales del círculo será la de alimentar una biblioteca, por lo que las paredes deberán estar cubiertas de libros, y en las pocas incisiones vacías se colocarán retratos y paisajes mozartianos. En estos locales no podrá haber espacio alguno, lógicamente, para juegos de cartas o billar (por cierto, él jugaba, pero *quod licet Jovi non licet bovi*). En el Círculo Mozartiano se conversa, se lee, se hace música y se escucha, incluso se puede dormitar en un sillón; pero no se come, ni se bebe, ni se juega. (…) La discoteca será la institución esencial del círculo. Todas las grabaciones existentes en el mundo de la música de Mozart deben ser compradas, puestas al día y renovadas, y estarán a disposición de los socios, que podrán escucharlas a través de perfeccionados gramófonos distribuidos en los diversos salones. No se limitará el número de discos que podrá escucharse en cada audición, pero se da por supuesto que los socios estarán dotados de la suficiente cultura musical como para no repetir la bárbara costumbre de algunos conciertos públicos en los que se interpretan dos, tres y hasta cuatro obras maestras en una sola velada. La degustación de obras como el *Cuarteto en Re menor*, la *Sinfonía en Mi bemol* o tantas otras, no puede dejar, en personas sensibles y educadas, el deseo de escuchar otra música, sino el ansia de recogerse en una deliciosa meditación de la que se acaba de oír, o, como máximo, el laudable deseo de satisfacerse con una segunda audición. (…) Todo este proyecto es un sueño, naturalmente, soñado en una noche de plena guerra, con los ojos abiertos entre las paredes de un refugio, mientras afuera resuenan los cañones de la defensa antiaérea. (…) Sin embargo, si se encuentran mecenas para financiar asociaciones deportivas, círculos dedicados a ciertos juegos y similares, ¿por qué no podrán hallarse para crear en nuestras ciudades ese admirable senado de personas equilibradas que serán los Círculos Mozartianos? Después de todo, y aunque nazcan y se desarrollen escencialmente bajo el signo levemente egoísta de un hedonismo inteligente, no será por ello menos cierto que se convertirán en un auténtico conservatorio de las calidades más raras y olvidadas: discreción, equilibrio y urbanidad cortés. Cualidades todas que facilitan y benefician el vivir civil y el comercio de los hombres. Si todos fuesen "mozartianos", nadie debe dudar de que este mundo funcionaría mucho mejor, y que la tarea de los hombres de Estado sería notablemente más fácil.

Más allá de su encantadora fantasía, Massimo Mila tiene una visión en exceso burguesa y elitista de los "mozartianos", y algo *dépassé* en la actualidad. Porque la visión exclusiva de Mozart como el príncipe de la gracia y el encanto discreto sólo hace justicia a medias a su obra y a su aportación. Si algo ha fundamentado el renacer mozartiano de los últimos años es, precisamente, el descubrimiento de que el genial compositor de Salzburgo colocó sobre su música otra máscara, y que por debajo —y a veces por encima— de su serenidad clásica, de su elegancia rococó, de esa su constante búsqueda de la contención y el equilibrio racional, late un universo torturado y ocasionalmente violento, se revela un espíritu henchido de poderosa subjetividad, animado de tortuosas pasiones, vocacionalmente romántico. Lo que hace que una inmensa mayoría de opiniones consideren hoy a Mozart el compositor más grande de todos los tiempos (con todo lo que tiene de subjetivo, seguramente transitorio y básicamente injusto un juicio de este género) es, precisamente, que en toda su increíble producción se refleja la amplísima panoplia de los sentimientos y las pasiones del hombre con mayor riqueza de lo que tal vez ningún otro artista en ningún otro arte logró plasmar. La difusión general de este descubrimiento (porque para muchos, entre los que se cuenta inmodestamente el autor de este trabajo, semejante dimensión fue evidente desde los primeros contactos con su música) ha puesto otra vez a Mozart en el centro de una polémica estética que no ha hecho sino comenzar, lo ha remozado como figura oscura y misteriosa, lo ha hecho suceptible de nuevas y profundas indagaciones. A más de doscientos años de su muerte el músico Wolfgang Gottlieb Mozart, Amadé, el "bienamado de los dioses", se erige en la historia de la cultura occidental como un colosal punto culminante cuya grandeza total está aún por desentrañarse, parcialmente oculta detrás de la máscara de grácil equilibrio y belleza que mana, como fuente purísima, de su música e inunda los espíritus de luz. La vigencia de Mozart está hoy, precisamente, en la espesura de su bosque sonoro, en la turbia sugestión de su paleta, en la dolorida elocuencia de sus tonos menores, en la sombra que yace subsumida en su resplandeciente cantar. En la honda y conmovedora tristeza de sus obras más vitales y alegres, y en la aspiración de alegría que late en sus momentos más sombríos. Mozart es un caballero de negra armadura que nos llevará a todos, algún día, cuando seamos capaces de desentrañar por fin su insondable misterio, hasta el soñado Grial de la hermandad universal y la fraternidad.

EL HOMBRE

Durante un siglo y medio predominó la visión de Mozart como un niño grande, como un genio —porque eso nadie nunca lo pudo negar— inexplicable metido, por algún misterio biológico, en el cuerpo de un hombrecillo insignificante y banal. Ésa fue la imagen que nos legaron algunos de sus contemporáneos, desde su hermana hasta su viuda, pasando por Karoline Pichler. La famosa necrológica de Schlichtegroll lo expresaba con rotunda claridad:

Si este ser extraordinario fue desde temprana edad, en su arte, un verdadero hombre, en cambio la imparcialidad nos obliga a decir que siguió siendo un niño en casi todos los demás terrenos. Nunca aprendió a gobernarse; la organización de su hogar, el empleo juicioso del dinero, la moderación en los placeres y su selección racional, eran temas de los que jamás entendió absolutamente nada. Necesitaba siempre un guía, un tutor que se ocupara de las cosas prácticas...

Y Nannerl:

Exceptuando su música, siguió siendo un niño, y ésta es la característica principal del lado oscuro de su personalidad; siempre precisó un padre, una madre o alguien que velase por él.

Niemtschek, por su parte:

Cualquiera que se dedique a estudiar la naturaleza humana no se sorprenderá viendo que este hombre, tan extraordinario como artista, no mostrara la misma envergadura en las demás circunstancias de su vida (...) La forma en que fue educado, la inestabilidad de una vida errante, durante la que no vivía más que para su arte, no le permitieron conocer verdaderamente el corazón humano (...) y a la ausencia de este conocimiento es a lo que hay que atribuir un sinfín de torpezas de las que su existencia estuvo plagada.

Por supuesto, no todos pensaron igual; Joseph Haydn, Michael O'Kelly, Friedrich Rochlitz y otros contemporáneos mostraron a un Mozart bien distinto. Pero la visión que pasó a la historia fue la del "eterno niño", la del hombre inmaduro e irresponsable que nunca llegó a entender "el corazón humano". A esta apreciación se fueron agregando otras, concomitantes: Mozart era un patán inculto, que no sabía comportarse en sociedad, que gustaba de hacer bromas estúpidas en los momentos más inoportunos, que no sabía administrar sus bienes ni escoger sus parejas y que vivió razonablemente mientras tuvo quien le organizara la vida, pero que cuando quedó solo no supo manejarse en ningún aspecto. Incluso su militancia masónica se consideró un acto de frivolidad, una concesión a la moda de la época de Joseph II, y de ninguna manera un compromiso vital profundo. En una palabra: Mozart fue un bobo genial.

Está de más decir que cualquier cabeza bien puesta sobre los hombros debía rechazar este fetiche histórico de forma radical y sin mayores dudas; ahí estaba la obra y su riqueza impresionante para dar el primer y más radical mentís a toda la teoría. Pero sin embargo, no era sencillo desterrar una apreciación general que provenía de algunos de los contemporáneos más cercanos al compositor; después de todo, ellos lo conocieron y lo trataron profundamente. A este factor de rigurosidad histórica se unían las dificultades que entrañaba el estudio de su biografía; por ejemplo, Nissen y Constanze censuraron las cartas de Mozart, tachando en ellas todo aquello que tuviera que ver con su actividad masónica, lo que significó un inconveniente de gran peso en la dilucidación de este aspecto fundamental de sus preocupaciones y su conducta. Mozart, sin duda, colocó una máscara sobre su verdadera personalidad, pero fueron otros lo que la hicieron tan difícil de desentrañar.

Los estudios realizados a través de dos siglos fueron, poco a poco, revelando las inconsistencias de este retrato limitativo. Sobre la base de la documentación reunida, los sucesivos trabajos biográficos fueron mostrando, lentamente, atisbos de un Mozart mucho más creíble, que pervivía detrás de la máscara. La publicación de la correspondencia completa, acaecida a principios de este siglo, fue un hito básico en la reelaboración de una imagen veraz del Mozart hombre, y la biografía de Alfred Einstein, publicada en 1945, comenzó a romper definitivamente con el absurdo cliché histórico.

Fue dibujándose así, paulatina pero seguramente, el vigoroso perfil de un hombre de inteligencia superior, de cultura sensiblemente más vasta que la de otros músicos de su época, dotado de una voluntad poderosa y perfectamente consciente de su grandeza. Un hombre apasionadamente preocupado por los grandes problemas de su tiempo, que evolucionó del catolicismo conservador en el que se formó hasta la entusiasta adhesión a los principios revolucionarios de aquella época fermental. Un hombre con capacidad y coraje como para comportarse heroicamente cuando las circunstancias lo requirieron, como lo demostró en su ruptura con el arzobispo Colloredo, que no sólo le dio la libertad que anhelaba (con sus ventajas y sus peligros, sin duda) sino que lo convirtió en el abanderado de la liberación de los artistas, sometidos hasta entonces a una humillante condición servil. Y no fue ésta la única vez que Mozart supo comportarse como un héroe; también lo fue cuando, en un gesto de rebeldía admirable, quemó las naves y se fue, solo y sin recursos, a Frankfurt a reclamar el lugar que le correspondía y los poderosos le negaban, cuando trabajó, en el último año de su vida, hasta superar el límite de aguante de su físico, cuando ocultaba, en cartas llenas de aparente optimismo y buen humor, su salud quebrantada a su esposa que esperaba, una vez más, un hijo. Y cuando ideó y compuso *La flauta mágica* en el preciso momento histórico en que la masonería comenzaba a ser sañudamente reprimida.

Por supuesto, no se trata ahora de convertir a Mozart en un Súperhombre de raíz nietzscheana; hay que limitarse a ver en él nada más —ni nada menos— que un hombre joven y apasionado —"era todo fuego", decía Nannerl—, de extraordinaria sensibilidad (y proclive por lo tanto, como es común en las personas muy sensibles, a las bromas procaces y a gestos que los mediocres suelen considerar signo de ordinariez espiritual; Wagner, Isaac Albéniz, John Huston o Hemingway son buenos ejemplos al respecto), con fuertes debilidades de carácter y con una notoria incapacidad para manejar sensatamente el mucho dinero que ganó a lo largo de su vida. Un hombre contradictorio, con un carácter difícil y en ocasiones retorcido, dotado de un espíritu exteriormente alegre y vital que encerraba hondas frustraciones y una oscuridad interior que sólo él llegó a conocer en su integridad.

¿Cómo es posible, entonces, que muchos de los que tan estrechamente lo trataron hayan coincidido en la teoría del "niño grande"? Hay una biblioteca de opiniones al respecto. Una de las que más adeptos ha tenido sostiene que todo fue producto de la necesidad de borrar los rastros de su actividad masónica en un tiempo en el que ésta no significaba en absoluto un antecedente recomendable; había que convencer a los poderosos de la época de que Mozart nunca se había tomado realmente en serio lo del Iluminismo y la masonería, sencillamente porque no era capaz de tomarse nada realmente en serio. Esto explicaría la censura de su correspondencia y la insistencia en destacar los rasgos infantiles de su carácter; todo se habría hecho, paradójicamente, para salvaguardar su imagen, por razones prácticas inmediatas (la pensión de Constanze, por ejemplo) y de proyección histórica.

Sin descartar los elementos de verdad que puede haber en esta posición, de fuerte raíz conspirativa, parece insatisfactoria como justificación exclusiva de una visión tan fuerte y duradera; destacados hombres de las Luces, como Goethe, contemporáneos de Mozart no arrastraron tras de sí una imagen similar. Parece lógico suponer que muchos de quienes más íntimamente lo conocieron llegaron a pensar sinceramente que había sido un hombre inmaduro e infantil. Y esto sólo puede explicarse por la voluntad del compositor (consciente o no, eso es otra cosa) de colocar delante de sí una máscara tras la cual ocultaba su verdadera personalidad.

Norbert Elías (1897-1990), en su libro inconcluso *Mozart, sociología de un genio*, sostiene que el compositor llevaba consigo, desde años antes de su muerte, una poderosa frustración vital que lo impulsó a rechazar su auténtica personalidad y a cubrirse con la máscara del payaso:

Se trata del bromista, el payaso que salta por encima de las mesas y las sillas, el que da volteretas y hace juegos de palabras y, en este caso, naturalmente, de notas. No se puede comprender totalmente a Mozart si se olvida que hay rincones profundamente escondidos en su persona que como mejor se pueden caracterizar es a través de la posterior "risotada de payaso", o a través del recuerdo del engañado y despreciado Petrushka.

Según Elías,

por orgulloso que estuviera de sí mismo y de su talento, en el fondo de su corazón no se amó a sí mismo; y también es posible que tampoco se creyera especialmente digno de ser amado. Su figura no era imponente. Su rostro no era muy agradable a primera vista; probablemente hubiera deseado tener otro rostro cuando se miraba en el espejo. El círculo vicioso de una situación así se basa en que el rostro y la complexión física de una persona no se corresponden, al menos en parte, con sus deseos, y acrecientan su disgusto porque en ellos se expresa algo de sus sentimientos de culpa, del secreto desprecio que siente por su persona.

En la óptica del sociólogo alemán, entonces, la imperiosa necesidad de ser amado ("¿Me quieres? ¿Realmente me quieres?" —solía preguntar constantemente cuando niño, y algo similar a esta urgida demanda puede extraerse de sus cartas a Constanze) y su insatisfacción básica con su verdadero rostro habrían llevado a Mozart a colocarse la máscara del eterno bromista. No escapaba sin duda a su inteligencia superior que estas actitudes no le favorecían ante los ojos de sus contemporáneos, pero parece haber preferido que lo vieran así y no como realmente era; el antifaz del "eterno niño" le parecía más aceptable que la desnuda realidad de su aspecto interior.

Hayan sido éstas u otras las razones, parece innegable que Mozart mostró a sus amigos y familiares una imagen voluntariamente distorsionada de sí mismo, que buscaba ocultar su identidad profunda. Y en tren de dejar volar la fantasía, es interesante recordar su amor por los bailes de disfraces, por la careta de Arlequín que más de una vez colocó sobre su rostro, y su preferencia por las escenas de personalidades suplantadas y de enmascarados (el último acto de *Las bodas de Fígaro*, con el cambio de identidades de Susana y la Condesa; el célebre terceto de las máscaras de *Don Giovanni* y la escena de la serenata de Leporello a Donna Elvira travestido como su patrón, el cambio de identidades de *Così fan tutte*, la vuelta de tuerca de *La flauta mágica*, donde los malos son inicialmente presentados como buenos y viceversa). Y en un plano más profundo, esta tendencia a ocultarse detrás de una apariencia se traslada directamente a su música, en la cual una bellísima máscara de gracia y serenidad cubre, bien que parcialmente, una tensa y neurótica realidad hecha de sombra y dolor.

Mozart ha sido una de las personalidades más complejas y enigmáticas de la cultura occidental, y su secreto profundo, el significado último de su impresionante obra (que, aunque oscuro, sigue siendo su mejor retrato) tal vez no se nos revele jamás en toda su impresionante dimensión. Si este modesto trabajo ha servido para dejar entrever, detrás de la máscara, al verdadero hombre, y si ello puede servir para que alguien pueda penetrar algo más profundamente en la obra musical más importante del occidente contemporáneo, los esfuerzos del autor se verán ampliamente justificados.

El médico, dramaturgo y musicólogo Henry Gheon (1875-1944), en su libro *En busca de Mozart*, dice: "'¿Me quieres? ¿Realmente me quieres?' Sí, Wolfgang Amadeus, te quiero hasta el límite de mi capacidad de amar. Más que a ningún otro artista de ningún otro arte. Más que a todo genio humano. Más que a toda humana perfección". No se me ocurren palabras más adecuadas para culminar este libro, que no es ni pretende ser otra cosa que un acto de amor.

Notas

Capítulo 1

1. El sistema monetario austríaco era sexagesimal, como el inglés, en aquella época. La moneda básica era el gulden, también llamado florín, y su fracción era el kreutzer (sesenta kreutzer eran un gulden o florín). Se usaba también el término tálero para equivaler a dos florines. Otra unidad monetaria era el ducado, una moneda de plata o de oro que valía cuatro gulden o florines y medio. Debe recordarse que, aun cuando los nombres de las unidades monetarias eran los mismos, el valor en ciudades diversas difería: diez florines vieneses equivalían a doce de Salzburgo. Una entrada de platea en el Burgtheater de Viena costaba un florín y veinticinco kreutzer; un palco, cuatro florines y treinta kreutzer. En 1791 Mozart vendió su caballo en catorce florines, y parecía satisfecho. El programa de mano de *La flauta mágica*, conteniendo el texto completo, se vendió, el día del estreno, a treinta kreutzer. El alquiler anual de un buen apartamento en Viena costaba entre trescientos y cuatrocientos florines al año. Debe tenerse en cuenta que en los casi treinta y seis años de la vida de Mozart el valor adquisitivo del dinero varió, pues hubo, durante los años de la guerra con Turquía, una fuerte inflación; probablemente los cuatrocientos florines anuales que cobraba Leopold valían mucho más en ese tiempo que en 1791. Cinco libras esterlinas inglesas correspondían aproximadamente a cuarenta y nueve gulden o florines. Para mayor comodidad del lector, en esta obra se emplea solamente la palabra florín para referirse a la unidad monetaria básica, y se ha desechado el término gulden.

2. Johann Andreas Schachtner (1731-1795) fue músico de gran prestigio, poeta y escritor, y mantuvo una estrecha relación con los Mozart durante la niñez de Wolfgang. Escribió, en 1792, una serie de recuerdos de ese tiempo.

Capítulo 2

1. Christoph Willibald Gluck (1714-1787), uno de los compositores de ópera más importantes de todos los tiempos. En asociación con el libretista Rainiero de Calzabigi (1714-1795) realizó la más importante revolución producida en el melodrama lírico desde Monteverdi, procurando la simplificación de la acción escénica y la correspondencia entre texto y música. Al margen de su importancia como reformador, Gluck fue un músico extraordinario, de alta inspiración melódica.

2. Johann Karl Zizendorf und Pottendorf (1739-1813). Político y diplomático alemán. Llevaba un detallado diario, redactado en francés, en el que se registran varias opiniones sobre Mozart y su obra, por lo general desfavorables, pero que tienen un interés documental notable.

3. La familia Esterhazy, de origen húngaro, fue una de las más poderosas e importantes de su época. El príncipe Nikolaus Esterhazy fue un héroe nacional después de su gran contribución a la victoria de Kolin (1757), en la que los austríacos vencieron a Friedrich (Federico) II de Prusia; pero la historia lo recuerda más por haber sido el patrón de Joseph Haydn que por esa gloriosa gesta. Fallecido en 1790, le sucedió el príncipe Paul Anton Esterhazy, que autorizó el viaje de Haydn a Londres. Johann Baptist, conde de Esterhazy (1748-1800), casado con la condesa Maria Anna Pälffy (1747-1799) tenía una orquesta propia con la que Mozart tocó varias veces y era hermano masón del compositor. Kart Esterhazy fue obispo de Erlau.

4. Georg Christoph Wagenseil (1715-1777). Prestigioso compositor vienés, al servicio de la corte imperial desde 1739. Leopold lo apreciaba mucho y empleó obras suyas como material didáctico.

5. Johann Ernst Eberlin (1702-1762), compositor bávaro que fue *Kapellmeister* de la corte de Salzburgo desde 1749 hasta su muerte. Al parecer, fue profesor de Leopold Mozart, que lo tenía en alta consideración. Dejó una importante obra en el campo de la música religiosa y dramática (*Sigismundus, Hungariae Rex*).

Capítulo 3

1. Sebastian Winter (1743-1815) mantuvo relación con Leopold y Wolfgang a lo largo de los años. Como servidor del príncipe de Fürstenberg, en Donaueschingen, mantuvo correspondencia con padre e hijo y realizó ges-

tiones para que su patrón comprara partituras de Wolfgang. Éste se refería a él como "Amigo querido" y "Compañero de mi juventud".

2. Maximilian III Joseph (Munich, 1727-1777). Príncipe Elector de Baviera, músico aficionado y protector de las artes. En 1753 hizo construir el Residenztheater (Teatro de la Residencia). Encargó a Mozart *La finta giardiniera* y el Ofertorio en Re menor *Misericordias Domini*, K. 205.

3. Pietro Nardini (Livorno, 1722-Florencia, 1793) fue uno de los grandes violinistas de su tiempo y un excelente compositor. Alumno de Tartini, su arte impresionó grandemente a Leopold Mozart —un entendido en ese instrumento—, quien opinó que "la pureza, belleza y homogeneidad de su sonido, y su *cantabile* resultan imposibles de superar". Fue maestro de Thomas Linley y Wolfgang, que lo escuchó de niño en 1763, tuvo oportunidad de volver a oírlo durante su viaje a Italia, en 1770, cuando incluso tocó con él. Dejó varios conciertos y sonatas para violín, de estilo netamente clásico.

4. Karl Theodor von Pfalz (1724-1799) fue uno de los "déspotas ilustrados" de su tiempo. Elector Palatino y Elector de Baviera, era un excelente músico (tocaba la flauta y el violoncelo) y creó en Mannheim, la capital del Palatinado, la mejor orquesta de su tiempo. Tuvo varios contactos con Mozart y le encargó la ópera *Idomeneo*. En los últimos años, conmovido por la Revolución Francesa, adoptó una conducta política autoritaria y conservadora.

5. Johann Baptist Wendling (1723-1797), flautista y compositor alemán, miembro de la orquesta de Karl Theodor en Mannheim, fue un buen amigo de Mozart durante toda su vida, aunque en 1778 éste lo criticó por su falta de religiosidad y su vida "impropia". Para él compuso Wolfgang su *Sinfonía Concertante para instrumentos de viento*. Su esposa, Dorothea Spurni (1736-1811), cantó el papel de Ilia en el estreno de *Idomeneo*.

6. El barón Friedrich-Melchior Grimm (1723-1807), nacido en Regensburg, Alemania, vivió casi toda su vida en París, y fue uno de los más destacados intelectuales del liberalismo. Ayudó generosamente a los Mozart en la primera visita de éstos a París, y apoyó a Wolfgang cuando regresó con su madre en 1778; pero sus relaciones se deterioraron seriamente más tarde. Como tantos nobles "ilustrados", Grimm terminó en posiciones radicalmente conservadoras, combatiendo la Revolución Francesa.

7. Louise Tardieu d'Eslavelles, Mme. de La Live, conocida como Madame d'Épinay (1726-1783). Una de las figuras destacadas de la Ilustración francesa. Fue protectora de Jean Jacques Rousseau, a quien dio hospedaje en l'Hermitage, y amiga de Diderot, D'Alembert y otros personajes ilustres de

las Luces. Escribió unas notables "Memorias" bajo el nombre de Mme. de Montbrillant.

8. Johann Schobert (1720-1767), clavecinista y compositor, creador de un nuevo estilo en la composición de sonatas para violín y piano. Aunque Leopold no lo apreciaba en absoluto y lo llamó "miserable", Schobert mostró gran admiración por Mozart, que éste le retribuyó con un notable aprecio por su obra. Murió prematuramente, junto a toda su familia, por comer champignones envenenados.

9. François Joseph Gossec (Vergnies, 1734-París, 1829) fue un notable compositor que ocupó un lugar central dentro de la música francesa durante "casi tres cuartos de siglo", según el diccionario musical *Grove*. Muy prolífico —y muy longevo— compuso óperas, música de cámara y música religiosa; pero su principal aportación se produjo en el campo de la sinfonía.

CAPÍTULO 4

1. Aunque Leopold no aclara a qué Bach se refiere, es de suponer que se tratase de Johann Christian.

2. Georg Friederich Haendel (o Händel) (Halle 1685-Londres, 1759) es uno de los compositores más importantes de la historia de la música. Él y Johann Sebastian Bach marcaron el cenit del estilo barroco, pero son artistas universales, situados más allá de cualquier clasificación. Destacó en todos los géneros, en particular en la música religiosa y coral. Se radicó en Londres en 1712 y adquirió la nacionalidad británica. Mozart orquestó su monumental oratorio *El Mesías*.

3. Karl Friedrich Abel (Cöthen 1725-Londres, 1787). Compositor alemán, hijo del que fuera famoso ejecutante de viola da gamba Christian Ferdinand Abel (1683-1737). Vivió en Londres a partir de 1758, y trabajó en estrecha asociación con Johann Christian Bach; juntos organizaban los llamados Bach-Abel Concerts. Espléndido ejecutante de diversos instrumentos (viola da gamba, clave, violín, viola), fue también un compositor de notable éxito, en estilo clásico. La diáfana luminosidad de su música, que muy rara vez empleaba tonos menores, influyó, según el *Grove*, en Mozart niño, que lo frecuentó durante su estancia londinense.

4. Giusto Ferdinando Tenducci (1735-1790), soprano masculino y compositor. Su voz parece haber sido pequeña pero de gran belleza, y uno de los roles que le dio celebridad fue el de Orfeo en la ópera de Gluck. Trabajó con el pequeño Mozart en Inglaterra y luego se reencontró brevemente

con él en París en 1778. Pese a ser *castrato* Tenducci, se casó con Dora Maunsell, una chica irlandesa, y la boda fue un escándalo, pues la familia de la novia, disconforme con el esposo, trató de secuestrarla violentamente. Dora sabía lo que hacía, sin embargo, pues tuvo con Tenducci dos hijos; todavía nos quedan muchas cosas por saber de los *castrati*.

5. Giovanni Manzuoli (1720-1782), *castrato* lírico florentino que vivió en Madrid, contratado por Farinelli y más tarde en Viena, Londres y Milán. Su voz era "la más voluminosa y potente de soprano masculino que se haya oído sobre un escenario desde Farinelli", según el compositor Charles Burney. Dio algunas lecciones a Mozart en Londres y más tarde estrenó *Ascanio in Alba* en 1770.

6. François André Danican Philidor (1726-1795), compositor y ajedrecista francés, nacido en Normandía. Su apellido "Danican" tiene origen escocés ("Duncan") y perteneció a una ilustre familia de músicos; su padre André (1647-1730) fue el introductor de los "Conciertos espirituales" en 1725. François André fue uno de los grandes compositores de ópera de su tiempo, y sus obras *Tom Jones*, *Le Sorcier* y *Ermelinda, Princess of Norway* estuvieron entre las más celebradas de su tiempo. Está considerado uno de los pensadores más profundos de la historia del ajedrez, y su libro *L'analyse du Jeu des Échecs*, publicado en 1749, sigue considerándose la base de todo el ajedrez contemporáneo. Muy vinculado a Louis XV, cuando estalló la Revolución Francesa se exilió en Londres, donde sobrevivió básicamente gracias a su maestría ajedrecística hasta su muerte.

7. Christian Cannabich (1731-1798), violinista, director y compositor nacido en Mannheim, fue una de las personalidades más influyentes de la gran escuela de Mannheim, y sucedió a su maestro Johann Stamitz como *Konzertmeister* de la famosa orquesta de Karl Theodor. Mantuvo con Mozart una cálida amistad.

8. Simon André David Tissot (1728-1798), médico suizo, nacido en Vaud, fue un gran divulgador de métodos de conservación de la salud ("Aviso al pueblo sobre su salud", 1761) y uno de los fundadores de la psicología.

9. Karl Phillip Emmanuel Bach (1714-1788), compositor, hermano de Johann Christian y, para muchos, el más talentoso de los hijos del Kantor de Leipzig. Trabajó casi toda su vida junto a Friedrich (Federico) II de Prusia. Rochlitz habla de un encuentro circunstancial entre Mozart y Karl Phillip Emmanuel, pero no ha podido comprobarse.

10. Johann Adolph Hasse (Bergedorf, 1699-Venecia, 1783), compositor alemán, cuyas óperas tuvieron inmenso éxito en su época. Fue alumno de Alessandro Scarlatti (1660-1725) y de Niccoló Porpora (1686-1766). Se ini-

ció como cantante, pero luego se dedicó de lleno a la composición. La mayoría de sus mejores obras se escribieron sobre libretos de Metastasio y significan una de las culminaciones del estilo neoclásico. Vivió gran parte de su vida en Dresden. Entre sus obras más celebradas se cuentan *Il Sesostrate, Ezio* (estrenada por Farinelli), *Cleofide, Tito Vespasiano* (Metastasio, el mismo libreto de *La clemenza di Tito*), *Artaserse, Solimano, Il re pastore, Il sogno di Scipione* y *Ruggiero*. Fue uno de los precursores del estilo belcantista. Hombre noble y sin envidias, declaró abiertamente su admiración por el talento del joven Mozart.

11. Johann Michael Haydn (1737-1806), compositor, hermano del gran Joseph. Desde 1763 fue *Konzertmeister* en Salzburgo, donde mantuvo una cálida amistad con los Mozart. Leopold criticó ácidamente su inclinación a la bebida y se mostró mezquino con quien siempre había tratado de ayudar a su hijo: "¿Sabes quién ha sido nombrado organista en la Dreifaltigskirche?" —escribía a su hijo en 1777—. "Herr Haydn. Todo el mundo está muerto de risa. Será un organista muy caro; un cuarto litro de vino después de cada letanía". Wolfgang, en cambio, le mantuvo siempre un gran afecto. Su obra más importante se encuentra en el campo de la música religiosa (misas y oratorios), sinfónica y de cámara.

12. Anton Cajetan Adlgasser (1729-1777), organista y compositor bávaro, que fue muy amigo de los Mozart. Falleció de forma espectacular, mientras tocaba el órgano en unas vísperas, como consecuencia de un ataque cardíaco delante de los ojos de Leopold, que describió la escena en términos impresionantes. El joven Mozart lo sucedió como organista de la catedral de Salzburgo.

13. Giuseppe Affligio (1722-1788), empresario teatral napolitano. Aventurero y jugador profesional, vivió por toda Europa, siempre al margen de la ley, con nombres falsos ("Don Giuseppe il Cadetto" en Pesaro, "Signor Maratti" en Lyon, "conde Affligio" en Venecia). Era un hombre elegante y apuesto, experto en engaños y trapisondas. Nadie se explica cómo logró, en 1767, que la corte lo nombrara director de espectáculos en Viena. Destituido en 1770, pues había llevado los teatros a la ruina, siguió su vida errante hasta que fue detenido y condenado a galeras, en 1778, por falsificación de notas bancarias.

14. Pietro Metastasio (Roma, 1698-Viena, 1782). Poeta y libretista italiano, el más famoso de su tiempo. Se llamaba, en realidad, Pietro Antonio Domenico Bonaventura Trapassi. Buen versificador y creador de caracteres, sus valores fueron siempre los del antiguo régimen, por lo cual los progresos del Iluminismo le fueron quitando vigencia. Nadie negó jamás, sin embar-

go, su extraordinario oficio. Mozart trabajó con frecuencia sobre libretos suyos: *La Betulia liberata, Il sogno de Scipione, Il re pastore* y *La clemenza di Tito*.El libreto de *Lucio Silla* era de Giovanni da Gamerra, pero fue modificado por Metastasio.

15. Franz Anton Messmer (1734-1815). Médico y físico alemán, descubridor del hipnotismo o "magnetismo animal", técnica que fue conocida durante mucho tiempo como "messmerismo". Tuvo gran éxito al comienzo, pero luego fue acusado de fraude y expulsado de la Facultad de Medicina en 1778, por lo que debió marcharse de Viena. Vivió en París, en Versailles y en Suiza, siempre combatido ferozmente por la medicina tradicional. Hoy se lo considera uno de los fundadores de la psiquiatría.

CAPÍTULO 5

1. Pietro Alessandro Guglielmi (Massa, 1728-Roma, 1804) fue uno de los compositores de ópera más importantes del siglo XVIII. Hijo de Jacopo Guglielmi (?-1731), también destacado músico, y sobrino del organista Domenico Guglielmi, tuvo una esmerada educación musical. Vivió en varias ciudades de Italia, en Londres y posiblemente en Dresden. Tuvo una compañía de producción de espectáculos líricos asociado a Paisiello y Cimarosa, y al parecer, constituyeron una de las primeras organizaciones gremiales de músicos que se conocen, al acordar que ninguno de ellos aceptaría un encargo por menos de seiscientos ducados. Tuvo una vida desordenada, se casó con la cantante Maria Leti —también conocida como Lelia Acchiapati— y se batió a duelo en numerosas ocasiones. Renovó el lenguaje musical de la ópera seria, introduciendo ricas escenas concertantes y trabajando las arias cuidadosamente, sobre la base de largas melodías, notables efectos rítmicos y un especial cuidado por no interrumpir la tensión dramática. Sus óperas cómicas fueron también muy celebradas. Entre sus obras principales se cuentan *La sposa fedele, La villanella ingentilita, Le vicende d'amore, La serva innamorata, I cacciatori, Adriano in Siria, Il re pastore* y *Ruggiero*. Compuso también oratorios y música instrumental.

2. Se trataba, con toda probabilidad, de Gaetano Ottani (Bolonia, 1736-Torino, 1808), un tenor muy prestigioso, hermano mellizo del compositor Bernardo Ottani (1736-1827). Al parecer, era un excelente cantante y además un buen pintor aficionado.

3. Niccoló Piccini (Bari, 1728-París,1800), célebre compositor italiano, que fue considerado, a su pesar, emblema del estilo operístico de su país. Se lo

enfrentó con Gluck en la llamada "Querella de los bufones", que agitó la sociedad culta parisina oponiendo el estilo alemán al italiano, y que escondía, tras sus aspectos estéticos, intereses políticos. Las óperas de Piccini (*Ifigenia in Tauride, Rolando, Dido, Cesare in Egitto, Le finte gemelle*, entre otras) convocaban multitudes en su tiempo, pero hoy están totalmente olvidadas.

4. Giambattista Sammartini (1704-1774), compositor italiano, muy destacado en el campo sinfónico y maestro de Gluck. Fue organista de la corte en Milán y *Kapellmeister* de la iglesia de Santa Maria Magdalena.

5. Rodolfo Luigi Boccherini (Lucca,1743-Madrid,1805), notable violoncelista y compositor, destacó fundamentalmente en el campo de la música de cámara y compuso varios conciertos para violoncelo, uno de los cuales es justamente célebre. Se radicó en Madrid en 1798 y vivió allí el resto de su vida, por lo que se lo considera un compositor básicamente español. Dotado de un delicioso talento melódico, logró en vida gran prestigio y popularidad, lo que no lo resguardó de morir en extrema pobeza.

6. Carlo Broschi, llamado Farinelli (Andria,1705-Bologna,1782), el más famoso *castrato* de todos los tiempos. Después de asombrar a Italia e Inglaterra con sus excepcionales cualidades vocales, se radicó en España, donde fue músico y hombre de confianza de los reyes Felipe V y Fernando VI. Su influencia se extendió ampliamente a la esfera política, y fue el monarca absoluto de la vida teatral madrileña durante décadas. El rey Carlos III lo despidió en 1759, pero manteniéndole las prerrogativas; muy rico y muy culto, se retiró a una lujosa villa en Bologna, donde llegó a reunir una valiosísima colección de instrumentos y una gran pinacoteca.

7. Giovanni Battista Martini (Bologna, 1706-1784). Sacerdote franciscano, llegó a ser la mayor autoridad musical de su tiempo. Fue nombrado Maestro de Capilla de la iglesia de San Francisco en 1725, y pasó a residir en el convento adyacente a ésta durante el resto de su vida. Su prestigio como músico y docente trascendió fronteras, y fue nombrado miembro de la Accademia dell'Istituto delle Scienze di Bologna en 1758. Fue un hombre extraordinario y una persona cálida y llena de humanidad.

8. Franz Xaver Wolf Orsini-Rosenberg (1723-1796), diplomático austríaco. Entre 1776 y 1791 fue director de los teatros de la corte en Viena, y como tal mantuvo inicialmente buenas relaciones con Mozart, a quien encargó *El rapto en el serrallo*; pero más tarde le demostró gran hostilidad, y fue uno de los principales causantes de las desdichas del compositor en 1788-1790.

9. Thomas Linley (1756-1778), compositor y violinista inglés nacido en Lin-

colnshire. Su padre, Thomas Linley, fue un señalado compositor, y sus hermanos Elisabeth, Mary, Ozias y William destacaron todos en el campo de la música. Asombró con su virtuosismo violinístico a los seis años, y dio su primer concierto público en Bristol a los siete. Era un joven de gran belleza y notable talento y su prestigio de virtuoso pronto alcanzó a toda Inglaterra. En su cortísima vida compuso una asombrosa cantidad de música, pero lamentablemente, la mayor parte se ha perdido. En 1778, en el lago del castillo de Greenthorpe, la tarde del 5 de agosto, Thomas sufrió un accidente con el bote en el que navegaba y se ahogó. Arthur Hutchings señala que "la noticia afligió mucho a Mozart", pero no cita dónde está expresada esta aflicción. Si su breve y cálida amistad con Mozart resulta tan sugestiva es por el trágico destino que a ambos les aguardaba: por una vez, fue Wolfgang el menos desdichado.

10. Karl Ditters von Dittersdorf (1739-1799), compositor vienés. Su ópera *Doctores y boticarios*, estrenada en 1786, tuvo un éxito espectacular. Fue buen amigo y admirador de Mozart, a quien consideraba "el genio natural más grande que ha existido".

CAPÍTULO 6

1. Fernando Galiani (1728-1787), sacerdote, diplomático y escritor italiano, muy vinculado al Enciclopedismo. Su correspondencia con Madame d'Épinay y otras destacadas figuras de las Luces tuvo extraordinaria influencia.

2. Giuseppe Parini (1729-1799), sacerdote, poeta y libretista italiano. Fue un agitador revolucionario, defensor de Rousseau, y difundió las nuevas ideas en periódicos y panfletos. Pese a su cojera, fue un notorio amante del bello sexo, lo que determinó algunos escándalos. Su influencia sobre el joven Mozart no puede calibrarse, pero sin duda fue importante.

3. Las relaciones entre Wolfgang y su amigo se deterioraron en esta época; Manzuoli tuvo una disputa por honorarios con el empresario; éste aceptó parcialmente los reclamos del cantante y en vez de los quinientos "cigliati" que establecía el contrato le pagó setecientos y una tabaquera de oro. Manzuoli, que reclamaba mil "cigliati", se sintió ofendido, devolvió la tabaquera y el dinero y se marchó. Wolfgang consideró que lo que se le había pagado era correcto, y escribió a su hermana que Manzuoli se había comportado "como un verdadero *castrato*".

4. Anna Lucia de Amicis Buonsollazzi (1733-1816), soprano napolitana que

hizo una brillante carrera. "No hacía un movimiento que no encantara a la vista ni emitía un sonido que no cautivara el oído", dijo un contemporáneo. Wolfgang opinó que "cantaba incomparablemente", y Leopold que "canta y actúa como un ángel". Estrenó el *Alceste*, de Gluck.

5. Christian Friedrich Daniel Schubart (1739-1791), poeta y músico alemán, radical propagador de las Luces. Su militancia lo llevó a permanecer diez años en prisión.

6. La identidad de esta fantasmal señorita Jeunehomme ha intrigado a los mozartianos durante dos siglos. Al parecer era muy famosa, pero no hay más datos sobre ella, ni anteriores, ni posteriores a su visita a Salzburgo. Recientes estudios del musicólogo Michael Lorenz le han llevado a la conclusión de que la "señorita Jeunehomme" se llamaba en realidad Victoire Jenamy, y era hija del bailarín y coreógrafo Jean-George Noverre (1727-1810), que fue amigo de Mozart al menos desde 1771, cuando el estreno de *Ascanio in Alba*. En esa ocasión Noverre montó su ballet *Roger et Bradamante*. Lorenz dice haber podido averiguar con certeza que una hija de Noverre, que se presentaba como Victoire Jenamy, era una excelente pianista. Y maneja un argumento muy fuerte; en una carta a Leopold de 1777, Wolfgang le dice que su concierto ha sido estrenado por una señorita Jenomy, quien, al parecer, se lo había encargado en 1776. Se pensaba que el precario dominio del francés de Mozart lo había llevado a escribir el nombre de la intérprete (y tal vez, la inspiradora) de su magistral concierto de manera incorrecta, pero al parecer sucedió lo contrario. Lo de "Jeunehomme", siempre según Lorenz, proviene de dos estudiantes de musicología franceses que, en 1912, emplearon ese nombre por primera vez.

CAPÍTULO 7

1. Joseph Anton Seeau (1713-1799), conde, empresario, nacido en Linz. Fue durante cuarenta y seis años supervisor de espectáculos de la corte de Munich, donde ejerció un poder absoluto en el terreno de la ópera. Tenía fama de comer y beber como un monstruo y de ser un libertino.

2. Maria Anna Thekla Mozart (1758-1841), prima de Wolfgang, hija de Franz-Aloys Mozart. Mantuvo con su célebre primo una amistad que continuó hasta que éste se trasladó a Viena. En 1784 tuvo una hija natural, lo que motivó ácidos comentarios de Leopold; se supone que el padre fue un sacerdote. Se casó en 1802 con Franz Joseph Streitel y falleció en Bayreuth.

3. Friedrich Ramm (1744-1811), oboísta alemán, miembro de la célebre orquesta de Mannheim. Mozart, que lo apreciaba mucho como hombre y artista, compuso para él, en 1781, su Cuarteto para oboe, K. 386.

4. Anton Raaf (Bonn, 1714-Munich, 1797) fue un excelente tenor, y actuó en el primer *Idomeneo* de Mozart. Cantó en los mejores teatros de Europa, y su arte recibió continuas alabanzas: Metastasio dijo a Farinelli que "canta como un serafín". Wolfgang, en cambio, criticó su actuación cuando el estreno de *Günther von Schwarzburg*, de Holzbauer, pero cuando volvió a escucharlo en 1778, tuvo palabras de elogio. Fue un buen amigo de Mozart, que llegó a apreciarlo mucho.

5. Georg Joseph Vogler (1749-1814), sacerdote, compositor, organista, profesor y teórico alemán. Hombre de gran cultura, fue cercano colaborador del elector Karl Theodor en Mannheim, donde Mozart lo conoció y vertió juicios despectivos sobre su música. Mucho después Vogler fue maestro del hijo menor de Wolfgang, Franz Xaver Wolfgang.

6. Ignaz Jakob Holzbauer (1711-1783), compositor y director vienés, que fue *Kapellmeister* en Mannheim (1753-1778). Su *singspiel Gunther von Schwarzburg*, estrenado en 1777, fue altamente apreciado por Mozart, y abrió nuevos caminos para el género, reservado hasta entonces para temas costumbristas y satíricos.

7. Maria Josepha Seiffert (1748-1771) fue el gran amor de Karl Theodor, y su amante, casi con carácter oficial, hasta el día de su temprana muerte. Era actriz y bailarina cuando el Elector la conoció. Tuvo con él cuatro hijos naturales: Carolina Josepha Philippina (1768), Carl August Friedrich Joseph (1769) y los gemelos Eleonore Caroline Josephine y Friederike Caroline Josephine (1771), a raíz de cuyo nacimiento la madre falleció. En 1769 el Elector la nombró condesa von Haydeck.

8. Karl Maria von Weber (1786-1826), compositor alemán, figura consular del desarrollo de la ópera germánica. *Der Freichütz* (1821) y *Oberon* (1826) fueron sus obras fundamentales; la primera se mantiene en el repertorio.

9. Joseph Le Gros (1739-1793), tenor y compositor francés. Fue director de los "Conciertos espirituales", fundados por Philidor, de 1777 a 1790. Para uno de ellos Mozart compuso su Sinfonía *París, K. 297*.

10. Adrien-Louis Bónnières de Souastre, duque de Guisnes (1735-1806). Político y diplomático francés, favorito de María Antonieta, buen flautista. Mozart le dio clases a su hija, que era una arpista competente. El duque no tuvo buenas relaciones con el profesor de su hija: no le pagó todas las lecciones y tardó muchísimo en pagar el Concierto para flauta y arpa.

11. Giovanni Battista Pergolesi (Ancona,1710-Pozzuoli, cerca de Nápoles,

347

1736), compositor italiano. En su brevísima vida compuso música religiosa y varias óperas notables por su gracia y encanto, pero la única que ha sobrevivido en el repertorio es *La serva padrona* (1733). Su prematura muerte es una de las grandes tragedias de la música.

12. Franz Joseph Heina (1729-1790), trompista bohemio, que vivió años en París. Fue uno de los pocos buenos amigos que Mozart encontró en la capital de Francia.

13. Forma musical en la que no se canta, sino que se declama sobre la música. Mozart había visto en Mannheim dos melodramas del compositor Georg Benda (1722-1795), *Medea y Arianna en Naxos* que le habían parecido excelentes y de cuyas partituras se llevó copia.

CAPÍTULO 8

1. La versión que da Nissen está dulcificada: "renuncio de buen grado a la joven que no me quiere"; pero la canción es muy conocida y tiene una sola letra.

2. Johannes Heinrich Böhm (1740-1792), actor, compositor y empresario teatral nacido en Moravia. También gozó de cierto prestigio como violinista y director orquestal.

3. El término "Singspiel" (literalmente "obra que se canta") es el equivalente alemán al de zarzuela u opereta; una obra de teatro que alterna partes cantadas y habladas.

4. Emmanuel Schikaneder (Straubing, 1751-Viena,1812), empresario, escritor y cantante. Masón, tuvo gran importancia en la vida de Mozart, ya que escribió el libreto de *La flauta mágica* y fue el primer Papageno. La ópera se estrenó en el Freihaus-Theater del Wieden vienés que él regenteaba, y fue el director de la producción. Después de la muerte de Wolfgang vendió su teatro y siguió siendo director artístico de éste hasta su cierre definitivo, en 1801. Abrió otro y sostuvo una intensa actividad como empresario, cantante y libretista. En 1812, acuciado por crecientes dificultades económicas, perdió súbitamente la razón y murió poco después.

5. Pierre Augustin Caron de Beaumarchais (1752-1799), celebrado dramaturgo francés, autor de las comedias *El barbero de Sevilla* y *Las bodas de Fígaro*. Su lúcida crítica al "Antiguo Régimen" lo hizo protagonista de grandes escándalos. Goethe lo tomó como personaje protagónico de su obra *Clavigo*.

6. Giovanni Battista Varesco (1735-1805), sacerdote y poeta, capellán de la

corte de Salzburgo desde 1766 hasta su muerte. Escribió para Mozart los libretos de *Idomeneo* y la inconclusa *Oca de El Cairo*. El compositor lo consideraba bastante poco, como poeta y como persona.

7. Vincenzo dal Prato (Imola, 1756-Munich, 1828) realizó sin embargo una magnífica carrera. Era un hombre de gran apostura física y temperamento amable y seductor; tenía una voz pequeña, pero cantaba muy bien, según la opinión mayoritaria, aunque se le objetó su falta de credibilidad dramática. A Mozart le parecía sencillamente horrible: "Debo enseñarle toda la obra, como si fuese un principiante" —se quejaba—, y luego del estreno opinó que había cantado "en forma vergonzosa". Pese a ello, dal Prato cantó de manera continuada primeros papeles hasta su retiro en 1805, y disfrutó hasta su muerte de una generosa pensión otorgada por el Elector de Baviera.

8. Se trató, según todos los indicios, de Elisabeth Augusta Wendling (1746-1786), cuyo apellido de soltera era Sarselli, soprano que cantó el papel de Electra en *Idomeneo*. Era la esposa de Franz Anton Wendling, violinista, hermano del amigo de Mozart, Johann Baptist. No debe ser confundida con otra Elisabeth Augusta Wendling (1752-1794), hija de éste, para quien Mozart compusiera el aria *Oiseaux, si tous les ans.*

9. La Tonkünstler-Societät era una institución benéfica vienesa que organizaba actividades en favor de músicos indigentes o de sus esposas, viudas e hijos.

10. Joseph Starzer (1726-1787), compositor alemán de óperas y música para ballets, director musical de la Tonkünstler-Societät durante varios años. Su obra tuvo gran influencia en el desarrollo del ballet alemán.

11. Johann Philipp Cobenzl (Ljubljana, 1741-Viena, 1810), político y diplomático austríaco. Fue Consejero del Tesoro, Vicecanciller y ministro de Estado. Tuvo siempre excelentes relaciones con Mozart.

12. Johann Gottlieb Stephanie, llamado "el joven" (1741-1800). Poeta, dramaturgo y actor, hermano menor de Christian Gottlieb Stephanie (1734-1798), conocido como "el viejo", también dramaturgo y actor. Algunas de sus obras de teatro, como un *Macbeth*, tuvieron gran éxito en su tiempo. Fue director de la ópera alemana en Viena, y escribió para Mozart los libretos de *El rapto en el serrallo* y *El director de teatro*. También fue autor del libreto de la exitosa *Boticarios y doctores*, de von Dittersdorf.

13. Maria Wilhelmine Thün-Hohenstein (1744-1800), condesa, de soltera Corfiz Ulfeld, una de las mejores amigas que Mozart tuvo en Viena. Su esposo Joseph Anton Thün-Hoenstein (1734-1801) fue un destacado político. Mujer refinada, su casa fue uno de los principales salones culturales de Viena.

14. Karl Joseph Maria Felix Arco (1743-1830), salzburgués, chambelán y Encargado de Cocinas del arzobispo Colloredo. Su familia sentía aprecio por los Mozart, y él tuvo una buena relación con Wolfgang hasta la ruptura de 1781 en Viena y la célebre patada en el trasero. Después de eso nunca volvieron a encontrarse.

CAPÍTULO 9

1. Joseph Lange (1751-1831), actor y pintor aficionado, nacido en Würtzburg y muerto en Viena. Casado en segundas nupcias con Aloysia Weber. Mantuvo excelentes relaciones con Mozart, del cual pintó dos retratos, uno de los cuales se ha perdido.

2. Josepha Barbara Auernhammer (1758-1820), pianista. Pese a la cruel descripción que Mozart hizo de ella, su habilidad como pianista llevó al compositor a admirarla y, finalmente, a considerarla una de sus mejores amigas; se presentó con frecuencia en conciertos tocando con ella a dos pianos o en sonatas de violín y piano.

3. Carl Friedrich Cramer (Quedlinburg, 1752-París, 1807). Publicista, periodista, lingüista, pintor y compositor. Comenzó a editar partituras en 1782, y al año siguiente inició en Hamburgo la edición de su *Revista de Música*, que incluía ensayos y crítica y que llegó a tener una fuerte influencia en todo el mundo musical alemán. En 1789 sus simpatías por la Revolución Francesa lo llevaron a radicarse en Copenhague, donde continuó con la edición de su revista, llamada entonces *Música*. Finalizó sus días en París, viviendo de la pintura. Su revista cubría gran parte de la vida musical europea, y constituye una fuente invalorable de estudio histórico.

4. Christoph Friedrich Bretzner (1746-1807), dramaturgo y novelista que tuvo gran influencia en su tiempo. El supuesto artículo periodístico en el cual arremetía contra Mozart por haber adaptado una obra suya para *El rapto en el serrallo* es con toda certeza falso; sí, en cambio, protestó contra Stephanie. Después de la muerte de Mozart tradujo al alemán *Così fan tutte*.

5. Gottfried Bernhard van Swieten (1733-1803), barón, diplomático y político, compositor y melómano. Conoció a Mozart en 1768 en Viena y fue, durante toda la vida del músico, uno de sus amigos más leales. Admirador de los Bach y de Händel, encargó a Mozart la interpretación y orquestación de numerosas obras de estos compositores.

6. Joseph von Sonnenfelds (1733-1817), economista y profesor en la Uni-

versidad de Viena, vinculado al Iluminismo y masón. Sin duda influyó mucho sobre el pensamiento de Mozart, y el compositor tenía escritos suyos en su biblioteca.

7. Johann Franz Joseph Thorwart (1737-1813), funcionario de la corte de Viena, director de la sección alemana de los teatros oficiales. Hijo de un tabernero, se encumbró gracias a sus talentos y a su esfuerzo. Como tutor de Constanze firmó el permiso de matrimonio de ésta con Mozart.

8. Martha Elisabeth Waldstätten (1744-1811), baronesa, mujer liberada y culta. Vivía sola en Viena, después de separarse de su esposo, el barón Hugo Joseph Dominik Waldstätten (1737-1800), y fue íntima amiga de Mozart y Constanze, a los que apoyó decididamente. Más tarde mantuvo intensa correspondencia con Leopold, y algo similar a un romance surgió entre ellos; Wolfgang, más sincero que leal, advirtió a su padre del estilo de vida de la baronesa: "su reputación no es buena; pero no diré más. Ha sido extraordinariamente bondadosa conmigo".

9. Joseph Weidmann (Viena, 1742-1810) fue un destacado actor y libretista, que interpretó uno de los papeles de la obra *Der Schauspieldirektor* (*El director de teatro*) de Mozart. Como actor tuvo particular destaque en papeles cómicos y costumbristas, algunos de ellos hablados en "argot" vienés.

10. Ignaz Umlauf (Viena, 1746-1796), compositor y ejecutante de viola. Fue *Kapellmeister* de la Ópera Alemana y autor de varios *singspiel*, uno de los cuales, *Die Bergknappen*, tuvo un gran éxito. Mozart lo apreciaba poco como compositor.

11. Marie Karoline Thiennes y Rumbeck (1755-1812), nacida Cobenzl, condesa, fue la primera alumna de piano que tuvo Mozart en Viena. Era una pianista excelente y una mujer de singular inteligencia y brillo.

12. Maria Theresia von Trattner (1758-1793), nacida von Nagel, esposa del publicista Johann Thomas von Trattner. Fue alumna de Mozart y más tarde el compositor y su esposa vivieron en su casa, llamada Trattnerhof. Ella y su esposo fueron excelentes amigos para los Mozart. Algunos mozartianos sostienen la teoría de que Maria Theresia fue amante de Mozart, aportando como única prueba la negativa de ésta a entregar las cartas del compositor después de su muerte.

13. Maximilian Franz de Habsburgo (1756-1801), archiduque, hijo menor de Maria Theresa y Franz I. Buen músico aficionado, declaró repetidas veces su rendida admiración por Mozart. Pese a ello, nunca tuvo la fuerza o la voluntad de conseguir un puesto seguro para el compositor. Mozart no tenía el menor respeto por él, de quien decía: "la estupidez mana de sus ojos", y "habla y pontifica constantemente, y siempre en falsete".

14. Antonio Maria Salieri (Legnano, 1750-Viena,1825), compositor italiano, una de las figuras musicales más importantes de su tiempo. Fue maestro, entre otros, de Beethoven, Franz Xaver Mozart, Schubert y Liszt. Compositor de óperas de extraordinario éxito y grandes valores musicales, entre las que se contaron *La scuola dei gelosi, Tarare* (texto de Lorenzo Da Ponte) o *Falstaff*. Sobre su rivalidad con Mozart y las leyendas en torno del envenenamiento de éste se habla largamente en esta obra.

15. Muzio Clementi (Roma, 1752-Worcestershire, Inglaterra, 1832), compositor y pianista romano, también célebre como profesor. Ejerció gran influencia en su tiempo y fue un concertista muy celebrado.

16. El gran Johann Sebastian (1685-1750) estaba por entonces casi olvidado (incluso por el prestigio de sus vástagos), y sólo unos pocos espíritus selectos mantenían la veneración por su inconmensurable obra.

17. Wilhelm Friedemann Bach (1710-1784), compositor, hijo de Johann Sebastian. Mozart interpretó y arregló algunas obras suyas para von Swieten.

18. Joseph Weigl (1766-1846), compositor, *Kapellmeister* del teatro de la Corte en 1790 y *Kapellmeister* de la corte en 1792. Muy vinculado a Salieri, mantuvo siempre, sin embargo, excelentes relaciones con Mozart, al cual admiraba. Fue un compositor respetado e influyente, en especial en el campo del *singspiel*.

19. Caterina Cavalieri (1755-1801), soprano vienesa de familia italiana. Estrenó los papeles protagónicos de *El director de teatro* (Mme. Silberklang) y *El rapto en el serrallo*, y cantó donna Anna en la *première* vienesa de *Don Giovanni*; para ella agregó Mozart al papel el aria *Mi tradí quell'alma ingrata*. Muy bella, fue amante de Salieri durante varios años.

20. Johann Valentin Adamberger (1740-1804), tenor. Estrenó *El rapto en el serrallo* (Belmonte) y *El director de teatro* (Herr Vogelsang). En Italia hizo una buena carrera con el apellido "Adamonte". Tenía una voz no particularmente bella y nasalizaba los sonidos agudos, según algunos contemporáneos; pero Mozart lo admiraba mucho, y escribió para él, además de los roles citados, varias arias (entre las que se cuenta la bellísima *Aura che in torno spiri*) y la cantata masónica *Die Maurerfreude*.

21. Johann Ignaz Ludwig Fischer (1745-1825), bajo alemán, cantó el rol de Osmín en el estreno de *El rapto en el serrallo*. Su voz parece haber sido de excepcional belleza y extensión, y un contemporáneo dijo que tenía "la profundidad de un violoncelo y las notas agudas de un tenor". Hizo una brillante carrera en Austria, Alemania, Bohemia y otros sitios del centro de Europa.

22. Therese Teyber (1760-1830), soprano vienesa, miembro de una destaca-

da familia de músicos. Especializada en papeles de sirvienta ingenua pero muy inteligente, tuvo una carrera exitosa cantando óperas de Salieri, Paisiello, Sarti, Gluck y Mozart. En 1788 cantó algunas funciones de *Don Giovanni* como Zerlina.

23. Johann Dauer (1746-1812), tenor y actor alemán que cantó durante más de treinta años en el Burgtheater de Viena.

24. Joseph Leutgeb (1732-1811), trompista vienés, para el que Mozart compuso sus cuatro conciertos para este instrumento. Fue uno de sus más fieles y cálidos amigos, aunque Wolfgang lo hacía objeto de bromas bastante pesadas. Durante una función de *La flauta mágica* lo llamó "Papageno", al ver que no comprendía la profundidad del texto. El compositor escribía su apellido indistintamente como "Leutgeb" o "Leitgeb", pero no debe ser confundido con el presunto mensajero que le encargó el *Réquiem*.

25. Sigmund Barisani (1761-1787) médico, miembro de una ilustre familia salzburguesa de médicos. Su padre Silvester Barisani (1719-1810), nacido cerca de Padua, tuvo gran prestigio en Salzburgo y fue médico personal del arzobispo von Schrattenbach, y su hermano mayor, Johann Joseph (1756-1826) asistió a Leopold Mozart en su muerte. Sigmund atendió a Wolfgang en algunas de sus crisis de salud, y el compositor decía deberle la vida. En 1786 el joven doctor Barisani fue designado director de un departamento del Hospital General de Viena, y pasó a residir en esta ciudad; pero falleció inesperadamente en 1787, para desolación de Wolfgang, que lo quería mucho.

CAPÍTULO 10

1. Joseph Haydn (1732-1809), compositor, una de las figuras consulares de la historia de la música universal. Confirió a la sinfonía su definitivo carácter de principal forma orquestal y emigró —y con él toda la música de su tiempo— del "estilo galante" al clasicismo, con su ideal de equilibrio entre razón y sentimiento. Influyó al joven Mozart, mantuvo con él una estrecha amistad y lo sobrevivió dieciocho creativos años, en los que su producción muestra, a su vez, la influencia del genio de Salzburgo.

2. Ignaz von Born (1742-1791), científico y pensador, nacido en Transilvania y muerto en Viena. Experto en mineralogía y ciencias naturales, vivió en Viena desde 1776 y escribió, entre otras obras, un tratado sobre los antiguos cultos egipcios. Fue la figura más importante de la masonería vienesa y ocupó la dignidad de Maestre de la logia "Zu Wahrheit" ("La Ver-

dad"), una de las tres organizadas a partir de la reglamentación dictada por Joseph II en 1785. Mozart lo admiraba extraordinariamente, y es fama que él y Schikaneder lo tomaron como modelo del personaje de Sarastro de *La flauta mágica*.

3. Regina Strinasacchi (1764-1839), violinista italiana, una de las mujeres artistas de mayor éxito en su época. Dio conciertos en toda Italia y Alemania, y Mozart la tenía en alta consideración.

4. Maria Anna Barbara Ployer (1765-1811), pianista, alumna de Mozart. La admiración fue mutua; Mozart la calificó de "maravillosa pianista" y compuso obras para ella, y Maria Anna lo recordó siempre con veneración, afirmando que "sobrepasaba a todos en el divino arte de Apolo".

5. Lorenzo Da Ponte (1749-1838), llamado en realidad Emmanuele Conigliano. Poeta y libretista, uno de los más brillantes de su tiempo. Hijo de una familia judía de Ceneda (Vittorio Veneto), adoptó el catolicismo junto a su familia en 1763 —el obispo que los bautizó se llamaba Lorenzo Da Ponte— y tomó hábitos menores en 1770. Vivió en varias ciudades de Italia y Alemania, dando clases de literatura, y en todos lados creó escándalos por su conducta de seductor y sus ideas liberales. Se instaló en Viena en 1781 e hizo una brillante carrera como libretista, escribiendo guiones para Salieri, Martín i Soler y Mozart. Fue el autor de tres libretos decisivos en la historia del melodrama lírico, los de *Las bodas de Fígaro*, *Don Giovanni* y *Così fan tutte*. Cayó en desgracia después de la muerte de Joseph II y abandonó Viena en 1791. Vivió luego en Londres, donde se casó, y posteriormente se trasladó a Nueva York, donde llegó a ser profesor de literatura italiana en la universidad de Columbia. Organizó la primera representación americana de *Don Giovanni* y escribió una autobiografía, publicada en 1827, que resulta un documento de gran interés.

6. Giovanni Paisiello (1740-1816), compositor italiano, destacado en el campo de la música religiosa y la ópera. De sus más de ochenta óperas, que tuvieron gran repercusión e influencia, sólo se recuerda en la actualidad *Il barbiere di Siviglia*, y no por sí misma sino por su relación con las obras de Mozart y Rossini.

7. Johann Thomas von Trattner (1717-1798), editor y librero húngaro, radicado en Viena. Esposo de Maria Theresia, ambos fueron cercanos amigos de Mozart y Constanze, a los que alquilaron durante un tiempo habitaciones en su casa, llamada Trattnerhof. Fue padrino de los tres últimos hijos de Mozart; él mismo tuvo, en sus dos matrimonios, veintiún hijos, de los cuales sólo dos llegaron a la edad adulta.

8. Michael O'Kelly (1762-1826), tenor, compositor y empresario irlandés.

Fue uno de los mejores amigos que tuvo Mozart en toda su vida, y lo recordaba con auténtica veneración. En 1826 escribió unas "Reminiscenses" que constituyen una fuente de importancia en el estudio de la vida de Mozart.

9. Stephen John Seymour Storace (Londres, 1762-1796). Compositor y violinista, que durante el tiempo que pasó en Viena junto a su hermana Nancy (1784-1788) fue alumno y cercano amigo de Mozart. Su padre, Stefano Storace (1725-1781) era italiano, pero vivió en Inglaterra la mayor parte de su vida. Stephen estudió en el Conservatorio de Nápoles, ciudad en la que tenía familia, y pensó seriamente dedicarse a la pintura, pero a partir de 1782, cuando regresó a Londres, se convirtió en músico profesional. Sus primeras composiciones despertaron interés, y gracias a la influencia de su hermana Nancy viajó a Viena, donde se le habían encargado dos óperas: *Gli sposi malcontenti* y *Gli equivoci,* esta última sobre libreto de Lorenzo Da Ponte basado en *La comedia de los errores,* de Shakespeare. De regreso a Londres se convirtió en un célebre autor de dramas líricos, y obtuvo tres éxitos de crítica y público: *The haunted tower, The pirates* y *The Cherokee,* con las cuales renovó la ópera inglesa. Casado con Mary Hall, falleció sorpresivamente —tal vez por exceso de trabajo— a los treinta y cuatro años. Su última obra, inconclusa —*Mahmoud*— fue terminada por su hermana Nancy y por su amigo Michael O'Kelly. Un incendio producido en el teatro en que se encontraban destruyó todas sus partituras a principios del siglo XIX, de modo que gran parte de su obra se ha perdido de manera definitiva.

10. Anna Selina Storace (Londres, 1765-1817), apodada Nancy. Soprano. En 1778 inició su carrera en Italia y en 1883 se trasladó a Viena, donde se casó con el compositor John Abraham Fischer (1744-1806), que le llevaba más de veinte años. Según parece, fue amante del emperador Joseph II. Fue la primera Susana de *Las bodas de Fígaro* y una de las más cercanas amigas de Mozart, con el cual, seguramente, vivió un apasionado romance. Mantuvo correspondencia con el músico, y cuando, luego de la muerte de éste, Constanze y su nuevo esposo Nissen le pidieron las cartas, Nancy se negó a entregarlas y ordenó, a su muerte, que fueran quemadas.

11. Thomas Attwood (1765-1838), compositor y organista nacido en Londres. Fue alumno de Mozart durante los años en que estuvo en Viena, y el compositor, pese a que alguna vez lo trató de "asno", llegó a apreciarlo como persona y como músico. Tal cual Mozart había previsto, hizo una excelente carrera. Se esforzó cuanto pudo por difundir la música de Mozart en Inglaterra.

12. Heinrich Wilhelm Philliip Marchand (1769-1811), pianista y violinista nacido en Mainz. Fue alumno de Leopold entre 1781 y 1784. Luego hizo una excelente carrera y vivió en Salzburgo, Regensburg, Munich y Mannheim, donde falleció.

13. Leopold Kozeluch (1747-1818), compositor y pianista bohemio que vivió en Viena desde 1778. Niemtschek, el primer biógrafo de Mozart, se negó a incluir su nombre en el libro porque, según él, "calumnió a Mozart de la manera más villana" ante el emperador Leopold II. Tampoco Beethoven lo apreciaba en absoluto, y lo llamó "miserabilis". Sin embargo, Kozeluch reconoció la grandeza de Mozart; en 1781 se le ofreció un puesto de organista en Salzburgo, pero rehusó trabajar para Colloredo con el siguiente comentario: "Si le hizo la vida imposible a un hombre semejante, ¿qué no me haría a mí?".

14. Karoline Pichler, nacida von Greiner (Viena, 1769-1843), novelista y autora de obras de teatro. Fue una buena intérprete de piano y guitarra y cantaba muy bien, según dicen. En casa de su esposo Andreas Pichler (1764-1837) escuchó con frecuencia a Mozart, a quien admiraba como compositor pero por el que no reveló simpatía en el plano personal. Su producción fue vastísima (más de ochenta volúmenes), pero sólo se recuerdan los fragmentos de su autobiografía, publicada en 1844, que hacen referencia a Mozart. Muchos elementos del *Amadeus* de Peter Schaffer, llevada al cine por Milos Forman, están tomados de estas memorias, entre ellas la escena en que se muestra a Mozart maullando como un gato y saltando entre las sillas.

15. Giuseppe Sarti (1729-1802), compositor italiano al que Mozart apreciaba, cuya música incluyó en algunos de sus conciertos y sobre cuya aria *Come un agnello*, de la ópera *Fra i due litigante*, compuso ocho variaciones (cuya autenticidad se ha puesto en duda, pero que el pianista Paul Badura-Skoda considera verdaderas).

16. Franceso Benucci (1745-1824), bajo-barítono florentino. Hizo una notable carrera, y cantó en los mejores teatros de Europa con invariable éxito, incluso hasta edad avanzada. Fue amante de Nancy Storace y en 1789 cantaron juntos el dúo *Crudel, perché finora*, de *Las bodas de Fígaro*: al parecer, fue la primera vez que la capital británica pudo escuchar un fragmento operístico de Mozart.

17. Stefano Mandini (1750-1810), barítono italiano. Hizo una gran carrera, y su voz fue definida por un crítico de su época como "muy hermosa y fluida, capaz de abordar todos los papeles de su cuerda". También espléndido actor, se beneficiaba de una figura muy atractiva y un gran señorío escénico.

18. Francesco Bussani (1743-1807), bajo romano de exitosa carrera. Da Ponte lo consideraba un intrigante de la peor especie.

19. Luisa Laschi (1760-1790), soprano florentina. Se casó en 1786 con el famoso tenor Domenico Mombelli (1751-1835). Se supone que falleció en 1790 pues Mombelli volvió a casarse a principios de 1791; probablemente falleció como consecuencia de un parto.

20. Dorotea Bussani (1763-1818), de soltera Sardi. Soprano vienesa. Da Ponte no la apreciaba en absoluto, y dijo que "corta de talento, utilizaba sus mañas y payasadas para hacerse aplaudir por cocineros y sirvientes". No ha de haber sido tan mala, sin embargo, pues hizo una carrera brillante en toda Europa.

21. Maria Mandini (?-1789?), soprano, esposa de Stefano, de soltera de Vesian. Aunque hay muy pocos datos sobre su biografía, se sabe que fue una cantante apreciada, con una voz pequeña pero con mucha gracia y musicalidad.

22. Maria Anna Gottlieb (1774-1856), apodada Nanette, soprano y actriz vienesa, que estrenó el papel de Pamina en *La flauta mágica*. Sobre sus presuntos amores con Mozart y su posterior actividad se habla más adelante en esta obra.

CAPÍTULO 11

1. Franz Anton Hoffmeister (1754-1812), compositor y editor de música alemán. Publicó algunas obras de Mozart, y le demostró siempre admiración y amistad.

2. Franciska von Jacquin (1769-1850) era hermana de Gottfried Emilian von Jacquin (1767-1792), diplomático, compositor y cantante aficionado, que mantuvo una estrecha amistad con Mozart. Para él compuso el aria *Mentre ti lascio, o figlia*, K. 513, en 1787.

3. Johann Nepomuk Hummel (1778-1837), compositor y pianista, uno de los más destacados de su época. Fue pupilo y alumno de Mozart entre 1786 y 1787. *Konzermeister* de los Esterhazy y *Kapellmeister* en Stuttgart y Weimar, donde falleció. Chopin lo admiraba mucho como compositor.

4. Vicente Martín i Soler (1754-1806), compositor valenciano que se instaló en Viena en 1785. Compuso tres óperas sobre libreto de Da Ponte: *Il barbero di buon cuore* (1786), *Una cosa rara* (1786) y *L'Arbore di Diana* (1787). La segunda de ellas tuvo un éxito extraordinario, y Mozart repro-

dujo uno de sus fragmentos en *Don Giovanni*. Vivió más tarde en Londres y San Petersburgo, donde falleció.

5. Pasquale Bondini (1737-1789), empresario y cantante alemán. A partir de 1784 fue director artístico del Teatro Nacional de Praga, donde representó *Las bodas de Fígaro*. Encargó a Mozart la composición de *Don Giovanni*. Su esposa Caterina Bondini (1757-?), de soltera Saporiti y al parecer hermana de Teresa, cantó el rol de Zerlina en el estreno de esta ópera y Susana en la versión de Praga de *Fígaro*.

6. Franz de Paula Hofer (1755-1796), violinista vienés, uno de los más cercanos amigos de Mozart en Viena. Se casó en 1788 con Josepha Weber. Acompañó a Mozart en dos viajes (a Praga en 1787 y a Frankfurt en 1790) y estuvo junto a él en las horas previas a su muerte.

7. Franz Xaver Duschek (1731-1799) y Josepha Duschek (1754-1824), de soltera Hambacher, conocieron a Mozart en un viaje que realizaron a Salzburgo en 1777 y mantuvieron luego una cálida amistad con él; Wolfgang paró en casa de ellos cuando viajó a los estrenos de *Fígaro* y *Don Giovanni*, y pasó algunos días en Villa Betramka, una residencia campestre que los Duschek tenían cerca de Praga. Se ha especulado sobre una relación amorosa entre Wolfgang y Josepha, sobre todo por los encuentros que tuvieron en 1790 en Dresden y Leipzig. Después de la muerte del compositor parecen haberse encargado, durante cierto período, de la educación de su hijo mayor.

8. Franz Xaver Niemtschek (1766-1849), profesor de filosofía. Fue autor de la primera biografía de Mozart, publicada en forma anónima en 1797, que sigue siendo una fuente primaria. En 1808 la volvió a publicar, ahora con firma, ampliada y mejorada. Después de la muerte del compositor tuvo en su casa a sus dos hijos, y Karl Thomas vivió con él entre 1794 y 1797.

9. August Clemens Ludwig Maria von Hatzfeld (1754-1787), aristócrata y sacerdote. Era un buen violinista, y estableció con Mozart una estrecha amistad. Falleció sorpresivamente de una infección pulmonar, y Wolfgang escribió a Leopold hablándole de su congoja por la muerte "del mejor y más querido de mis amigos".

10. Ludwig van Beethoven (Bonn, 1770-Viena, 1827) es una de las figuras más trascendentes no sólo de la música, sino del arte universal. Para una gran corriente de opinión fue el compositor más poderoso y emocionante de que haya memoria. Aunque se lo considera el introductor del Romanticismo, nunca dejó de ser un clásico, y su música no cayó jamás en la impúdica exhibición de la intimidad de la que pecaron algunos románticos. Transformó radicalmente la forma de la sinfonía, sustituyendo el minue-

to del tercer movimiento por un *scherzo* a partir de su tercera obra de este género, llamada *Heroica*, y en la novena y última introdujo coros en el movimiento final. Sus nueve sinfonías causaron un impacto tremendo; Schubert no se atrevió a componer más de nueve; Brahms abordó la forma sinfónica a los cuarenta y tres años, y su Primera Sinfonía es tan beethoveniana que suele conocerse como "la décima"; Anton Bruckner, esencialmente un sinfonista, también compuso nueve, y Gustav Mahler llamó a la que hubiera sido su décima sinfonía *La canción de la tierra,* para no cometer el sacrilegio de componer más de nueve. Como es bien sabido, a partir de los veinticinco años Beethoven comenzó a perder la facultad de oír, y afrontó la tragedia de quedar completamente sordo con espíritu de hierro. Su relación personal con Mozart fue mínima, pero se vio fuertemente influido por la música de su antecesor, lo que se manifiesta especialmente en las obras de juventud. Su lenguaje musical, empero, es siempre intransferiblemente personal. No se casó nunca y tuvo una vida sentimental y personal bastante desgraciada, lo que, sumado a su sordera, hace admirable su apuesta por la vida —incluyó la *Oda a la alegría*, de Schiller, en el último movimiento de su Sinfonía Nº 9, Coral— y su férrea voluntad de seguir creando hasta el último día de su existencia.

11. Nombre artístico de Jean Baptiste Poquelin (París, 1622-1673), uno de los mayores dramaturgos de la cultura occidental. Sus piezas teatrales, en las que la comicidad pretexta una aguda visión crítica de la sociedad, enseñan más sobre el mundo de su tiempo, y sobre la propia condición humana, que miles de sesudos ensayos. Por ello conservan una inalterable vigencia. Al igual que Shakespeare, algunos de sus personajes se han convertido en arquetipos de ciertas cualidades y defectos de ciertos seres humanos, como Harpagon (la avaricia) o Tartufo (la hipocresía). El 15 de febrero de 1665 estrenó *Dom Juan, ou le Festin de Piérre*, sobre la historia del "burlador de Sevilla" y la estatua que vuelve de ultratumba; es una tragicomedia en cinco actos que en su tiempo fue considerada irreligiosa y severamente criticada. Molière fue también empresario teatral y un competente actor.

12. Giuseppe Gazzaniga (1743-1818), compositor italiano de gran renombre en su tiempo. A la citada *Il convidato di pietra* se unieron muchas óperas exitosas, como *La dama incognita, Il finto cieco* y *La vendemmia.*

13. Tirso de Molina (1571-1648), seudónimo de Gabriel Téllez. Dramaturgo y sacerdote madrileño, una de las figuras centrales del teatro español del Siglo de Oro. Creador del personaje de Don Juan en su obra *El burlador de Sevilla.*

14. Giovanni Giacomo Casanova (1725-1798), escritor y aventurero venecia-

no. Su celebridad deriva de sus *Memorias*, publicadas después de su muerte, en las que narra su vida novelesca de seductor.

15. Johann Friedrich Rochlitz (1769-1842), escritor y periodista nacido en Leipzig. Conoció a Mozart en ocasión de la visita de éste a dicha ciudad, en 1789, y publicó, después de la muerte del compositor, unos recuerdos que constituyen una fuente de información valiosa, aunque algunos estudiosos la rechazan por su exceso de fantasía. Fundó y dirigió en Leipzig la *Allgemeine Musikalische Zeitung*, revista que tuvo gran influencia.

16. Luigi Bassi (1766-1825), barítono italiano. Su voz era pequeña, pero su gran musicalidad y su extraordinaria presencia escénica le permitieron realizar una carrera exitosa.

17. Giuseppe Lolli (?-1791), bajo italiano. Su carrera fue amplia, pero hay pocos datos sobre ella.

18. Teresa Saporiti (1763-1869), soprano milanesa. Cantó en toda Europa, incluida Rusia, con éxito. Protagonizó un escándalo, según las malas lenguas, al exigir mil táleros a un honesto comerciante por concederle sus favores; el enamorado galán no los tenía, y trató de robarlos, por lo que fue detenido, con las repercusiones del caso. Se la supone hermana de Caterina Bondini.

19. Antonio Baglioni (?-1796), tenor y profesor de canto italiano. Fue, además del primer Don Ottavio, el primer protagonista de *La clemenza di Tito*. Da Ponte lo recordaba como un hombre de gran cultura y fineza personal, y afirmaba que había enseñado a cantar "a los artistas más famosos de Italia".

20. Caterina Micelli (Nápoles, ?-?) fue una prestigiosa soprano que hizo gran pate de su carrera en Praga. En 1792, luego de la muerte de Mozart, triunfó cantando el papel de Cherubino en una versión de *Las bodas de Fígaro* representada en esa ciudad.

21. Felice Ponziani (Roma, ?-?), bajo italiano. Fue el primer Leporello, y en 1786 cantó el papel de Fígaro en Praga. Se lo supone hermano de Luigi Bassi, y hay quien piensa que era familiar directo del famoso ajedrecista Antonio Domenico Ponziani (1719-1796).

22. José Zorrilla y Moral (1817-1893), dramaturgo español nacido en Valladolid. Fue una de las figuras clave del Romanticismo en su patria. Su comedia dramática *Don Juan Tenorio* (1844) continúa siendo la obra teatral más representada en la historia del teatro español. Zorrilla dio un giro revolucionario al personaje, justificándolo y enviándolo al Paraíso.

23. Francesco Albertarelli (?-?), barítono italiano. Se conocen datos de otros

papeles importantes cantados por él en óperas de Paisiello y Weigl. Mozart compuso para él el "arietta" *Un bacio di mano*. Las últimas referencias de su carrera se remontan a 1792, cuando se presentó en Londres.

CAPÍTULO 12

1. Johann Michael Puchberg (1741-1822), comerciante vienés. Fue uno de los mejores amigos de Mozart en Viena y lo asistió económicamente con gran generosidad. Era masón y adicto a las nuevas ideas. Aunque fue galardonado con un título de nobleza en 1792, falleció pobre.

2. Franz Hofdemel (1755-1791), funcionario de la Alta Corte de Justicia de Viena. Masón de la logia de Mozart, mantuvo con éste una estrecha amistad. Su esposa, Marie Magdalena, nacida en 1766, fue alumna de piano de Mozart. Sobre el episodio de la muerte de Hofdemel se habla en el último capítulo de esta obra.

3. El nombre "Júpiter", según dijera el hijo menor de Wolfgang, Franz Xaver, a los mozartianos ingleses Novello en 1829, proviene del compositor y empresario Johann Peter Salomon (1745-1815), que quiso destacar esta sinfonía comparándola con el más poderoso de los dioses.

4. Glenn Gould (Toronto, 1932-1982) fue un notable pianista canadiense, de estilo personalísimo y carácter díscolo. Solía cantar en voz baja mientras tocaba, lo que puede apreciarse en sus grabaciones. Admirador de Bach, sus interpretaciones de *El clave bien temperado* y las *Variaciones Goldberg*, revelaron el fuego volcánico que encierran unas piezas aparentemente tan racionales y casi matemáticas. Gould gustaba de hablar mal de la música de Mozart, en especial de las de su último período, y llegó a decir que el compositor no había muerto demasiado pronto sino demasiado tarde. Pese a estas *boutades*, cuando interpretó algunas sonatas de Mozart reveló una profunda comprensión de su particular universo sonoro. Fue también escritor y periodista radial.

5. Karl Alois Johann Nepomuk Vinzenz Leonhard Lichnowsky (1761-1814), aristócrata vienés, político y diplomático. Integró la misma logia masónica de Mozart durante un tiempo. Amante de la música y las artes, gustaba presumir de su amistad con los compositores, pero terminaba siempre echándoles en cara sus favores y haciéndoles sentir su superioridad de clase. Fue amigo de Beethoven, pero tuvo con él un homérico enfrentamiento, que llegó a la agresión física, cuando éste se negó a tocar delante de unos invitados.

6. Domenico Guardasoni (1731-1806), cantante y empresario italiano. Fue co-director, con Bondini, del Teatro Nacional de Praga, y más tarde director en solitario.

7. Johann Georg Albrechtsberger (1736-1809), organista y compositor vienés. Primer organista de la corte de Viena desde 1772 a 1793, y luego sucesor de Mozart como *Kapellmeister* asistente de la iglesia de St. Stephan; a la muerte del titular, Hofmann, ocupó este cargo, muy bien remunerado, que hubiera sido para Mozart.

8. A principios de la década de 1970 la galería Joseph Fach, de Frankfurt, vendió una colección de dibujos y cuadros antiguos que habían pertenecido al conde Graimberg (1774-1865). Entre ellos hay un dibujo de punta de plata que tiene como título *Retrato de W. A. Mozart* y que muestra un perfil del compositor. Estuvo en poder del musicólogo Albi Rosenthal (1914-2004) hasta su muerte. El retrato tiene una notable fuerza y un gran parecido con el perfil que tomó Dorotea Stock; aunque no hay pruebas documentales de su autenticidad, todo hace suponer que se trata de un dibujo hecho del natural.

9. Johann Friedrich Doles (1715-1797), compositor de música religiosa y director de coros alemán. Alumno de Johann Sebastian Bach, fue Kantor de Leipzig entre 1756 y 1789. El encuentro de Mozart y Doles es el tema de la novela *Vater Doles*, de Johann Peter Lyser (1803-1870).

10. Thomas Franz Closset (1754-1813), médico austríaco de origen francés, muy prestigioso en su tiempo, profesor universitario. Fue médico personal de Constanze y atendió a Mozart en su enfermedad final.

11. Anton Paul Stadler (1753-1812), músico bávaro, clarinetista y ejecutante de "corno di basetto". Fue miembro de la orquesta de la corte de Viena y más tarde hizo giras por Europa como solista con extraordinario éxito. Masón, fue uno de los más cercanos afectos de Mozart, que lo llamaba familiarmente "Natschibinitschibi". Para él fueron compuestos el Quinteto y el Concierto para clarinete.

12. Francesca Adriana Gabrieli (1755-1799), llamada la Ferraresi. Soprano veneciana. Fue una de las grandes estrellas de su tiempo, gracias a una voz bella y extensa que alcanzaba un mi sobreagudo, pero su mal carácter la llevó a tener constantes problemas. Fue amante de Lorenzo Da Ponte, para quien su voz era "deliciosa, y su manera de cantar fresca y llena de emoción", pero Mozart no la tenía en gran estima.

13. Vincenzo Calvesi (*circa* 1760-1811), tenor italiano. Estuvo contratado por el Burgtheater de Viena varias veces, la última de ellas entre 1789 y 1794. Tenía, según sus contemporáneos, una voz hermosa y dúctil y una técni-

ca impecable. Era modélica la claridad de su dicción. Después de su retiro, en 1794, montó su propia compañía y terminó como empresario.

14. Louise Villeneuve (?-?), probablemente nacida en Venecia, hacia principios de la década de 1770. Debutó en Viena cantando el papel de Amor en *L'Arbore di Diana*, de Martín i Soler, y causó sensación. Se piensa que era hermana de la Ferraresi.

15. Joseph II había defendido la libertad de cultos en el Edicto de Tolerancia, había abolido la servidumbre feudal de los campesinos, establecido la igualdad impositiva, reducido drásticamente el poder de la Iglesia Católica, disminuido al mínimo la censura y abolido la tortura y los métodos crueles de ejecución de condenados. Su figura tenía ribetes populistas, para usar un término del siglo XX, que lo convirtieron en ídolo de las clases pobres.

CAPÍTULO 13

1. Joseph Nepomuk Franz de Paula Deym von Strzitez (1752-1804), aristócrata y artista plástico bohemio. Como consecuencia de un duelo debió emigrar de incógnito a Viena, donde vivió bajo el nombre de Müller. Abrió una prestigiosa galería de arte, con figuras de cera que representaban obras clásicas (el grupo de Laocoonte, por ejemplo) y personajes célebres de la historia y el presente; exhibía además órganos mecánicos y relojes musicales. Deym-Müller tomó la mascarilla mortuoria de Mozart, lo que dio lugar a una historia que se narrará después.

2. August Wilhelm Iffland (Hanover, 1759-Berlín, 1814) fue un destacado dramaturgo y actor, algunas de cuyas obras alcanzaron gran popularidad: *Das Verbrechen aus Ehrsucht*, *Die Jäger* y *Die Mündel* entre ellas. Fue Director del Teatro Nacional de Prusia y más tarde director de todas las obras dramáticas que se representasen ante la familia real.

3. Johann Anton André (1775-1842), compositor y editor de música nacido y muerto en Offenbach. Compró gran número de partituras de Mozart a Constanze después de la muerte del compositor y realizó con ellas unas ediciones exquisitamente cuidadas y rigurosas. Redactó asimismo uno de los primeros catálogos de las obras de Mozart.

4. Los esposos Massin sostienen la teoría de que el cambio de ánimo de Wolfgang fue debido a sus contactos con masones e iluministas en Maguncia y sus alrededores, donde existía un movimiento muy poderoso. Piensan que contó algo de todo esto a Constanze, y que por ello ésta y Nissen ta-

charon la carta y dejaron legible sólo el párrafo final. Aclaran que se trata solamente de una especulación, aunque la consideran muy fundada. Sin descartar estas influencias, yo opino —como se señala en el texto— que el cambio de Wolfgang viene de antes de su viaje a Frankfurt, y creo que lo prueban las cartas anteriores, en las que ya se trasunta un estado de ánimo optimista y combativo.

5. Benedikt Emmanuel Schak (1758-1826), cantante y compositor bohemio. Era un hombre culto, que había estudiado filosofía y medicina. Hizo una excelente carrera como tenor, y Leopold Mozart alabó su voz, su flexibilidad y su técnica. Cantó el papel de Tamino en el estreno de *La flauta mágica*, y fue uno de los mejores amigos de Mozart en los años finales de éste.

6. Franz Xaver Gerl (1764-1827), compositor y cantante austríaco. Fue alumno de Leopold Mozart en Salzburgo y cantó el papel de Sarastro en el estreno de *La flauta mágica*. Fue un célebre Osmín de *El rapto en el serrallo*, y encarnó a Don Giovanni y a Fígaro en versiones alemanas de estas óperas. Parece haber sido un excelente bajo y un compositor nada despreciable.

7. Sin embargo, hay quien no piensa así. En el libro *The Mozart compendium*, una guía dirigida por H. C. Robbins Landon, Esther Cavetti-Dunsby dice, con aire de autoridad, que de haber vivido tanto como Haydn, las últimas composiciones de Mozart hubieran sido consideradas "de transición"; no cita la fuente que le permitió arribar a tan científica conclusión. Inmediatamente, señala que "la variedad formal de las composiciones de Salzburgo y las innovaciones compositivas —en oposición a la fuerza dramática— de las obras del último período siguen siendo, doscientos años después, poco apreciadas en comparación con sus composiciones del período 1781-88". Tampoco en este caso la supuesta experta aclara quiénes son los que así piensan, como dando a entender que se trata de una opinión indiscutible y universal. A más de doscientos años de la muerte de Mozart todavía se siguen escribiendo sandeces sobre su persona y su obra.

8. Con el tiempo "Nanette" Gottlieb se convirtió en una megalómana excéntrica, y protagonizó un inolvidable incidente en el festival Mozart de Salzburgo, en 1842 (tenía entonces sesenta y ocho años); entró en medio de un concierto, se paró sobre el escenario y dijo, *urbi et orbi: "Ich bin die Erste Pamina"* ("Yo soy la primera Pamina"). Alta, muy delgada y vestida con excentricidad, todos pensaron que se trataba de una demente, pero luego averiguaron que decía la verdad. Un testigo del incidente, William Kuhe, afirma que en toda su actitud se traslucía desorientación y fastidio porque no la estaban esperando con fanfarrias, pues "era evidente que

pensaba que merecía, al menos tanto como Mozart, ser objeto de universal veneración".

9. Anton Stoll (1747-1805), maestro de coros radicado en Baden, para el que Mozart compuso su *Ave, verum corpus*. Stoll lo estrenó en Baden en junio de 1791. Fue un excelente amigo de Mozart, y se preocupó por la situación de Constanze durante sus estancias en esa ciudad.

10. No hay certeza total de que fuera Leitgeb el ominoso mensajero; pudo ser también Johann Sortschan, abogado del conde Walsegg, o uno de sus empleados. De todas formas, Leitgeb tenía ancestros turcos y su piel era muy morena, lo que pudo contribuir a impresionar a Mozart.

11. Joseph Leopold von Eybler (1765-1846), compositor, organista y maestro de coros austríaco. Mozart le tenía gran consideración y estima, tanto en su faceta de intérprete (pianista y organista) como en la de compositor. Según Constanze, consideraba a Eybler un talento mucho más sólido que Süssmayr, lo que el propio Albrechtsberger confirmó con un juicio lapidario: "Eybler fue el mayor genio musical que tuvo Viena después de Mozart".

12. Maximilian Stadler (1748-1833), sacerdote, teólogo y músico austríaco. Fue abad de los monasterios de Lilienfeld y Kremsmünster, y consejero del Arzobispo de Linz. Visitaba Viena con frecuencia y solía tocar en veladas familiares con Haydn, Mozart y Albrechtsberger. Después de la muerte del compositor asesoró a Nissen en aspectos musicales de su biografía y defendió ardorosamente la autoría total del *Réquiem* por Mozart.

13. Domenico Cimarosa (1749-1801), compositor italiano, de gran prestigio en su tiempo y gran influencia posterior. Su ópera *El matrimonio secreto*, estrenada en Viena en 1792, es una obra maestra.

14. Cuando el príncipe Anton Esterhazy quiso festejar su nombramiento como jerarca del condado de Oedenburg, se encontró con que no tenía compositor, pues Haydn estaba en Londres. Llamó entonces a Joseph Weigl, pero éste tenía problemas, pues era director del Teatro Imperial de la Corte de Viena. Como la oferta era extraordinariamente tentadora (se dice que Esterhazy gastó cuarenta mil florines en la parte musical de su fiesta) Weigl convenció a su maestro para que lo sustituyera durante esos días, y Salieri aceptó. Cuando, seguramente en el mes de julio, se le pidió a éste que compusiera *La clemenza di Tito* no pudo aceptar, como él mismo explicaría a Esterhazy en carta de agosto de 1791. Este hecho y el prestigio de Mozart en Praga determinaron que la proposición cambiara de destinatario.

15. Maria Marchetti-Fantozzi (1767-1807?), soprano italiana, casada con el tenor Angelo Fantozzi. Tenía una hermosa voz y una impresionante pre-

sencia escénica, por lo que fue aplaudida en Nápoles, Milán, Praga, Venecia y Berlín.

16. Gaetano Campi, bajo italiano, activo en las dos últimas décadas del siglo XVIII. Tuvo bastante prestigio, pero hizo su carrera a la sombra de su esposa, la soprano polaca Antonia Miklasiewicz, conocida como Antonia Campi, una de las cantantes más celebradas de su tiempo y una excepcional intérprete de Mozart.

17. Johann Joseph Nouseul (1742-1821), actor, cantante y empresario teatral nacido y fallecido en Viena. Llegó a fundar una compañía propia en Hannover y fue figura destacada del Burgtheater.

18. Karl Ludwig Gieseke (1761-1833), actor, cantante, libretista y científico nacido en Augsburgo. Su verdadero nombre era Johann Georg Metzler. Permaneció en la compañía de Schikaneder como cantante (fue uno de los esclavos en el estreno de La flauta mágica), traductor y ocasional libretista hasta 1800, cuando inició una asombrosa carrera científica como mineralogista, que lo llevó a ser profesor en la Universidad de Dublín, vicepresidente de la Academia Real Irlandesa y consejero del Departamento de Mineralogía del rey Frederick VI (1768-1839) de Dinamarca. Éste lo ennobleció, y desde ese día se hizo conocer como sir Charles Gieseke. Pese a su valor intelectual, no hay testimonios valederos que justifiquen su pretensión de haber contribuido de manera fundamental al libreto de la obra masónica de Mozart y Schikaneder.

CAPÍTULO 14

1. El *acqua toffana* es un veneno de acción lenta, con el cual se dice que fue envenenado el papa Clemente XIV (Giovanni Vincenzo Ganganelli, 1705-1774). Posteriormente Karl Thomas, el hijo mayor de Wolfgang, creyó hallar algunas similitudes entre la muerte de éste y la de su padre.

2. Joseph Deiner, muerto en 1823, trabajaba en la cervecería "La Serpiente de Plata". Algunos opinan que era el propietario; otros, que era un simple camarero. Existe confusión entre este Joseph Deiner y el Joseph "Primus" (referencia humorística al emperador Joseph II) que servía a Mozart, y hay quienes los creen una misma persona, aunque esta tesis se halla hoy en día desacreditada. Deiner dejó una serie de recuerdos sobre los últimos días del compositor cuya validez ha sido y es fuertemente cuestionada.

3. Referencia humorística a la ópera homónima de Dietters von Dittersdorf. Estos recuerdos de Deiner fueron publicados en el *Morgen Post* de Viena

con ocasión del centenario de Mozart, el 28 de enero de 1856, y Robbins Landon los califica como "uno de los mayores fraudes de la erudición mozartiana"; no parece haber motivos, sin embargo, para dudar de la autenticidad de este vívido relato.

4. Mathias Elder von Sallaba (1764-1797), médico bohemio, nacido en Praga, que llegó a tener mucho prestigio. Fue director de una sección del Hospital General de Viena, y en ejercicio de este cargo falleció a los treinta y tres años.

5. Edward Vincent Guldener von Lobes (1763-1827), médico vienés que fue consultado por los doctores Closset y von Sallaba cuando la enfermedad final de Mozart. Dejó un reporte escrito, el único que se conserva, sobre el caso, en el que descarta en términos enérgicos la tesis del envenenamiento y defiende la actuación de sus colegas.

6. Siempre se ha considerado el sepelio de Mozart en una fosa común como signo de extrema miseria, pero no es así; la fosa común era el sitio indicado para enterrar a los músicos, que oficialmente conservaban condición de criados. Por supuesto, uno podía adquirir su propio panteón, pero no era el caso de Mozart en Viena, y no había tiempo material (ni medios económicos, ni tal vez voluntad) de adquirir una tumba privada para un cadáver que sufría una rápida descomposición. No cabe duda de que si hubiera muerto en Salzburgo, Mozart yacería en su panteón familiar, como Leopold, Constanze o Nannerl.

7. ¿Quién era este Franz Gilowsky, que le debía a Mozart trescientos florines desde 1786, deuda que los tasadores oficiales dieron como irrecuperable? Los Gilowsky von Urazowa eran una destacada familia de Salzburgo, y Johann Wenzel Andreas Gilowsky (1716-1799) fue cirujano de la Corte e íntimo amigo de Leopold. Su único hijo varón, Franz Xaver Wenzel Gilowsky, también médico, fue muy amigo de Wolfgang y como se ha señalado, salió de testigo cuando su casamiento. Es muy difícil que debiera dinero al compositor; incluso Peter Clive, en su diccionario "Mozart y su círculo", afirma que era Wolfgang quien debía a Franz Xaver Wenzel unos seiscientos florines, aunque no cita la fuente de esta información; Robbins Landon no menciona dicha deuda en su escrupulosa ennumeración de las personas de las que Mozart era acreedor o deudor. Es el propio Robbins Landon el que sugiere, en *The Mozart Compendium*, que el Franz Gilowsky 'al que Wolfgang le había prestado trescientos florines en 1786 era Franz Anton Gilowsky (1756-18...?), sobrino de Johann Wenzel Andreas, que se había arruinado explotando un servicio postal.

8. El 25 de febrero de 1792 el Emperador había viajado a caballo hasta el cas-

tillo de Schönbrunn, y cuando regresó se sentía mal y sudaba copiosamente. Pese a ello, al otro día recibió oficialmente al nuevo embajador de Turquía Ratif Effendi, con lo que quedaba formalmente finalizada la larga y ruinosa guerra, y por la tarde, sintiéndose agobiado, abrió de par en par las ventanas de su habitación. El 27 parecía sentirse mejor, pero el 28 se quejó de dolores en el pulmón izquierdo. Su situación empeoró aceleradamente, y a las 9 de la noche estaba agónico, cubierto de sudor y muy dolorido del pulmón, el bazo y el abdomen. Se le aplicó la panacea de la época, que era la sangría; al día siguiente, 1º de marzo, la emperatriz María Luisa de España, que estaba sentada junto a la ventana de la habitación, sintió que su real esposo la llamaba; tenía náuseas y deseos de vomitar. María Luisa fue a ayudarlo y lo tomó en sus brazos, pero Leopold quedó inmóvil: había muerto, inesperadamente, a los cuarenta y cuatro años. María Luisa falleció pocos meses más tarde, el 15 de mayo del mismo año.

9. Aloysia, posiblemente la pasión amorosa más fuerte de la vida de Mozart, hizo una brillante carrera; cantó en los estrenos de *El director de teatro* y *Don Giovanni* (Donna Anna), y Wolfgang compuso para ella numerosas arias. Se separó de su esposo —del cual tuvo seis hijos— en 1795 y, pese a sus éxitos, parece haber sido muy desdichada. Murió en Salzburgo, en la pobreza más absoluta, viviendo a expensas de Constanze. Decía recordar vagamente a Mozart, que era "muy pequeño", pero presumía de que éste la había amado hasta el día de su muerte.

Bibliografía básica

ANGERMÜLLER, RUDOLF: *Mozart's Operas*, Rizzoli, 1988.

BRANSCOMBE, PETER: W. A. *Mozart Die Zauberflöte*, Cambridge University Press, 1991.

BRETTENTHALER, JOSEF: *Salzburgs Synchronik*, Verlag Alfred Winter, 1987.

CLIVE, PETER: *Beethoven and his world: a biographical dictionary*, Oxford University Press, 1995.

— *Mozart and his circle*, Yale University Press, 1993.

DAVIES, PETER J.: *Mozart in person: his character and health*, Grenwood Press, 1989.

— *Mozart's Illness and Death*, Musical Times, 1984.

DEUTSCH, OTTO ERICH: *Mozart: A Documentary Biography*, A. 6 C. Black, 1966.

DINI, JESÚS: *Cartas de Wolfgang Amadeus Mozart*, Muchnik Editores, 1986.

EINSTEIN, ALFRED: W. A. *Mozart*, G. Ricordi, 1987.

EISEN, CLIFF: "Contributions to a new Mozart documentary biography", *Journal of the American Musicological Society*, 1986.

ELÍAS, NORBERT: *Mozart, sociología de un genio*, Ediciones Península, 1991.

FISCHER-DIESKAU, DIETRICH: *The Fischer-Dieskau book of lieder*, Victor Gollancz Ltd, Pan Book Ltd., 1985.

GAUTHIER, ANDRÉ: *Beethoven*, Espasa-Calpe, 1980.

HUTCHINS, ARTHUR: *Mozart*, Salvat, 1985.

JÄHN, OTTO: *The Life of Mozart*, Cooper Square, 1970.

KNEPLER, GEORGE: *Wolfgang Amadé Mozart*, Cambrige University Press, 1994.

LANGEGGER, FLORIAN: *Mozart padre e figlio*, Arnoldo Mondadori Editore, 1982.

MAGNI DUFFLOCQ, ENRICO: *Storia della Musica*, Societá Editrice Libraria, 1930.

MANDELSTAM, NADEZHDA: *Mozart & Salieri*, Ardis, 1994.

MARSHALL, ROBERT L.: *Mozart speaks*, Schirmer Books, 1995.

MASSIN, JEAN y BRIGITTE: *Wolfgang Amadeus Mozart*, Turner Música, 1970.
— *Ludwig van Beethoven*, Turner Musica, 1987.

MILA, MASSIMO: *Wolfgang Amadeus Mozart*, Edizioni Studio Tesi, 1980.

MÖRIKE, EDUARD: *Mozart camino de Praga*, Alianza Editorial, 1990.

ORTEGA, FERNANDO: *Mozart, tinieblas y luz*, Ediciones Paulinas, 1991.

PAUMGARTNER, BERNHARD: *Mozart*, Col. Leur Figures, 1951.

RÉMY, YVES y ADA: *Mozart*, Espasa-Calpe, 1983.

ROBBINS LANDON, H. C.: *El último año de Mozart, 1791*, Ediciones Siruela, 1989.
— *Mozart and Vienna*, Schirmer Books, 1991.
— *Mozart, the golden years*, Schirmer Books, 1989.
— *The Mozart Compendium*, Schirmer Books, 1990.

SADIE, STANLEY: *Mozart*, Colección New Grove, 1985.

SADIE, STANLEY et al.: *The New Grove, dictionary on music and musicians*, Macmillan Publishers Limited, 1980.

SOLMAN, JOSEPH: *Mozartiana*, Vintage books, 1990.

SOLOMON, MAYNARD: *Beethoven*, Javier Vergara, 1983.

STENDHAL: *Vita di Mozart*, Passigli Editori, 1982.

STINCHELLI, ENRICO: *Mozart, la vita e l'opera*, Grandi Tascabili Economici, 1996.

TILL, NICHOLAS: *Mozart and the Enlightenment*, W. W. Norton & Company, 1995.

TURNER, W. J.: *Mozart, the man and his work*, Tudor Pub. Co., 1983.

VALENTIN, ERICH: *Guía de Mozart*, Alianza Editorial, 1988.

VARIOS AUTORES: *Encyclopedia Britannica*, Charles Burchall and sons Ltd., 1955.

WITOLD, JEAN: *Mozart inconnu*, Plon, 1954.

WYZEWA, THEODORE DE y SAINT-FOIX, GEORGES DE: *W. A. Mozart, sa vie musical et son oeuvre*, Da Capo Press, 1980.

ZANNOS, SUSAN: *Franz Joseph Haydn*, Library Binding, 2003.

ZASLAW, NEAL: *Mozart's Simphonies: context, performance, practice, reception*, Clarendon Press, 1989.

ZASLAW, NEAL y COWDERY, WILLIAM: *The complete Mozart*, N. W. Norton & Company, 1990.

Índice onomástico

376

Morelli-Fernández, Maddalena. *Véase* Corilla Olímpica.

Morgnoni, Bassano (tenor): 94.

Mörike, Eduard (1804-1875): 216-217.

Moscheles, Ignaz (1794-1870): 298-299.

Mozart Weber, Anne Maria (1789-1789): 241, 354 n.7.

Mozart Weber, Franz Xaver Wolfgang (1791-1844): 258, 261, 264, 310, 314-315, 323, 347 n.5, 352 n.14, 354 n.7, 358 n.8, 361 n.3.

Mozart Weber, Johann Thomas (1786-1786): 208, 209, 228.

Mozart Weber, Karl Thomas (1784-1858): 191-192, 231, 250, 261, 263, 285, 294, 295, 310, 313-314, 323, 358 n.8, 366 n.1.

Mozart Weber, Raimund Leopold (1782-1782): 184, 186-187.

Mozart Weber, Theresia Constanze Adelheid F. M. A. (1787-1788): 223, 228, 354 n.7.

Mozart, David (1620-1685): 13.

Mozart, Franz (1649-1694): 14.

Mozart, Franz-Aloys (1727-1791): 114, 346 n.2.

Mozart, Johann Georg (1679-1736): 14.

Mozart, Leopold [Johann Georg Leopold] (1719-1787): 13, 14-17, 18-19, 20-24, 25-31, 33-39, 41-45, 47, 49, 51-53, 55-65, 67-69, 71-75, 76-77, 78-79, 80-81, 85-89, 91-92, 95-97, 101-102, 103, 107, 108-109, 111, 113, 114, 116, 117, 119, 122, 123-124, 126, 128-132, 133, 134, 136-138, 142-144, 148-150, 152, 154-160, 161, 167-168, 170, 173-177, 180, 182, 186-187, 188, 191-192, 193-194, 195, 208-209, 212-213, 218, 228, 297, 305, 313, 321, 337 n.1, 338 n.4 y 5, 339 n.3, 340 n.8, 340 n.1, 342 n.11 y 12, 346-347 n.4, 346 n.6, 346 n.2, 351 n.8, 353 n.25, 356 n.12, 358 n.9, 364 n.5 y 6, 367 n.6.

Mozart, Maria Anna Walburga Ignatia (Nannerl) (1751-1829): 15, 16, 18-21, 26, 28, 30-31, 33-45, 49, 51-52, 56-59, 62, 63-64, 67-69, 74, 77, 79, 81, 88, 93, 95, 101-102, 103, 111, 124, 130-132, 144, 150, 151, 152, 158, 186, 187, 188, 191, 193, 208-209, 213, 254, 297, 312, 315-317, 321, 331, 333, 345 n.3, 367 n.6.

Mozart, Maria Anne Thekla (la "Bäsle") (1758-1841): 115-116, 118, 141, 143, 144, 346 n.2.

"Mufti H. C." *Véase* Colloredo, Hyeronimus J.

Müller, Christian: 58.

Müller, Herr. *Véase* Deym von Strzitez, Joseph N.

Müller, Johann Heinrich (1738-1815): 65.

N

Nardini, Pietro (1722-1793): 35, 74, 75, 339 n.3.

Negeler, Maria. 14.

Nelson, almirante Horatio: 78.

Neukomm, Sigismund Ritter von (1778-1858): 256.

Neumann, Franz Leopold (1748-?): 232.

Niemtschek, Franz Xaver (1766-1849): 210-211, 218, 242, 264-265, 273, 274, 287, 324, 331, 356 n.13, 358 n.8.

Nietzsche, Friedrich (1844-1900): 307.

Nissen, Georg Nikolaus (1761-1826): 77, 78, 204, 254, 265, 271, 274-275, 286, 287, 290-291, 294, 311-312, 332, 348 n.1, 355 n.10, 363-364 n.4, 365 n.12.

Noailles, Phillipe de (1715-1794): 133.

Nouseul, Johann Joseph (1742-1821): 277, 366 n.17.

Novello, Mary [Mary Sabilla Hehl] (1789-1854): 287, 312, 325, 361 n.3.

Novello, Vincent (1781-1861): 287, 312-313, 325, 361 n.3.

Noverre, Jean Georges (1727-1810): 125, 128.

O

O'Kelly, Michael (1762-1826): 192, 203-204, 208, 212, 331, 354-355 n.8 y 9.

O'Reilly, Mac: 255.

Oetinger, Friedrich Christoph (1702-1782): 306.

Oetinggen, Ernst von (1748-1802): 116.

Orange Nassau, Carolina, princesa de (1743-1787): 120.

Orange-Nassau, Willelm (Guillermo V, estatúder de las Provincias Unidas) (1748-1806): 56, 58.

Orsini-Rosenberg, Franz Xaver Wolf von (1723-1796): 74, 201-202, 219, 224, 245, 344 n.8.

Orsler, Joseph (1722-1806): 296.

Ottani, Bernardo (1736-1827): 343 n.2.

Ottani, Gaetano (Ottini) (1736-1808): 70, 343 n.2.

Otto, Joseph: 100.

Ovidio [Publius Ovidius Naso] (43-18 a.C.): 63, 306.

P

Pablo I, zar de Rusia [gran duque Pablo Petrovich] (1754-1801): 178.

Paisiello, Giovanni (1740-1816): 185, 191, 200, 343 n.1, 352-353 n.22, 354 n.6.

Pálffy, Johann [János] (1744-1794): 26, 27-28.

Pálffy, Maria Anna, condesa (1747-1799): 178, 338 n.3.

Pallavicini, Gian Luca, conde (1697-1773): 72, 80.

Pallavicini, Giuseppe Maria (1756-1818): 80.

Pallavicini, Lazzaro Opicio, cardenal (1719-1785): 79.

Parini, Giuseppe (1729-1799): 87, 345 n.2.

Pauer, Ernst (1826-1905): 315.

Pergmayr, Johann Teophilus (1709-1787): 17.

Pergolesi, Giovanni Battista (1710-1736): 128, 347-348 n.11.

Perini, Carolina (o Anchulina, cantante) (?-1793): 272.

Pertl, Anne Maria [Maria Anna Walburga] (1720-1778): 15-17, 25, 34, 68, 71, 77, 80, 85, 102, 108-109, 111, 113, 118, 119-120, 123, 125, 128-130, 134, 187, 297.

Pertl, Maria Rosina Erntrudis (1719-1728): 16.

Pertl, Wolfgang Nikolaus (1667-1724): 15.

Petrosellini, Giuseppe (1727-1799): 101.

Pezzi, Johann (1756-1823): 306.

Pfalz, Karl Theodor von, príncipe elector del Palatinado (1724-1799): 36, 117, 118, 133, 137, 146, 147-150, 152, 254, 339 n.4 y 5, 341 n.7, 347 n.5 y 7.

Philidor [André Danican] (1647-1730): 341 n.6.

Philidor [Danizac, André] (1647-1730): 341 n.6.

Philidor [François André Danican] (1726-1795): 59, 341 n.6, 347 n.9.

Piccini, Niccoló (1728-1800): 71, 104, 127, 128, 134, 343 n.3.

Pichler, Andreas (1764-1837): 356 n.14.

Pichler, Karoline [von Greiner] (1769-1843): 198, 259, 331, 356 n.14.

Plankenstern, Raimund Wetzlar von (1752-1810): 183.

Platón (428-347 a.C.): 306, 327-328.

Ployer, Maria Anna Barbara (Babette) (1765-1811): 190-191, 354 n.4.

Pompadour, madame de [Jeanne Antoinette Poisson, marquesa de Pompadour] (1721-1764): 42.

Ponziani, Antonio Domenico (1719-1796): 360 n.21.

Ponziani, Felice: 219, 360 n.21.

Pope, Alexander (1688-1744): 49.

Porpora, Niccoló (1686-1766): 341 n.10.

Porterfield, Christopher: 243.

Primus (Joseph, empleado de Mozart): 258, 283, 284, 302, 366 n.2.

Proud'homme, Pierre Joseph (1809-1865): 243.

Puchberg, Johann Michael (1741-1822): 227, 231, 238-239, 241, 246, 266, 295, 305, 323, 361 n.1.

Puech, Michel (1960): 320-321.

Purcell, Henry (1659-1695): 50.

Pushkin, Alexandr Serguéievich (1799-1837): 299.

Q

Quaglio, Lorenzo (1730-1805): 150.

R

Raaf, Anton (1714-1797): 117, 125, 133, 143, 147, 148, 347 n.4.

Racine, Jean Baptiste (1639-1699): 80, 326, 328.

Rameau, Jean-Phillipe (1683-1764): 127.

Ramm, Friedrich (1744-1811): 117, 122, 125, 128, 150, 254, 347 n.3.

Raupach, Hermann Friedrich (1728-1778): 44.

Rautenstrauch, Johann (1746-1801): 306.

Rauzzini, Venanzio (1746-1810): 94.

Ravel, Maurice (1875-1937): 282.

Reichter, Gerhard: 321.

Rémy, Yves (1936): 187, 249.

Rémy, Ada (1939): 187, 249.

Reynolds, Joshua (1723-1792): 50.

Richardson, Samuel (1689-1761): 50.

Richter, Franz Xaver (1709-1789): 137.

Ries, Ferdinand (1784-1838): 214.

Rivola, Thaddaus: 319.

Robbins Landon, Howard Chandler (1926): 151, 158, 186, 187, 216, 224, 227, 229, 230, 236, 237-238, 243-244, 257-258, 278, 288, 293, 306, 323, 364 n.7, 366-367 n.2 y 7.

Rochlitz; Johann Friedrich (1769-1842): 217-218, 233-237, 265, 331, 360 n.15, 341 n.9, 360 n.15.

Roesler, Franz Anton (Rosetti) (1746-1792): 324.

Stadler, Maximilian (1748-1833): 268, 283, 312, 365 n.12.

Stamitz, Johann (1717-1757): 341 n.7.

Stamm Weber, Maria Cecilia (1727-1793): 121, 125, 168, 173-177, 186, 195, 285, 291-292.

Starzer, Joseph (1726-1787): 153, 179, 349 n.10.

Stein, Johann Andreas (1728-1792): 35, 114, 115.

Stephanie, Christian G. (el Viejo) (1734-1798): 349 n.12.

Stephanie, Johann Gottlieb (el Joven) (1741-1800): 154, 169, 170, 177, 181, 195, 203, 349 n.12, 350 n.4.

Stock, Dorotea (1760-1832): 233, 362 n.8.

Stoll, Anton (1747-1805): 264, 365 n.9.

Stone, John (1936-): 307.

Storace, Anna Selina (Nancy) (1765-1817): 192, 204, 208, 211-212, 240, 355 n.9 y 10, 356 n.16.

Storace, Stefano: 355 n.9.

Storace, Stephen John Seymour (1762-1796): 192, 208, 212, 355 n.9.

Strauss, familia: 257.

Strauss, Richard (1864-1949): 243.

Stravinsky, Igor (1882-1971): 281-282, 327.

Streicher, Theodor (1874-1940): 314.

Streitel, Franz Joseph: 346 n.2.

Strinasacchi, Regina (1764-1839): 190, 354 n.3.

Stuppach, Franz von Walsseg zu (1763-1827): 266-267.

Sulzer, Maria (1696-1766): 14.

Süssmayr, Franz Xaver (1766-1803): 261, 267-270, 277, 293, 296, 365 n.11.

Swieten, Gottfried van (1733-1803): 170, 178-179, 223, 230, 239, 294-296, 350 n.5, 352 n.17.

Swift, Jonathan (1667-1745): 49.

Szilvassy, Johann: 321.

T

Tartini: 339 n.3.

Tasso, Torcuato (1544-1595): 307, 328.

Taux, Alois (1817-1861): 314.

Tchaikovsky, Piotr Ilich (1840-1893): 222.

Tenducci, Giusto Ferdinando (1735-1790): 52, 133, 340-341 n.4.

Terradellas, Domingo (1711-1751): 36.

Tesse, madame de: 43.

Teyber, Therese (1760-1830): 180, 184, 352-353 n.22.

Thiennes de Rumbeck, Marie Karoline (condesa Rumbeck) (1755-1812): 154, 178, 351 n.11.

Thorwart, Johann Franz Joseph (1737-1813): 173-175, 177, 351 n.7.

Threzel (empleada de los Mozart): 143.

Thün-Hohenstein, Joseph Anton, conde de (1734-1801): 188, 210, 349 n.13.

Thün-Hohenstein, Maria Wilhelmine, condesa de [Corfiz Ulfeld] (1744-1800): 154, 169, 170, 179, 349 n.13.

Thurn-Valsassina und Taxis, Johann Baptist (1706-1762): 15, 28.

Tichy, Gottfried (1942): 320.

Till, Nicholas (1955): 147, 181, 182, 273, 282.

Tindi, barones: 194.

Tissot, doctor Simon André (1728-1798): 60, 341 n.8.

Tiziano [Tiziano Vecellio]: 107.

Todeschi, Giovanni Battista (1730-1799): 68.

Tomaschek, Wenzel Johann (1774-1850): 221-222.

Tost, Johann: 259, 261.

Trattner, Johann Thomas von (1717-1798): 192, 351 n.12, 354 n.7.

Trattner, Theresia von (1758-1793): 178, 192, 351 n.12.

U

Ulefeld, conde: 28.

Ullrich, Herbert: 321.

Umlauf, Ignaz (1746-1796): 177, 351.

V

Van Eick, conde: 41.

Varesco, Giovanni Battista (1735-1805): 146, 147, 149, 151, 187, 348-349 n.6.

Verdi, Giuseppe (1813-1901): 104, 221, 264.

Victoire Louise, princesa de Borbon (1733-1799): 43.

Villeneuve, Louise: 242, 363 n.14.

Villeroy, marquesa de: 42.

Vivaldi, Antonio (1678-1741): 86.

Vogler, Georg Joseph (1749-1814): 117, 314, 347 n.5.

Voltaire [François-Marie Arouet] (1694-1778): 49, 59, 91, 130, 161.

von Bülow: 261.

Índice